McCurley
Python regius

Kevin McCurley

Python regius
Das Kompendium

Herausgegeben
von Marc Mense

mit Kapiteln zur Vererbung
von Matthias Rath

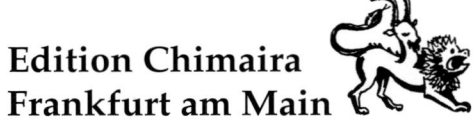

Edition Chimaira
Frankfurt am Main

Kevin McCurley:
Python regius.
Das Kompendium

Frankfurt am Main 2007:
Edition Chimaira

ISBN 13 978-3-89973-458-4

Foto auf dem Cover: Spider Pastel Jungle (Bumble Bee).
K. McCurley

Das Werk einschließlich aller seiner Teile ist urheberrechtlich geschützt. Jede Verwertung ist ohne Zustimmung des Verlags unzulässig. Dies gilt insbesondere für Vervielfältigungen, Übersetzungen, Mikroverfilmungen und die Einspeicherung und Verarbeitung in elektronischen Systemen.

Copyright der englischen Originalausgabe
ECO Publishing, Lansing MI, USA
Publisher: Bob Ashley

Übersetzung: Herprint International cc
www. herprint.com, Thomas Ulber

© 2007 by Chimaira Buchhandelsgesellschaft mbH
Heddernheimer Landstraße 20
60439 Frankfurt am Main

Verleger: Andreas S. Brahm
Tel.: +49-69-497223
Fax: +49-69-497826
E-Mail: frogbook@aol.com
www.chimaira.de

Satz und Bildbearbeitung: Sibylle Manthey
Druck: DCM, Meckenheim, Germany
Bindung: Freitag, Kassel, Germany

ISBN 13 978-3-89973-458-4

Inhalt

Editorisches Vorwort	9
Danksagungen	10
Vorwort zur englischen Erstauflage	13
Einleitung	17
Zur erweiterten deutschen Ausgabe	21
Systematik und Etymologie (von Marc Mense)	23
Der Königspython in der Natur	25
Natürlicher Lebensraum	25
Größe	26
Lebenserwartung	27
Der Königspython in Afrika	27
Die dunkle Seite von Afrika	34
Der Königspython in der Afrikanischen Kultur und Mythologie	37
Terrarienhaltung	38
Königspythons als Terrarientiere	38
Auswahl eines gesunden Königspythons	39
Aküfi – Die Abkürzungsfibel	39
Züchter, Reptilienhändler und Zoofachgeschäfte	40
Auswahlkriterien	42
Schlangentransport	43
Königspythons verstehen	44
Königspython-Verhalten interpretieren	45
Was macht einen guten Pfleger aus?	48
Ansprüche an die Unterbringung	48
Terrarien	49
Terrariengröße	49
Terrarientypen	49
Beheizung und Heizungssteuerung	56
Beleuchtung	63
Einrichtung und Luftfeuchtigkeit	64
Natürlich eingerichtete Terrarien	70
Hygiene- und Pflegearbeiten	71
Sicherheit	73
Futter	74
Beuteerwerb	74
Futtertiere	75

    Fütterungsintervalle 76
    Lebende oder abgetötete Beute? 77
    Gewöhnung an aufgetautes Tiefkühlfutter 78
    Tricks und Kniffe 79
    Fütterung mit lebender Beute 80
    Wo füttern? 81
    Unterstützte und zwangsweise Fütterung 81

Häutungen 85

Häufiger auftretende Gesundheitsprobleme 88
    Häutungsreste 88
    Bissverletzungen 89
    Infektionen 89
        Obere Atemwege 89
        Lungenentzündung 90
        Augen 91
        Pilzinfektionen der Haut 92
    Fäule 92
        Schuppenfäule / Bauchfäule 92
        Infektiöse Stomatitis / „Maulfäule" 93
    Parasiten 95
        Ektoparasiten 95
        Endoparasiten 98
    „Sternengucker" 100
    IBD (Einschlusskörperchen-Krankheit, „Schlangen-AIDS") 100
    Der Tierarzt 101
    Verschreibungspflichtige Antibiotika 101
    Haftungsausschluss 102

Vermehrung 103
    Züchten – warum? 103
    Geschlechts- und Zuchtreife 103
    Geschlechtsbestimmung 104
        Sondieren 105
        Evertieren 106
    Werbung und Paarung 107
    Zucht 108
        Eiablage 111
        Legenot 113
    Inkubation 115
        Inkubation durch das Muttertier 115

    Umgang mit den Eiern 117
    Lebensfähigkeit der Eier 117
    Künstliche Inkubation... 119
    Ein Inkubator im Eigenbau 122
    Zeitigungssubstrate 122
    Substrat- und Luftfeuchtigkeit 123
    Luftaustausch 125
    Eientwicklung 125
    Eischädlinge 127
    Der ungeduldige Züchter 129

Jungtieraufzucht 132
    Die ersten zwei Wochen 132
    Komplikationen 133
        „Hartbäuche" 133
        Deformationen 134
        Nabelschnur-Komplikationen 135
        Nabelbruch 135
        Dotterfäule 137
        Beispiele weiterer Fehlentwicklungen 138

Farbmorphenzucht / Vererbung 139
    Zum Geleit (von Matthias Rath) 139
    Geschichte der Farbmorphenzucht 140
    Genetik 142
    Erbgänge 144
        Intermediäre Erbgänge (Unvollständige Dominanz) 144
        Einfach rezessive Erbgänge 144
        Doppelt rezessive Erbgänge 147
        Co-dominante/dominante Erbgänge 150
    Wie entstehen Färbung und Zeichnung? 153
    „Mutationen" kaufen 155
    Was ist eine Designer-Morphe? 163
    Die Zukunft der Morphen und ihre Bedeutung für den Markt 164

Morphen 169
Last Minute Morphen 292
Ungeprüfte Morphen 295
Hybriden 301
Glossar 307
Bibliographie 309
Verzeichnis der Morphenabbildungen 329

Im Andenken an Steve Irwin, den „Crocodile Hunter"

Steve Irwin war ein Anwalt und eine Art Schutzpatron für die Welt der Tiere und ihre Erhaltung. Mit seiner Begeisterung für die Lebewesen, über die er soviel wusste und die er liebte, erregte er weltweit Aufsehen bei Millionen von Fernsehzuschauern. Durch ihn erkannten auch andere Menschen, dass Tiere mehr sind, als es auf den ersten Blick den Anschein hat und dass die nur zu oft völlig missverstandenen „Krabbelviecher" ebenso wie die „kuscheligeren" und „flauschigen" Arten einen Platz auf dieser Welt verdienen. Er brachte die Menschen zum Nachdenken und lehrte sie, Tiere zu respektieren, die sie ansonsten einfach übersehen oder sogar gefürchtet hätten. Ich selbst denke, dass Steve für das öffentliche Bewusstsein mehr als jeder andere für die Reptilien getan hat. Kinder wie Erwachsene kannten und interessierten sich lebhaft für Steve und in der Folge auch für die Tiere, für die er sich wie kein zweiter begeistern konnte. Diese Kinder werden nun mit einem hohen Grad an Verständnis für diese Kreaturen aufwachsen und ihren Wert für eine natürliche Umwelt zu schätzen wissen. Ohne Menschen wie den „Crocodile Hunter", der die Massen auf unterhaltsame Weise zu lehren und die Reptilien in das Rampenlicht des öffentlichen Interesses zu rücken verstand, würden diese Tiere weiterhin unter dem Unverständnis und der Ignoranz der Menschen zu leiden haben. Wir hatten einen Steve Irwin nötig, um die Einstellung der Menschen für neue Erfahrungen zu öffnen und dadurch ihr Interesse an allen Lebewesen zu wecken.

Mit Steves Tod hat die Welt einen schweren Verlust erfahren, und ich selbst vermisse ihn sehr. Ich hatte das Privileg, als „Tierbändiger" direkt mit Steve zusammenzuarbeiten und stellte ihm bei dieser Gelegenheit einige meiner Tiere vor. Es gab keinerlei Zweifel, dass er alle Tiere liebte, und seine Leidenschaft und überschwengliche Freude an ihnen war einfach grenzenlos, aufrichtig und ansteckend. Er war dabei ziemlich bescheiden und erweckte keineswegs den Eindruck, er sei allwissend. Er war ganz im Gegenteil überaus realistisch und zeigte sich überaus begeistert, als ich ihm einen ganzen Sack voller Königspython-Mutationen zeigte. Beim Anblick eines Bumble Bee Spider und eines Ivory sagte er nur, „Ich kann's gar nicht glauben, das sind alles Königspythons?" Steve war sehr von Wally angetan, meinem großen Alligator, und ich glaube nicht, dass ich es fertigbringen werde, Wally zu sagen, dass er nie wieder mit Steve arbeiten wird.

Wir brauchen dringend seine Art von Persönlichkeit, seine Mischung von unterhaltender Belehrung, denn ohne dieses Bewusstsein kennt die Einflussnahme des heutigen Menschen auf die natürliche Umwelt keine Grenzen. Es ist geradezu überwältigend, wenn man bedenkt, welchen Verlust wir alle durch Steves Tod erlitten und was das öffentliche Bewusstsein über die verschiedenen Tierarten und deren Erhaltung durch sein Leben gewonnen hat. Ich hoffe zutiefst, dass sein Streben in all jenen Menschen weiterleben wird, die er erreichen konnte. Wir alle sollten seinem Beispiel folgen und die uns selbst am Herzen liegenden Tiere auch anderen nahebringen und uns gleichzeitig für die Erhaltung ihrer natürlichen Lebensräume einsetzen.

Kevin McCurley
Oktober 2006

Editorisches Vorwort

Viele Leser werden die englische Erstausgabe von Kevin McCurleys Königspythonbuch – *The Complete Ball Python* – bereits kennen. Auch ich besitze es seit nunmehr fast einem Jahr. Ich hatte es kurz nach der ersten Ankündigung des Erscheinens vorbestellt, und als ich es dann im Dezember 2005 endlich in Händen hielt, war ich von diesem Buch regelrecht begeistert, war es doch das Umfassendste, was ich je über *Python regius* bekommen habe. Nicht nur die unglaubliche Menge an Mutationen von *P. regius*, die man in diesem Buch zu sehen bekommt, nein, mich hat auch das ganze „Drumherum", welches der Autor in seinem Buch zeigt, sehr erfreut. So beschreibt K. McCurley in diesem Buch z. B. sehr ausführlich die genetischen Grundkenntnisse, die zur erfolgreichen Python-Mutationszucht erforderlich sind, aber auch, was mich besonders interessierte, einiges zur afrikanischen Mythologie und zu den „Geschäften", die in Afrika mit diesen Tieren gemacht werden. Außerdem bekommt man durch dieses Buch einen sehr guten Eindruck von den Verhältnissen in amerikanischen „Großzuchtanlagen" (auch hinter den Kulissen!), was ich ebenfalls sehr aufschlussreich fand.

Da ich, wie bereits oben erwähnt, vom Erscheinen dieses Buches begeistert war, hat es mich dann auch ganz besonders gefreut, als ich kurze Zeit später von Andreas S. Brahm und Gerold Schipper (Edition Chimaira) gefragt wurde, ob ich nicht Lust hätte, für die deutsche Ausgabe dieses Buches als Herausgeber zu fungieren. Da wir (Chimaira und ich) auch schon bei anderen Riesenschlangen-Büchern erfolgreich und mit viel Spaß zusammengearbeitet haben, habe ich natürlich zugesagt.

Als Herausgeber war es dann eine meiner ersten Aufgaben, das Buch auf „Herz und Nieren" zu prüfen. Neben einigen kleineren Fehlern, die ausgemerzt werden mussten, habe ich dann auch einiges am Aufbau des Buches geändert und in Absprache mit dem Verlag zusätzlich ein Kapitel zur Taxonomie sowie eine ausführliche Bibliographie zusammengestellt.

„*Python regius* – Das Kompendium" wurde aber auch von Kevin McCurley eigens für den deutschsprachigen Markt erweitert. Neben einigen zusätzlichen Kapiteln, speziell zur Zucht von *P. regius*, sind noch mehr Mutationen dazu gekommen, so dass diese Ausgabe im Vergleich zur englischsprachigen Erstausgabe um 27 Seiten erweitert worden ist.

Mir bleibt jetzt nur zu hoffen, dass dieses (wie ich finde hervorragende) Buch den deutschsprachigen Lesern gefällt, so dass es in der Zukunft eventuell eine zweite deutsche Auflage geben wird, dann vielleicht mit noch mehr und noch ausgefalleneren Mutationen.

Es bleibt auf jeden Fall spannend …

Marc Mense
November 2006

Danksagungen

~ In Memoriam ~

Dem liebevollem Andenken an Paul Ackerman und Adam de la Barre gewidmet – Freunde, die ich dank unserer gemeinsamen Passion für Reptilien gefunden habe.
Dank Euch, Adam & Paul, für das Privileg, Euch in diesem kurzen und kostbaren Leben zu kennen. Ich vermisse Euch jeden Tag!

~~~~~~

Jeden Tag gibt es mehr „uns" und „unsere Welt", und jeden Tag gibt es weniger von der natürlichen Welt. Lerne das Leben zu schätzen, bevor es eine Erinnerung in einem Zoo oder einem Buch ist.

Ich möchte den folgenden Personen für ihre positive Einflussnahme auf meine Laufbahn als Terrarianer und ganz besonders auf die Entstehung dieses Buches meinen Dank aussprechen:

– Meinem Vater, Ellis McCurley. Er nahm meinen Wunsch zu meinem zwölften Geburtstag ernst, der da lautete, „Ich glaube, das beste Geschenk wäre eine *Boa constrictor!"* Also nahm er mich zum Einkaufen mit … und kaufte mir ein Kleid. Nun, nicht so ganz! Er veranlasste mich zum Lesen und Lernen, bevor er mich als für die Haltung einer Schlange geeignet ansah. Wer hätte damals gedacht, wo das letztlich hinführen würde?

– Kara Glasgow, meiner Freundin, die sich mit der Bearbeitung meiner zahllosen Entwürfe und Rohmanuskripte für dieses Buch quälte. Ihr Wissen über Reptilien erwies sich als unschätzbare Hilfe bei der Formulierung und dem Ordnen meiner Gedankengänge. Sie sorgte dafür, dass aus diesem Projekt etwas wurde! Kara war ebenfalls bei der Bildbearbeitung eine große Hilfe, bei der ich selbst verzweifelte; sie verarbeitete, was auch immer ich ihr zuschob.

– Meiner Mutter für die Erlaubnis, meine erste Schlange in ihren Haushalt zu bringen. Sie tolerierte mein Hobby und akzeptierte es schließlich als Teil meines Lebens. Ich brachte ständig irgendwelche „Viecher" mit nach Hause, um meiner Leidenschaft nachzugehen, und sie ertrug das mit Gelassenheit.

– Brian Corcoran, Stuart Miller und Tom Spadaro – meine ersten Lehrer. Ihr Anspruch war hoch, denn sie hatten die Schlangen, von denen ich nur träumen konnte!

– Josh Ruffell, der mir immer treu zur Seite stand und dem ich bei allem, was er tat, blind vertrauen konnte!

– Lindy Johnson, meinem guten Freund, den ich in die Welt der Königspythons drängte und zu meinem Partner machte. Wenn er sich nicht mit mir eingelassen hätte, wäre er vermutlich längst ein gemachter Mann!

– Dave und Tracy Barker, für ihren Reichtum an Wissen und Erfahrung. Ihr Erfahrungsschatz ließ mich schlagartig zu neuen Erkenntnissen kommen und half mir maßgeblich, jene Fähigkeiten zu entwickeln, die zur Pflege meiner Tiere erforderlich sind.

– Bill Zovikian, für den Kauf meiner ersten teuren Morphe und für seinen Weitblick über das stereotype „nur ein Königspython" hinaus.

– Darren Biggs von Crystal Palace Reptiles, einem exzellenten Freund und Geschäftspartner. Mein Kontakt nach Europa, der mich stets zum Lachen bringt, wenn er trunken und hilflos durch die arktische Tundra stolpert!

– Matt Lerer, dafür, dass er mich, während ich dieses Buch schrieb, in den Wahnsinn trieb und sich für sein ständiges Drängeln beschimpfen ließ! „Der Putzer" war jederzeit ein guter und echter Freund.

– Brian Potter vom Chicago Reptile House, dafür, dass er nie die Milch in meinem Kaffee vergaß! Er sorgte dafür, dass ich das Lachen nicht verlernte, und wir haben zusammen den größten Spaß beim Versteigern der albernsten Sachen auf den Schlangentagen. Auf Domino ist Verlass!

– Greg Greer, für die Verbesserungen in letzter Minute und ein paar erstklassige Dias! Er ist mir über die Jahre ein großartiger Fundus und guter Freund gewesen.

– Dr. Dean Wallace vom Plaistow Animal Medical Center, mein „zweiter Vater" und eine ständige Quelle tiermedizinischen Wissens.

– Meinen Kunden dafür, dass sie mir meine sprunghafte Persönlichkeit nachsehen. Ich weiß ihre Treue zu schätzen und genieße die Freundschaften, die sich in diesem Zusammenhang entwickelt haben.

– Dem Markt für Königspythons – ein großes Dankeschön an alle Züchter, Pfleger und jeden, der mir Fotos für dieses Buch zugeschickt hat. In manchen Fällen konnte ich die Bilder nicht verwenden, weil ihre Qualität dafür nicht ausreichte oder sie einfach zu unorthodox aufgenommen worden waren. Etliche sind aber wirklich erstklassig und daher nicht im Sieb hängengeblieben, und ich freue mich, sie hier präsentieren zu können. – Steve Roussis, Du hast mir anfangs wirklich ein paar Gurken andrehen wollen ... aber nun siehst Du, dass ich Dich zu Recht solange getriezt habe, bis Du ein gutes digitales Foto zustande bringst. Schön, dass Du lange genug durchgehalten hast, und mach weiter mit der Übung „Objekt, Pose, Hintergrund und Sonne von hinten rechts", mit welchen Modellen auch immer.

– Den Züchtern von Königspythons, die mich noch immer mit ihren Beständen und neuen Mutationen neidisch machen. Es gibt ein paar großartige Züchter mit Tieren, von denen man nur träumen kann und die immer wieder beweisen, dass es keine Grenzen gibt. Sie sind mein Ansporn zur Schaffung von etwas Neuem und Spektakulärem. Ich weiß, wenn ich etwas gezüchtet habe, das „cool" ist, und denkt mal nicht, dass ich es nicht merke, wenn meine hochgeladenen Bilder ignoriert werden! Das Gebäude steht, und ich habe jetzt die Möglichkeiten, richtig loszulegen. Übt Euch schon mal im Ignorieren!

Jeden, den ich hier nicht erwähnt habe – und ich bin mir sicher, ich habe so manchen ausgelassen – ich entschuldige mich dafür. Ich bin nach dem Schreiben dieses Buches „etwas durch den Wind", und heute ist Abgabetermin. Ihr wisst, dass Ihr mir alle lieb und teuer seid, und schließlich liefere ich Euch dadurch einen Grund, mich beim nächsten Treffen fertig zu machen!

An die NERDs!!!
Ganz besonderer Dank geht an meine Freunde und Angestellten, die während ich dieses Buch verfasste, ihre Zeit und Mühen New England Reptile Distributors (NERD) und Zoo Creatures gewidmet haben: Brad Bilodeau, Eli Carleton, Tammy Cohen, Peter Contonio, Andrew Deitz, Caolan Donahue, Beverly Gilbert, B.W. Hood, Craig „Crow" Judd, Sarah Vancoppenolle, Tim „The Gambler" Velton, Derek Warner und Justin „Mustin" Wiseheart.

Schluss jetzt und zurück an die Arbeit! (Ich mein's nicht so … oder vielleicht doch?)

RIP „Dimebag" Darrell Abbot (Pantera/Damageplan).

Vorwort zur englischen Erstauflage

Donnerwetter, man weiß, man ist schon wer, wenn Kevin McCurley von NERD einen um ein Vorwort für sein neues Buch *The Complete Ball Python* bittet. Ich bin mir nicht ganz sicher, wieso ich dafür ausgesucht wurde, aber ich bin sicher, ich war der letzte Ausweg auf einer sehr kurzen Liste von Möglichkeiten.

Also, wo fange ich an? ... Wie wär's, wenn ich die Geschichte jenen widme, die mich am meisten inspiriert haben? ... Oder vielleicht besser doch nicht!

Dann doch eher ein wenig darüber, wie es mich „erwischt" hat ...

Ich hatte in den Neunzigern ein Zoogeschäft mit dem Namen „The Green Iguana", in dem ich unter anderem das REPTILES MAGAZINE verkaufte. Jeden Monat blätterte ich das neueste Heft durch, wobei mir stets die zur Zeit „größten" Züchter mit ihren Annoncen und Kleinanzeigen auffielen ... NERD, VPI, Peter Kahl und Bob Clark, um nur einige zu nennen. Pete bot Albino-Boas an und NERD hatte den Slogan „NO JUNK" („Kein Mist").

In dieser Zeitschrift erfuhr ich zufällig, dass Peter Kahl praktisch in meiner Nachbarschaft wohnte, nur knapp eine halbe Stunde entfernt. Zu dieser Zeit beschäftigte ich mich mit allen möglichen Terrarientieren und hielt und züchtete eine Vielzahl von Geckos, Nattern, Bartagamen, Tiger- und Königspythons. Nun wollte ich mich auch mit Boas befassen, und so beschloss ich, mich mit Pete Kahl in Verbindung zu setzen, um einen Besuch zu arrangieren.

Pete und ich verstanden uns sofort, und ich wurde durch den Rundgang durch seine Anlage auf Anhieb zu einem Fan. Ich fühlte regelrecht den großen Wert seiner Tiere und wusste auf der Stelle, dass auch ich im Markt für „high-end" Morphen mitspielen wollte. Folglich investierte ich 1995 in erheblichem Umfang in Albino-Boas, doppelt heterozygote (double het/doppel het) Snows und double het Streifen-Albinos. Kurz darauf erwischte mich der „Morphen-Wahn". Ich verkaufte meinen Laden und beschloss, mich ausschließlich der Zucht von „high-end" Boas und Königspythons zu widmen.

Pete kannte jeden, der in diesem Geschäft etwas darstellte und stellte mich vielen davon vor ... Er war auch mit Kevin McCurley von NERD befreundet und schlug vor, dass ich mich mit ihm in Verbindung setzte, um über Königspython-Mutationen zu sprechen. Zu dieser Zeit gab es Albino-Königspythons von Clark, die Morphen Axanthic und Clown von VPI (D. & T. Barker) und Pete arbeitete an der „Bereinigung" von Piebalds. NERD befasste sich mit allen möglichen Projekten, darunter Ghosts, Hypos und jeder anderen Merkwürdigkeit, die irgendwie aus Afrika herangeschafft werden konnte. Königspythons begannen zu jener Zeit gerade das Interesse von Terrarianern zu wecken, und NERD war eine der Spitzenadressen dafür.

Ich erinnere mich, dass Pete nach der Inaugenscheinnahme des Standes von NERD auf einer Ausstellung mit mir redete. Er sagte Kevin hätte wirklich einige höchst seltsam aussehende Königspythons auf seinem Tisch, und die Leute hätten Schlange gestanden, um einen Blick auf diese werfen zu können. Ich trat kurz darauf mit Kevin in Kontakt und erwarb einen „Classic Jungle" mit herrlich korallenrot und orange gefärbten Seiten von ihm, ein Männchen. Zu diesem Zeitpunkt hatte ich Albinos und Hets sowie ein axanthisches Männchen von VPI und befand mich sozusagen im Erdgeschoss.

Kevin schickte mir das Tier, und ich war nun stolzer Besitzer fast aller zu diesem Zeitpunkt existierender Morphen. Dies war der Beginn meiner Beziehung zu NERD. Trotzdem sollte es noch bis 1999 dauern, bis ich Kevin persönlich auf der National Breeder's Expo in Orlando treffen und es zu ernsthaften Geschäften kommen würde. In diesem Jahr kaufte ich ein Pärchen Caramel Albino Hets von NERD und ein Pärchen het Clowns von VPI. Zuvor hatte ich bereits das Glück gehabt, von Pete het Piebalds bekommen zu können. Ich versuchte im Grunde, jede neu auftauchende Morphe so schnell wie möglich zu bekommen, denn ich hatte ein blindes Vertrauen in die Richtung, in die sich der Markt für Königspythons entwickeln würde.

Auf der Ausstellung 1999 hatte NERD Spiders, Caramel Albinos, Pastels und Hypos. Pete stellte seine Piebalds aus, Clark hatte Albinos, und VPI zeigte Clowns und Axanthics. Ich gab auf dieser Messe nicht weniger als 22.000 Dollars aus und genoss jeden Augenblick! Es waren aber auch noch andere wohlbekannte Züchter mit wunderschönen Königspython-Morphen anwesend ... die allesamt Riesensummen kosten sollten und mich geradezu magnetisch anzogen!

Nach dem Kauf dieser von anderen Züchtern in den Staaten produzierten Morphen entschied ich mich, die „Quelle" einer genaueren Betrachtung zu unterziehen. Und diese lag in Afrika. Nachdem mir dann 1999 auch noch ein Baby von Pinstripe auf dem Tisch von BHB in Orlando begegnete, stand für mich fest, dass ich in Afrika einkaufen gehen müsste, wollte ich es in der Welt der Königspythons jemals zu etwas bringen.

Ich war mir inzwischen bewusst geworden, dass NERD, BHB und die anderen großen Züchter nur deshalb stets einen Schritt voraus waren, weil sie wussten, wie man sofort an „neue Morphen" herankam wenn diese in Afrika „auftauchten". Auch wusste ich mittlerweile gerüchteweise von einem gewissen Exporteur in Afrika (NERD, BHB, VPI und Pete). Big Lou und ich traten mit diesem Exporteur in Verbindung und begannen ein Spiel mit dem Namen „Wer schickt diesem Typ das meiste Geld?". Aber genau so lief dieses Geschäft zu dieser Zeit. Wer rechtzeitig die meisten Dollars nach Afrika überwies, war der erste, der eine neue Morphe bekam. Auf diese Weise erfuhr ich auch nach und nach die ganzen „schmutzigen kleinen Geheimnisse" im Geschäft mit Königspythons und wer die wirklich großen „Tiere" waren. In den zwei Jahren, während derer ich versuchte, jeden anderen im Kampf um die jeweils neueste Morphe zu überbieten, lernte ich schnell und viel. Eine Zeit lang kauften NERD, VPI und ich Schlangen „gemeinsam" in Afrika. Es war unendlich spannend, aber auch unendlicher Stress. Riesensummen Geld für ein frisch geschlüpftes Jungtier einer neuen Morphe nach Afrika zu überweisen, wohl wissend, dass jeder andere im Geschäft hinter der gleichen Schlange her ist, schlägt nach einiger Zeit ganz schön auf den Magen.

Kevin verriet mir alles, was in Afrika „passieren" würde, gerade so, als könne er die Zukunft voraussagen. Er war dagewesen und hatte alles schon einmal gemacht. Und das Komische daran war, alles, was Kevin vorhersagte, passierte irgendwann auch wirklich. Ich schätze, das beste, was mir jemals passieren konnte, war, dass schließlich die meisten der großen Züchter, einschließlich NERD, von schief gelaufenen Geschäften mit afrikanischen Partnern oder nachdem sie einfach ausgenommen worden waren, „den Kanal voll" hatten. Somit war ich in der Lage, selbst für kurze Zeit das Afrika-Geschäft zu beherrschen und mich mit einigen anderen wohlbekannten Züchtern „anzulegen". Trotzdem blieben NERD und ich in ständigem Kontakt, und wir versuchten gemeinsam, uns die Szene nicht entgleiten zu lassen.

Von 1999 bis heute sind Kevin und ich gute Freunde geblieben, sowohl geschäftlich als auch privat. Ich entsinne mich, wie ich Kevin ein Foto von „Platty Daddy" schickte, kurz nachdem ich ihn aus Afrika importiert hatte ... er fiel um ... und das war ein tolles Gefühl für mich! Zu diesem Zeitpunkt ließ nämlich NERD alle anderen im Markt für Königspythons „umfallen". Ich wollte mit „den Großen" spielen, und NERD war einer von den ganz Großen ... und wird es auch immer bleiben ... denn schließlich ... „die Macht ist mit ihnen" ... (ja ja, und ich bin Luke).

Königspythons haben Kevin und mich auf beruflicher und – was noch wichtiger ist – auf freundschaftlicher Ebene zusammengeführt. Es war jedes Mal aufs Neue ein Erlebnis, wenn NERD jede Saison eine oder zwei oder drei neue Morphen öffentlich vorstellten. Bei meinem ersten Besuch eines Königspython-Forums war das Hauptgesprächsthema NERDs Spider und „Opal", die heute als Super Pastel bezeichnet werden. Kevin und NERD haben „Designer"-Königspythons salonfähig gemacht. Ein „Trend" muss irgendwo seinen Anfang nehmen ... und das ist in der Regel eine Person, die in etwas „mehr" sieht als der durchschnittliche Betrachter. Kevin wusste bereits vor vielen Jahren, dass Königspythons nicht besonders beliebt waren, und trotzdem fuhr er fort, ungewöhnlich aussehende Exemplare in seinen Bestand aufzunehmen. Dieser ist seinen Aussagen zufolge inzwischen zur „umfangreichsten Sammlung von Königspythons in der Welt" geworden. Und das sollte sie auch sein, denn schliesslich war es auch die „erste Sammlung von Königspythons", zumindest wenn man mich fragt.

Ich stehe sicherlich nicht allein da, wenn ich behaupte, dass Kevin der Grund ist, warum überhaupt ein „Königspython-Markt" existiert. Im Laufe der Jahre hat er zahllose Leute inspiriert (mich inklusive), die in diesem Geschäft erfolgreich geworden sind, sich einen Namen gemacht haben, und sie/wir tragen heute jedes Jahr aufs Neue dazu bei, dass der Königspython-Markt erhalten bleibt. Heute schreiben wir das Jahr 2006, und somit sind mehr als zehn Jahre vergangen, seit meine Abenteuer mit Pete und Kevin begannen. Die Welt des Königspythons ist riesig geworden, und NERD ist immer noch ganz oben (aber nur, weil ich das zulasse ... Hah!). Kevin erzählte mir einmal, wie er einst mit der Zucht von Königspythons angefangen hat und wie sich niemand wirklich für Morphen interessierte und jeder dachte, diese Schlangen wären langweilig. Dank den Königspython-Göttern, dass sich Kevin dadurch nicht entmutigen ließ und stets eine treibende Kraft geblieben ist, um den Königspython-Markt zu dem zu machen, was er heute ist. Wir brauchen alle ein gewisses Maß an

Inspiration, und es sind die Züchter, die vor uns da waren und uns den Weg geebnet haben, die unsere Anerkennung dafür verdienen, was der Königspython-Markt heute ist ... nämlich eine viele Millionen Dollar umsetzende Industrie, die jedes Jahr mit Riesenschritten weiterwächst.

Das vorliegende Buch behandelt die allermeisten der bis 2006 von uns anerkannten Königspython-Morphen. Angesichts der Zuwachsrate an neuen Königspython-Kombinationen und -Morphen, wird Kevin wohl schon bald jedes Jahr einen Nachtrag oder zwei schreiben müssen, nur um auf dem Laufenden zu bleiben. Königspythons sind so beliebt geworden, dass sie eine zentrale Stellung bei den Terrarianern einnehmen. Jeder will jetzt „mitmischen", einschließlich vieler, die in der Vergangenheit überhaupt nichts für Königspythons übrig hatten.

Königspythons gibt es inzwischen in so vielen „Geschmacksrichtungen", dass ein Ende neuer Kreuzungen auf lange Zeit hinaus nicht abzusehen ist. Und genau das ist es, was die Arbeit mit den Mutationen dieser Schlangen so aufregend macht. Es gibt etwas für jeden und so viele verschiedene Farb- und Zeichnungsformen, mit denen man arbeiten kann, dass jede Saison wie Weihnachten erscheint. JEDERZEIT findet man etwas NEUES. Dieses Jahr (2006) war das in Hinsicht auf Königspython-Mutationen das aufregendste. Wenigstens ein Dutzend neuer Kreuzungen wurden vorgestellt. Und das wird immer so weitergehen, ganz egal welchen Wert einzelne Exemplare haben mögen. Königspythons sind einfach Klasse!

Mit Königspythons kann man jede gewünschte Stufe erreichen. „Normale" Exemplare sind tatsächlich ziemlich selten geworden und schwer zu bekommen. Der Wert einzelner Mutationen schwankt je nachdem, wieviele davon in einer Saison zum Verkauf stehen oder wer Schlangen verkaufen muss, um sich neu einzurichten oder ein Stück Sumpfland zu erwerben oder gerade das Handtuch geworfen hat und seinen Bestand an den Meistbietenden abzugeben gewillt ist. Dies ist in jeder funktionierenden Industrie zu erwarten, sorgt für Chancengleichheit und dafür, dass der „harte Kern" der Königspython-Fans nicht fett und faul wird.

Genug der Worte. Ich präsentiere Ihnen das lang erwartete *Python regius* – Das Kompendium von Kevin McCurley (N.E.R.D.). Das Allererste, was einem beim Gedanken an Königspythons einfällt ist „RDR" – ups, ich meine natürlich N.E.R.D, und bevor Sie nun das letzte Regal für neue Schlangenbecken fertig machen oder sich in Ihr bevorzugtes Forum einloggen, um zu sehen, wer diesmal fertig gemacht wird – lesen Sie dieses Meisterwerk. Es ist so geschrieben, wie es nur NERD fertigbringen kann ... schonungslos direkt und ohne Rüschen und Glocken.

Es war mir eine Freude ... wie immer ... macht weiter so!

Ralphie
(Ralph Davies/RDR)

Einleitung

Das Schreiben dieses Buches erscheint mir längst überfällig, habe ich doch aus nächster Nähe miterlebt, wie der Königspython zu einer der am häufigsten gehaltenen und vermehrten Schlange überhaupt geworden ist. Einst gehörte der Königspython zum Standardangebot jeder Reptilienhandlung, und er wurde vor allem deshalb verkauft, weil er stets zu haben und preiswert war. Er war auch bei weitem nicht so aufsehenerregend wie viele andere der angebotenen Schlangen. Als Junge fühlte auch ich mich aufregenderen Arten (was habe ich mir bloß dabei gedacht?) hingezogen, wie Boas, Kettennattern, Königsnattern und Tigerpythons. Ich schenkte Königspythons kaum Aufmerksamkeit, denn man sah sie überall, und meistens handelte es sich um schäbig aussehende Wildfänge, die oftmals von Zecken nur so übersät waren. Während dieser Zeit erinnere ich mich, von einem Händler in New York drei Jungtiere erhalten zu haben. Ich hielt sie im Haus meines Vaters, und alle drei starben an irgendwelchen Problemen, schon kurz nachdem ich sie bekommen hatte. Damit war mein Interesse daran noch tiefer gesunken.

Mein Interesse an Reptilien war dadurch jedoch ungebrochen und bestimmte einen großen Teil meines Lebens als Teenager. Nur von Königspythons wollte ich nichts wissen. Das änderte sich erst, als ich ungefähr 20 war und ein Pärchen mit den Namen „Eek" und „Meek" geschenkt bekam. Zu dieser Zeit hatte ich eine Vorliebe für alles Grüne, alles Große und alles, was gerne biss. Königspythons gehörten nicht dazu. Ich erinnere mich an meine Begeisterung über ein Pärchen von Borneo-Kurzschwanzpythons (*Python curtus*), die ich von Tom Crutchfield erhielt, einem „großen Tier" unter den Händlern mit Sitz in Florida und jeder Menge Geschichte. Kurzschwanzpythons waren für mich exotisch, weil damals kaum ein privater Pfleger welche hatte. Ich verbrachte viel Zeit damit, Reptilien in Florida zu bestellen, sowohl für mich selbst als auch zum Verkaufen. Auf einer der vielen Listen, die ich jeden Monat bekam, fielen mir dann eines Tages trächtige Königspythons auf. Ich dachte mir, es wäre ganz lustig, ein paar „schwangere Mädels" zu haben und ein paar Eier auszubrüten. Zu dieser Zeit lief meine Zucht von verschiedenen Boas, Königs-, Korn- und Kettennattern ganz gut. Die einzigen Pythoneier, die ich bis dahin zum Schlupf gebracht hatte, waren die von Tiger- und Teppichpythons. Ich konnte also etwas Übung gebrauchen und dachte, Königspythons wären dafür genau richtig. Ich bestellte also zehn oder zwölf „trächtige" Weibchen, die schließlich sechs Gelege absetzten (die anderen waren wohl einfach nur fett). Ich lagerte die Eier ein und ließ sie vor sich hinbrüten, bis sie schließlich zu schlüpfen begannen. Es gefiel mir einfach, wie die Kleinen anfingen, ihre Köpfe aus den Eiern zu schieben. Sie schienen alle in einem kleinen Zeitfenster zu schlüpfen, und ich erinnere mich beim Durchsehen der Kleinen an ein gelbes Tier, das wie ein Leuchtturm unter all den anderen hervorstach. Es sah soviel hübscher als all die anderen aus. Gleichzeitig war mir bewusst, dass es definitiv nicht sehr viele gelbe Königspythons gab. Ich hatte einen „High Yellow Normal"-Königspython erbrütet, und damit fing dann auch eigentlich alles an.

Ungefähr zur gleichen Zeit nahm die Reptilienindustrie gerade ihren großen Aufschwung, und es fand die erste wirklich große Tauschbörse in Orlando, Florida, statt – die National Reptile Breeders Expo. Ich flog zur dieser Ausstellung und war angesichts der Menge an Reptilien und Terrarianer sprachlos. Diese Börse kam mir wie ein Märchenland vor. Die Tiere ließen mich aus dem Staunen nicht herauskommen, und ich war von vielen der Reptilienexperten beeindruckt. Am meisten traf das auf David und Tracy Barker zu. Diese beiden hatten wirklich jeden Python gehalten und vermehrt, den es nur gab. Sie hatten Fotos von Terrarienregal-Systemen dabei, in welchen sie ihre phantastischen Tiere pflegten und züchteten. So etwas hatte ich überhaupt noch nicht gesehen. Auch hatten sie auf jede meiner Frage eine Antwort, und ich konnte mich kaum von ihnen losreißen. Ihr Wissensstand lag weit über meinem eigenen. Ich wurde zu einem menschlichen Schwamm, der gierig alles aufsaugte, was sie mir erzählten. Ich erinnere mich daran, als wäre es erst gestern gewesen. Ich war ein Reptilienfreak, und ich war gerade den Reptiliengöttern begegnet. Die beiden waren darüber hinaus überaus freundlich zu mir und nahmen sich die Zeit, sich von mir ausfragen zu lassen, ohne dass sie den Anschein erweckten, ich würde ihnen auf die Nerven gehen. Im folgenden Jahr kehrte ich nach Orlando zurück und nervte sie erneut. Dieses Mal war ich jedoch etwas schlauer und nahm mir die Zeit zu beobachten, für welche Tiere sie selbst sich interessierten. Sie widmeten ihre Aufmerksamkeit Königspythons. Und ganz besonders achteten sie auf die gelben. Ich hatte einen hübschen Gelbling, doch war dieser nicht so gelb wie die leuchtend gelben „Jungles", die Dave und Tracy gegen $ 1.200,00 teure Albino-Tigerpythons eintauschten. Sie nannten sie „Jungles" wegen der Ähnlichkeiten zu australischen Dschungel-Teppichpythons (*Morelia spilota cheynei*), die oftmals eine lebhaft schwarze und gelbe Zeichnung besitzen.

Mir fielen diesmal auch seltsam aussehende Königspythons auf und dass sich außer mir kaum jemand dafür zu interessieren schien. Ich duchforstete jeden Stand nach ungewöhnlich aussehenden Exemplaren und kam auf diese Weise zu meinem ersten „Ghost". Damit hatte ich meine eigene große Leidenschaft gefunden – ungewöhnlich aussehende Königspythons. Sie waren teurer als „normale" Tiere, aber ich hoffte, dass ich sie nachziehen können würde. Zu diesem Zeitpunkt war mir die Zucht noch keines einzigen Königspythons gelungen, aber da stand ich nun und gab Tausende von Dollars für seltsam aussehende Importtiere aus. Ich entsinne mich, wie ich einzelnen Importeuren zu beschreiben versuchte, wie ein „Ghost"-Königspython aussieht, nämlich wie eine Schlange, die man gerade aus der Tiefkühltruhe genommen hat und die überfroren aussieht. Diese Erklärungen brachten mir ein paar solcher Exemplare ein, und schon war ich wieder auf dem Weg nach Hause, um Königspythons zu züchten. Tatsächlich gelang es mir, heterozygote Tiere aus der Verpaarung eines importierten Ghost-Männchens mit einigen meiner Weibchen zu produzieren. Die hieraus entstehenden Jungtiere sahen ganz gewöhnlich aus. Von den insgesamt 32 Nachzuchten behielt ich eine Handvoll für mich und verkaufte die anderen als ganz normale Nachzuchten. Mit diesen produzierte ich schließlich die ersten Ghosts – und niemand, aber auch wirklich niemand interessierte sich dafür! Ich konnte nicht ein einziges Tier für die angepeilten 1.000 Dollar loswerden; allenfalls waren Leute gewillt, 500 Dollar zu investieren. Von solchen Angeboten war ich keineswegs beeindruckt, um es milde auszudrücken. Ich hielt diese Schlangen für ziemlich hübsch und zum Verramschen zu schade, und daher behielt ich alle. Später konnte ich dann eine für 1.000 Dollar verkaufen, und noch später zahlten Käufer freiwillig mehr, nur um eine zu bekommen. Dies war die Zeit als Königspythons anfingen, Aufmerksamkeit zu erregen.

Ungefähr zur gleichen Zeit rückten albinotische Königspythons ein wenig ins Rampenlicht. Mich und meine blassen Nachzuchten ignorierte man. Kurz darauf gelang mir die Zucht der ersten Caramel Albinos und Pastel Jungles, und diese brachten mir die Aufmerksamkeit von ein paar Leuten ein. Ich hatte ein leuchtend gelbes Tier (Pastel Jungle) mit einem normal aussehenden verkreuzt, wodurch normal erscheinende „Hets", d. h. heterozygote Exemplare entstanden. Von diesen zog ich einige Weibchen auf und kreuzte sie mit dem Vatertier zurück. Hieraus entstanden drei Kopien des Vaters, die ich aufgrund ihrer hellen, blassgelben Farbgebung „Pastel Jungle" nannte. Die Pastel Jungles waren zwar überaus hübsch, aber als ich dafür 2.500 Dollar verlangte, erhielt ich zur Antwort: „Es sind aber trotzdem nur Königspythons ..." – kein Geschäft. Eines der ersten Tiere tauschte ich schließlich gegen Sternschildkröten ein, die ich gut weiterverkaufen konnte. Auf diesem indirekten Weg kam ich schließlich doch auf meine $ 2.500. Ich hatte damals noch keine Ahnung, dass das Pastel Jungle-Gen co-dominant war und damit das Potential zu einem „Super" (darunter versteht man eine dominante Endmorphe) bestand. Dies erfuhr ich erst, als ein anderer Züchter, Greg Graziani, ebenfalls Pastel Jungles produzierte. Seine Tiere waren in erster Generation entstanden! Mir waren co-dominante Tiger- und Netzpythons bekannt, und nun saß ich auf der Mutation eines Königspythons, bei dem das ebenfalls der Fall sein könnte. Einige Leute wurden nun doch auf diese Pastels aufmerksam, und die Nachfrage begann zu steigen. Damit stiegen auch die Preise, da wir die Nachfrage nach diesen Schlangen keinesfalls befriedigen konnten. Es dauerte nicht lange, bis der Preis für ein Tier auf $ 7.500 geklettert war, und die Leute zuckten nicht einmal mit der Wimper! Der Königspython-Boom hatte ganz offiziell begonnen. Ich stellte fest, dass meine eigene Begeisterung die Nachfrage nur noch schürte. Dieser Umstand erschien mir wie reine Magie. Ich erinnere mich, dass ich mir Kornnatter-Mutationen anschaute und von der Vielfalt der Variationen überwältigt war. Diese Züchter schufen lebende Kunstwerke. Der Königspython war für mich die nächste Kornnatter – nur besser. Ich musste lediglich losziehen, alle ungewöhnlich aussehenden Tiere finden und sie züchten.

Ich habe keine Qualifikation als Herpetologe. Ich züchte Schlangen. Ich bin einer unter Tausenden von Terrarianern in den Vereinigten Staaten. Mir gehört ein Reptilienhandel, der durch zwölf Jahre harter Arbeit von einem simplen Schlangenzimmer zu einer 1.500 Quadratmeter großen Zuchtanlage geworden ist. Mir sind zahllose Fehler bei der Haltung der Tiere unterlaufen, und aus vielen dieser

Fehler habe ich etwas gelernt. Ich habe Vetreter fast aller Familien von Reptilien gehalten und sehe mich praktisch als außer Kontrolle geratener Terrarianer. Königspythons sind nur eines meiner Hauptinteressen. Die in diesem Buch vorgelegten Informationen entstammen meinen persönlichen Erfahrungen und Beobachtungen. Ich habe Fehler begangen, und durch ihr Niederschreiben an dieser Stelle hoffe ich, dass meine Leser ein paar davon vermeiden können. Die Haltung und Zucht von Riesenschlangen ist keineswegs eine exakte Wissenschaft. Wir können lediglich das tun, was wir unter den gegebenen Umständen für richtig halten und abwarten, was passiert. Ich will meine Leser nicht damit aufhalten zu erklären wer ich bin, wie mein Geschäft funktioniert und warum ich derjenige bin, der dieses Buch schreibt. All das ist hoffentlich bereits durch das Vorwort von Ralph Davis erledigt.

Ein Nachteil meines Geschäfts ist, dass ich selbst mein bester Kunde bin. Kein Wunder, dass ich immer pleite bin!

Abb. 1: Spider Het Piebald von Greg Graziani. G. Graziani

Zur erweiterten deutschen Ausgabe

Seit dem Abschicken des Manuskriptes für die englische Ausgabe von „*Python regius* – Das Kompendium" [The Complete Ball Python] an den Verleger ist beinahe ein Jahr vergangen. Während ich voller Ungeduld auf dessen Fertigstellung und Druck wartete, schlüpften in den Inkubatoren verschiedener Königspython-Züchter überall auf der Welt zahlreiche neue Morphen. Als ich dann das fertige Buch schließlich in Händen hielt, wurde mir bewusst, dass darin all diese phantastischen neuen Mutationen fehlten. Schon die Zeit zwischen Abgabe des Manuskriptes und dem Erscheinen war zu lang, um wirklich auf dem aktuellen Stand der Dinge zu sein. Mittlerweile habe ich erkannt, dass auch jede überarbeitete Auflage niemals völlig aktuell sein kann, denn die Entwicklung wird durch jedes Auftauchen einer neuen Designer-Morphe nur noch beschleunigt. Während ich diese zusätzliche Einleitung im Sommer 2006 niederschreibe, kann ich mich nur fragen, welche neuen Mutationen denn wohl derzeit gerade im Ausschlüpfen begriffen sind und wiederum eine Überarbeitung dieses Buches erfordern werden.

Diese deutsche Auflage erlaubt es mir aber, einige wichtige Ergänzungen und Korrekturen einzubringen und die unaufhörlich wachsende Liste der Königspython-Morphen etwas zu aktualisieren. Beim Betrachten der ersten Auflage hatte ich sofort das Bedürfnis, etliche der Abbildungen einzelner Morphen gegen bessere von den betreffenden Züchtern auszutauschen, denn ich selbst habe sie (noch) nicht. Ursprünglich musste ich auch einige Mutationen auslassen, denn es war mir nicht erlaubt, ihre Existenz zu offenbaren. Einige Züchter behalten sich aus verständlichen Gründen das Recht vor, besondere Zuchtprojekte erst dann der Öffentlichkeit preiszugeben, wenn sie das für richtig erachten. In vielen Fällen erfordern diese viel Arbeit über einen langen Zeitraum, und natürlich soll die Konkurrenz dann nicht vorzeitig auf Ideen gebracht werden. Von einigen dieser neuen Mutationen habe ich inzwischen jedoch Fotos erhalten, und sie werden in dieser Auflage vorgestellt. Der Abschnitt über die Morphen scheint eine unendliche Liste zu sein, die ständige Aktualisierungen erfordert. Zumindest aber macht die Hinzufügung neuer Beschreibungen und Abbildungen dieses Buch zu einem, das der interessierte „einfach haben muss", selbst wenn er nur Englisch lesen kann! Für uns ist es dann eben ein schönes Bilderbuch. Einige der Fotos sind von frisch geschlüpften Jungtieren, da nicht genügend Zeit zur Verfügung stand, sie für das vorliegende Buch erst noch großzuziehen. Mein Ziel war es, so viele der Mutationen wie irgend möglich mit zu berücksichtigen. Ich entschuldige mich für etwaige Fehler in dieser Auflage, die sich eventuell aus sprachlichen Missverständnissen ergeben haben könnten und der Tatsache, dass sämtliche Informationen in einer Flut von E-mails zwischen mir und dem Verlag übermittelt worden sind.

Im Jahr 2006 scheint der allgemeinen Öffentlichkeit eine grenzenlose Auswahl an Königspython-Mutationen zur Verfügung zu stehen, von denen viele nur wenige Jahre zuvor unerreichbar schienen, entweder weil sie so selten waren, einen astronomischen Preis verlangten oder einfach, weil es sie überhaupt noch nicht gab! Viele Morphen sind heutzutage sogar recht preiswert zu bekommen, was selbst den Gelegenheitszüchter in die Lage versetzt, sich an der Zucht von Mutationen zu erfreuen oder sie zur Finanzierung seines Hobbys zu nutzen. Mit dem weiteren Zunehmen der Auswahlzucht genetischer Mutationsformen werden sich auch immer neue Pfleger mit Königspythons beschäftigen und so zur nächsten Generation von Züchtern werden. Zum gegenwärtigen Zeitpunkt wird die Königspython-Zucht von US-amerikanischen Pflegern beherrscht. Vielleicht führt das vorliegende Buch ja zu einer Welle europäischer Züchter mit neuen Morphen für die nächste überarbeitete Auflage. Wer kann schon sagen, welche ungewöhnlichen Tiere in europäischen Beständen bereits existieren, die nur darauf warten, durch die entsprechenden Maßnahmen gezielt vermehrt zu werden? Jedenfalls hoffe ich doch zumindest, dass sich meine Leser ermutigt fühlen, ihre Tiere zur Zucht zu bringen und damit neues Leben zu schaffen.

Eine amüsante Beobachtung ist, dass sich das Rennen um die Zucht rein weißer Schlangen inzwischen verlangsamt hat, da diese auf verschiedenen Wegen produziert werden. Es scheint, dass viele Mutationen die eine oder andere Form eines weißen Königspythons als homozygote Zwischenstufe hervorbringen, so dass kaum jemand ein Interesse daran hat, lediglich „eine weitere" weiße Schlange zu schaffen. Einst als „heiliger Gral" unter den Morphen betrachtet, ist man heute allgemein der Meinung, dass leuzistische Tiere nur ein begrenztes Potential besitzen, da das Endprodukt immer eine weiße Schlange ist. Der nächste Schritt in der Entwicklung wären „paradoxe" Formen dieser Weißlinge, bei der verschiedene Mutationsausprägungen am gleichen Tier zu finden sind, die miteinander konkurrieren und somit etwas völlig Neues und Aufregendes darstellen.

Der Leser sollte sich nach dem Durchlesen dieser Einleitung im Klaren darüber sein, dass er ein überholtes Buch in den Händen hält, das mit dem Voranschreiten eines Hobbys, das „Lebende Kunst" erschafft, einfach nicht Schritt halten kann. Angesichts der Geschwindigkeit, mit welcher gegenwärtig immer neue Designer-Morphen erschaffen werden, kann ich mir lebhaft vorstellen, wie viel da auf mich zukommt, um dieses Buch auch nur halbwegs auf dem Laufenden zu halten. Eines Tages wird es wohl ein dicker Wälzer sein!

Kevin McCurley
New England Reptile Distributors (NERD)
Oktober 2006

Systematik und Etymologie (von Marc Mense)

Systematik
Alle heute existierenden Reptilien (Klasse Reptilia = Kriechtiere) werden in vier
  Ordnungen unterteilt:
Crocodylia: Krokodile/Panzerechsen
Rhynchocephalia: Schnabelköpfe/Brückenechsen
Testudines: Schildkröten
Squamata: Schuppenkriechtiere

Bei den Squamaten (Schuppenkriechtieren) werden Sauria (Echsen) und Serpentes/
  Ophidia (Schlangen) unterschieden. Zur Unterordnung der Schlangen gehö-
  ren neben mehreren Familien und deren Unterfamilien auch die Familie Boidae
  (Riesenschlangen = Boas und Pythons) aus der Zwischenordnung der Henophidia
  (Boidea = Wühl- und Riesenschlangenartige).
Die Familie Boidae wird in folgende Unterfamilien aufgeteilt:
  Boinae: Boaartige Riesenschlangen; 28 Arten mit 45 Unterarten
  Erycinae: Sandboas; 13 Arten mit 22 Unterarten
  Pythoninae: Pythons; 35 Arten mit 16 Unterarten

Dirksen & Auliya (2001) sowie Auliya (2006) führen für die Unterfamilie Pythoninae
  folgende Gattungen mit insgesamt 35 Arten auf: *Antaresia, Apodora, Aspidites,
  Bothrochilus, Calabaria, Leiopython, Liasis, Morelia* und *Python*.
Zum ersten Mal in der Herpetologie (Systematik) wird der Gattungsname *Python* von
  Daudin (1803) für *Python tigris* (Synonym von *Python molurus*) verwendet.

Zur Gattung *Python* werden derzeit folgende Arten gerechnet:
  Python anchietae Bocage, 1887
  Python breitensteini Steindachner, 1881
  Python brongersmai Stull, 1938
  Python curtus Schlegel, 1872
  Python molurus (Linnaeus, 1758)
  Python natalensis Smith, 1840
  Python regius (Shaw, 1802)
  Python reticulatus (Schneider, 1801)
  Python sebae (Gmelin, 1789)
  Python timoriensis (Peters, 1876)

Königspython
***Python regius* (Shaw, 1802)**
Shaw, G. (1802): Royal Boa (Boa regia) – General Zoology, London, 3 (2), Amphibia
Typuslokalität: nicht angegeben

Gray (1842) stellte wohl als erster dieses Taxon zur Gattung *Python*, nämlich als *Python bellii*, für den er als Typusfundort Gambia angab. Zum ersten Mal als *Python regius* wird er von Duméril & Bibron (1844) bezeichnet.

Etymologie
Die Bezeichnung *Python* stammt aus der Griechischen Mythologie, in der damit ein „schlangenähnlicher" Drache bezeichnet wird. Das Wort *regius* leitet sich vom lateinischen Wort rex ab, was König oder königlich bedeutet. *Python regius* bedeutet also wortwörtlich übersetzt königliche Schlange (bzw. königlicher Python), woher dann auch die deutsche Bezeichnung Königspython stammt. Es gibt aber auch noch einen weiteren Trivialnamen für *Python regius* und zwar Ballschlange oder Ballpython (im Englischen ist Ball Python die übliche Bezeichnung). Der Name Ballschlange rührt von dem Abwehrverhalten dieser Art her, die sich bei Gefahr meistens zu einem „Ball" zusammenrollt, um so den Kopf vor dem potentiellen Angreifer zu schützen.

Abb. 2: Black Back von NERD formt einen typischen Ball. K. McCurley

Der Königspython in der Natur

Natürlicher Lebensraum

Dieser mäßig große Python stammt aus den westlichen und zentralen Teilen Afrikas, wo er von Nigeria und Uganda über Liberia, Sierra Leone bis nach Guinea verbreitet ist. Die meisten in die USA importierten Tiere stammen dabei aus Benin, Ghana und Togo. Dort leben die Schlangen unter tropisch-trockenen Bedingungen zwischen Temperaturextremen von 16 bis 43 °C. Die Tiere verbringen einen Großteil ihrer Zeit unterirdisch in verlassenen oder noch bewohnten Bauten von Nagetieren, die sie erst nach Einbruch der Dunkelheit zur Nahrungssuche und anderen Aktivitäten verlassen. Sie leben in der Regel in offenem Savannenland und Gebieten mit spärlichem Waldbewuchs. Dieser Python findet in landwirtschaftlich genutzten Gegenden mit hohem Nagetierbestand und frei zur Verfügung stehendem Wasser gute Lebensbedingungen. Auf diese Weise leben in manchen landwirtschaftlichen Bereichen größere und dichtere Bestände als dies in natürlichen Savannenlandschaften möglich wäre. Königspythons sind des Bauern beste Freunde, denn sie helfen ihm dabei, die Nagerpopulationen unter Kontrolle zu halten, die anderenfalls erhebliche

Abb. 3: Die offene Savanne ist das typische Habitat von *Python regius*. S. Broghammer

Abb. 4: Termitenhügel bieten in ihrem Inneren konstante Temperaturen und eine immer gleich bleibende Luftfeuchtigkeit. Deshalb werden sie von verschiedensten Reptilienarten regelmäßig als Versteckplatz und zur Eiablage aufgesucht. Hier sieht man Greg Greer auf einem sehr großen Termitenbau in Ghana.   K. McCurley

Ernteschäden herbeiführen können. Leider fürchten sich viele afrikanische Bauern vor jederlei Schlange, und so werden viele Pythons ungeachtet ihres Nutzens einfach erschlagen.

Größe

Königspythons sind kräftig bis dicklich gebaut. Der breite Kopf ist deutlich vom Körper abgesetzt und besitzt eine abgerundete Schnauze. Der Hals ist hingegen recht schlank und lässt sich ohne weiteres vom Körper und vom Kopf unterscheiden. Durchschnittlich große erwachsene Tiere messen zwischen 90 und 120 cm, wobei die Weibchen grundsätzlich größer als die Männchen sind. Im Mittel sind Schlüpflinge zwischen 20 und 30 cm lang. Der Größenrekord soll bei 2,25 Metern liegen, jedoch muss man Königspythons über 1,50 m schon als groß ansehen, und solche über 1,80 m Länge sind nur selten zu sehen.

Abb. 5: Ein adultes großes Weibchen und ein Jungtier von *Python regius*.   K. McCurley

Das größte Tier, das ich selbst einmal gesehen habe, war ein betagtes importiertes Weibchen, das es auf rund 4 kg brachte.

Lebenserwartung

Die durchschnittliche Lebenserwartung eines Königspythons in Gefangenschaft liegt bei ungefähr 20 Jahren, jedoch erscheint ein Alter von 35 Jahren oder darüber bei guten Haltungsbedingungen durchaus im Bereich des Möglichen. Der Altersrekord steht bei 48 Jahren bei einem in einem Zoo gepflegten Exemplar (Slavens pers. Mitt.). Uns liegt ein dokumentierter Fall für ein Weibchen vor, das 2005 im Alter von mehr als 40 Jahren noch neun entwicklungsfähige Eier legte (Steve Michaelson, pers. Mitt.).

Der Königspython in Afrika

Wie gelangen nun die jungen Königspythons aus der afrikanischen Wildnis in die Terrarien der Liebhaber?

Königspython-Populationen leben in Benin, Togo, Ghana, Niger und Nigeria, werden jedoch von den beiden letztgenannten Ländern nicht ausgeführt.

In freier Natur lebende Tiere paaren sich zu Beginn der Regenzeit, welche in der Regel im November beginnt und Anfang Februar endet. Etwa ab Mitte Februar, wenn die Trockenzeit beginnt, werden die Eier abgelegt, von denen die ersten in der ersten Hälfte des April schlüpfen. Einheimische Fänger sammeln oftmals trächtige Weibchen ein und verkaufen sie an Sammelstellen, wo sie solange gehalten werden, bis sie ihre Eier abgesetzt haben. In manchen Gegenden, z.B. in Ghana, werden diese Weibchen anschließend oftmals wieder freigelassen, um weiterhin als erneuerbares Naturprodukt zu fungieren. Diese Vorgehensweise wird gemeinhin als das „Farming" von Königspythons bezeichnet.

Ghana legt dabei gegenwärtig die besten Praktiken bei der Nutzung der natürlichen Königspython-Bestände an den Tag. Wenn diese fortgesetzt werden und die natürlichen Lebensräume erhalten bleiben können, sollte von dort jedes Jahr aufs Neue mit Königspythons zu rechnen sein. In anderen Ländern, so in Benin (der größte Lieferant für die USA) und Togo, werden einige Weibchen wieder in die Natur entlassen, viele dienen jedoch anschließend in geräucherter Form als Buschfleisch, und einige werden zu diesem Zweck sogar exportiert. Es erscheint einigermaßen unglaubhaft, dass jedes Jahr soviele Tiere umgebracht werden und trotzdem solche riesigen Mengen von Jungtieren für die Ausfuhr zur Verfügung stehen, doch scheint es bislang diesbezüglich ein gewisses Gleichgewicht zu geben.

Abb. 6: Eine Königspythonzucht in der Nähe von Abomey, Benin.   D. Conner

Abb. 7: Verstecke, in denen Königspythons in freier Natur oft den Tag verbringen, sind oft schwer auszumachen. Einheimische Schlangenfänger sind aber sehr geübt darin diese aufzuspüren. G. Greer

Abb. 8: Ein in seinem Versteckplatz (Nagetierhöhle) aufgespürter *P. regius*. G. Greer

Die Landbevölkerung scheint allmählich auch zu begreifen, dass diese Tiere einen Wert als Rohstoff und zur Schädlingsbekämpfung besitzen. Seit kurzer Zeit besteht jedoch ein Interesse am „Eindosen" von Pythonfleisch für die asiatischen Märkte. Diese zusätzliche Belastung der Wildbestände könnte mehr sein, als diese verkraften können, was zu einer drastischen Abnahme der Populationen führen würde.

Später im Jahr verlegen sich die Fänger darauf, brutpflegende Weibchen in ihren Bauten aufzuspüren. Sie nehmen ihnen dann die Eier weg, lassen die Weibchen aber ansonsten meist in Ruhe, damit sie sich erneut fortpflanzen können. Die Eier werden dann wiederum an Sammelstationen verkauft oder selbst ausgebrütet und die Schlüpflinge an Sammelstationen oder Exporteure verkauft. Das Ausbrüten der Eier erfolgt häufig in „Gruben", in denen sie in Haufen mit feuchtem Sand, Laub oder Sägemehl abgedeckt werden, um so die nötige Umgebungsfeuchtigkeit zu gewährleisten. Dies

Abb. 9: Ein Schlangenfänger in Ghana öffnet das Höhlensystem eines Nagetieres, denn oft verbergen sich Königspythons hierin. Königspythons suchen die meist verlassenen Höhlen und Gänge als Versteckplatz, aber auch als Brutstätte auf. G. Greer

Abb. 10: Manche Schlangenfänger sind recht furchtlos, so wie dieser, der in einem tiefen Loch einen Königspython zu erfühlen versucht. Hat er Pech, trifft er auf eine Giftschlange, die sich ebenfall hierin versteckt haben könnte. G. Greer

Abb. 11 u. 12: Hier wurde in einem Erdloch ein Weibchen mit ihrem Gelege gefunden. G. Greer

Abb. 13 u. 14: „Brutkammer" einer Königspythonzucht in der Nähe von Abomey, Benin. D. Conner

Abb. 15: Schlüpfende Königspython in der „Brutkammer" einer Zuchtstation bei Abomey, Benin. D. Conner

mag uns Terrarianern wie ein sicheres Rezept für Fehlschläge vorkommen, jedoch bedeuten diese Eier für die einheimischen Menschen eine maßgebliche Einkommensquelle, und so beobachten sie die Gelege ständig und kommen ihren Bedürfnissen durch Hinzugeben von Wasser bei Bedarf gut nach. Auf diese Weise werden ansehnliche Mengen von Jungtieren produziert, auch wenn uns die Methoden als über alle Maßen primitiv vorkommen mögen.

Als Züchter haben wir häufig durch viele Fehlschläge lernen müssen, wie man Eier bis zum Schlupf inkubiert. Manchmal hat dabei selbst die ausgefeilteste Technik nicht geholfen, die genau richtigen Bedingungen zu schaffen. Manch einer hat daher das Weibchen mit seinen Eiern in eine Kiste gesetzt und sich voll auf dessen natürliche Instinkte für eine natürliche Inkubation verlassen.

Ein interessanter Umstand ist, dass die Eier in Ghana anders als in Benin bebrütet werden. Während in Ghana großes Augenmerk auf das Feuchthalten des Substrats gerichtet wird und so möglichst wenige Eier verderben, werden diese in Benin in nackten Erdgruben gelagert, wo häufig nur die kräftigsten überleben. Viele der Eier verlieren dadurch einen großen Teil ihrer Flüssigkeit, so dass Farmtiere aus Benin oftmals kleiner als solche aus Ghana sind. Diese Vorgehensweise funktioniert ohnehin nur deshalb, weil viele Eier gemeinsam gelagert werden. Verluste von einigen werden daher erwartet und in Kauf genommen. Diese Art von stressvoller Umgebung für die Eier mag eine große Rolle bei der Entstehung von ungewöhnlich aussehenden Jungtieren sein, deren Erscheinungsbild sich dann als nicht genetisch fixiert herausstellt. Wird ein Ei hohen Temperaturen, niedriger Umgebungsfeuchte, beengenden Verhältnissen oder einer Vielzahl anderer möglicher Bedingungen ausgesetzt, so mag dies bereits ausreichen, um daraus ein abnormales Jungtier schlüpfen zu lassen. Trotzdem kann deswegen durchaus eine genetische Grundlage gegeben sein. Eines der Elterntiere mag ein ungewöhnliches Gen besitzen, dessen Ausprägung erst durch diese ungünstigen Bedingungen gefördert wird. Die Inkubationstemperaturen in solchen primitiven afrikanischen Anlagen überschreiten nicht selten 35 °C und führen oftmals schon nach 52 bis 60 Tagen zum Schlupf.

Die frischgeschlüpften Jungtiere werden dann an Exporteure mit Ausfuhrquoten verkauft. Königspythons werden im Anhang II von CITES, dem Übereinkommen über den Handel mit gefährdeten Arten, geführt und unterliegen damit festgelegten Handelsbeschränkungen. Hierzu wird die von jedem Land ausgeführte Anzahl Tiere überwacht, und die einzelnen zuständigen Behörden legen Ausfuhrquoten für die einzelnen Exporteure fest. Hierdurch wird eine Berechnung der Mengen an erbrüteten Jungtieren und der Natur entnommenen Erwachsenen pro Land möglich, was gleichzeitig eine Einschätzung des Zustands der Populationen und der möglichen Nutzung erlaubt.

Abb. 16: Frisch geschlüpfte Königspythons. K. McCurley

Zum Beispiel kann Ghana – woher Deutschland die meisten Tiere importiert – eine Exportquote von 40.000 Tieren für ein bestimmtes Jahr festlegen und sich eine Reservequote vorbehalten, falls sich das betreffende Jahr als besonders ertragreich erweist. Wie bereits geschildert, scheint Ghana das Land zu sein, welches sich am meisten um die Erhaltung seiner Königspython-Bestände bemüht. Selbst die Vermehrung in Gefangenschaft wird hier unterstützt. So kommt es denn auch, dass Ghana die größte Königspython-Population besitzt und jährlich die geringsten Mengen zum Export freigibt.

Wildgefangene Königspythons werden dann von Reptilienimporteuren in den jeweiligen Bestimmungsländern eingeführt und dort häufig an kleinere Großhändler und schließlich an Einzelhändler weiterverkauft. All diese können ihre eigenen Geschäfte haben oder auch auf den Tauschbörsen vertreten sein, wo der einzelne Terrarianer sie erwerben kann. Während dieser Zeit der zwangsweisen Umsiedlung fressen die Jungtiere nur in den seltensten Fällen. Auch wäre es gar nicht so gesund für sie, wenn sie ihre sehr anstregende Reise mit einem vollen Bauch antreten würden. Die meisten in Geschäften oder bei Zwischenhändlern angebotenen Tiere sind daher Schlüpflinge im Alter von nur wenigen Wochen. Sie haben sich zum ersten Mal gehäutet und ihre restlichen Dotterreserven völlig aufgebraucht. Was sie jetzt benötigen, ist eine Mahlzeit, ansonsten wird es für sie kritisch!

Werden diese Jungtiere über längere Zeit unter überfüllten Bedingungen gehältert, geraten sie unter Stress, woraus sich unweigerlich Gesundheitsprobleme ergeben. Sie müssen einzeln oder zumindest in nur kleinen Gruppen untergebracht werden. In großen Gruppen besteht eine hohe Wahrscheinlichkeit, dass sich Krankheitserreger ungehindert ausbreiten und alle darin enthaltenen Tiere anstecken.

Wo kommen nun aber die ungewöhnlichen Farbvarianten her? Zum Teil aus dem afrikanischen Busch. Während der vergangenen zehn Jahre hat sich der gesamte

Königspython-Markt völlig verändert. Waren Königspythons einst das Gewöhnliche vom Normalen im Reptilienhandel, dem der ernsthafte Reptilienpfleger mit wenig Interesse begegnete, gehören diese Schlangen heute zweifellos zu den begehrtesten. Diese Veränderung ist auf die Vielfalt an vererbbaren Färbungs- und Zeichnungsmerkmalen zurückzuführen, die inzwischen sowohl entdeckt als auch gezüchtet worden sind.

Die erste Farbvarietät, welche die Szene betrat, war ein Albino, der in seiner afrikanischen Heimat gefunden und in die USA exportiert worden war. Dort wurde er schließlich auch zur Zucht verwendet. Die auf diese Weise erzeugten ersten Albinos unterschieden sich krass von dem „normalen" Aussehen dieser Schlangen so wie sie in der Natur weit verbreitet sind und erregten die Aufmerksamkeit einiger Züchter. Jahrelang waren solche Nachzuchten dermaßen gefragt, dass sich Käufer auf endlose Wartelisten setzen ließen, nur um überhaupt eine Chance zu haben, an eine solche Rarität heranzukommen. Je mehr Pfleger das Glück hatten, solche Albinos und heterozygote Genträger zu bekommen, um so mehr Tiere wurden nachgezüchtet und konnten schließlich die Nachfrage befriedigen.

Dieses neu erwachte Interesse beschränkte sich allerdings ausschließlich auf die ungewöhnlichen Tiere, und die beste Quelle hierfür lag in Afrika. Mit zunehmender Nachfrage erkannten auch die einheimischen Fänger, dass ihnen ungewöhnlich aussehende Exemplare mehr Geld einbringen würden. Letztendlich waren es jedoch die Exporteure und die Importeure, die an den natürlichen Mutationen wirklich gut verdienten. Je lautstärker danach verlangt wurde, desto mehr der entsprechenden Schlangen tauchten auf, denn jeder daran Beteiligte investierte mehr Mühe, um diese aufzuspüren. Der Bedarf schien unendlich groß zu sein. Auch die Preise für jedes ungewöhnliche aus Afrika stammende Exemplar stiegen kontinuierlich. Es stellte sich allerdings auch heraus, dass nicht jedes außergewöhnliche Merkmal genetisch so verankert war, dass es sich auch in den Nachzuchten manifestierte. Einige Schlangen sahen zwar anders aus als der Rest, aber ihre Nachkommen waren dann eine einzige Enttäuschung, nämlich normal wildfarbene Tiere.

Abb. 17: Ein Termitenhügel wurde geöffnet, um darin nach Königspythons zu suchen.
G. GREER

Schon zu Anfang dieser Entwicklung reisten einige Leute in die entsprechenden Länder Afrikas, um dort Verbindungen zu Fängern und Exporteuren aufzunehmen. Sie boten den Händlern Unsummen für außergewöhnliche Tiere an, teilweise in Größenordnungen für ein Tier, die den Einnahmen während eines ganzen Jahres oder sogar mehrerer Jahre entsprachen. Viele der afrikanischen Großhändler kauften den Fängern ihre Funde für lächerliche Summen ab, um sie dann für horrende Summen in die USA oder andere Haupthandelszentren weiterzuver-

Abb. 18 u. 19: Afrikanische Schlangenfänger mit ihrer Beute. G. Greer

kaufen. Je mehr Geld sie damit verdienten, desto größeres Interesse hatten sie an weiteren einzigartigen Exemplaren. Die Groß- und Einzelhändler versuchten ihrerseits, Wildfänge zu den gleichen Preisen an den Mann zu bringen, die Züchter für makellose Nachzuchten überall in den Staaten verlangten. Dies war jedoch völlig ungerechtfertigt, da in Gefangenschaft nachgezogene Exemplare erwachsenen Wildfängen qualitativ deutlich überlegen sind. Die von den Großhändlern verlangten hohen Preise veranlassten schließlich die kleineren Händler und die Züchter, selbst mit den afrikanischen Fängern in Kontakt zu treten, um so die teuren Mittelsmänner zu umgehen. Sie boten den Fängern Beträge, die weit über denen der einheimischen Einkäufer lagen. Die unmittelbare Folge waren glückliche Fänger und verärgerte Händler. Die Amerikaner hatten die Notwendigkeit von Händlern beseitigt, und das machte diese natürlich wütend! Letztendlich verlangten die Fänger in etwa das gleiche wie die Händler, doch mittlerweile wurden die häufiger in der Natur zu findenden ungewöhnlichen Morphen auch in Gefangenschaft gezüchtet. Als Folge sank die Nachfrage nach diesen Wildfängen, auch wenn das Preisniveau relativ hoch blieb. Selbst heute sieht man aber noch die eine oder andere neue Morphe mit einem hohen Preis in die USA kommen, und irgend jemand kauft sie dann auch ohne langes Zögern. In vielen Fällen stellt sich dann heraus, dass dieses Tier kaum Potential für die Zucht mit sich bringt, da sein ungewöhnliches Aussehen nicht weitervererbt wird, weil es nicht genetisch verankert ist.

Das Internet ist inzwischen auch in die betreffenden Gebiete Afrikas vorgedrungen, und viele Händler und Fänger können sich nun selbst über die Preise informieren, die für Tiere, die wie die von ihnen gefangenen aussehen, bei manchen Züchtern verlangt werden. Diese Summen sind umgerechnet unvorstellbar hoch und sorgen naturgemäß unter den Fängern und Händlern in den afrikanischen Ländern für helle Aufregung. Die Folge ist, dass jede Schlange, die nur ein wenig in ihrer Zeichnung oder Färbung vom Normalen abweicht, für etwas ganz Besonderes gehalten und dementsprechend teuer angeboten wird. In vielen Fällen wollen die Fänger bereits mehr Geld dafür, als das Tier wirklich wert ist. Oftmals ist es in finanzieller Hinsicht praktisch wertlos, und es findet sich dafür kein Käufer. Der Möchtegern-Verkäufer ist dann natürlich enttäuscht und fühlt sich übervorteilt oder diskriminiert. Viele der Fänger suchen fieberhaft nach dem einen Exemplar, das sie reich machen soll!

Die dunkle Seite von Afrika

In den vergangenen Jahren ist es offensichtlich geworden, dass der Königspython-Markt riesig ist, und dieser Umstand hat sich inzwischen auch bis nach Afrika herumgesprochen. Hierzu stelle man sich einen Schlangenfänger vor, dem nicht einmal den ganzen Tag über Elektrizität zur Verfügung steht und der auf einem klapprigen Motorrad in die nächste Stadt fahren muss, um zu einer Stelle zu gelangen, an der eine funktionierende Telefonleitung Zugang zum Internet ermöglicht. Er wählt sich ein und findet einen Königspython-Züchter, der scheinbar die gleichen Schlangen, die er im Busch gesehen hat, zu Preisen anbietet, die er sich überhaupt nicht vorstellen kann. Natürlich will er seine Tiere nun für den gleichen Preis verkaufen. Diese mögen zwar durchaus ähnlich aussehen, haben wahrscheinlich aber weder die gleichen genetischen Grundlagen, noch sind sie vom Gesundheitszustand her auch nur annähernd vergleichbar. Das weiß und versteht er aber nicht – er sieht nur die oberflächliche Ähnlichkeit und den Preis. Trotzdem ist mit wirklich ausgefallenen Wildfängen aber nach wie vor gutes Geld zu machen.

Einst als Einkommensquelle im unteren Bereich anzusehen, hat der steigende Wert von Königspython-Wildfängen den Handel damit zu einem Goldesel werden lassen, von dem vor allem eine Handvoll Händler und Exporteure profitieren. Sie unterhalten direkte Kontakte zu den Fängern einerseits und finanzstarken Kunden in den USA oder Europa andererseits. Und natürlich versuchen sie, den Fängern ihre Funde für so wenig Geld wie möglich abzuschwatzen, um sie für soviel wie möglich weiterzuverkaufen. Der dazwischen liegende Gewinn ist teilweise enorm, der Aufwand denkbar gering, und der auf diese Weise entstehende Reichtum stärkt ihre Stellung innerhalb der Fängergemeinde. Je mehr interessante Tiere sie auftreiben können, desto mehr Profit machen sie und desto beherrschender wird die Stellung des betreffenden Händlers. Schließlich ist er sogar in der Lage, dank seiner Macht und dem gewonnenen Einfluss zwischen anderen Händlern und Fängern bestehende Geschäftsbeziehungen zu zerstören. Auf diese Weise erweitert sich sein Einfluss zunächst innerhalb seines Gebiets, dann seines Landes und greift schließlich sogar auf benachbarte Länder über. Es sind nach einer Weile fast nur noch die für ihn arbeitenden Fänger, die überall nach potentiellen Königspython-Mutationen suchen. In diesem Rahmen fließen nicht selten auch erhebliche Beträge in die Taschen korrupter Personen in behördlichen Schlüsselpositionen. Die mächtigen Händler unternehmen alles, um konkurrierende Fänger, Händler oder Züchter auszuschalten.

Die einzigen Großhändler, die Schlangen exportieren dürfen, sind jene mit einer besonderen Lizenz dafür. Diese ist nicht ohne weiteres zu bekommen, so dass sich etliche Händler auf einen zentralen Exporteur verlassen müssen, um ihre Tiere nach Übersee verkaufen zu können. Diese Exporteure genießen ihre Machtstellung und unternehmen alles, um Fänger und Zwischenhändler daran zu hindern, ihre Tiere direkt zu verschiffen. Sie wollen, dass alles über sie läuft. Damit haben sie eine ausgezeichnete Kontrolle darüber, welche Tiere bekannt sind und was mit ihnen geschieht.

Unter dem Strich sieht das alles so aus, als wären Königspythons Drogen, die von Drogenbaronen monopolisiert werden, die dadurch zu einem Maß an Einfluss und Wohlstand gelangen, das es ihnen erlaubt, Beamte zu bestechen und gegen jeden zu Felde zu ziehen, der nicht in ihrem Sinne handelt. In dieser Szenerie stelle man sich nun einen Amerikaner (oder Europäer) vor, der nach Afrika fliegt und denkt, er könne selbst nach Königspythons suchen, die er dann mit nach Hause nehmen kann. Er hat sich vorgestellt, er würde ein paar Fängern einen Besuch abstatten und ihnen eine vernünftige Summe für gute Tiere zahlen. Auch hofft er, dass er eine Vertrauensbasis schaffen kann, die „seine" Fänger dazu veranlasst, für ihn nach Tieren zu suchen, nachdem er längst wieder zuhause ist und die ihm dann zugeschickt werden. Damit tritt er den Königspython-Baronen jedoch mächtig auf die Zehen, die die Mittel haben, derartige Unternehmungen umgehend zu unterbinden. Der blauäugige Amerikaner (oder Europäer) wird sich voraussichtlich bald nach seiner Ankunft in einer Unterbringung mit vergitterter Aussicht wiederfinden und – wenn er Glück hat – mit dem nächsten Flugzeug auf dem Weg zurück in die Staaten sein. Diejenigen, denen es durch ihre Unauffälligkeit gelingt, tatsächlich in das Landesinnere vorzudringen, finden sich schon bald von einer unmöglichen Adresse zur nächsten geschickt, bekommen nur in den seltensten Fällen wirklich Schlangen zu sehen und fliegen gewöhnlich mit sehr wenig bis gar nichts wieder ab. Andere mögen geschickt genug sein, tatsächlich ein paar Tiere von Interesse aufzuspüren, diese zu bezahlen und dann vergeblich darauf warten, dass sie ihnen auf offiziellem Wege in die Heimat nachgeschickt werden. Der Versuch, sie selbst auszuführen, scheitert gewöhnlich spätestens bei Erreichen des Flughafenzolls. Auch sind Fälle bekannt, wo die Schlangen bereits versandfertig in Kisten verpackt wurden, dann jemand kam, der sie wieder aufmachte und interessant erscheinende Exemplare herausnahm. Der Empfänger erhielt dann zwar tatsächlich eine Sendung, jedoch fehlten darin die interessantesten Exemplare. Manche Käufer sind für einige Zeit in den entsprechenden Ländern geblieben, haben interessante Tiere geduldig angekauft, selbst zum Versand fertig gemacht, nur um dann eine völlig überraschende Razzia der Polizei zu erleben, in einem Gefängnis zu landen und schließlich als „unerwünschte Person" deportiert zu werden. Selbst einige ehrliche Händler sind auf diese Weise überfallen oder bestohlen worden und mussten dann feststellen, dass ihre Tiere auf ganz mysteriöse Weise in den Händen des ihr Gebiet beherrschenden Königspython-Barons landeten.

Ein interessanter Trick, mit dem einige Königspython-Barone operieren, besteht darin, Einfluss auf die Fluggesellschaften zu nehmen, die ihre Schlangen-Exporte abwickeln. Auch bei diesen haben sie sich Macht und Einfluss erkauft, was dazu führt, dass andere Auftraggeber mit Transportkosten konfrontiert werden, die es ihnen unmöglich machen, ihre Tiere aus dem Land zu bekommen. Da die Königspython-Barone durch ihre Verbindungen auch ganz genau erfahren, wann jemand anderes eine Sendung auf den Weg bringen will, buchen sie allen zur Verfügung stehenden Platz, so dass ein anderer Exporteur auf seinen gepackten Tieren sitzenbleibt, weil plötzlich die Frachtkapazität erschöpft ist. Die Folgen für den Konkurrenten sind dann bisweilen katastrophal, da er häufig nicht die Möglichkeit hat, sich um ein paar tausend Jungschlangen zu kümmern, bis er den nächsten Versuch eines Versands unternehmen kann (der dann voraussichtlich ebenfalls blockiert werden wird). Im Endeffekt fangen die Schlangen darunter zu leiden an und gehen in Erwartung ihres Exports schließlich ein. Durch diesen ebenso einfachen wie wirkungsvollen Trick wird die Anzahl der Exporteure neben dem eigentlichen Baron des betreffenden Landes auf ein paar wenige begrenzt. Er hat somit die alleinige Kontrolle über sämtliche Königspython-Exporte, und wer geschäftlich überleben will, muss sich seinen Anordnungen fügen. Im Endeffekt verlassen alle Lieferungen sein Land nur mit seiner Zustimmung.

Diese Art der Monopolisierung breitet sich immer weiter aus und ist vor allem während der Schlupfsaison überaus einträglich, wenn die Nachfrage nach Jungtieren am größten und die Anzahl der Exporteure auf einige wenige beschränkt ist. Auf diese Weise ist der Monopol-Inhaber auch in der Lage, die Verkaufspreise zu diktieren, wodurch noch mehr Geld in seine Taschen fließt. Somit werden Mindestpreise festgesetzt, und jeder, der diese zu unterbieten versucht, läuft Gefahr, seine Exportlizenz zu verlieren. Die Folge dieser Monopolisierung ist natürlich, dass der Reiche an der Spitze noch reicher wird, dass kleinere Händler nicht überleben können und verschwinden und am Ende nur ein einziger großer Baron übrigbleibt, der den gesamten Handel mit Königspythons in seinem Land kontrolliert. So seltsam sich das auch anhören mag, diese Situation verschärft sich immer mehr. Und diese Ausführungen sind nur ein Bruchteil von dem, was eigentlich darüber bekannt ist.

Züchtern in den USA werden dieser Tage immer mehr angebliche Wildfänge angeboten. Tatsächlich stammen diese aber aus der Zucht von irgend jemandem im betreffenden Exportland. Der potentielle Käufer erfährt von einem einzigartigen Tier und unternimmt alles in seiner Macht stehende, um dieses zu bekommen. Er investiert eine Unsumme in dem Glauben, es gäbe nur dieses eine, und er wäre derjenige, dessen Gebot den Zuschlag erhält. Tatsächlich aber ist dieses Exemplar nur eines von mehreren, und andere Bieter erhalten ebenfalls Zuschläge, aber dieses Wissen würde ja den Preis drücken. Genau dass passierte mit der leuzistischen Mutation. Noch vor ein paar Jahren galt diese als der Heilige Gral unter den Morphen. Züchter investierten Unsummen und nahmen jeden Ärger auf sich, um ein leuzistisches Exemplar aus einem afrikanischen Land herauszubekommen. Diese Morphe war unglaublich selten und in keiner Zucht vorhanden. Keiner wusste, wie es um die genetischen Grundlagen bestellt war, aber die Züchter glaubten fest an eine genetische und damit reproduzierbare Verankerung. In Wirklichkeit traten aber die ersten Leucistics im Bestand eines Königspython-Barons auf. Diesem waren die genetischen Grundlagen durchaus bekannt, doch um daraus den größtmöglichen Profit zu erzielen, gab er die entsprechenden Tiere entweder als in der Natur gefunden oder aus einem gesammelten Ei geschlüpft aus. Auf jeden Fall wäre es aber das einzige seiner Art. Er behauptete, er könne es dem eigentlichen Besitzer abkaufen und es an den Höchstbietenden liefern. Der Käufer ließ sich darauf ein, doch musste er schon bald darauf feststellen, dass über die nächsten Jahre immer mehr solche Tiere als Importe ins Land kamen. Einst gab es solche Exemplare einfach nicht, und dann wurden plötzlich soviele gefunden und an den jeweils Höchstbietenden geliefert? Der Königspython-Baron kannte das Spiel besser als irgend jemand sonst. Er behielt einige der spektakulärsten Tiere für sich, und er lernte, wie man sie vermehrt. Selbstverständlich durfte niemand seine Station betreten, damit sein Geheimnis nicht entdeckt würde. Und dieses Geheimnis war eine Menge Geld wert. Auf diese Weise produzierte er „einzigartige" Jungtiere, die er, wie beschrieben, in den afrikanischen Exportmarkt einschleuste. Wild entschlossene Käufer nahmen sie ihm ab und glaubten fest daran, dass sie das jeweils einzige Tier dieser Art besäßen, obwohl dies ziemlich unwahrscheinlich ist.

Dieser Königspython-Baron ist überaus clever und opportunistisch, und er hat es verstanden, die Amerikaner bei ihrem eigenen Spiel zu schlagen. Ich kann nur neidisch werden bei dem Gedanken, was er sonst noch in seinem Bestand haben könnte. Sicherlich Tiere, von denen wir noch nicht das Geringste erfahren haben. Durch Auswahlzucht sind in letzter Zeit Leucistics in größerer Zahl produziert worden, wodurch sich der Bedarf an afrikanischen Importen dieser Mutation vermindert hat. Diese Entwicklung ist auch für andere Morphen zu erwarten, und je mehr neue und aufregende Mutationen aus der Zucht im eigenen Land kommen, desto weniger sind wir auf solche aus Afrika angewiesen.

Die Zustände in den afrikanischen Exportländern ändern sich jedes Jahr, und der angenommene Wert von ungewöhnlichen Exemplaren hat einige Leute reich gemacht. Ein Nebenprodukt davon ist die Schaffung eines wohl einzigartigen Niveaus von Gier und Unehrlichkeit.

Der Königspython in der Afrikanischen Kultur und Mythologie

Königspythons werden in einigen Kulturen verehrt oder sogar als heilige Tiere betrachtet. In manchen Gegenden Afrikas ist es undenkbar, einen Königspython zu töten. Wird dort ein totes Exemplar gefunden, so wird es oftmals umgehend mit einem Tuch bedeckt, um ihm Respekt zu zollen. Vielfach wird geglaubt, dass wenn man einen Königspython tötet, der Regen ausbleiben würde. Der Übeltäter muss dann ein Ritual durchführen, um alles wieder ins Lot zu bringen. In manchen Kulturen wird es als Segen angesehen, wenn sich ein Königspython in eine menschliche Behausung begibt. In anderen ländlichen Bereichen werden Königspythons in die Dörfer gebracht, damit sie die allgegenwärtigen Nager von den Getreidevorräten fernhalten.

In Gebieten mit diesen Kulturen werden auch keine Königspythons für den Exportmarkt gefangen, denn dies wäre ein Sakrileg. Selbst professionelle Schlangenfänger meiden diese Gegenden, denn sie müssen befürchten, selbst zu Schaden zu kommen.

Terrarienhaltung

Abb. 20: Hat ein Königspython eine gute Körperspannung, ist dies ein sicheres Zeichen für dessen Vitalität. K. McCurley

Königspythons als Terrarientiere

Königspythons geben ausgezeichnete Terrarientiere ab, denn sie werden nicht besonders groß und haben einfach zu erfüllende Pflegeansprüche. Sie sind gewöhnlich nicht aggressiv und scheinen in vielen Fällen das Angefasstwerden und den Umgang mit dem Pfleger zu genießen. Für sie zu sorgen ist bei weitem weniger aufwendig als zum Beispiel für eine Katze oder einen Hund. Das Füttern muss nicht einem festgelegten Zeitplan folgen, wie dies bei den meisten anderen Haustieren der Fall ist, und durch Urlaub bedingte Abwesenheiten machen nur wenig an besonderen Vorkehrungen nötig. Diese Schlangen kommen über Wochen hinaus ohne Futter aus, solange ihnen nur frisches Wasser zur Verfügung steht. Sie sind von Natur aus sehr sauber, unaufdringlich und machen keinen Lärm. Auch benötigen sie keine regelmäßigen Routineuntersuchungen beim Tierarzt oder regelmäßige Wurmkuren. Wenn es sich nicht um importierte Wildfänge handelt, sind sie die ideale Schlange für den Anfänger, und unter Anleitung eines Erwachsenen können Kinder mit ihnen die Grundlagen der Terrarientierhaltung lernen. Im Gegensatz zu Korn- und Königsnattern, die aufgrund ihrer Größe und des deutlich lebhafteres

Temperaments schon recht schnell aus dem Gewahrsam eines Kindes entwischen können, sind Königspythons in ihren Bewegungen langsam und einfach zu handhaben. Ihre Unterhaltskosten sind gering, sie sind widerstandsfähig und relativ langlebig.

Auswahl eines gesunden Königspythons

Auch wenn sich Königspythons hervorragend zur Haltung als „Hausschlange" eignen, sollte man sich doch eingehend informieren, bevor man sich ein solches Tier anschafft, damit man auch bekommt, was man erwartet.

Als erstes sollte man sich über die eigene Motivation zur Haltung eines solchen Tieres klar werden – was erwartet man von ihm. Ist man gewillt, lebende Futtertiere zu verfüttern, wenn sich dies als erforderlich erweist? Ein Königspython kann bedeuten, dass man über die nächsten 20 Jahre die Verantwortung für sein Wohlergehen hat; vielleicht werden daraus aber auch die nächsten 40! Auch wenn ein häufiger Grund für die Anschaffung eines Königspythons der ist, dass er nicht so groß wie einige andere Riesenschlangen wird und er allgemein umgänglicher ist, so sollte man doch nicht darüber hinwegsehen, dass auch er eine Schlange ist. Hat man schon Erfahrungen mit diesen Tieren? Wie bereits zuvor besprochen, haben Schlangen besondere Bedürfnisse, z. B. hinsichtlich ihrer Unterbringung, die erfüllt werden müssen, damit sie überleben können.

Aküfi – Die Abkürzungsfibel

Wenn man ein wenig recherchiert hat – und das sollte bei Erreichen dieses Abschnittes bereits geschehen sein – wird man zweifellos über die zahlreichen Abkürzungen gestolpert sein, mit denen vor allem im Internet Königspythons bezeichnet werden. Da viele der Webseiten von US-amerikanischen Züchtern, Pflegern und Händlern betrieben werden, ergibt es durchaus einen Sinn, diese neben den deutschen hier kurz zu erklären.

CBB – „Captive Bred and Born" (in Gefangenschaft gezüchtet und geschlüpft). Diese Bezeichnung bedeutet, dass es sich um reine Terrariennachzuchten handelt. Die Elterntiere lebten in Gefangenschaft, wurden dort verpaart, das Weibchen legte Eier, und aus diesen schlüpften die in Frage stehenden Jungtiere. Das deutsche Äquivalent hierzu ist NZ (Nachzucht) oder DNZ (Deutsche Nachzucht) gelegentlich auch TNZ (Terrariennachzucht). In den USA wird hin und wieder auch die Abkürzung „USCB" („United States Captive Bred") verwendet, was Importe von Nachzuchten aus anderen Ländern ausschließt. Der Kauf von Jungtieren von einem Züchter hat etliche Vorteile. Zum Beispiel kann man von diesem die gesamte Vorgeschichte des entsprechenden Tieres erfahren, wer seine Eltern sind und so weiter. Auch hat man dadurch jemanden, an den man sich mit spezifischen Fragen wenden kann und der diese anhand seiner eigenen Erfahrungen verlässlich zu beantworten vermag.

CB – Diese Abkürzung wird leider zum Teil missbräuchlich verwendet. Eigentlich bezieht sie sich auf „Captive Born" (in Gefangenschaft geschlüpft), d.h. aus Eiern wildgefangener Weibchen, die künstlich inkubiert wurden und somit in Gefangenschaft geschlüpft sind. Leider wird sie aber auch als „Captive Bred" (Gefangenschaftsnachzucht) anstelle von CBB gebraucht. Man muss also den Anbieter fragen, was er nun eigentlich damit meint. Wenn dieser ehrlich genug ist, wird er dem interessierten Käufer nichts vorenthalten.

CH – „Captive Hatched" (in Gefangenschaft geschlüpft). Dies bezeichnet nun unzweifelhaft aus Eiern von wild gefangenen Weibchen geschlüpfte Jungtiere. Wie weiter oben bereits beschrieben, sind diese Eier von in der freien Natur gefangenen trächtigen Weibchen in Gefangenschaft gelegt oder in freier Natur brutpflegenden Weibchen weggenommen worden. Die Weibchen wurden danach entweder wieder ausgesetzt oder zu Leder und/oder Lebensmitteln weiterverarbeitet. Große Zahlen von CH-Jungtieren werden jedes Jahr zumindest in die USA importiert, und die meisten davon gelangen schließlich in den Einzelhandel. Manchmal wurden diese Jungtiere bereits in Afrika gefüttert, meistens jedoch nicht. Ihr Überleben hängt dann davon ab, wie man sich um sie kümmert. Leider sind viele Exemplare stark gestresst und fressen nicht. Sie bedürfen ganz besonderer Aufmerksamkeit, um sie durchzubringen.

„**Farmed**" / „**Farm Raised**" – in Deutschland vor allem als Farmzucht bekannt. Beide Amerikanischen sind im Allgemeinen alternative Bezeichnungen für „Captive Hatched". Trächtige Weibchen werden in der Natur gesammelt und legen ihre Eier in Gefangenschaft ab. Manchmal werden diese dann künstlich erbrütet, manchmal überlässt man aber auch den Weibchen diese Aufgabe. Die Schlüpflinge werden dann exportiert. Mit „Farm Raised" („Farmzucht") kann aber auch gemeint sein, dass es sich um ein schon etwas größeres Tier handelt, das zumindest einige Zeit bei einem Züchter im Ursprungsland verbracht hat.

„**Imported**" – Hierbei kann es sich sowohl um CH- oder reine Wildfänge aus den Ursprungsländern als auch um importierte Nachzuchten aus Gefangenschaftsnachzucht in einem anderen Land handeln (dann gewöhnlich mit genauerer Herkunftsangabe oder zusätzlichen Kürzeln). In jedem Fall sind es aber die Tiere, die nicht aus dem eigenen Land stammen.

„**WC**" – „Wild Caught" (Wildfang, „WF"). Der freien Natur entnommene Tiere, die dann in ein Empfängerland importiert worden sind. Wildfänge sind häufig mit Parasiten befallen (innere und äußere), oftmals nur schwer an ein Leben in Gefangenschaft zu gewöhnen und sollten besser nur dem erfahrenen Pfleger vorbehalten bleiben.

Züchter, Reptilienhändler und Zoofachgeschäfte

Jemanden zu finden, der seine Tiere bis in das kleinste Detail kennt, ist von unschätzbarem Wert für den eigenen Erfolg, vor allem wenn man später auf Probleme stößt oder Antworten auf spezielle Fragen sucht. Diese Person ist gewöhnlich ein Züchter, der der Terraristik schon seit langer Zeit nachgeht und über einen entsprechenden Erfahrungsschatz verfügt.

Ein eingesessener Reptilienhändler hat andererseits in der Regel weit reichende, oftmals internationale Beziehungen und somit Zugriff auf Quellen, die dem Privatmann meistens nicht offen stehen. Zoofachgeschäfte werden hingegen von Großhändlern, aber auch von Züchtern beliefert und haben daher in den meisten Fällen ein sehr weit reichendes Angebot, das man sich in aller Ruhe anschauen kann. Sie sind meistens die beste Quelle für das benötigte Zubehör, Futter, Streu und andere Verbrauchsgüter. Die Qualität der individuellen Beratung hängt maßgeblich vom persönlichen Engagement des dort beschäftigten Personals ab.

Wo man was am besten kauft, erfährt man durch den persönlichen Kontakt zu anderen Pflegern mit gleichen oder ähnlichen Interessen. Diese wiederum findet man über terraristische Vereinigungen – und diese spürt man am besten über Fachzeitschriften und das Internet auf.

Abb. 21: Mit solchen Kunststoffterrarien lassen sich schnell und einfach ganze Räume ausstatten, um eine große Anzahl Königspythons zu halten.   K. McCurley

Abb. 22: Dieser Königspython ist an seiner Umwelt sehr interessiert; dies ist ebenfalls ein sicheres Zeichen für eine gute körperliche Verfassung.   K. McCurley

Auswahlkriterien

Allgemeine Erscheinung und Verhalten – Macht das Tier einen gesunden, robusten und aufmerksamen Eindruck? Es sollte eine gut entwickelte Muskulatur bei einem normalen Gewicht zeigen. Ein gesunder Königspython ist keineswegs apathisch, schlaff oder schwächlich. Im Idealfall verhält sich die Schlange ruhig und bewegt sich langsam mit gleichmäßigem Züngeln. Eine junge Schlange sollte jedoch keine Minuspunkte erhalten, nur weil sie defensiv zu einem Ball zusammengerollt ist, schließlich ist das ein ganz natürliches Verhalten. Ein nervöses Exemplar, das wild um sich schlägt und hektisch zu fliehen versucht, sollte man jedoch besser meiden.

Körper – In die Hand genommen, sollte sich eine Schlange solide und kräftig, aber keinesfalls lappig, aufgedunsen, dünn oder knochig anfühlen. Wenn man sie durch die Hände gleiten lässt, sollte man auf Einsenkungen und Beulen im Rippen-, vor allem aber im Wirbelsäulenbereich achten, die auf Knochenbrüche hinweisen können.

Haut – Die Haut eines gesunden Königspythons ist glatt und frei von nässenden Stellen, Pusteln, Wunden sowie Außenparasiten wie Zecken oder Milben. Sind Zecken vorhanden, sind sie in die Haut eingebohrt; Milben sehen hingegen wie winzige, runde, an Mohnkörner erinnernde Pünktchen aus, die auf der Schlange umherlaufen oder sich zu Haufen um die Augen herum versammelt haben. Nach dem Anfassen sollten sie gegebenenfalls auch auf den Händen zu finden sein.

Augen – Die Augen eines gesunden Königspythons sind klar, ohne jegliche Anzeichen von Aufgedunsenheit, Milchigkeit (es sei denn natürlich, das Tier steht kurz vor einer Häutung), Eiter, Entzündungen oder Parasiten. Bläulich oder grau überlagerte Augen weisen nicht auf eine Erkrankung, sondern eine sich anbahnende Häutung hin. Winzig kleine, schwarze Körnchen um und auf dem Brillenschild sind Milben, und eine Schlange mit Außenparasiten sollte man grundsätzlich nicht kaufen. Ein Tier mit von der letzten Häutung zurückgebliebenen Brillenschildern auf den Augen ist ebenfalls keine gute Wahl. Faltige Augenschilder können auf eine Haltung unter zu trockenen Bedingungen oder eine schlecht verlaufene letzte Häutung hinweisen und sind nicht zwangsläufig Anzeiger eines schlechten Gesundheitszustandes.

Mund – Der Königspython sollte beim Umherkriechen das Maul geschlossen halten. Ein übermäßiges Gähnen oder Offenhalten des Mauls deutet auf eine Atemwegserkrankung hin, ebenso wie ein übermäßiger Speichelfluss oder Blasenbildung von Speichel beim Ausatmen. Zahnfleisch und Schleimhäute im Mundinnenraum sollten eine

Abb. 23: Das Maul sollte leicht rosa und sauber sein sowie nicht übermäßig viel Speichel aufweisen. K. McCurley

helle, weißlich rosafarbene Tönung haben, ohne gerötete Stellen oder abgebrochene Zähne. Wenn man es sich nicht selbst zutraut, dem Python das Maul zu öffnen, sollte man den Verkäufer darum bitten. Ein verdickter, aufgeblähter Kehlbereich ist ein Hinweis auf eine vorliegende Infektion der Atemwege, da die Schlange durch ihre Glottis (die am Mundboden beginnende „Atemröhre") ausatmet und nicht durch die Nasenlöcher, die durch Schleim verstopft sind.

Kloake – Der Darmausgang der Schlange sollte sauber und nicht mit angetrockneten Kotresten verkrustet sein. Er sollte auch keinerlei Schwellung oder Rötung aufweisen oder aufgedunsen erscheinen. Auch sollten sich darum keine Häutungsreste befinden oder Ausfluss festzustellen sein.

Alter – Man ist gut damit beraten, das Alter des zum Verkauf stehenden Tieres in Betracht zu ziehen. Auch wenn vielen Pflegern der Gedanke gefällt, eine Schlange vom Schlüpflings- bis zum Erwachsenalter aufzuziehen, so sind doch eine junge Schlange und ein unerfahrener Pfleger keine ideale Kombination. Ganz junge Königspythons verzeihen Haltungsfehler weitaus weniger als bereits ältere Tiere. Anfänger begehen Fehler – sie sind Bestandteil des Lernens, und jeder macht sie. Ein bereits etwas älteres Exemplar (6–12 Monate) ist bereits an die Bedingungen eines Terrariums und mit ihm umgehende Menschen gewöhnt und eher in der Lage, einen Haltungsfehler zu überleben. Wenn man sich für ein jüngeres Tier entscheidet, sollte dieses bereits wenigstens fünf oder sechs Mal zuvor gefressen und sich somit daran gewöhnt haben.

Abb. 24 oben: Um den After herum sollten immer alle Schuppen sauber und ohne Verletzungen sein.
Abb. 25 unten: Solche Verkrustungen am Analschild sind immer Anzeichen für eine Infektion oder eine überstrapazierte Brutphase. K. McCurley

Schlangentransport

Ein gut vorbereiteter Transport der neuen Schlange in einem dafür geeigneten Behälter vermindert den mit dem Umzug in eine neue Umgebung verbundenen Stress. Styropor- oder Kühlboxen aus Plastik sind zu diesem Zweck bestens brauch-

Abb. 26: Einen Leinenbeutel oder Kopfkissenbezug mit zerknülltem Zeitungspapier, eine Styroporbox und ein Einweg-Heizkissen (falls durch geringe Außentemperaturen erforderlich) sind alles, was man zum Versand von Königspythons benötigt. K. McCurley

bar, da sie die Schlange vor drastischen Temperaturveränderungen schützen. Bei einem Transport bei sehr kalter Witterung kann die Verwendung einer Wärmflasche nötig sein; diese darf natürlich nicht zu heiß sein! Selbst bei einem kurzen Weg nach Hause kann ein ungeschützt transportierter Königspython bereits erheblichen Temperaturschwankungen ausgesetzt sein. Für ein Tier, das vor allem unter gleich bleibenden Bedingungen gedeiht, bedeutet dies Stress, der durch das Verbringen in eine unvertraute neue Umgebung nur noch vergrößert wird. Diese unangenehme Erfahrung kann man ihm durch einen simplen Transportbehälter und etwas Voraussicht ersparen. Umso leichter wird dadurch auch alles für den Pfleger selbst. Wenn der Behälter luftdicht schließt, sollte er mit Lüftungsöffnungen versehen werden.

Königspythons verstehen

Schlangen haben natürliche Bedürfnisse. Diese müssen erst einmal befriedigt werden, bevor wir erwarten dürfen, dass sich die Schlange ihrer Natur gemäß verhält und wir uns daran erfreuen können. Reptilien haben keine eigene Körperwärme und sind daher zur Wärmeaufnahme von ihrer Umgebung abhängig. Erst mit Erreichen einer geeigneten Körpertemperatur ist sie in der Lage, aufgenommenes Futter zu verdauen und in Wachstum umzusetzen sowie ein effektives Immunsystem aufrecht zu erhalten. Stellt der Pfleger dem Tier keinen angemessenen Temperaturbereich zur Verfügung, fehlt dem letzteren eine maßgebliche Lebensgrundlage. Es mag unter diesen Bedingungen vielleicht eine Zeit lang überleben, jedoch wird es zunehmend schwächer werden und schlussendlich an einer Infektionskrankheit oder an Unterernährung zugrundegehen.

Der natürliche Instinkt eines Königspythons lässt ihn sich versteckt halten und hauptsächlich nachts aktiv sein. In seiner natürlichen Umgebung im afrikanischen Busch hätte er als nur mäßig große Schlange nur sehr geringe Überlebenschancen, würde er sich regelmäßig tagsüber seinen potentiellen Fressfeinden präsentieren. Seine Möglichkeiten zur eigenen Verteidigung sind im Vergleich minimal, und als Art hat er eigentlich nur deshalb bis heute überleben können, weil er sich einen großen Teil seiner Zeit in unterirdischen Verstecken verbirgt und sich auch ansonsten unauffällig benimmt.

In Gefangenschaft sollte ihm daher ein klarer Tag/Nacht-Rhythmus geboten werden, der seinen Instinkten verrät, wann es sicher ist, sein Tagesversteck zu verlassen. Missachtet man als Pfleger dieses Grundbedürfnis, wird sich die Schlange nie richtig eingewöhnen und unruhig bleiben. Eine solche Situation ist für beide Parteien unbefriedigend, da das gepflegte Tier nicht in der erwarteten Weise zu gedeihen vermag. Der Pfleger muss ihm also Versteckmöglichkeiten zur Verfügung stellen und eine angemessen friedvolle Umgebung bieten. Das Terrarium sollte aus diesem Grunde nicht an einer Stelle stehen, wo ständig Menschen vorbeilaufen und dadurch Erschütterungen versuchen. Auch sollten die Tiere selbst nicht ständig durch neugierige Blicke von Menschen oder Haustieren gestört werden. Obwohl Königspythons „lernen", braucht es eine ganze Weile, bis sie halbwegs begreifen, dass ihnen die Menschen ihrer Umgebung nicht feindlich gesonnen sind.

Abb. 27: Ein gutes Versteck: eng (so wie es alle Schlangen gern haben), aber die gesamte Schlange ist abgedeckt.   K. McCurley

Hat man erst einmal durch Geduld und rücksichtsvollen Umgang eine Vertrauensbasis geschaffen, steht die Schlange dem gelegentlichen Angefasstwerden und hin und wieder erfolgenden Störungen wesentlich gelassener gegenüber. Einige Königspythons scheinen dann sogar Gefallen an den Aktivitäten ihres Pflegers zu finden und nehmen mit großer Neugier an allen Geschehnissen in ihrer Umgebung Anteil. Bei ihnen handelt es sich dann um bestens eingewöhnte Tiere, die „gelernt" haben, dass wir sie nicht essen wollen und Teil einer Umgebung sind, in der sie kaum etwas zu fürchten haben.

Königspython-Verhalten interpretieren

Das Leben einer Schlange verläuft nach einigen wenigen Grundzügen. Indem man diese zu verstehen lernt, lernt man auch ihre Lebensäußerungen zu interpretieren und kann ihre Bedürfnisse besser erfüllen.

Schlafen

Schlangen schlafen bewegungslos mit eng zusammengezogener Pupille, so dass sie nicht vom Licht gestört werden; schließlich besitzen sie keine Augenlider, die sie zu diesem Zweck schließen könnten. Durch die eng zusammengezogenen Pupillen können sie jedoch durchaus einen plötzlich auftretenden Schatten erkennen und entspre-

Abb. 28: Selbst ein anscheinend tief schlafender Königspython, so wie dieses Exemplar, ist bei herannahender Beute oder Feinden blitzschnell zu einer Reaktion fähig.

D. Hasselberg

chend reagieren. Handelt es sich dabei um etwas Fressbares, gehen sie sofort zu einem Angriff über. Sie müssen dazu nicht erst „wach werden". Diese Fähigkeit ist eine natürliche Anpassung an ein optimales Nutzen von Gelegenheiten – schließlich kann einige Zeit vergehen, bis sich erneut eine Gelegenheit zum Erbeuten von Futter bietet.

Für den Pfleger bedeutet dies, dass die Schlange bei einer plötzlichen Störung während des Tages nach ihm beißen kann. Zum besseren Verständnis soll das folgende Beispiel dienen: Man hat seine Katze eine Weile gestreichelt und will dann den schlafenden Königspython aus seinem Behältnis herausnehmen. Dieser hat schon den ganzen Tag auf etwas Fressbares gewartet. Nun erkennt er eine plötzliche Bewegung, hat den Geruch von Fell und eine Körperwärme abstrahlende Quelle vor sich, und seine instinktive Reaktion darauf ist – Futter! Die Schlange schlägt nach der Hand des Pflegers, und der ist völlig überrascht. Dabei war diese Reaktion rein instinktiv und vom Pfleger aus Gedankenlosigkeit praktisch provoziert. Folglich sollte man sich die Hände waschen, nachdem man etwas „Felliges" angefasst hat und der Schlange weiterhin ein wenig Zeit zugestehen, um die Situation klarer beurteilen zu können. Dies erfolgt dadurch, dass die Schlange ihre Umgebung geruchlich und durch das Abtasten von Wärmefeldern sowie die Bewegungen darin optisch in sich aufnimmt. Es äußert sich durch langes Züngeln und ein neugieriges Umherkriechen. In dieser Situation ist es äußerst unwahrscheinlich, dass sie den Pfleger mit Futter verwechselt. In diesem Zustand bereiten uns die Schlangen auch die meiste Freude.

Persönlich bin ich davon überzeugt, dass Schlangen ihre Pfleger erkennen lernen und sich an immer wiederkehrende Vorkommnisse gewöhnen. Dazu braucht es natürlich einige Zeit. Manche Schlangen zeigen sich sichtlich nervös und manchmal regelrecht spastisch, wenn sie von einem Fremden angefasst werden. Es ist klar zu erkennen, dass ihnen diese Begegnung unheimlich ist und ihnen Angst macht. Wenn die Schlange den Eindruck hat, sie könnte herunterfallen oder dass sie misshandelt werden könnte, kann sie sich sehr aufgeregt verhalten und sich sehr schnell bewegen. Dann besteht auch die Möglichkeit, dass sie zu beißen versucht, um damit ihr Leben zu verteidigen. Es bedeutet nicht, dass die Schlange bösartig ist. Die Natur hat diesen kleinen Python mit vielen kurzen, dafür aber nadelspitzen Zähnen ausgestattet, die sicherstellen, dass man ihn zur Kenntnis nimmt, wenn er einen beißt. Die meisten über längere Zeit im Terrarium gehaltenen Königspythons werden vermutlich keinen Beißversuch unternehmen, es sei denn, sie fürchten wirklich um ihr Leben. Jedoch wird man feststellen, dass auch hier Ausnahmen die Regel bestätigen. Mir selbst sind nämlich schon Königspythons begegnet, die bereits auf den ersten Blick als überaus aggressiv erschienen und die kaum etwas unversucht ließen, um mich zu beißen. Solche Tiere sind in der Regel auch insgesamt sehr unruhig und scheinen zu glauben, die ganze Welt wäre hinter ihnen her. Aber selbst diese Tiere beißen nur aus einer überwältigenden Angst heraus, nicht weil sie bösartig sind. Bösartigkeit ist ein menschlicher Wesenszug, der im Reich der Tiere keinerlei Zweck erfüllt.

Stress
Ich glaube ebenfalls, dass manche Schlangen durch Terrarienhaltung unter Stress. Diese Tiere sind dann gewöhnlich inaktiv und scheu. Es ist vor allem zu beobachten, wenn ihr Terrarium an einer Stelle steht, die starkem Fußgängerverkehr ausgesetzt ist, der sie nie ein Gefühl der Sicherheit erfahren lässt. Über einen längeren Zeitraum kann dies dazu führen, dass der ansonsten gesunde Königspython einfach eingeht. Dazu können allerdings auch viele andere Umstände führen, und es ist daher um so wichtiger, dass man die Grundbedürfnisse dieser Schlangen versteht und selbigen dadurch entspricht, dass man sich seines gesunden Menschenverstandes bedient.

Vielleicht lässt sich das alles besser verstehen, wenn man sich einmal folgende Situation vorstellt: Man wohnt ganz allein in einem wunderbar ausgestatteten Haus. Jedoch, jedes Mal, wenn man vor die Tür gehen will, steht dort ein riesiger Godzilla, der einen ansieht. Man rennt also zurück ins Haus und versteckt sich dort. Der Godzilla ist sehr erregt über den Anblick, also hebt er das Haus hoch, ergreift die Person darin und schaut sie sich genau aus der Nähe an. Eine Weile später verliert der Godzilla aber das Interesse, setzt einen zurück auf den Boden und stellt auch das Haus wieder an seinen Platz. Godzilla hat einen nicht gefressen oder auch nur verletzt, aber er bleibt doch Godzilla. Zu diesem Zeitpunkt kann man ihm einfach nicht trauen. Godzilla kommt immer wieder, bringt aber auch jede Menge Essbares und Wasser. Das Beben des Bodens wenn er vorbeigeht, ist dauernd erneut zu spüren. Man kommt einfach nicht zur Ruhe; jeden Moment kann er das Haus wieder hochheben und einen ergreifen, selbst wenn man schläft. Manchmal kommt Godzilla sogar mit anderen Monsterfreunden, die einen dann ebenfalls in die Hand nehmen und mit einem spielen wollen. Auch diese verletzen einen aber nicht. Es ist jedes Mal aufs Neue eine Angst machende Erfahrung, und es braucht Zeit, um Godzilla zu vertrauen. Anfangs war jede Begegnung mit Godzilla ein fürchterliches Erlebnis, das gar nicht schnell genug zu Ende gehen konnte, aber schließlich konnte man sich doch darauf verlassen, dass einem nichts Böses geschehen würde. Im Laufe der Zeit mag man dann seinen Godzilla vielleicht sogar lieben lernen.

Schlangen brauchen Zeit, um sich einzugewöhnen, ihre Umgebung zu verstehen und dem Zusammenleben mit einem Menschen vertrauen entgegenzubringen.

Was macht einen guten Pfleger aus?
- Wissen, was man tut.
- Bemerken, was um einen herum vor sich geht.
- Vorausdenken.
- Vernünftige Erwartungen haben.
- Über Ratschläge nachdenken.
- Probleme durch Nachdenken lösen.
- Lesen und Lernen ohne Ende! Es gibt unzählige Bücher und ein Internet voll mit brauchbaren Informationen. Vorsicht jedoch vor selbst ernannten „Experten" in Online-Foren!
- Einem terraristischen Verein beitreten.
- Kontakt zu Gleichgesinnten mit mehr Erfahrung als der eigenen suchen und pflegen.
- Freude an den Tieren haben!

Ansprüche an die Unterbringung

Der Königspython ist offensichtlich nicht das, was man normalerweise unter einem Haustier verstehen würde. Er ist mit anderen Worten kein domestiziertes Tier, das sich ohne weiteres an sich verändernde Faktoren wie Temperatur oder Luftfeuchtigkeit anpassen könnte, wie sie in einem normalen Haushalt an der Tagesordnung sind. Er benötigt folglich eine besondere Unterbringung.

Alle Reptilien sind wechselwarme oder richtiger ausgedrückt poikilotherme Lebewesen, die ihre Körperwärme nicht selbstständig erzeugen können, worauf die volkstümliche Bezeichnung „kaltblütig" Bezug nimmt. Sie sind daher von den Bedingungen ihrer direkten Umwelt abhängig, die ihnen Möglichkeiten zum Aufwärmen und Abkühlen bieten muss. Im Gegensatz zu einem Hund oder einer Katze, die einem Ansteigen der Temperaturen um 10 °C oder einer um 20 % fallenden relativen Luftfeuchte weitestgehend gleichgültig gegenüberstehen, reagieren Reptilien höchst empfindlich auf derartige Schwankungen. In manchen Fällen sind Veränderungen in den Umweltbedingungen für die Schlange „Anzeiger", dass es nun an der Zeit wäre, mehr oder weniger zu fressen oder sich nach einem Partner für die Fortpflanzung umzuschauen. Wenn diese umweltbedingten Auslöser zur richtigen Zeit künstlich erzeugt werden, kann sie der Terrarianer nutzen, um eine gewünschte Reaktion hervorzurufen, z.B. das Fressen oder das Paaren. Wenn jedoch andererseits ein Königspython in einem unkontrollierten Umfeld gehalten wird, können die damit einhergehenden häufigen und bisweilen drastischen Veränderungen zu Stress führen. Als Folge kommt es dann zu Futterverweigerung und nicht selten zu Gesundheitsstörungen und selbst Erkrankungen, die dann der medizinischen Versorgung bedürfen. Falsche Haltungsbedingungen und/oder Stress sind die häufigsten Krankheitsauslöser unter Gefangenschaftsbedingungen. Es liegt daher in der Verantwortung des Pflegers, die Bedürfnisse seiner Pfleglinge zu kennen und zu verstehen und dafür zu sorgen, dass diese in der bestmöglichen Art und Weise erfüllt werden.

Es ist unbedingt zu empfehlen, dass sich der Terrarianer zunächst eine geeignete Behausung anschafft und diese betriebsfertig macht, bevor er auszieht und sich eine

Schlange kauft. Dies gilt sowohl für das allererste wie auch für das fünfzigste Tier. Ein vernünftiges Terrarium, in dem bereits die richtigen Temperaturen und Luftfeuchtigkeitswerte herrschen, ermöglicht der Schlange einen reibungslosen Übergang von einer Behausung in die nächste.

Terrarien
Terrariengröße

Ein erwachsener Königspython benötigt ein Terrarium von ungefähr 90 cm Länge und 45 cm Tiefe, ein halbwüchsiges Tier ein solches von 60 mal 30 cm (siehe hierzu auch weiter unten im Text „Anmerkung des Herausgebers"). Frisch geschlüpfte Königspythons scheinen sich in kleinen Behältnissen besonders gut zu entwickeln und können schon in Becken von etwa 12 cm Breite bei 25 cm Länge untergebracht werden. Übergroße Behälter können hingegen auf eine kleine Schlange bedrohlich wirken, sie dadurch unter Stress setzen und Futterverweigerung hervorrufen. Man sollte hierbei stets bedenken, dass ein Königspython-Baby ziemlich weit unten in der Nahrungspyramide angesiedelt und von Natur aus darauf programmiert ist, sich möglichst sicher versteckt zu halten, um zu überleben. Versteckplätze sind daher für Schlüpflinge und junge Königspythons besonders wichtig (siehe „Unterschlupf" auf S. 68), und sei es nur in Form eines gewissen Durcheinanders in dem betreffenden Terrarium. Hierdurch fühlt sich das Tier geborgen und kann seinen angeborenen Verhaltensmustern entsprechen. Ein Jungtier kann schon in einem 40 bis 80 Liter fassenden Behälter bestens untergebracht werden. Jedes Becken sollte dabei stets eine deutlich wärmere und eine kühlere Seite aufweisen (die Ausnahme sind in schuhschachtelgroßen Behältern bei einer mittleren Temperatur untergebrachte Jungtiere).

> ### Anmerkung des Herausgebers
> Die Mindestgröße von Terrarien für Reptilien wird in Deutschland durch das 1997 veröffentlichte „Gutachten über die Mindestanforderungen an die Haltung von Reptilien" vom Bundesministerium für Ernährung, Landwirtschaft und Forsten, Referat Tierschutz, klar definiert. Danach wird die Terrariengröße für einen *P. regius* anhand seiner Körperlänge errechnet, in dem man sie mit folgenden Faktoren multipliziert: 1,0 × 0,5 × 0,75 (L×T×H)
>
> Beispiel: Einem Königspython mit einer Körperlänge von 100 cm müsste demnach ein Terrarium mit den Abmessungen 100 × 50 × 75 cm (L×T×H) zur Verfügung gestellt werden; dies ist dann für ein bis maximal zwei Exemplare geeignet, und für jedes weitere Tier müssen alle Maße um 20 % erhöht werden.

Terrarientypen

Dem Königspython-Pfleger stehen eine ganze Reihe von Unterbringungsmöglichkeiten zur Auswahl. Generell muss jedoch das Behältnis die Grundbedürfnisse der Schlangen erfüllen, und es muss völlig betriebs-, nutzungs- und ausbruchsicher sein. Schlangen sind von Natur aus Ausbruchskünstler, die ganz schnell entweichen können, wenn man ihnen dazu eine Gelegenheit gibt. Das Behältnis muss einfach und sicher zu verschließen sein, denn man kann davon ausgehen, dass wenn eine Schlange erst einmal herausgefunden hat, wie sie daraus entweichen kann, sie dies immer wieder tun wird. Ist sie erst einmal in „Freiheit", stößt sie oftmals auf Gegebenheiten, die ihren natürlichen Bedürfnissen ganz und gar nicht entsprechen. Und wird sie dann nicht schnell wiedergefunden, kann ihr Leben in Gefahr sein.

Nachstehend wollen wir in aller Kürze ein paar der zur Auswahl stehenden Unterbringungsmöglichkeiten betrachten.

Vollglasterrarium / Aquarium
Behälter aus Glas sind vermutlich die am meisten verwendeten, vor allem bei Terrarianern mit nur wenigen Tieren. Standardisierte vorgefertigte Modelle sind in spezialisierten Zoofachhandlungen und auf Tauschbörsen zu finden. In vielen Fällen ist es die Möglichkeit, das Innere des Behälters von allen Seiten gut einsehen zu können, die Pfleger diese Art von Terrarium wählen lässt. Oftmals werden sie dann aufwendig wie ein Ausschnitt aus der Natur eingerichtet und dienen nicht selten als prachtvolle Schaustücke in einer Wohnlandschaft. Glas ist auch vergleichsweise preiswert und lässt sich gut sauberhalten und bei Bedarf desinfizieren. Die meisten Fertig-Glasterrarien sind heute mit Schiebetüren oder eingeschobenen Deckeln ausgestattet; die eher unpraktischen, unfallträchtigen Schwingtüren findet man kaum noch. Manche sind zum Anbringen eines Schlosses vorgesehen, was sich vor allem bei kleineren Kindern im Haushalt als sehr praktisch erweisen kann. Es gibt inzwischen eine ganze Reihe von auf den Bau von Glasterrarien spezialisierten Firmen, die auch maßgeschneiderte Terrarien oder Terrarien mit Besonderheiten verwirklichen können. Zu beachten ist in jedem Fall, dass Glas bruchempfindlicher als zum Beispiel Kunststoff ist, schlecht Wärme isoliert, ein hohes Gewicht mit sich bringt und dass scharfe Kanten zu üblen Verletzungen führen können. Das ins Auge gefasste Modell sollte keine Gazeeinsätze zur Belüftung an Stellen haben, die die Schlange erreichen kann (siehe unten).

Häufig sind Glasterrarien mit einem Gazedeckel ausgestattet, und mit einem solchen lassen sich auch Aquarien für den hier benötigten Zweck umfunktionieren. Dadurch, dass sie die von unten erwärmte Luft (siehe „Beheizung") ungehindert entweichen lassen, sorgen

Abb. 29: Ein zur Königspythonhaltung modifiziertes Aquarium. Sind diese Behältnisse nicht zu hoch gewählt, ist ein guter Luftaustausch gewährleistet. Sie sind durchaus zur Haltung von *P. regius* geeignet. K. McCurley

sie auch für einen guten Luftaustausch. Dies kann allerdings auch gleichzeitig zu einem großen Nachteil werden, wenn nämlich zuviel warme Luft entweicht und dadurch die Temperatur im Terrarien nur durch Überheizen des Bodens auf dem gewünschten Niveau gehalten werden könnte. Gleichzeitig würde dadurch die relative Luftfeuchte zu stark und schnell absinken. Beides entspricht dann nicht mehr den Ansprüchen der Schlangen und ist daher völlig unakzeptabel. Der Effekt ist dabei um so höher, je größer der Unterschied zwischen Temperatur und Luftfeuchtigkeit im Terrarium und den Werten im Raum ist, in welchen dieses aufgestellt ist. Auch äußere und sich im Jahresverlauf verändernde Witterungseinflüsse können in dieser Hinsicht eine erhebliche Rolle spielen. Oftmals lässt sich das Problem aber mit relativ einfachen Mitteln mindern bzw. beheben. Man kann zum Beispiel einen Teil des Gazedeckels mit einem Stück Plastik abdecken und so dessen Oberfläche verkleinern. Diese Teilabdeckung kann selbst aus mehreren Teilen bestehen, deren Anzahl je nach den äußeren Bedingungen erhöht oder verringert wird. In jedem Fall muss aber dieser Deckel in irgendeiner Weise fest mit dem Glasbehälter darunter verbunden sein, wofür ein Einschiebemechanismus am besten geeignet erscheint.

Ein weiterer bei Vollglasterrarien in Betracht zu ziehender Aspekt ist die natürliche Scheu von Königspythons. Die hohe Einsehbarkeit (Transparenz) kann daher dem Bedürfnis der Schlangen nach Geborgenheit zuwiderlaufen und zu Stresserscheinungen führen. Schlupfkisten können dieses Problem abschaffen helfen; wenn nötig sollte man mehrere anbieten, so dass die Schlange stets schnell einen erreichen kann, wenn sie sich bedroht fühlt. Grundsätzlich sollte ihr aber wenigstens ein wärmeres und ein kühleres Versteck zur Verfügung stehen.

Kunststoffterrarien

Ein stetig und rasant zunehmendes Interesse an der Terraristik hat zur Folge gehabt, dass es heute im Fachhandel ein großes Angebot an diesbezüglichem Zubehör gibt. Dazu gehören auch qualitativ hochwertige Behälter aus Plastik, die speziell für die Reptilienhaltung gedacht sind. Unter Schlangenpflegern erfreuen sich diese besonderer Beliebtheit, und das aus mehreren Gründen: Plastik ist einfach zu beheizen, einfach zu desinfizieren, es verformt sich unter Feuchtigkeitseinflüssen nicht, Milben haben keine Chancen, sich zu verstecken, es ist leicht, und die Behälter können oftmals sicher gestapelt werden. Vorgeformte Kunststoffterrarien stehen heute in vielen verschiedenen Größen, Ausfertigungen und Farben sowie in diversen Preisklassen zur Verfügung. Selbst größere Behälter mit eingebauter Beleuchtung, Heizung und wohldurchdachten Lüftungsflächen werden von

Abb. 30: *Zoo Products* PVC Terrarien.
K. McCurley

Abb. 31: Eine große Anlage zur Haltung und Zucht von Schlangen aus Kunststoffterrarien. Da diese im Wohnzimmer eines Schlangenhalters steht, wurde der Fernseher einfach integriert.
K. McCurley

einigen Herstellern angeboten. Sie sind speziell zur Reptilienhaltung entworfen worden und gestatten eine genaue Steuerung der Umweltfaktoren, was sich bei Behältern aus Glas oder Holz weitaus schwieriger gestalten kann. Wie bei allen derartigen Behältnissen ist jedoch darauf zu achten, dass sie ausbruchssicher und gegebenenfalls auch verschließbar sind, damit die Schlangen auch darin bleiben.

Regalsysteme [Racksysteme]
In Regalsystemen aufstellbare Terrarien erlauben die Pflege einer größeren Anzahl von Schlangen auf optimal genutztem Raum. Das Konzept ist dabei denkbar einfach und besteht aus

Abb. 32: Kunststoffterrarien von Cage Crafters.
K. McCurley

mehreren Reihen von Regalen, in die einzelne, kistenartige Behältnisse einer oder mehrerer Standardgrößen mit den Schlangen eingeschoben sind. Damit ähnelt das Ganze eher einer Schrankwand mit Schubfächern. Diese Regale sind in aller Regel entweder aus einem sehr stabilen Kunststoff, aus Metall oder aus Holz hergestellt. Häufig verwenden Schlangenpfleger umgebaute Vorratsboxen der geeigneten Größe für diese Wände, jedoch existieren auch speziell von den Herstellern der Regale für diesen Zweck hergestellte. Schlangenregalwände zeichnen sich oft dadurch aus, dass sie eine zentrale Heizung (in der Regel ein Heizband oder -kabel) pro Ebene besitzen. Diese ist auf nur einer Seite angebracht, damit ein geeignetes Wärmegefälle geschaffen wird. Wie alle Heizelemente sollten auch jene in einem Regalsystem mit einem Thermostat oder einem anderen Kontrollgerät abgesichert sein, um eine möglicherweise tödliche Überhitzung auszuschließen.

Manche dieser Systeme weisen eine fest eingebaute Belüftung auf, die dem Prinzip eines Gazedeckels ähnlich ist. Auf diese Weise wird der Gefahr von Wärmestaus entgegengewirkt, und der Umfang des Luftaustausches ist groß. Wenn jede Box einen geschlossenen Deckel hat, müssen natürlich andere Lüftungsöffnungen dafür sorgen, dass sich darin keine gesundheitsschädliche Stauluft bildet.

Die Mehrzahl der kommerziellen Züchter in den USA verwendet wohl die Regalsysteme von Freedom Breeder Rack Systems zur Pflege und Zucht von Königspythons. Diese Anlagen sind eine wirklich gute Möglichkeit zur sicheren Unterbringung von Schlangen in jeder

Abb. 33 oben: Ein Racksystem (Regalsystem) für Jungschlangen.
Abb. 34 unten: Ein Spider Pastel Jungle (Bumble Bee) in einem „deckellosen" Racksystem. Racksysteme haben sich in der Königspythonzucht sehr bewährt. K. McCurley

Abb. 35: Ein Teil der Racksysteme zur Unterbringung von adulten Königspythons in den Zuchträumen von NERD. K. McCurley

Menge. Diese Form der Haltung erlaubt es den Schlangen, sich geborgen zu fühlen und bietet ihnen eine geeignete Umgebung. Der gleiche Hersteller bietet darüber hinaus auch noch ausgezeichnete Regalanlagen zur Zucht von Futternagern an, die mit einem Minimum an Zeit und Aufwand betrieben werden können. Nähere Informationen sind unter http://www.freedombreeder.com zu finden.

Kunststoff-Vorratsboxen
Die Vorratsbox aus Kunststoff war der Vorläufer der Regalsystems. Schlan-

Abb. 36: Der Autor verwendet ausschließlich Freedom Breeder Racksysteme für seine *Python regius*-Zucht. K. McCurley

genpfleger, vor allem in den USA, benutzen diese Behälter schon seit vielen Jahren für Königspythons von der Größe eines Schlüpflings bis hin zu ausgewachsenen Tieren und natürlich auch für alle möglichen anderen Schlangen. Einer der großen Vorteile ist der niedrige Preis, andere bestehen darin, dass sie sich leicht sauberhalten lassen, ein geringes Eigengewicht haben und dass sich das Material leicht bearbeiten lässt. Mit etwas Geschick lassen sich ohne große Umstände die richtigen Temperatur- und Luftfeuchtigkeitsverhältnisse erzeugen, die dafür sorgen, dass ein Königspython gesund bleibt. Die meisten dieser Boxen besitzen keine verlässlich schließenden Deckel, so dass geringfügige Modifikationen durchgeführt werden müssen, damit der Königspython bleibt, wo er bleiben soll.

Weiterhin sind gewöhnlich keine Lüftungsflächen vorhanden, die sich jedoch ebenso einfach selbst an den gewünschten Stellen schaffen lassen. Dazu schmilzt man mit einem Lötkolben eine Reihe von Löchern an gegenüberliegenden Seiten in das Plastik. Erscheint die Box beim probeweisen Betrieb dann innen durch die Bildung von Kondenswasser nass, reicht die Belüftung nicht aus, und es müssen mehr Löcher angelegt werden.

Abb. 37 oben: Sehr einfach, aber zweckmäßig ausgestattetes Behältnis zur Unterbringung von Jungtieren.
Abb. 38 unten: Kunststoffterrarien lassen sich leicht reinigen, sind langlebig und mit etwas Geschick sehr attraktiv. K. McCurley

Terrarien aus Holz und beschichteten Spanplatten
Viele Terrarianer verwenden Becken aus Holz oder Melamin-beschichteten Spanplatten. Oftmals sehen derartige Terrarien wie edle Möbel aus und fügen sich prächtig in die Wohnlandschaft ein. Andererseits kann eine unzureichende Versiegelung der Oberflächen schnell zu einem unendlichen Ärgernis werden. Die von Natur aus poröse Oberfläche von Holz kann zur Brutstätte von Krankheitserregern (Bakterien und Pilze) geraten und lässt sich nicht gründlich desinfizieren. Unbehandeltes Holz für die Unterbringung von Reptilien zu verwenden, kann lediglich eine ganz kurzfristige Lösung darstellen. Das Material nimmt Feuchtigkeit und damit auch Urin auf und

verzieht sich unweigerlich. Eine Versiegelung kann mit Epoxydharz, Urethan und anderen nicht-toxischen Anstrichen erfolgen und verlängert die Lebenserwartung eines Holzbeckens erheblich. Nach einer solchen Behandlung sollte der Behälter über einen langen Zeitraum gründlich auslüften können, denn die beim Trocknen freiwerdenden Gase können für Reptilien schnell tödlich sein! Schlangenmilben finden in den Unebenheiten von Holz oder in Stoßkanten ideale Bedingungen zum Ablegen ihrer Eier. Mit Melamin beschichtete Spanplatten-Terrarien können ein enormes Gewicht haben, neigen im Laufe der Zeit ebenfalls zum Verformen, die Beschichtung platzt durch den Feuchtigkeitseinfluss auf, und sie fallen schließlich auseinander, vor allem wenn die Stoßkanten nicht hundertprozentig dicht versiegelt sind.

Wichtig: Königspythons dürfen auf keinen Fall in Behältern untergebracht werden, die in der Art von Käfigen aus Draht- oder Kunststoffgeflecht bestehen oder Gazeeinsätze aus derartigen Materialien an für die Schlange erreichbaren Stellen besitzen. Während erstere keinesfalls in der Lage sind, die erforderlichen Temperatur und Luftfeuchtigkeitsverhältnisse aufrecht zu erhalten, wird die Schlange in beiden Fällen versuchen, sich durch das Gaze-Material hindurch einen Weg ins Freie zu verschaffen. Durch das ständige Reiben daran kommt es zu Schürfwunden im Nasen- und Schnauzenbereich, die schließlich zu hässlichen Entstellungen führen. Terrarien dieser Art mögen für die Pflege von Chamäleons ideal sein, für Königspythons sind sie aber die schlechteste mögliche Wahl.

Ein Terrarium muss grundsätzlich in der Lage sein, die gewünschte Temperatur und über einen akzeptablen Zeitraum ein geeignetes Niveau relativer Luftfeuchtigkeit aufrecht zu erhalten. Die Mindestwerte für beide Variablen sind die Bedingungen des Raumes, in dem das Terrarium aufgestellt ist. Betragen sie dort z.B. 20 °C und 40 % rel. Luftfeuchte, ist dies auch das Minimum, auf das die Werte im Terrarium absinken können. Je nachdem wie groß der Unterschied zwischen Raum- und Terrarienwerten ist, kann man sich hier z.B. im Falle eines längeren Stromausfalls einen Sicherheitsspielraum oder ein Risiko schaffen.

Abb. 39: Eine Auswahl von Heizelementen aus dem Zoohandel.   M. Mense

Beheizung und Heizungssteuerung

Wie alle anderen Schlangen sind Königspythons poikilotherme Tiere. Das bedeutet, sie sind gezwungen, durch ihr Verhalten äußere Wärmequellen zu nutzen, um ihre Körpertemperatur zu regulieren, die allein es ihnen ermöglicht, die nötigen Körperfunktionen durchzuführen und aktiv zu sein. Für den Königspython ist eine Umgebungstemperatur von 26 bis 29 °C während des Tages ideal; nachts können die Werte bedenkenlos auf 25–26 °C abfallen. Im Terrarium sollte aber auf jeden Fall eine Zone zum Aufwärmen vorhanden sein, wo 31 bis 35 °C herrschen; diese kann ein Viertel bis maximal ein Drittel der Grundfläche einnehmen. Indem man die Beheizung des Terrariums so gestaltet, dass eine warme und eine kühlere Seite entstehen, schafft man eine Temperaturzonierung, die es der Schlange erlaubt, sich den gerade zusagenden Temperaturbereich frei auszuwählen. Sie muss andererseits unbedingt in der Lage sein, der Wärmequelle auszuweichen.

Grundsätzliches zu Temperaturen

Man sollte unbedingt einen Thermostaten (siehe weiter unten) verwenden, um eine festgelegte Temperatur im Aufwärmbereich einzuhalten. Dieses Stück Technik erlaubt dem Pfleger eine optimale und betriebssichere Gestaltung der Temperaturverhältnisse.

Die Temperaturen sollten besonders nach einer Mahlzeit nicht drastisch absinken oder ansteigen. Nach der Aufnahme von Futter benötigt die Schlange eine Zufuhr von Wärme von außen, um die Nahrung verdauen zu können. Schnell wechselnde oder ungeeignete Temperaturen können diesen Prozess empfindlich stören.

Man sollte jederzeit über die in einem Terrarium herrschenden Temperaturen informiert sein. Temperaturen sind kein Ratespiel. Ein auf der Außenseite des Behälters angeklebter Temperaturanzeiger verschafft einem lediglich einen Eindruck von der Oberflächentemperatur des darunter befindlichen Materials an dieser Stelle, nicht aber von der Temperatur an jener Stelle, an der sich die Schlange aufhält. Man sollte schon die genaue Temperatur am Aufwärmplatz kennen, und auch wenn man eine Infrarot-Temperaturpistole für ein Stück Hochtechnologie halten mag, ist für diesen Zweck nichts besser geeignet. Mit diesem einfach zu bedienenden Gerät lässt sich die exakte Temperatur jedes Stücks Boden und die der Schlange selbst mit geringstem Aufwand jederzeit exakt ermitteln.

Die Raumtemperatur kann einen großen Einfluss auf das Temperaturgefüge innerhalb des Terrariums haben und muss daher ebenfalls im Auge behalten werden. In den meisten Wohnräumen sind die Werte einfach zu niedrig, als dass sich Königspythons dabei wohlfühlen könnten. Auch müssen jahreszeitliche Schwankungen ausgeglichen werden, so dass die thermostatgesteuerte Heizung ausreichend Reserven aufweisen muss. Unter Umständen muss man daher eine zusätzliche Heizquelle installieren. Je geringer der Unterschied zwischen Raum- und niedrigster Terrarientemperatur ist, desto besser lässt sich das Problem handhaben. Ein ausschließlich für die Terrarien genutzter Raum ist daher die ideale Lösung. In einem Notfall lässt sich die Wärmeisolierung eines Terrariums schon dadurch verbessern, dass man die Lüftungsfläche teilweise mit einem dicken, zusammengefalteten Frotteehandtuch abdeckt.

Heizmatten

Die landläufig bekannten Heizmatten sind gleichzeitig wohl eine der besten als auch eine der am weitesten verbreiteten Methoden zur Beheizung von Schlangenterrarien. Die Matte wird einfach unter eine Seite des Terrariums gelegt, wo sie das Substrat erwärmt und so eine Stelle zum Aufwärmen schafft. Diese Heizungen sind ausdrücklich für die Verwendung außerhalb des Terrariums, d.h. im vorliegenden Fall darunter, gedacht. Kann sich die Schlange direkt darauflegen, besteht die Gefahr, dass die Matte langsam zu heiß wird und sich die Schlange Verbrennungen zuzieht. Desweiteren müsste dazu eine elektrische Leitung in das Becken verlegt werden, was im Zusammenhang mit Feuchtigkeit naturgemäß das Risiko von Kurzschlüssen, dadurch verursachten Feuern und ähnlichen Katastrophen mit sich bringt. Man sollte deshalb lieber darauf verzichten. Da Heizmatten für die Verwendung unter dem Terrarium gedacht sind, hängt ihre Funktionsfähigkeit von der Wärmeleitfähigkeit des Terrarienbodens ab. Ist dies ein dicker Holzboden, erreicht nur sehr wenig Wärme das Terrarieninnere. Die Matten sind häufig mit einer Klebefläche versehen, so dass sie permanent an der gewünschten Stelle gehalten werden. Solche ohne Klebefläche können bei Bedarf für verschiedene Becken benutzt werden; wenn erforderlich kann man sie mit doppelseitigem Klebeband fixieren.

Eine Heizmatte sollte niemals direkt zwischen dem Terrarienboden und einer anderen soliden Fläche, etwa einem hölzernen Regalboden, verlegt werden. Durch dieses „Sandwich" kommt es zu einem Hitzestau, der zu Überhitzung führt, welcher das Terrarium beschädigen, die Matte durchbrennen lassen sowie der Schlange Verbrennungen zufügen kann. Auch hier besteht die Gefahr eines Feuers. Folglich darf das Terrarium nicht direkt auf der Matte stehen. Als Abstandhalter kann man zum Beispiel Gummifüße oder geeignet dicke Leisten oder Schienen verwenden. Die exakte Steuerung der Temperatur erfolgt mit einem Thermo- oder Rheostaten sowie einer Zeitschaltuhr.

Wichtig: Die Heizmatte sollte keinesfalls unterdimensioniert sein. Zu kleine Matten erzeugen nicht den gewünschten Wärmebereich. Auch sollte die Heizung nicht stets nahe der Obergrenze ihrer Leistungsfähigkeit laufen müssen, um die eingestellten Temperaturen zu erzeugen.

Heizkabel
Ein Heizkabel besteht aus einem dünnen drahtähnlichem elektrischen Heizelement, das mit einer Schicht Silikon ummantelt ist. Heizkabel gibt es in verschiedensten Längen und Wattzahlen im Zoofachhandel, passend für jede Terrariengröße. Auch diese Heizkabel sollten wieder mit einem geeigneten Thermostat gesteuert werden.

Heizband
Ein Heizband besteht aus einem dünnen elektrischen Heizelement, das in eine Schicht Polyurethan eingegossen ist. Es ist in Breiten von 7,5, 10 und 25 cm erhältlich, zumindest in den USA. Der große Vorteil besteht darin, dass man es auf die gewünschte Länge zurechtschneiden kann und es somit für jedes Terrarium passt. Es muss vom Benutzer selbst mit einem Stecker oder einer ähnlichen elektrischen Verbindung versehen werden. Wer das noch nie selbst durchgeführt hat, sollte es sich besser von jemandem zeigen lassen, der weiß, wie es gemacht werden muss. Wie bei den Heizmatten sollte auch das Heizband nie zwischen zwei soliden Flächen gelegt werden. Auch hier ist ein Thermo- oder Rheostat oder eine vergleichbare Steuerung zu verwenden, damit es nicht zu einer Überhitzung kommen kann. Sämtliche leitenden Bestandteile sind natürlich gründlich zu isolieren, damit die Gefahr eines elektrischen Schlages gebannt ist!

Heiztafeln
Eine Heiztafel besteht aus einem elektrischen Heizelement, das in einem rechteckigen Rahmen in ein Material eingebettet ist, das Eternit nicht unähnlich ist. Diese kachelförmigen Heizer sind für eine permanente Installation am oder im Deckel eines

Terrariums gedacht, so dass sie Wärme von oben liefern. Heiztafeln geben kein Licht ab, und sie können in der Regel nicht so heiß werden, dass man sie nicht mehr anfassen könnte. Wie bei allen Heizungen sollten aber auch sie unbedingt mit einem Thermo- oder Rheostaten abgesichert werden.

Keramik-Heizstrahler

Diese Heizstrahler sehen ein wenig wie komisch geformte Glühlampen aus. Sie werden entweder wie diese in eine (hitzefeste) Fassung geschraubt oder direkt angekabelt. Unter der Keramikhülle verbirgt sich ein Heizelement. Auch diese Heizer haben die Neigung, die umgebende Luft auszutrocknen. Sie werden kochend heiß, so dass es lebenswichtig ist, dass die Schlange keinesfalls zu nahe an die Heizquelle gelangen oder diese sogar (z.B. mit der Zunge!) berühren kann. Anderenfalls ist mit schwersten Verbrennungen zu rechnen. Am besten verzichtet man auf derartige Heizer völlig und sucht eine Lösung unter weniger gefährlichen Geräten. Für Großanlagen und wüstenbewohnende Reptilien mögen sie hingegen gut geeignet sein.

Abb. 40: Die Auswahl an Heizstrahlern im Handel ist enorm groß. K. McCurley

Thermometer

Eines der bei der Terrarienhaltung unverzichtbaren Werkzeuge ist ein gutes Thermometer oder mehrere davon. Nur mit diesen ist es dem Pfleger möglich, die genauen Temperaturen an bestimmten Stellen im Terrarium zu ermitteln, zu überwachen und eine der Gesundheit der Schlangen zuträgliche Wärmelandschaft zu schaffen. Zwei Thermometer – eines auf der erwärmten und eines auf der kühlen Seite des Terrariums – sollten dabei als Mindestanforderung betrachtet werden.

Verlässliche Thermometer stehen in großer Auswahl zur Verfügung und reichen von einfachen Typen aus Glas bis hin zu Hochtechnik-

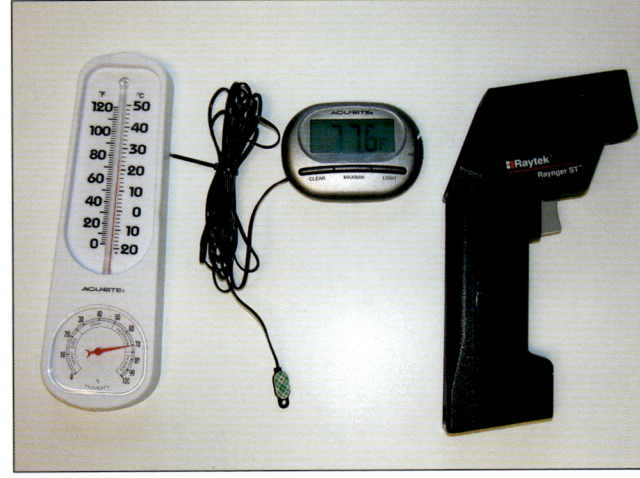

Abb. 41: Geeignete Thermometer sind im Terrarium unabdingbar. Hier sieht man ein analoges, ein digitales und eine so genannte „Temperaturpistole" (temp gun). K. McCurley

Temperaturfernabtastern auf Infrarotbasis. Für was man sich aber auch immer entscheiden mag, wichtig ist, dass man vertrauenswürdige Ergebnisse erhält, auf deren Grundlage man gegebenenfalls nötige Korrekturen vornehmen kann.

Analog-Thermometer
Analog-Thermometer sind einfach gebaut, einfach zu verwenden und nicht besonders kostspielig. Vielfach ist gleichzeitig ein Hygrometer integriert. Zur Überwachung der Temperaturverhältnisse platziert man je ein Thermometer am warmen und am kühlen Ende des Terrariums des Königspythons. Manche dieser Thermometer haben für diesen Zweck einen Saugnapf, ansonsten kann man sie auch einfach mit einem Streifen Klebeband an der Innenwand des Behälters befestigen.

Digital-Thermometer
Digitale Thermometer mit externen Fühlern für drinnen und draußen sind ausgesprochen praktisch und daher sehr beliebt. Wenn sie mit mehr als einem Fühler ausgestattet sind, kann man die Werte an zwei verschiedenen Stellen gleichzeitig ablesen. Oftmals fungiert das Gerät selbst als Sensor. In diesem Fall bringt man es an einem Ende des Terrariums an und verlegt den Fühler zum anderen. Beide müssen so gesichert werden, dass sie von der Schlange nicht verschoben werden können (Klebeband, Klettband etc.). Die Batterie muss natürlich bei Bedarf durch eine neue ersetzt werden, weshalb man davon einen Vorrat haben sollte. Gute Digitalthermometer sind im Zoofachhandel, in Gartenzentren und im Elektronikbedarfshandel erhältlich.

Abb. 42: Digitale Thermometer verfügen meist über zwei Messbereiche (einmal am Gerät selber und zusätzlich über einen Fühler). Der Halter kann so verschiedene Bereiche im Terrarium gleichzeitig überprüfen.
K. McCurley

Temperaturpistole

Als der „Rolls Royce" unter den Temperaturmessgeräten sind Fernabtaster bei engagierten Terrarianern und professionellen Reptilienzüchtern besonders beliebt. Mit ihnen lassen sich einfach und ohne Berührung die Temperaturen an einer beliebigen Stelle ablesen, indem man lediglich darauf zielt. Somit lassen sich sowohl die Wärmeverhältnisse am Sonnenplatz als auch an der Oberfläche eines frisch gelegten Eies oder auch die Raumtemperatur verlässlich in digitalen Ziffern ablesen. Temperaturpistolen sind schon als einfache Geräte erhältlich, die lediglich die Temperatur anzeigen, aber auch mit Laservisier, Minimum/Maximum-Speicher und Display-Beleuchtung. Für den hier verfolgten Zweck reichen aber schon die einfachsten Ausführungen. Wer etwas für technische Finessen übrig hat, wird wohl schon deshalb nichts anderes verwenden wollen!

Folienthermometer

Die kleinen, aufklebbaren „Sticker"-Thermometer aus der Aquaristik sind in aller Regel wenig zum akkuraten Messen der Temperatur in einem Terrarium geeignet. Sie reagieren auf die Oberflächentemperatur der Glasscheibe, an der sie angebracht sind, und da sich Luft diesbezüglich anders als Wasser verhält, sind sie bei einem Terrarium unzuverlässige Anzeiger.

Grundsätzlich sollte man stets mehrere Thermometer im Auge behalten. Dazu gehören solche in den warmen und kühleren Bereichen innerhalb des Terrariums, aber auch nahe der Wärmequelle und im Raum. Auf diese Weise erhält der Pfleger einen vollständigen Überblick auf die sich gegenseitig beeinflussenden Faktoren und kann bei Bedarf entsprechend reagieren.

Abb. 43: Infrarot „Temperaturpistolen" ermöglichen ein sehr schnelles und unabhängiges messen von Temperaturen sowohl am Tier als auch an jeder Stelle im Terrarium.   K. McCurley

Heizungssteuerung und -überwachung

Bis zu dieser Stelle sollte der Leser einen Eindruck gewonnen haben, wie wichtig eine konstante Umgebung für die erfolgreiche Pflege eines Königspythons ist. Zum Glück lässt sich diese Konstanz mit der Hilfe einiger technischer Hilfsmittel weitestgehend automatisieren.

Thermostate

Ein Thermostat ist ein unschätzbar wertvolles Stück Technik, das das Temperaturmanagement weitgehend vom Rätselraten befreit. Er überwacht und steuert die Heizleistung indem er dem Heizgerät nur soviel Energie zukommen lässt, wie zur Erhaltung einer festgelegten Temperatur erforderlich ist. Diese Aufgabe nimmt er ständig wahr und befreit den Pfleger von manuellen Aufgaben. Ein Thermostat besteht aus einem elektrischen Anschluss, einem Steuerungsteil, an dem die gewünschte Temperatur eingestellt wird, einem Anschluss für das Heizelement und einem Temperaturfühler, der die Wärme an einem bestimmten Ort misst.

Bei der Installation des Temperaturfühlers eines Thermostats ist es von lebenswichtiger Bedeutung, dass dieser so angebracht wird, dass er nicht versehentlich oder durch den Königspython selbst in seiner Position verschoben werden kann. Eine Nichtbeachtung dieser Regel kann katastrophale Folgen nach sich ziehen und möglicherweise zu einer tödlichen Überhitzung führen. Würde z.B. der Sensor aus dem Terrarium auf den Boden des entsprechenden Raumes fallen, würde er die dortige Temperatur messen und das Steuerungsteil veranlassen, die Heizung durch volle Leistung dazu zu bringen, diesen auf die vorgewählte Temperatur zu heizen. Dies ist natürlich nicht möglich, führt aber in kürzester Zeit dazu, dass die Werte im Terrarium auf unter Umständen tödliche Werte ansteigen. Derartige Unachtsamkeiten haben schon viele Pfleger mit toten Tieren oder solchen mit permanenten Hirnschäden bezahlen müssen.

Thermostate werden nach zwei Kategorien unterschieden: An/Aus und proportional. An/Aus-Modelle tun genau das – sie schalten die Stromzufuhr zum Heizelement entweder ein oder aus, um so die gewählte Temperatur zu erreichen und zu erhalten. Wenn der Sensor einen Wert oberhalb des vorgewählten Punktes ermittelt, schaltet der Thermostat den Strom ab. Fällt sie daraufhin unter den eingestellten Wert, schaltet er den Strom wieder ein. Proportional funktionierende Thermostate erhöhen oder vermindern hingegen den Stromzufluss mit dem gleichen Ergebnis, jedoch ist dieser „dimmende" Effekt bei weitem schonender für das Heizelement, welches dadurch länger hält. Beide Arten von Thermostaten werden in der Terraristik häufig verwendet und sind überaus effektive Hilfsmittel, die bei vorschriftsmäßiger Verwendung ein großes Maß an Konstanz und Sicherheit zu liefern vermögen.

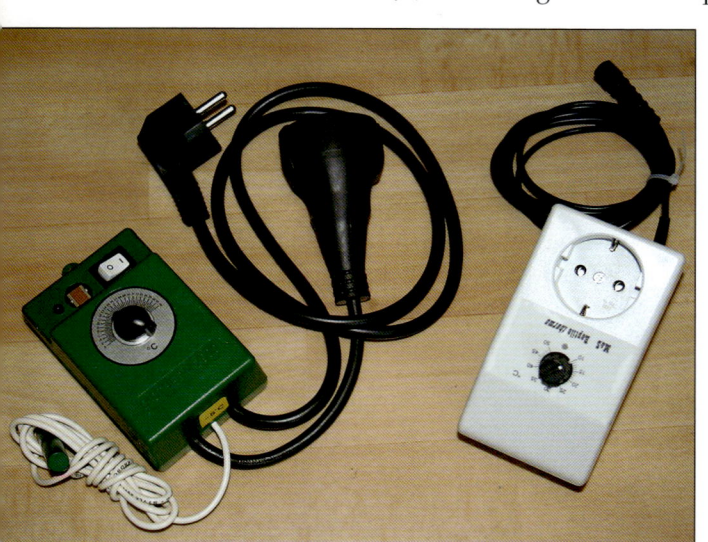

Abb. 44: Jedes Terrarium sollte durch solche (oder ähnliche) Thermostate geregelt werden. Dadurch verhindert man sowohl ein überhitzen als auch ein zu starkes auskühlen. M. Mense

An/Aus-Thermostate sind für Glühlampen nicht zu empfehlen. Sie verringern durch das ständige Ein- und Ausschalten nicht nur deren Lebensdauer erheblich, auch bedeutet das praktische ständig flickernde Licht für das im Terrarium befindliche Tier ein großes Maß an Stress.

Rheostate und Dimmer
Rheostate und Dimmer sind ebenfalls gut zur Steuerung von Temperaturen geeignet. Die meisten werden einfach nur so angeschlossen, dass sie zwischen dem Heizelement und der Stromversorgung liegen. Über einen Drehknopf oder ähnliches wird die Stromzufuhr auf jenen Punkt gedrosselt, an dem der Heizer die gewünschte Temperatur an einer bestimmten, mit einem Thermometer überwachten Stelle erreicht. Der Nachteil ist, dass dadurch nicht sich verändernden Raumtemperaturen entgegengewirkt wird. Rheostate und Dimmer gestatten daher nicht die präzise Temperatursteuerung eines Thermostats, und die Werte müssen manuell überwacht und bei Änderungen der äußeren Bedingungen manuell korrigiert werden. Dies kann unter Umständen recht kritisch werden. Beträgt zum Beispiel die Raumtemperatur 24 °C und die Heizung erhöht diese im Terrarium um weitere 5 °C, so ist das gut. Erhöht sich nun aber die Raumtemperatur auf 29 °C und die Heizquelle treibt sie um weitere 5 °C nach oben (das läuft zwar nicht genauso ab, soll aber für dieses Beispiel einmal so angenommen werden), beträgt die Temperatur nun 34 °C, was für die Schlangen einfach zuviel ist. Rheostate und Dimmer mögen deshalb vielleicht in Einzelfällen gut brauchbar sein, können aber keineswegs ein Thermostat ersetzen.

Beleuchtung
Königspythons benötigen keine besondere Beleuchtung zu ihrem Wohlbefinden. Ihnen reicht ein wenig Licht aus dem umgebenden Raum völlig aus. Im Gegenteil, als nachtaktive Schlangen bedeutet eine helle Beleuchtung für sie Stress. Bei Verwendung einer Licht abgebenden Heizquelle sollte diese über eine Zeitschaltuhr so gesteuert werden, dass ein 12/12-Stunden Tag/Nacht-Rhythmus entsteht. Keinesfalls sollte es für die Schlangen immer hell sein, denn dies würde sie daran hindern, ihrer natürlichen nächtlichen Aktivität nachzugehen.

Nachtaktive Tiere begeben sich in der Regel erst nach Sonnenuntergang auf Nahrungssuche oder gehen ihren sonstigen Aktivitäten nach und beenden diese, bevor die Sonne wieder aufgeht. Die hellen Tagesstunden verbringen sie schlafend in einem Versteck. Dunkelheit und fallende Temperaturen wecken sie dann erneut auf, und der tägliche Kreislauf beginnt erneut. Aber auch wenn eigentlich keine besondere Beleuchtung erforderlich ist, so kann man dennoch eine Vollspektrumbeleuchtung dazu ver-

Abb. 45: Im Zoofachhandel gibt es eine große Palette an guten Leuchtstofflampen für Terrarien.   M. Mense

wenden, diesen Tag/Nacht-Rhythmus nachzugestalten und gleichzeitig die Farben der Königspythons bestens zur Geltung zu bringen. Die nächtliche Zeit der Aktivität ist aber trotzdem von großer physiologischer Bedeutung und lässt sich mit einer Zeitschaltuhr auf einfachste Weise automatisch gewährleisten.

Viele Schlangen fressen nur im Schutz der Dunkelheit und verweigern hartnäckig jede Nahrungsaufnahme, wenn es hell ist. Die meisten sind darüber hinaus in den ersten Stunden der Nacht am aktivsten, und folglich ist dies die beste Zeit, um sie zu füttern.

Glühlampen

Glühlampen in Form von Spotstrahlern werden oftmals besonders von Anfängern in der Haltung von Königspythons als Wärme- und Lichtquelle verwendet, zum Teil im Zusammenspiel mit einer Heizmatte. Durch die gleichzeitige Lichtabgabe ist es von Bedeutung, einen Beleuchtungszyklus von ungefähr 8–12 Stunden einzuhalten, was sich mit einer Zeitschaltuhr auf einfachste Weise automatisieren lässt. Die Heizmatte kann dann allein die nötige Wärmezufuhr während der Nacht übernehmen. Glühlampen haben den Nebeneffekt, die Luft auszutrocknen, so dass die Einrichtung eines luftfeuchten Unterschlupfes für den Königspython besonders wichtig wird (siehe den Abschnitt über Luftfeuchtigkeit). Spotstrahler mit engem Abstrahlungswinkel sind zu vermeiden, da sie nicht nur ihr Licht, sondern auch die damit verbundene Wärme auf eine kleine Fläche konzentrieren und auf diese Weise der sich sonnenden Schlange schwerste Verbrennung zufügen können (zumindest bei zu geringem Abstand zwischen Tier und Strahler und/oder wenn sie ohne „Sicherheitsgitter" verwendet werden). Kleine Fluter sind wahrscheinlich die beste Wahl, jedoch hängt die Verwendbarkeit letzterer von einer ganzen Reihe individueller Faktoren ab, zum Beispiel der Terrariengröße, dem Abstand zum Boden, der Größe der Schlange usw. Für einen frisch geschlüpften Königspython ist ein 150 Watt starkes Flutlicht sicherlich viel zuviel, und ein ausgewachsenes Tier profitiert von einem 40 W-Strahler nur wenig. Die Nachteile leistungsstarker Spotstrahler sind offensichtlich: sie erschweren die Steuerung der Luftfeuchtigkeit, treiben die Stromrechnung in die Höhe, haben nur eine begrenzte Lebenserwartung, und sie können bereits so grell sein, dass sie bei den nachtaktiven Schlangen zu Unwohlsein führen. Strahler mit geringer Leistung (25–60 Watt) im Zusammenspiel mit einer Unterbodenheizung sind dennoch gut zur Schaffung eines Tag/Nacht-Rhythmus geeignet, ohne dass sie gleichzeitig einen Sahara-Effekt haben. Ich habe bei mehr als einer Gelegenheit Königspythons anschauen müssen, die unter Infektionen der oberen Atemwege und Schichten nicht abgestreifter Haut litten, nur weil ihre Halter auf die Verwendung von leistungsstarken Glühlampen in unterkühlten Räumen verfallen waren und die dadurch verursachte zu geringe Luftfeuchte nicht erkannt hatten.

Einrichtung und Luftfeuchtigkeit
Wasser

Ein Königspython muss jederzeit Zugang zu frischem, sauberem Wasser haben. Die Größe und Ausfertigung des entsprechenden Gefäßes bleibt dem Geschmack des Pflegers überlassen. Wenn dieses groß genug ist, dass sich der Python hineinlegen kann, werden die meisten Exemplare zumindest gelegentlich davon Gebrauch ma-

Abb. 46: Schwere Keramikschalen sind als Wasserbehälter besonders geeignet, da sie von den Tieren nicht einfach umgestoßen werden können. Glasierte Behälter lassen sich besser reinigen. M. Mense

chen. Die Mehrzahl der Tiere scheint ein schönes Vollbad von Zeit zu Zeit regelrecht zu genießen. Zu beachten ist, dass der Wasserbehälter für Jungtiere nicht zu tief bemessen sein darf; 2–3 cm tief genügen zum Vermeiden von Ertrinkungsunfällen. Viele Arten von Schlangen koten bevorzugt in ihre Wassergefäße, was häufige Reinigungs- und Desinfektionsarbeiten unabdingbar macht. Zu diesem Zweck ist es sinnvoll, für jedes Terrarium einen doppelten Satz Gefäße zur Hand zu haben, so dass sich eines immer im Terrarium befinden kann, während das andere gereinigt wird.

Abb. 47 oben: Für Königspythons gut geeignete, handelsübliche Wasserschalen mit einem natürlich wirkenden Design.
Abb. 48 unten: Die Wasserschale sollte immer so groß gewählt werden, dass ein Königspython – in diesem Fall ein Woma Tiger Lesser Platinum – ganz hinein passt.
K. McCurley

Substrate

Ein Terrarium für einen Königspython sollte immer mit einem Bodensubstrat ausgestattet sein.

Zeitungspapier wird vielfach zu diesem Zweck verwendet, auch wenn es vielleicht nicht besonders vorteilhaft aussieht. Es ist jedoch ausgesprochen billig, einfach zu erhalten und mit großer Effizienz auszutauschen. Das gleiche trifft auf Haushaltstücher zu.

Sägespäne und Mulch finden ebenfalls oftmals Verwendung. Beide sollten jedoch staubfrei sein und keine chemischen Konservierungs- oder Imprägnierungsstoffe oder harte Splitter enthalten. Späne von weichen Hölzern nehmen die Feuchtigkeit besser auf als solche von Harthölzern. Verschiedene Hölzer werden nicht kommerziell angebaut, so dass selbst die Verwendung ihres Mulches oder der Späne einen kleinen Beitrag zur Umweltzerstörung bedeutet.

Abb. 49: Verschiedene zur Königspythonhaltung geeignete Einstreu: Links Kokosmulch, in der Mitte Espen- und rechts Cypressenmulch. K. McCurley

Einige besonders weiche Holzarten neigen ebenso wie Recycling-Papier bei zuviel Feuchtigkeit zum Schimmeln und sollten demzufolge nur in gut belüfteten Terrarien Verwendung finden. Durchnässtes Substrat sollte grundsätzlich umgehend durch neues ersetzt werden.

Kokosmulch ist ein relativ neues Substrat, das sich jedoch zunehmender Beliebtheit erfreut. Es wird zum Teil in Form pressgetrockneter Barren angeboten, die sich bei Zuführung von Wasser ausdehnen und dann sehr ergiebig sind. Der Mulch absorbiert Feuchtigkeit recht gut. Meiner Erfahrung nach mischt man ihn am besten mit Sand. Der Umgang mit diesem Material ist mit einigem Schmutz verbunden und für meinen Geschmack vielleicht doch nicht die beste Lösung.

Weniger geeignet:

Kiefernspäne werden manchmal verwendet, sind jedoch weniger empfehlenswert, da sie ein öliges Harz absondern, das die Schlangen irritiert. Auch sind diese Späne recht staubig.

Fichtenrinde wird vielfach als Substrat für Terrarien angeboten, jedoch besteht es aus klein gehäckselten Stücken, die beim versehentlichen Verschlingen möglicherweise Gesundheitsprobleme verursachen können. Auch sind die relativ großen Stücken nicht so saugfähig wie andere Substrate.

Kiefernrinde-Granulat wird zwar hin und wieder als Substrat verwendet, gilt jedoch gemeinhin als unhygienisch, absorbiert Feuchtigkeit schlecht und sollte seinem eigentlichen Verwendungszweck beim Gartenbau vorbehalten bleiben.

„Reptilienteppich" ist eine Art von Kunstrasen. Einige Produkte sind für aktive Pythons zu rau, und nicht alle nehmen Ausscheidungsprodukte in ausreichendem Maße auf.

Sämtliche Substrate sollten in regelmäßigen Abständen ersetzt werden, so dass den Tieren stets eine saubere Umgebung zur Verfügung steht. Diese simple Pflegemaßnahme trägt in großem Maße dazu bei, dass sie auf Dauer gesund bleiben.

Luftfeuchtigkeit

In der Natur verbringen Königspythons einen großen Teil ihres Lebens in den unterirdischen Bauten von Nagetieren. Die natürliche Feuchtigkeit des umgebenden Erdreichs schafft dort eine konstant erhöhte Luftfeuchtigkeit, die zum Wohlbefinden des Pythons beiträgt. Allein durch das Ausatmen verliert die Schlange jedes Mal ein kleines bisschen Feuchtigkeit, was letztendlich zu Dehydrationserscheinungen führen wird, besonders wenn sie in einer zu trockenen künstlichen Umgebung leben muss. In Fetzen oder sogar unvollständig ablaufende Häutungen sind somit ein ernstes Anzeichen dafür, dass die Luftfeuchtigkeit in einem Terrarium zu niedrig ist. Die Folge davon ist für einen Königspython Stress, der durchaus zu einer Erkrankung

Abb. 50: *Sphagnummoos* ist ein ideales Substrat, da es leicht, preiswert und wasserspeichernd ist (hier zu sehen mit einem Spider). K. MCCURLEY

führen kann, wird die Ursache nicht beseitigt. Jungtiere sind für diese Art der suboptimalen Pflege naturgemäß noch anfälliger als erwachsene Exemplare. Ein geeignetes Maß an Luftfeuchtigkeit ist daher für die Pflege von Königspythons von großer Bedeutung. Zuviel davon kann allerdings genauso problematisch sein wie zu wenig.

Zunächst bedarf der Begriff „relative Luftfeuchtigkeit" vielleicht der Erklärung. Er bezeichnet den prozentualen relativen Anteil von Feuchtigkeit in der Luft. Zu beachten ist, dass warme Luft mehr davon aufnehmen kann als kalte, so dass die Lufttemperatur einen entscheidenden Einfluss auf den Gehalt hat. In einem normalen Wohnraum kann die relative Luftfeuchte im Verlauf des Jahres zwischen 15 und 60 % schwanken. Folglich verdient die Schaffung einer geeigneten Luftfeuchtigkeit in einem Terrarium für einen Königspython durchaus eine etwas genauere Betrachtung.

Um der Schlange eine etwas luftfeuchtere Umgebung zu verschaffen, bieten sich eine Reihe von Maßnahmen an:

1. Man kann einen Unterschlupf mit einer relativ hohen Luftfeuchtigkeit anbieten. Dieser besteht aus einer Schlupfkiste, die mit feuchtem *Sphagnum*-Moos gefüllt wird. „Feucht" sollte dabei wie ein gut ausgewrungener Waschlappen verstanden werden, nicht nasser. Die Kiste weist ein Schlupfloch im Deckel oder an einer Seite auf und wird im wärmeren Bereich des Terrariums aufgestellt. Die Schlange kann sich nun darin zurückziehen, wann immer ihr danach ist. Auf diese Weise bietet man ihr auch gleichzeitig eine Rückzugsmöglichkeit, die ihrem Verlangen nach Sicherheit sehr entgegenkommt. Auf diese einfache Weise lässt sich auch eine unvollständige Häutung wieder in Ordnung bringen, eine Infektion der Atemwege abwenden, und in vielen Fällen lassen sich Futterverweigerer hierdurch zum Fressen bewegen.
2. Man kann ein Substrat aus Mulch oder einem ähnlichen Material verwenden, das durch Übersprühen feucht gehalten werden kann, ohne Schimmel anzusetzen. Sägespäne aus Zypressenholz ist für diesen Zweck besonders geeignet. Trocken haben diese eine lohbraune Farbe und nass werden sie kräftig braun, so dass man einen guten optischen Anzeiger über den jeweiligen Zustand hat und weiß, wann man nachfeuchten muss. Wenn eine erhöhte Luftfeuchte ein Problem ist, kann man eine dicke Schicht Substrat einbringen, die je nach Bedarf angefeuchtet wird. Dadurch, dass das Material locker ist, atmet es und sorgt für eine Umgebung mit geeigneter Luftfeuchtigkeit.

Unterschlupf

Ein Zubehörteil ist für einen glücklichen Königspython unerlässlich, nämlich ein guter Unterschlupf ... oder sogar mehrere. Diese Schlangen leben von Natur aus versteckt und möchten diesem Instinkt auch in Gefangenschaft folgen können. Am besten bietet man daher je einen Unterschlupf an beiden Enden des Terrariums an, so dass der Python nicht zwischen Temperatur und Sicherheit wählen muss. Das verwendete Material ist dabei zweitrangig, und Ton-Blumentöpfe, Blumentopfuntersetzer aus Plastik oder vorgefertigte Unterschlüpfe aus Gießharz oder Plastik erfüllen allesamt den angestrebten Zweck. Wie alle Einrichtungsgegenstände sollten sie sich aber leicht reinigen und desinfizieren lassen. Solche aus Holz oder Kork sind in dieser Hinsicht umständlich und können zu Brutstätten für Bakterien und Pilze werden.

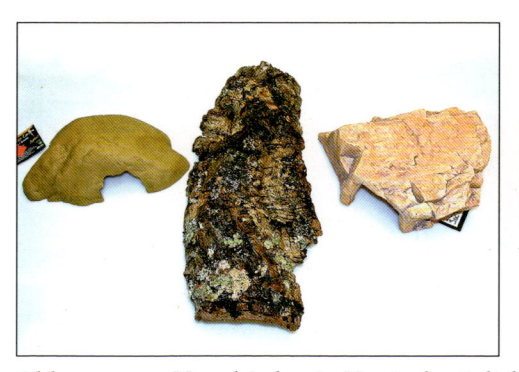

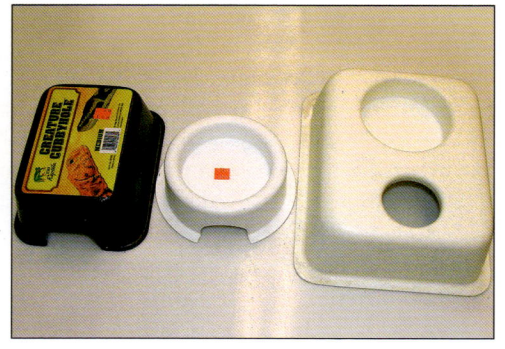

Abb. 51 u. 52: Verschiedenste Versteckmöglichkeiten, wie man sie üblicherweise im Handel finden kann. K. McCurley

Abb. 53 links: Spider Pastel Jungle (Bumble Bee) mit einem zu klein gewählten Versteck.
Abb. 54 rechts: Ein Coral Glow in seinem Versteck. Um so enger und geschlossener ein solches Versteck ist, desto wohler fühlen sich Königspythons darin. K. McCurley

Ein Versteck muss vor allem eng sein, da es der Kontakt mit den Wänden ist, der der Schlange ein Gefühl der Geborgenheit vermittelt. Ein großzügig bemessenes Versteck läuft diesem Zweck zuwider, und man wird erstaunt sein, in welch enge Räume sich selbst eine große Schlange freiwillig zwängen wird, um diesem instinktiven Bedürfnis zu entsprechen.

Versteckkisten mit nur einem Eingang sind oftmals effektiver als solche vom Typ „hohler Baumstamm" mit Öffnungen auf zwei Seiten. Letztere werden von der Schlange als „Gefahr droht von zwei Seiten" angesehen.

Abb. 55: Hier sieht man einen Platinum Lesser in einem Racksystem mit einer Wasserschale, die auch als Versteck genutzt werden kann. K. McCurley

Eine Unzufriedenheit mit den Versteckmöglichkeiten äußert sich häufig durch rastloses Umherkriechen. Manchmal hilft dann bereits ein Haufen zusammengeknülltes Zeitungspapier, in den sich die Schlange zurückziehen kann. Nicht fressende Tiere fangen dann oftmals schon kurze Zeit später mit der freiwilligen Nahrungsaufnahme an.

Natürlich eingerichtete Terrarien

Dicht bepflanzte Terrarien oder Vivarien mit sanft wogenden Nebelschleiern und leise rieselnden Wasserfällen hören sich toll an, entsprechen dann aber in der Praxis letztlich häufig doch nicht den Vorstellungen des Pflegers. Durch sein recht erhebliches Gewicht kann ein Königspython auch die schönste Landschaft innerhalb einer Nacht voller Aktivität in eine Filmkulisse verwandeln, in der man am nächsten Morgen ohne weiteres „Godzilla in Tokio II" drehen könnte.

Die Verwendung von lebenden Pflanzen und natürlicher Erde bedarf daher der sorgfältigen Überlegung. Erstere sollte man besser in Töpfen gepflanzt lassen, und die Erde muss gegen Wühlen gesichert werden. Königspythons sind überaus neugierig und bahnen sich auf der Suche nach dem ultimativen Versteckplatz ihren Weg in unwahrscheinlich kleine Zwischenräume. Mischt man Erde mit Wasser, so erhält man Matsch. Dies sollte man stets im Hinterkopf behalten, wenn man ein Terrarium natürlich einzurichten versucht.

Grundsätzlich können sich natürlich bepflanzte Terrarien als sehr arbeitsaufwendig herausstellen, und das Ausufern von Bakterien- und Pilzbeständen ist eine ständige Bedrohung.

Damit soll jedoch nicht gesagt sein, dass diese Art der Pflege unmöglich ist. Auch Königspythons kann man durchaus in einer naturalistischen Umgebung unterbringen.

Abb. 56: Ein „natürlich" eingerichtetes Terrarium sieht nicht nur gut aus, sondern trägt auch zum Wohlbefinden des Bewohners bei. K. McCurley

Abb. 57: Zum Klettern für Königspythons eignen sich alle im Handel erhältlichen Holzarten, sofern sie über eine einigermaßen raue Oberfläche verfügen. K. McCurley

Abb. 58: Der Fachhandel hält eine Fülle an geeigneten Dekorationsmaterialien bereit. K. McCurley

Wem der Pflegeaufwand für ein solches Terrarium Spaß macht, wird sicherlich durch eine Reihe von Beobachtungsmöglichkeiten des natürlichen Verhaltens eines Königspythons belohnt. Und dies mag für manchen Terrarianer den vermehrten Arbeitsaufwand mehr als aufwiegen.

Hygiene- und Pflegearbeiten

Wie bei jedem Tier trägt auch beim Königspython eine saubere Umgebung erheblich zur Gesunderhaltung und dem Wohlbefinden des Pfleglings bei. Besonders bei größeren Beständen ist es von enormem Vorteil, wenn man für jedes Terrarium einen doppelten Satz aller Einrichtungsgegenstände hat. So kann man diese einfach austauschen und die verschmutzten Utensilien in einem Arbeitsgang für das nächste Mal vorbereiten. Flüssigkeit in Wassergefäßen neigt zur Bildung von schleimigen Belägen, die ein guter Nährboden für Krankheitserreger sind und daher häufig überprüft werden müssen. Je nach dem verwendeten Substrat können einzelne verschmutzte Stellen herausgenommen und ersetzt werden (z.B. bei Sägespänen oder Mulch), was umgehend nach ihrer Entdeckung geschehen sollte, oder man tauscht einfach alles aus (z.B. bei Zeitungspapier oder Haushaltstüchern). Während die zuerst genannten Substrate auf diese Weise eine ganze Weile benutzt werden können, sollte man doch ihren Gesamtzustand im Auge behalten. Wenn sie nach einer Weile unangenehm zu riechen anfangen, Schimmel ansetzen, durchfeuchtet sind oder einfach schmutzig aussehen, ist es allerhöchste Zeit, auch sie komplett durch eine neue Einstreu zu ersetzen. Insbesondere ist auf die Entwicklung eines Ammoniak-Geruchs zu achten; bemerkt man einen solchen, muss das Substrat sofort ersetzt werden. Bei faserigen Substraten ist ein Komplettaustausch spätestens alle 45–60 Tage erforderlich, es sei denn, es ist offensichtlich, dass man nicht solange warten kann.

Bei dieser Gelegenheit wird dann auch gleich das Königspython-Terrarium einer gründlichen Wäsche unterzogen. Hierzu kann man eine 10 %-ige Bleichlösung verwenden (stark genug mit Wasser verdünnt, dass man das Bleichmittel riechen kann, aber nicht so stark, dass die Augen zu tränen anfangen). Andere Desinfektionsmittel sind aber ebenso gut geeignet. Sofern machbar, wird das gesamte Behältnis unter fließendem Wasser gründlich ausgespült, um auch die letzten chemischen Rückstände zu entfernen. Nach dem Trocknen kann es wieder eingerichtet und das entsprechende Tier zurückgesetzt werden. Letzteres sollte die Zwischenzeit in einem sicher verschlossenen Behälter verbracht haben. Einrichtungsgegenstände wie Wassergefäße, Schlupfkisten usw. sollten einmal wöchentlich in einer Desinfektionslösung abgewaschen werden, um der Entwicklung von Bakterien und Pilzen entgegenzuwirken. Die verwendeten Werkzeuge sollten nach jeder Benutzung der gleichen Behandlung unterzogen werden.

Reptilien sind von Natur aus sehr saubere Tiere. In einem Terrarium gehalten, steht ihnen im Vergleich zur Natur aber nur sehr wenig Platz zur Verfügung.

Abb. 59 oben: Mehrere Spider Pastel Jungle (Bumble Bees) in einer „Aufbewahrungsbox". Solche Boxen kann man gut zur kurzfristigen Unterbringung bei Reinigungsarbeiten am Terrarium nutzen.
Abb. 60: Unabhängig davon, ob man nur einen *P. regius* hält oder eine große Königspythonzucht betreibt, die Grundbedürfnisse einer Schlange müssen immer erfüllt werden.
K. McCurley

Es liegt damit in der Verantwortung des Pflegers, die fehlenden Ausweichmöglichkeiten durch strikte Sauberhaltung auszugleichen. Gute Pflegebedingungen sollten zur Routine werden. Durch sie kann die Schlange nicht nur ein besseres Leben genießen, sondern man selbst wird so auch viel eher bemerken, wenn etwas nicht stimmt oder ob ein besonderes Vorkommnis, wie eine abnormal verlaufende Häutung oder eine Futterverweigerung, erhöhte Aufmerksamkeit verlangt. Man wird einfach zu einem besseren Pfleger.

Sicherheit
Schlangen sind wahre Ausbruchskünstler. Bietet sich ihnen eine Möglichkeit zum Erweitern ihres Horizonts, werden sie diese auch nutzen. Sie scheinen einen sechsten Sinn dafür zu besitzen, sofort zu merken, wenn man ihr Terrarium nicht richtig verschlossen hat oder wo die Schwachstellen in dessen Sicherheitseinrichtungen liegen. Ist eine Schlange erst einmal aus ihrem Behältnis entkommen, kann sie sich überall hinbegeben, denn sie befindet sich nun in einer fremden Umgebung, die es zu erkunden gilt. Auf diese Weise verschwinden Schlangen immer wieder auf Nimmerwiedersehen. Häufig finden sie einen Weg in Zwischenwände oder unter den Fußboden, wo sie sich sicher wähnen, manchmal aber nicht wieder herausfinden. Manche „Flüchtlinge" entfernen sich auch nur ein kurzes Stück und suchen sich ein warmes, sicher erscheinendes, dunkles und gemütlich enges Versteck, in dem sie sich zusammengerollt versteckt halten können. Nachts entweichende Exemplar legen oft größere Strecken zurück als tagsüber flüchtende.

Bei Entdeckung eines Ausbruchs ist keine Zeit zu verlieren, denn je mehr Zeit verstreicht, desto weiter kann sich die Schlange entfernen und desto größer ist die Chance, dass man sie nie wieder sieht. Eine entwichene Schlange kann sich schnell lebensbedrohenden Gefahren ausgesetzt sehen. Dazu gehören Kälte, Hitze, fehlendes Trinkwasser und Verletzungen. Die neu gewonnene Freiheit kann sich also sehr schnell in eine Katastrophe verwandeln und dem hinterbliebenen Pfleger ein Maß an Frustration bescheren, auf welches er liebend gerne verzichten würde. Sind erst einmal ein paar Tage seit dem Ausbruch vergangen, ist es wahrscheinlich, dass die Schlange inzwischen ein gutes Versteck gefunden hat, aus dem sie nur nachts auf der Suche nach Wasser und Futter hervorkommt. Dies ist folglich auch die beste Zeit, um die eigene Suche mit einer Taschenlampe bewaffnet fortzusetzen. Ich habe mit einigem Erfolg entwichene Schlangen wieder einfangen können, indem ich eine Mäusezuchtkiste mit Inhalt dort auf den Boden stellte, wo ich die Schlange ungefähr vermutete. Die Schlange riecht die Nager, begibt sich auf sie zu ... und ich brauche nur noch zuzugreifen.

Ausgebrochene Schlangen zwängen sich häufig in sehr enge Hohlräume, die im Zusammenhang mit Heizungsanlagen stehen. Folglich sollte man dort besonders gründlich suchen. Auch folgen sie bei ihren Exkursionen oftmals dem Verlauf der Wände, wo eine hausgemachte Hi-Tech Falle besonders viel versprechend ist.

Vor Jahren entwischte mir einmal eine tangerine-farbene Honduras-Königsnatter von weniger als 50 cm Länge. Nach endlosem Suchen über viele Tage hatte ich nur noch wenig Hoffnung, sie jemals wieder zu sehen. Dann bemerkte ich jedoch eines Tages beim Saubermachen in meinem Schlangenzimmer, dass sich eine Rolle Allzweck-Klebeband auf magische Weise an einen anderen Ort begeben hatte. Ich hob sie auf ... und fand in ihrem Kern dicht zusammengeringelt meine Königsnatter! Das einzige Problem daran war nur, das Klebeband von der Schlange zu lösen, ohne letztere dadurch zu verletzen. Letztlich verfiel ich auf Olivenöl, um das klebrige Problem zu lösen. Auf diese Weise lassen sich daher auch Schlangenfallen bauen. Man nimmt einfach Pappstücken, die man mit einem stark haftenden (doppelseitigem) Klebeband versieht und entlang der Wände an Stellen auslegt, an denen man vermutet, die Schlange könnte dort vorbeikommen. Diese Fallen müssen häufig kontrolliert werden, da sie mit Sicherheit verschoben werden, wenn die Schlange mit ihnen in Kontakt kommt, es aber doch irgendwie schafft, sich selbst zu befreien. Zumindest weiß man dann, wo sie sich ungefähr aufhalten könnte. Kann man sie auf diese Weise fangen, reibt man die angeklebten Stellen mit etwas Öl aus der Küche ein, damit sich die Verbindung löst.

Futter

Königspythons sind Beutegreifer, die ihre Nahrung in Form von vollständigen Tieren verzehren. Gewöhnlich handelt es sich dabei um Nagetiere. Wenn Ihnen, lieber Leser, die Nager zu leid tun, um sie an einen Königspython zu verfüttern, sollten Sie sich ernsthafte Gedanken machen, bevor Sie sich einen anschaffen. Königspythons gedeihen bei einer Fütterung mit Nagetieren prächtig, und die allermeisten Exemplare fressen ihr ganzes Leben nichts anderes als Mäuse und Ratten.

Beuteerwerb

Wie alle anderen Pythons überwältigen Königspythons ihre Beute durch Ergreifen und Umschlingen. Ein Beutetier wird in einer blitzschnellen Vorwärtsbewegung mit dem Maul ergriffen, wobei die kleinen, nach hinten gerichteten Zähne ein sicheres Festhalten gewährleisten. Die Schlange wickelt dann ihren Körper fest um die Beute und zieht sich mit jedem Ausatmen des Nagers fester zusammen. Dadurch wird dessen Atmung und Herztätigkeit sehr schnell unmöglich gemacht (Herz-Kreislauftätigkeiten brechen sofort zusammen), wodurch das Beutetier in wenigen Sekunden stirbt.

Anschließend verschlingt der Python seine Beute in einem Stück, wobei er meistens (aber nicht immer) am Kopf anfängt und nach und nach den ganzen Körper in sich hineinzieht. Wie die allermeisten Schlangen haben Königspythons eine sehr elastische Haut, und die Verbindung zwischen den beiden Unterkieferleisten besteht aus einem dehnbaren Band und nicht wie bei Säugetieren aus einer festen Knochenverbindung. Auf diese Weise ist er in der Lage, auch größere Futtertiere zu verschlingen. Der unerfahrene Königspython-Pfleger ist gut damit beraten, bei einer Fütterung seine Finger und

Abb. 61: Spider Pastel Jungle (Bumble Bee) hat gerade eine Maus erbeutet. K. McCurley

Hände außer Reichweite zu halten. Königspythons schlagen mit beinahe unglaublicher Geschwindigkeit zu, und ein Biss, wenn auch nur aus Versehen, ist vor allem bei großen Tieren ziemlich schmerzhaft.

Futtertiere

Königspythons können sich ihr ganzes Lebens lang von Mäusen und Ratten ernähren, und gewöhnlich machen sie genau das. Schlüpflinge füttert man in der Regel mit Mäusen von „Springer"-Größe (kleine, fast oder gerade entwöhnte Mäuse, die oft hektisch umherspringen; daher der Name), sind aber bald groß genug, um erwachsene Mäuse zu fressen. Ein Königspython-Baby benötigt oftmals die Bewegung eines Springers, um es genügend zu animieren und zu überzeugen, dass dies ein geeignetes Futtertier ist. Fütterungsversuche mit neugeborenen, nackten Mäusen sollte man hingegen nicht unternehmen; diese Futtertiere sind zu klein, um eine ausreichende Mahlzeit abzugeben, und sie bewegen sich zu wenig, um dadurch den Fressreflex auszulösen. Mit Erreichen einer gewissen Größe wird der Pfleger dann auf Ratten umsteigen wollen, einfach weil die Fütterung damit einfacher ist und es sich als kostengünstiger erweist, eine große Ratte anstelle zahlreicher Mäuse bei einer Fütterung zu verwenden.

Abb. 62 oben: Einem Platinum, Lesser wird ein passendes Futtertier, in diesem Fall eine Maus, angeboten.
Abb. 63 unten: Die Maus perfekt gepackt.
K. McCurley

Ein guter Anhaltspunkt für die richtige Größe der Futtertiere ist der Umfang der Schlange. Ideal sind solche Beutestücke, deren Körpermitte geringfügig größer als der Körper des Königspythons ist. Ein geeignet großes Futtertier sollte nach dem

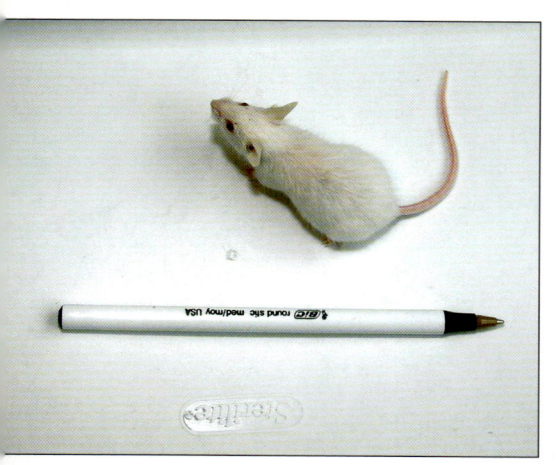

Abb. 64: Dieses Futtertier hat die richtige Größe für ein *Python regius*-Jungtier. Für die ersten Mahlzeiten sollten nie allzu große Mäuse gewählt werden.
K. McCurley

Verschlingen eine mäßige Verdickung bei der Schlange verursachen. Wenn sie danach aussieht, als hätte sie einen Fußball verschlungen, hat sie offensichtlich zuviel bekommen.

Beim Kauf eines Königspythons sollte man vom Verkäufer erfragen, was das Tier zur Zeit regelmäßig frisst. Einige Pfleger füttern ihre Schlangen mit Küken oder Wachteln, andere mit Gerbilen oder Hamstern. Es ist jedoch zu empfehlen, dass alle Pfleger von Königspythons eher Mäuse und Ratten verwenden. Bisweilen entwickeln nämlich einzelne Tiere eine Vorliebe für andere Beute (z.B. Gerbile oder Hamster) und sind dann nur sehr schwer auf eine Ernährung mit Mäusen und Ratten umzugewöhnen. Küken haben darüber hinaus möglicherweise einen Mangel an Stoffen, die bei Nagern vorhanden sind und sollten daher als Futter besser gemieden werden.

Fütterungsintervalle

Königspythons kann man gut einmal pro Woche füttern, obwohl einige Halter ihnen nur alle 10 bis 14 Tage eine Mahlzeit zugestehen. Auf den Ratschlag „einmal im Monat ist genug" sollte man besser nicht hören, vor allem dann nicht, wenn es sich um junge und heranwachsende Exemplare handelt. Auf diese Weise hat man eine

Species:			ID# / Name:			Sex:		
Common Name:			Locality:			DOB:		
Morph:			Source:			Date In:		
Key								
PM = Pink Mouse	MM = Med. Mouse	CR = Crawler Rat	JR = Jumbo Rat	JRb = Jumbo Rabbit	REG = Regurgitation	C = Copulation		
FM = Fuzzy Mouse	LM = Large Mouse	WR = Weaned Rat	GR = Giant Rat	L = Live	D = Defecation	FOL = Follicles		
HM = Hopper Mouse	JM = Jumbo Mouse	SR = Small Rat	SRb = Small Rabbit	PK = Prekilled	B = Blue (Opaque)	POS = Post Ov. Shed		
SM = Small Mouse	PR = Pink Rat	MR = Med. Rat	MRb = Med. Rabbit	REF = Refused	S = Shed	PAR = Partuition		
	FR = Fuzzy Rat	LR = Large Rat	LRb = Large Rabbit	AF = Assist Fed	WT = Weight	MED = Medication		

ständig hungrige (und dünne) Schlange, die möglicherweise aus reinem Hunger dem Halter gegenüber bissig wird.

Lebende oder abgetötete Beute?
Wie bei anderen Arten von Pythons bedarf es lediglich ein wenig Geduld, um einen Königspython darauf zu „trainieren", tote oder tiefgefrorene und wieder aufgetaute Futtertiere zu erkennen und anzunehmen. Der hauptsächliche Vorteil darin liegt im Ausschalten der Gefahr einer Verletzung beim Schlagen der Beute. Im Gegensatz zu der vor allem in Internet-Foren weitverbreiteten Ansicht, dass ein Königspython „die Jagd" oder „das Töten" brauche, ist dem nicht so. Beutetiere lebend anzubieten, ist daher nicht erforderlich. Ein daran gewöhnter Königspython schlägt und „erwürgt" ein totes Beutetier in der gleichen Weise wie ein lebendes.

Abb. 65: Das regelmäßige Wiegen seiner Tiere (hier ein Spider) gehört zu einem perfekten Zuchtprogramm. K. McCurley

Lebende Nagetiere können einem Königspython ernsthafte und potentiell tödliche Verletzungen zufügen, lässt man sie ohne Aufsicht mit der Schlange zusammen. Vor allem Ratten können überaus aggressiv werden, wenn sie sich ihres Pelzes erwehren müssen. Nager gehen Schlangen instinktiv aus dem Weg, koste es, was es wolle, nur in einem Terrarium können sie das nicht. Löst das Beisammensein bei der Schlange keinen Jagdreflex aus, so wird der Nager früher oder später nach Flüssigkeit und Futter zu suchen beginnen. Als Allesfresser stößt er dann auf die Schlange, und er beginnt sie anzuknabbern. Die Schlange hat darauf keine instinktive Antwort und wird sich daher nur in den seltensten Fällen zur Wehr setzen. Schon so mancher Pfleger musste somit am nächsten Morgen entsetzt feststellen, dass seine Schlange eine gemeinsame Nacht (oder selbst nur eine Stunde) mit einem Nager nicht überlebt hatte. Mäuse sind in dieser Hinsicht besonders gefährlich. Wenn sie der Hunger überkommt, können sie sich in kürzester Zeit durch die Haut der Schlange zu den inneren Organen durchfressen und dabei so schwere Schäden verursachen, dass die Schlange nur noch eingeschläfert werden kann.

Abb. 66: Diese extrem schwere Hautverletzung stammt von einer über Nacht im Terrarium verbliebenen Futtermaus.
K. McCurley

Einen Königspython dazu zu bringen, tote Beutetiere als Futter anzunehmen, ist nicht schwierig. Der Pfleger muss dazu nur ein bisschen Geduld und Einfühlungsvermögen aufbringen (siehe den nächsten Abschnitt).

Tiefgefrorene Nager müssen vor dem Verfüttern stets völlig aufgetaut und angewärmt werden. Man kann das Futtertier sogar in der Nähe des Terrariums der Schlange über Nacht auftauen lassen, um diese so geruchlich auf eine bevorstehende Mahlzeit vorzubereiten. Soll es schneller gehen, kann man die Futtertiere auch in warmem Wasser auftauen, jedoch sollten sie dazu in eine Plastiktüte gesteckt werden, damit sie nicht aufweichen. Die Mikrowelle eignet sich für diesen Zweck übrigens überhaupt nicht. Versuche in dieser Richtung können tatsächlich zu einer wenig appetitlichen Erfahrung mit einer Fleischbombe und dem dadurch entstehenden organischen Grafitti werden – WI-DER-LICH!

Gewöhnung an aufgetautes Tiefkühlfutter

Eine gute Möglichkeit, um einen Königspython zum Annehmen von aufgetauten Tiefkühlnagern zu bewegen, ist das aufgetaute Futtertier mit dem Geruch von verschmutzter Einstreu aus einem Mäusezuchtbehälter zu versehen. Der angewärmte tote Nager wird dazu einfach mit der Streu abgerieben. Dadurch nimmt er einen intensiveren Geruch an, der auch zögerliche Fresser oftmals zur Futteraufnahme anregt. Bisweilen reicht für diesen Zweck schon das Einbringen von ein wenig dieser Streu in das Terrarium der betreffenden Schlange. Man wartet dann, bis sie darauf mit Aufregung reagiert, nach dem vermeintlichen Futter zu suchen beginnt und bietet dann das Futtertier an.

Wenn es sich um eine Schlange handelt, die von ihrem Vorbesitzer mit etwas anderem als Mäusen oder Ratten ernährt worden ist und die beharrlich die Annahme letzterer verweigert, bietet sich die gleiche Methode unter Verwendung der entsprechenden Einstreu an. Die allermeisten Tiere reagieren erheblich stärker auf den Geruch von Gerbilen, deren Einstreu jedoch nur im Notfall verwendet werden sollte. Anderenfalls kann es dem Pfleger passieren, dass er diese Täuschung auch bei jeder zukünftigen Fütterung anwenden muss.

Bei Schlangen, die gut an das Fressen toter Beutetiere gewöhnt sind, reicht es gewöhnlich aus, das Futtertier in das Terrarium zu legen. Die Schlange wird es dort finden und verschlingen. Die meisten Pfleger bedienen sich dieser Methode, um ihre Königspythons zu füttern.

Wenn man einmal ein paar Nager als Haustiere gehalten hat, wird man nicht umhingekommen sein, deren possierliches Verhalten schätzen gelernt zu haben. Ich habe über die Jahre etliche zahme Ratten gehabt und war stets traurig über ihre lediglich zwei- bis zweieinhalbjährige Lebenserwartung. Sie haben mich immer wieder aufs Neue mit ihrer Intelligenz und sanften Natur erstaunt und erfreut. Als Folge davon habe ich eine Aversion gegen das Verfüttern lebender Nager. Auch habe ich keinerlei Verständnis dafür, wenn Nagetiere geringschätzig behandelt werden. Dazu gehört zum Beispiel ihre Unterbringung in einer schmutzigen Umgebung oder übermäßig beengenden Verhältnissen. Wenn sie zur Ernährung unserer Schlangen schon umgebracht werden müssen, so sollte das kurz und schmerzlos geschehen! In Deutschland sind in dieser Hinsicht zudem die Bestimmungen des Tierschutzrechts zu beachten.

Tricks und Kniffe

Eine der am häufigsten zu hörenden Klagen von Pflegern, die einen Königspython an tote Beutetiere zu gewöhnen versuchen ist, dass die Schlange zwar interessiert zu sein scheint, dann aber doch nicht zuschlägt. Oder sie schlägt nach den Fingern des Halters anstatt nach dem Futtertier. Letzteres liegt einfach daran, dass die Wärmeabstrahlung der Hand größer ist als die des toten Nagers. Der Königspython besitzt in seinen Oberlippen eine Reihe von Vertiefungen (Labialgruben), die als höchst empfindliche Wärmesensoren fungieren und ihm selbst in völliger Dunkelheit das „Sehen" warmblütiger Beute ermöglichen. Ein auf Zimmertemperatur angewärmtes totes Futtertier hebt sich von der Zimmertemperatur weitaus weniger ab als die Hand des Pflegers mit dessen Körpertemperatur. Der Königspython empfängt daher zwar den Geruch des Futters, bringt ihn aber fälschlicherweise mit der Körpertemperatur des Pflegers in Zusammenhang. Dies lässt sich meistens einfach dadurch richtigstellen, indem man das Futtertier vor dem Fütterungsversuch für 10–15 Minuten auf einer Heizmatte erwärmt. Auch kann man den Kopf der toten Beute für vielleicht 30 Sekunden nahe an eine Glühlampe halten und so einen

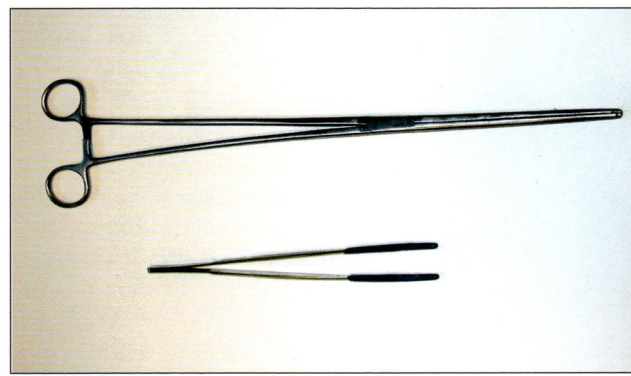

Abb. 67 oben: Aufgetaute Futtertiere müssen trocken und warm angeboten werden. Beim Füttern mittels Zange oder Pinzette muss man darauf achten, dass sich die Schlange beim Zuschnappen nicht daran verletzt.
Abb. 68 unten: Zur Fütterung sind nur Zangen und Pinzetten mit abgerundeten Spitzen geeignet. K. McCurley

warmen Zielpunkt für die Schlange setzen. Das Ziel ist hierbei, eine Wärmesignatur zu schaffen, die die Aufmerksamkeit der Schlange in die richtige Richtung lenkt. Zu beachten ist, dass wir hier die Mäuse oder Ratten nicht braten wollen. Sie sollten also nicht zu lange auf einer Heizmatte liegen und anfangen, einen entsprechenden Geruch zu verbreiten!

Oftmals liegt der Grund für das Nichfressenwollen einfach darin, dass die Schlange nicht hungrig genug ist. Es schadet auch überhaupt nichts, wenn ein Tier über ein oder zwei Wochen nicht frisst. Viele Tiere gewöhnen sich auch nur mit Mühe an eine Futteraufnahme, solange es noch hell ist. Königspythons sind scheu und fressen bevorzugt nach dem Erlöschen der Beleuchtung in der Nacht. Ein zögerlicher Fresser mag daher bereits dadurch zur Futteraufnahme zu bewegen sein, wenn man ihm erst zu diesem Zeitpunkt Futter anbietet. Man sollte dann auch ein Futtertier über Nacht im Terrarium liegenlassen, so dass es möglicherweise gefressen wird, wenn sich der Python völlig sicher und ungestört fühlt. Zögerliche Fresser oder Tiere mit großer Scheu sollte man generell so wenig wie möglich stören.

In manchen Fällen hilft sogar das Einbringen eines weiteren Unterschlupfes oder ein Haufen zusammengeknülltes Zeitungspapier, in den sich die Schlange zurückziehen und sicher fühlen kann.

Königspythons fressen in den meisten Fällen kurz vor und während einer Häutung nicht.

Die Tiere sollten vor und nach einer Fütterung nicht gehandhabt werden.

Fütterung mit lebender Beute

Von Zeit zu Zeit kann es der Königspython-Pfleger schon einmal mit einer überaus wählerischen Schlange zu tun bekommen, die auf lebende Beute besteht. Wenn dann tatsächlich alle Bemühungen und Tricks, sie auf tote Futtertiere umzustellen, gescheitert sind, bleibt als letzter Ausweg nur noch das Anbieten lebenden Futters. Dies muss unbedingt und jedes Mal unter ständiger Aufsicht erfolgen.

Der sicherste Weg ist hierbei, die Beute mit einer langen Futterpinzette anzubieten. Dazu bedarf es wahrscheinlich einiger Versuche, bis sich die Schlange daran gewöhnt hat, doch führt es gewöhnlich früher oder später zum Erfolg. Futterpinzetten, -zangen und dergleichen sind im spezialisierten Fachhandel erhältlich. Der Nager wird damit im Rückenfell direkt über den Vorderbeinen ergriffen. Auf diese Weise hat man ihn gut unter Kontrolle, und die Schlange hat keine Mühe, ihn zu packen. Im Gegensatz dazu ist ein am Schwanz baumelnder Nager ein sehr bewegliches Ziel, das für die Schlange weitaus schwieriger zu ergreifen ist. Wenn der Königspython Hunger hat, wird er umgehend auf die Bewegung und den Geruch reagieren, sich nähern und ohne Zögern zuschlagen. Bisweilen muss man aber auch mit etwas zusätzlicher Bewegung nachhelfen. Sowie die Schlange den Nager ergriffen und umschlungen hat, lässt man das Futtertier los. Man kann nun noch ein zwei Mal kurz und nicht zu heftig am Schwanz des Nagers zupfen, worauf die Schlange in der Regel mit noch festerem Zuziehen der Körperschlingen reagiert. Auf diese Weise ist ziemlich sicher, dass sie nicht plötzlich doch das Interesse an ihrer Beute verliert und sie wieder fallenlässt.

Einem Königspython Futtertiere „um die Ohren zu hauen" oder auch nur nachdrücklich damit anzustubsen, führt aller Voraussicht nach nicht dazu, dass ein futterverweigerndes Tier zu fressen beginnt. Königspythons sind von Natur aus scheu, und eine derart aufdringliche Behandlung wird sie daher eher noch mehr vom Fressen abbringen.

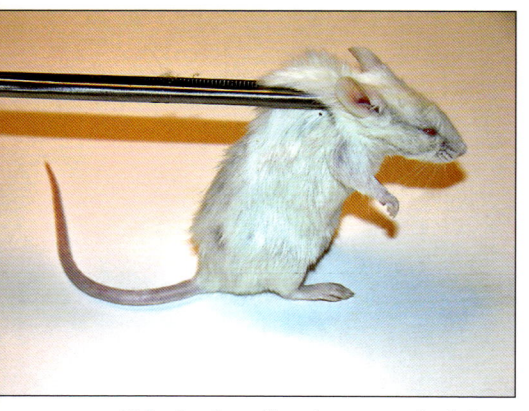

Abb. 69: So sollte eine tote oder lebende Maus angeboten werden.

K. McCurley

Wenn man eine Futterpinzette zum Füttern mehrerer Tiere verwendet, sollte diese beim Überwechseln von einer zur nächsten Schlange desinfiziert werden, um eine mögliche Übertragung von Keimen auszuschließen.

Wo füttern?

Diese Frage führt immer wieder zu erheblichen Debatten unter den Pflegern von Königspythons. Einige sind der Auffassung, dass man die Schlangen stets in einem gesonderten Behältnis füttern sollte, damit sie nicht bei jedem Öffnen ihres eigentlichen Behältnis annehmen, es gäbe jetzt etwas zum Fressen. Dem könnte man entgegenhalten, dass der Python dann lernt, dass jedes Herausnehmen aus seinem Behältnis mit einer Fütterung in Zusammenhang steht.

Schlangen reagieren mit instinktiven Verhaltensmustern auf bestimmte Auslöser. Somit kann man ihnen „beibringen", auf bestimmte Reize in einer bestimmten Weise zu reagieren. Dies ist im Zusammenhang mit Futter besonders deutlich zu erkennen. Pythons zeigen oftmals einen klar ausgeprägten Jagdinstinkt, indem sie erst einmal alles, was in ihr Terrarium eindringt, für Futter halten und es zu erbeuten versuchen. Der Grund dafür ist einfach der, dass sie opportunistische Jäger sind, die Beute zu schlagen versuchen, wann immer sie dazu Gelegenheit haben. Diese Angewohnheit ist jedoch einfach zu erkennen, und man kann sich darauf vorbereiten, vor allem wenn man seine Tiere und ihre individuellen Gewohnheiten im Laufe der Zeit besser kennenlernt.

Da Königspythons scheue Tiere sind, ist es weder erforderlich noch empfehlenswert, sie zum Zweck einer Fütterung aus ihrer gewohnten Behausung zu entfernen. Die Schlange wird dadurch einer unvertrauten Umgebung ausgesetzt, was in vielen Fällen ausreicht, um sie ihren Jagdinstinkt erst einmal vergessen zu lassen. Hierdurch verursacht man ihr Stress, und sie verpasst zudem eine Mahlzeit.

Die beste Vorgehensweise ist stattdessen, einen routinemäßigen Ablauf aller Vorgänge zu etablieren. Dadurch versetzt man die Schlange in die Lage einzuschätzen, wann mit Futter zu rechnen ist und wann nicht. Dazu bedarf es lediglich der Durchführung aller normalen Pflegemaßnahmen stets am gleichen Tag der Woche zu ungefähr der gleichen Zeit. Auf diese Weise lernt man auch, wie ein Tier auf Futter reagiert und kann dies beim Füttern nutzen. Sieht man seinen Königspython mit dem Kopf aus seiner Schlupfkiste schauen, weiß man, er lauert auf vorbeikommende Beute. Nach einer Weile wird man feststellen, dass der Python schon darauf reagiert, wenn der Pfleger den Raum betritt. Dies bedeutet, man hat der Schlange beigebracht, dass die eigene Anwesenheit für sie Futter bedeuten kann.

Eine über lange Zeit unter standardmäßig ablaufenden Bedingungen gehaltene Schlange wird sich oftmals willig bestimmten Abläufen fügen und genau das Erwartete von selbst tun.

Unterstützte und zwangsweise Fütterung

Die hier beschriebenen Vorgehensweisen werden häufig angewendet, wenn ein Königspython hartnäckig und über längere Zeit die Futteraufnahme verweigert und der Gewichtsverlust lebensbedrohende Ausmaße anzunehmen beginnt. Dies ist vor allem bei Jungtieren der Fall. Egal wie optimal die Haltungsbedingungen sein

Abb. 70: Drei Jungtiere gleichen Alters, wovon aber nur das rechte Tier bereits mehrfach gefressen hat.　　　　　　　　　　　　　　　　　　　　　　　　　　　　　　K. McCurley

mögen, diese Exemplare scheinen einfach nicht zu begreifen, was Futter oder Fressen bedeutet. Bei ihnen kann es erforderlich werden, dass man ihnen beim Fressen hilft oder sie sogar dazu zwingt.

Innerhalb der ersten vier oder fünf Wochen nach der ersten Häutung sollten die allermeisten Schlüpflinge mit der Futteraufnahme begonnen haben. Wenn sie nach dieser Zeit noch immer das Futter verweigern, fangen sie an, Körpermasse zu verlieren, und es kann an der Zeit sein, etwas dagegen zu unternehmen.

Eine Zwangsfütterung ist die letzte Möglichkeit und sollte erst in Betracht gezogen werden, wenn alle anderen möglichen Maßnahmen wie alternative Futtertiere und veränderte Umweltbedingungen restlos ausgeschöpft worden sind. Diese Vorgehensweise ist für die Schlange mit großem Stress verbunden. Weiterhin sollte sich der darin ungeübte Pfleger von einem erfahreneren Halter darin unterweisen lassen, bevor er es selbst versucht.

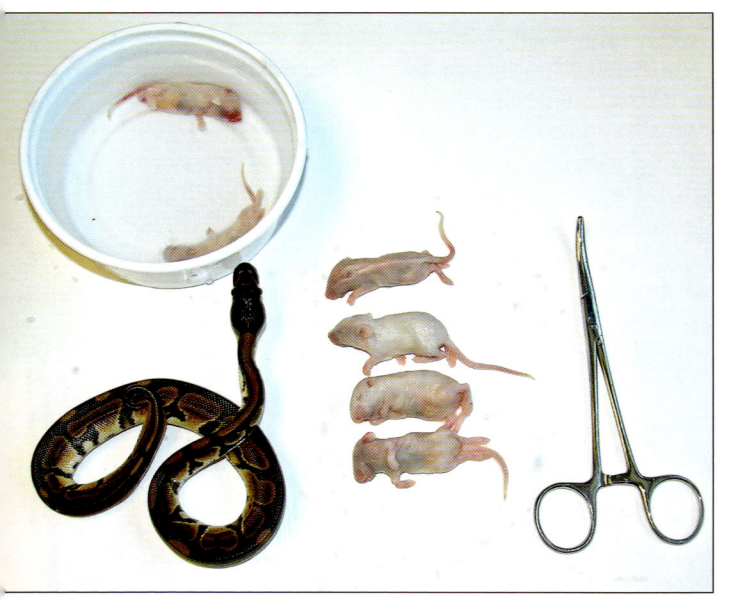

Abb. 71: Zur Zwangsfütterung verwendet man frischtote oder aufgetaute Babymäuse. Diese werden vor dem „Stopfen" in Wasser gelegt, damit sie reibungslos den Schlund der Schlange passieren.　　K. McCurley

Man benötigt hierzu eine kleine, aber schon befellte, in warmem Wasser aufgetaute Tiefkühlmaus, eine kleine Pinzette mit stumpfer Spitze oder eine kleine Futterzange sowie ein Paar ruhiger Hände. Ein Assistent ist von großer Hilfe, denn er kann derweil die Schlange festhalten. Der erste Versuch wird als „unterstützte Fütterung" bezeichnet, denn er basiert auf der Nutzung des natürlichen Schlingreflexes, der einsetzen sollte, sowie sich das Futtertier im Maul der Schlange befindet. Die Futtermaus sollte wirklich klein sein, denn dadurch wird alles viel einfacher und für die Schlange ungefährlicher. Man hält dazu den toten Nager mit der Pinzette im Ohrbereich des Kopfes und drückt die Nase behutsamen gegen den Lippenspalt der Schlange. Sowie diese daraufhin das Maul öffnet, schiebt man die Maus mit dem Kopf voran bis in den Hals, so dass sie in der Kehle und der Speiseröhre zu verschwinden beginnt. Das Futtertier sollte dazu am besten mit Wasser gleitfähig gemacht werden, denn mit trockenem Futter kann sich dieses Vorhaben als recht schwierig erweisen. Die Schlange wird nun mit dem Nager im Maul vorsichtig auf den Boden gesetzt, langsam losgelassen, und man selbst verhält sich völlig bewegungslos. Einige Schlangen verharren daraufhin für eine Minute oder länger, beginnen dann aber mit dem Schlucken des Futters. Während dieses Vorgangs darf man sich keinesfalls bewegen und dadurch das Tier erschrecken, denn dies könnte den ganzen Erfolg gefährden. Bemerkt die Schlange während des Schlingvorgangs eine Bewegung, ist sie naturgemäß sofort beunruhigt, denn sie ist zu diesem Zeitpunkt besonders wehrlos. Viele Jungtiere versuchen dann, das

Von oben nach unten:
Abb. 72: Vorsichtig fixiert man das Jungtier hinterm Kopf.
Abb. 73: Nun steckt man die Maus mit dem Kopf voran ins Maul der Schlange.
Abb. 74: Mit der Maus im Maul legt man nun das Jungtier auf eine Unterlage und verhält sich möglichst reglos, um die Schlange nicht zu irritieren.
Abb. 75: Häufig genügt diese Prozedur schon, um den „Schluckreflex" bei einem Jungtier auszulösen.
K. McCurley

Futtertier unter panikartigen Windungen wieder auszuspucken. Dabei speicheln sie es allerdings auch kräftig ein, so dass der nächste Versuch einfacher wird. Wird ein solcher notwendig, verfährt man gleichermaßen, versucht aber, das Futtertier noch etwas weiter in den Schlund zu schieben.

Wenn der Kampf Schlange gegen Halter größere Ausmaße anzunehmen beginnt, mag letztlich doch nur noch die Zwangsfütterung übrig bleiben. Die Schlange hat zu diesem Zeitpunkt die Futtermaus jedes Mal erneut ausgespuckt, ganz egal wieviel Gelegenheit man ihr zum ungestörten Abschlucken gegeben hat. Nun hilft nur noch, ihr die Maus ganz vorsichtig tief in den Rachen zu schieben und sie dann mit den Fingern von außen weiter in Richtung Magen zu massieren. Erst dann wird die Schlange wieder auf den Boden gesetzt und in Ruhe gelassen. Einige Tiere versuchen selbst jetzt noch, die Nahrung wieder auszuwürgen. Wenn das passiert, kann man die Schlange am Schwanz berühren, woraufhin sie vermutlich vorwärts kriechen wird und schließlich zu züngeln anfängt. Diese kleine Ablenkung hat häufig eine ganz entscheidende Wirkung. Die Schlange wird veranlasst, etwas anderem ihre Aufmerksamkeit zu widmen und vergisst einfach, die Nahrung wieder auszuwürgen.

Größere Schlangen kann man in ganz genau der gleichen Weise behandeln, nur dass man dann ein entsprechend größeres Futtertier wählt.

Das aufgetaute Futtertier sollte unbedingt in Wasser eingeweicht und so nass, wie es ist, ver-

---

Von oben nach unten:
Abb. 76: Sollte ein Jungtier das Futtertier immer wieder aus dem Maul befördern, muss die Maus bis in den Schlund gesteckt werden.
Abb. 77 u. 78: Nachdem man die Maus bis in den Schlund des Jungtieres befördert hat, ist es vorteilhaft, das Futtertier noch ein Stückchen weiter herunter zu massieren, damit es nicht wieder herausgewürgt wird.
Abb. 79: Fängt das Jungtier zu züngeln und zu kriechen an, ist kaum noch die Gefahr des Auswürgens gegeben.
K. McCurley

wendet werden; ein trockenes Stück birgt die Gefahr, dass man das empfindliche Gewebe in der Speiseröhre verletzt.

Unterstützte und zwangsweise Fütterungen sollten in wöchentlichen Abständen wiederholt werden, bis die Schlange schließlich mit der selbständigen Nahrungsaufnahme beginnt. Dazu ist es natürlich erforderlich, ihr zwischendurch immer wieder Futter in der gewohnten Art und Weise anzubieten und ihr dadurch Gelegenheit zum freiwilligen Fressen zu geben. Durch die zwangsweise Nahrungsaufnahme wird der Stoffwechsel des Tieres in Gang gebracht, und es sollte nun auch einen natürlichen Hunger entwickeln.

Häutungen

Königspythons häuten sich von Zeit zu Zeit während ihres gesamten Lebens. Eine Häutung kann dabei mit dem allgemeinen Wachstum, aber auch mit Vorkommnissen wie einer Paarung, dem Absetzen eines Geleges und selbst mit einer Erkrankung oder Verletzung in Zusammenhang stehen. Indem man jede Häutung mit Datum aufzeichnet, verschafft man sich einen Überblick über die Periodik, die für ein bestimmtes Tier normal ist und bemerkt auf diese Weise schnell, wenn etwas nicht stimmt. Eine solche Buchführung ist daher in der Terraristik ein sehr nützliches Werkzeug.

Die Häutung ergibt sich aus der Tatsache, dass die äußere Hautschicht aufgrund ihrer Beschaffenheit nicht zum Wachsen geeignet ist. Sie muss also von Zeit zu Zeit durch eine neue Schicht ersetzt werden. Je schneller eine Schlange wächst (was direkt von der Menge des aufgenommenen Futters abhängt), desto öfter muss sie sich häuten. Da eine Babyschlange schneller als eine erwachsene wächst, häutet sie sich gewöhnlich alle vier bis acht Wochen. Wenn sich ihr Wachstum dann verlangsamt, werden auch die Abstände zwischen den Häutungen größer. Kranke oder verletzte Tiere häuten sich oftmals mehrfach in kurzen Abständen hintereinander.

Eine Häutung (wissenschaftlich als Ecdyse bezeichnet) dauert in der Regel 10–14 Tage von den ersten Anzeichen bis zum Abschluss. Man kann sie zum besseren praktischen Verständnis in mehrere Stufen gliedern:

Stufe 1: Die Schlange nimmt ein allgemein farbloses, ins Graue tendierende Aussehen an, und ihre Bauchschuppen sind nun manchmal plötzlich zart rosa. Die Farbveränderung der Bauchschuppen ist oftmals das erste Anzeichen einer sich anbahnenden Häutung. Unerfahrene Halter sind dadurch nicht selten beunruhigt, jedoch ist das völlig normal. Manche Tiere stellen jetzt auch die Futteraufnahme ein.

Stufe 2: Die Farben der Schlange erscheinen noch mehr abgeschwächt und undeutlich abgegrenzt, und die Augen werden milchig weiß und undurchsichtig. Dieser Effekt wird durch die Bildung eines dünnen Flüssigkeitsfilms zwischen der alten obersten und der darunter liegenden Hautschicht verursacht. Die Haut ist zu diesem Zeitpunkt besonders verletzungsgefährdet, weshalb sich die Schlange gewöhnlich sehr ruhig und verborgen hält. Die allermeisten Exemplare fressen zu diesem Zeitpunkt nicht, und es ist dringend zu empfehlen, jetzt auch keine lebenden Futtertiere anzubieten. Da auch das Auge von einer durchsichtigen Hautschuppe überzogen ist, verursacht der Flüssigkeitsfilm hier eine Trübung und schränkt

Abb. 80: Das linke Tier befindet sich in der Häutung, wie man unschwer an den grau verfärbten Augen sehen kann.   K. McCurley

damit das Sehvermögen erheblich ein. Die Schlange zeigt sich deshalb als überaus scheu und oftmals schreckhaft. Selbst ein normalerweise sehr umgängliches und ruhiges Tier kann dann nach dem Pfleger beißen wollen, was jedoch lediglich als Versuch einer Verteidigung gegen eine vermeintliche Bedrohung zu werten ist.

Stufe 3: Die Häutung steht nun unmittelbar bevor. Zu diesem Zeitpunkt ist die neue Hautschicht fertig ausgebildet. Während der Körper noch immer unterdrückte Farben zeigt, wird das Auge wieder klar. Dieser paradoxe Zustand kann 4–6 Tage anhalten, bis wieder etwas passiert.

Stufe 4: Die alte Haut wird abgestreift. Dies beginnt damit, dass die Schlange ihren Kopf an Einrichtungsgegenständen oder den Terrarienwänden zu reiben beginnt. Dadurch wird die Haut im Kopfbereich weiter gelöst und reißt schließlich an den Lippenkanten und über der Nase auf. Die Schlange fährt nun fort, an Widerstand bietenden Objekt entlang, darunter hindurch oder darüber zu kriechen, so dass sie praktisch aus ihrer alten Haut herauskriecht und diese dabei umgekrempelt zurücklässt. Bei einer vollständigen Häutung findet man dann schließlich eine Rolle alter, faltiger Haut oder ein einziges langes Stück, das von einem Ende des Behälters zum anderen reicht. Die frisch gehäutete Schlange zeigt nun besonders reine und kräftige Farben, und wenn man sie fotografieren will, ist jetzt der beste Zeitpunkt gekommen!

Während der Zeit einer Häutung erhält man einen guten Eindruck davon, ob die gebotenen Luftfeuchtigkeitsverhältnisse im Terrarium der Schlange angemessen sind oder nicht. Auch verrät sie einem etwas über den allgemeinen Gesundheitszustand der betreffenden Schlange. Ein kerngesundes Tier in einer Umgebung mit dem richtigen Grad relativer Luftfeuchte häutet sich in aller Regel in einem zusammenhängenden Stück oder zumindest in mehreren großen Stücken. Ein Königspython, der hingegen unter zu trockenen Verhältnissen gehalten wird oder dem nicht ständig frisches sauberes Wasser zur Verfügung steht, häutet sich oftmals in Fetzen, die zum Teil auf dem Körper haften bleiben und die er durch fortgesetztes Reiben an Einrichtungsgegenständen loszuwerden versucht. In extremen Fällen kann sich die Schlange überhaupt nicht häuten und sieht dann wie eine in ihre eigene tote Haut eingepackte Mumie aus. In einem solchen Notfall muss das Tier unbedingt durch Einweichen rehydriert werden, damit die abzustreifende Haut weich wird und sich löst. Unter Umständen bleibt nichts anderes übrig, als ihr bei der Häutung manuell zu helfen, denn derartig misshandelte Exemplare sind nicht selten bereits zu schwach, um dies selbst erledigen zu können.

Man darf allerdings niemals versuchen, einer Schlange beim Häuten zu „helfen", die dazu noch gar nicht bereit ist. Eine derartige Unternehmung führt unweigerlich zu schwersten Verletzungen an der neuen Hautschicht, deren voraussichtliche Folge das Ableben des Tieres ist!

Zu beachten ist weiterhin, dass sich Königspythons sehr gerne in ihr Wassergefäß legen, wenn sich eine Häutung anbahnt. Hier muss der Pfleger Erfahrungen über jedes einzelne Exemplar sammeln und beurteilen, ob dies das normale Verhalten ist oder nicht. Längere Aufenthalte im Wasser können nämlich auch Ausdruck eines Befalls mit Milben sein.

Abb. 81 oben: Eine ausreichend große Wasserschale, die es diesem Coral Glow erlaubt ganz unterzutauchen.
Abb. 82 unten: Die abgestreifte Haut ist durch das Ausdehnen beim Häutungsprozess immer länger als die Schlange, von der sie stammt. Deshalb ist solch ein Exuvie (Natternhemd) ungeeignet zur Bestimmung der Körperlänge einer Schlange.
K. McCurley

Häufiger auftretende Gesundheitsprobleme

Häutungsreste

Kränkelnde oder anderweitig geschwächte Schlangen zeigen ihr Problem spätestens bei der nächsten Häutung an. Ein zum Verkauf stehendes Tier, das wie eine in seiner eigenen Haut gefangene Mumie aussieht, sollte man vielleicht doch besser nicht sofort kaufen. Stattdessen sollte man abwarten, bis das Problem ein paar Tage später vom Verkäufer behoben worden ist. Ich selbst habe schon Schlangen gesehen, die auf übelste Weise in ihrer Haut gefangen waren. Ein paar Tage darauf hatten sie sich dann doch gehäutet und waren völlig makellos! Ein schrumpelig vertrocknet aussehender Königspython wird kaum einen begeisterten Käufer finden, der auch nur ein Minimum an Erfahrung hat.

Häutungsschwierigkeiten treten meistens auf, wenn das Terrarium des Königspythons trocken ist. Häufig ist dies mehr ein Ärgernis denn ein wirkliches Gesundheitsproblem, jedoch können anhaftende Reste der alten Haut bei kleineren Exemplaren zu Stress und Dehydration führen. Die Situation ist recht einfach zu bereinigen, solange sie sofort nach Entdeckung angegangen wird. Je mehr Zeit man zwischen Häutung und Behandlung vergehen lässt, desto schwieriger wird es, die alten Hautreste zu entfernen. Innerhalb von vierundzwanzig Stunden ist am besten, noch besser ist es jedoch, es gar nicht erst dazu kommen zu lassen.

Jungtiere setzt man in einen kleinen Plastikbehälter, der mit etlichen Lagen gut durchnässter Küchentücher ausgestattet ist. Auf dem Boden des Behälters sollte sich aber nicht mehr als vielleicht 3 mm Wasser befinden, da es ansonsten zu einem Ertrinken kommen kann. Tieferes Wasser kann bei dem Python Panik auslösen und die Gefahr des Ertrinkens eher noch vergrößern. Der Behälter mit der Schlange wird dann warm (etwa wie das eigentliche Terrarium) aufgestellt, und die Hautreste sollten sich innerhalb vierundzwanzig bis achtundvierzig Stunden gelöst haben. Ein beheiztes Regal ist hierzu von großem Nutzen. Man kann die Schlange von Zeit zu Zeit mit dem nassen Papier zudecken, so dass sie sich darunter hervorarbeiten muss. Die dabei entstehende Reibung am Papier unterstützt das Ablösen der alten Haut.

Abb. 83: Dieser Königspython hat sich nicht vollständig gehäutet. Reste der Häutung haften noch am Körper und auf den Augen. K. McCurley

Größere Jungtiere und Adulti mit Häutungsresten setzt man in eine Wanne und deckt sie mit einem gefalteten, triefnassen Frottee- oder Baumwoll-Handtuch zu, das keinerlei Rückstände eines

Weichspülers enthalten darf. Auch hier darf sich nur sehr wenig freies Wasser auf dem Boden der Wanne befinden. Das Handtuch muss jedoch tropfnass sein und die Schlange zudecken. Auch dieser Behälter wird entsprechend warm aufgestellt. Die Hautreste sollten sich außer in wirklich schweren Fällen binnen 24–48 Stunden gelöst haben. Das Handtuch sollte die Schlange stets zudecken, was von Zeit zu Zeit kontrolliert und ggf. korrigiert werden muss. Erforderlichenfalls muss man einige Hautfetzen mit einer Pinzette abzupfen, nachdem sie ausreichend aufgeweicht worden sind.

Bisweilen sind es nur die transparenten Brillenschilder der Augen, die sich nicht mitgehäutet haben. Sie zeigen sich dann wie eine geriffelte oder aufgeplatzte Brille auf einem oder beiden Augen der Schlange. Auch erkennt man nicht selten einen weißen Rand um das Auge

Abb. 84: Ein Spider Pastel Jungle (Bumble Bee) mit einem Häutungsrest auf dem Auge. K. McCurley

herum, der die Grenze zwischen der neuen und der alten Haut anzeigt. Die Gründe hierfür und die Behandlung dagegen sind die gleichen wie die oben beschriebenen. Keinesfalls darf man jedoch versuchen, fest anhaftende Reste trocken oder mit Gewalt zu entfernen! Stattdessen kann man das Brillenschild, nachdem es ausreichend aufgeweicht ist, mit einem Wattestäbchen seitlich anschieben, so dass es sich weiter lockern kann und schließlich abfällt.

Häutungsschwierigkeiten sind bei weitem einfacher zu verhindern als zu behandeln!

Bissverletzungen

Von Futtertieren verursachte Bissverletzungen sollten mit einer antibakteriellen Flüssigkeit gesäubert werden und zweimal täglich mit einer antibiotischen Salbe bestrichen werden. Bei schwereren Verletzungen kann ein Vernähen erforderlich sein, was von einem Tierarzt durchgeführt werden sollte. Ohne angemessene Versorgung können sich auch kleinere Wunden entzünden, zu Wundbrand führen und das Tier schließlich sterben lassen. Entwickelt sich die Verletzung in diese Richtung, ist eine Behandlung mit systemischen Antibiotika, örtlich anzuwendender Wundsalbe und eine korrekte Wundversorgung von entscheidender Bedeutung.

Infektionen
Obere Atemwege

Häufiges „Gähnen", ein offen stehendes Maul, sichtlich mühsames Atmen oder auch nur ein Öffnen des Mauls beim Einatmen sind Anzeichen für eine Infektion der Atemwege. Wenn es sich bei dem betreffenden Tier um ein zum Verkauf stehendes handelt, sollte man besser den Verkäufer darauf aufmerksam machen und ihm die Bereinigung des Problems überlassen.

Ein häufiger bei Königspythons auftretendes Problem könnte man als „Atemstress" bezeichnen. Es entsteht aus einem Zusammentreffen von zu niedriger relativer Luftfeuchte, falschen Temperaturen und einer zu großzügig angelegten Be- und Entlüftung, die dazu führt, dass die Bedingungen im umgebenden Raum einen zu großen Einfluss auf die Bedingungen im Terrarium nehmen. Wie bereits weiter oben beschrieben, sollte man keine lediglich aus einer Gazefläche bestehende Abdeckung verwenden oder diese zumindest zu einem großen Teil abdecken, so dass sich die Luftfeuchtigkeit in dem Behältnis über einen vernünftigen Zeitraum halten kann. Stabile Temperaturen in einem angemessenen Bereich (ohne Thermometer und Thermostat geht es eben doch nicht) tragen ebenfalls dazu bei, die geeigneten Bedingungen zu schaffen, denn warme Luft hält mehr Luftfeuchtigkeit als kühle. Das Ziel ist eine relativ hohe Luftfeuchtigkeit, aber keine NASSE Umgebung! Letztere führt früher oder später zu ernsthaften bakteriellen oder Pilz-Infektionen, die für die Schlange lebensgefährlich sind.

Symptome einer Infektion der oberen Atemwege sind z. B. ein nässendes Maul, Schaumbildung und/oder eine krustige Ablagerung entlang der Lippennähte, Blasenbildung beim Ausatmen, blutiger Schleim, am Gesicht der Schlange anhaftendes Substrat, gurgelnde, pfeifende oder keuchende Atemgeräusche sowie eine Entzündung im Bereich des Kinns.

Abb. 85 oben: Starker Speichel bzw. Schleimbildung im Maul können ein Indiz für eine Infektion des oberen Respirationstraktes sein.
K. McCurley
Abb. 86 unten: Eine amelanistische (Albino) Boa mit einer Atemwegsinfektion. D. Wallace

Lungenentzündung

Im Gegensatz zum Menschen haben Riesenschlangen nur eine primäre Lunge. Sie ist in entspanntem Zustand mit Luft gefüllt, welche durch ein Zusammenziehen der Muskulatur herausgedrückt wird. Beim darauf folgenden Entspannen füllt sie sich dann erneut mit Luft. Dieser Vorgang läuft damit genau umgekehrt wie beim Menschen ab. Wir atmen dadurch, dass die Muskeln den Brustkorb weiten und dadurch Luft eingesogen wird.

Dem Pfleger wird bisweilen auffallen, dass die Schlange ihren Rücken hochwölbt. Dies deutet darauf hin, dass sie mit einer Ansammlung von Flüssigkeit in ihrer einzigen funktionstüchtigen Lunge fertigwerden will. Sie kann nicht husten wie wir. Aus diesem Grund können abnormale Anhäufungen von Schleim zu ihrem Ersticken führen, denn ihr Pulmonarsystem ist primitiv und ineffizient, wenn es darum geht, solche Ablagerungen zu entfernen. Durch das Hochwölben des Rückens versucht die Schlange, die Flüssigkeit nach vorne zu befördern, um sie loszuwerden. Dieser Schleim kann in ernsten Fällen eine weißlich gelbliche Farbe und die Konsistenz von Pudding haben. Dies ist dann ein Anzeichen für eine bereits vorliegende Lungenentzündung. Der Schlange beim Ausscheiden dieses Schleims zu helfen, ist ein riskantes Unterfangen. Nicht selten entsteht dabei eine Blockade in der Luftröhre, die die Schlange erst recht ersticken lässt.

Bei einem hierdurch verursachten, anhaltenden Sauerstoffmangel erweitern sich die Blutgefäße auf ihre maximale Größe, um Sauerstoff in das Blut zu befördern. Die vorhandene Flüssigkeit verhindert jedoch, dass alle Blutgefäße mit der sauerstoffhaltigen Atemluft in Berührung kommen können. Der Bedarf an Sauerstoff kann dann so groß werden, dass einzelne Blutgefäße platzen und dadurch den Flüssigkeitsgehalt noch weiter erhöhen. Die Gefahr des Erstickens wird dadurch nur noch größer. Darüber hinaus ist Blut ein perfektes Nährmedium für Bakterien, so dass auch bei überlebenden Tieren immer noch lebensbedrohende Sekundärinfektionen auftreten können.

Die Behandlung muss in erster Linie aus der Beseitigung der Ursachen bestehen. Wärme und hygienische Zustände sind von essentieller Bedeutung. Wenn die Bedingungen nicht den Ansprüchen eines gesunden Tieres genügen, kann ein erkranktes unmöglich die daraus entstandene Erkrankung überwinden. Das Wassergefäß muss täglich desinfiziert werden, damit es nicht zu einer Neuansteckung kommt. In leichteren Fällen reicht es oftmals schon aus, die Temperatur- und Luftfeuchtigkeitsverhältnisse zu optimieren; das Problem löst sich dann ganz von selbst. Bei stärkeren Anzeichen sollte man sich eiligst auf den Weg zu einem mit Reptilien vertrauten Tierarzt machen. Dieser kann von den zugrunde liegenden Bakterien eine Kultur anlegen, sie bestimmen und eine Erfolg versprechende Behandlung mit den entsprechenden Antibiotika ausarbeiten. Hierzu wird er einen Abstrich aus der Luftröhre der Schlange vornehmen müssen. Zu diesem Zeitpunkt wird der Tierarzt vermutlich injizierbare Antibiotika bevorzugen, da diese erstens schneller wirken und zweitens einfacher und sicherer zu verabreichen sind. Stellt sich nach den ersten Verabreichungen eine Resistenz der Erreger gegen das gewählte Mittel heraus, stehen heute stets Alternativen zur Verfügung.

Mit einem noch intakten Immunsystem und der richtigen Therapie überleben die meisten Schlangen. Zu beachten ist, dass eine derartige Erkrankung ansteckend sein kann. Das Problemtier muss daher isoliert, und sämtliche mit ihm in Kontakt kommende Gegenstände (Einrichtung, Werkzeuge, Hände usw.) müssen vor einer weiteren Verwendung mit anderen Tieren gründlich desinfiziert werden.

Augen

Augeninfektionen äußern sich durch ein milchig getrübtes, geschwollenes Auge oder ein Anschwellen der Lippe unter dem Auge. Bei einem Verdacht auf eine solche Infektion sollte man sich sofort an einen Tierarzt wenden, denn eine Behandlung im Augenbereich ist sehr schwierig. Es ist der Bereich des Körpers einer Schlange, in dem sich eine Infektion besonders gut einkapseln kann. Häufig bedarf es aggressiver, gewebedurchdringender Antibiotika, um den starken Bakterienbefall wirkungsvoll zu bekämpfen. Unbehandelt kann ein solcher Zustand lebensbedrohend werden.

Zur örtlichen Behandlung bei flachen, oberflächlichen Wunden empfehlen sich Salben, die zweimal täglich angewendet werden. Antibiotische Spülungen eignen sich ausgezeichnet zur Behandlung von nässenden Wunden und zum Entfernen von infiziertem Gewebe. In zwei Teilen Wasser verdünntes Wasserstoffperoxyd (H_2O_2) ist ebenfalls zur Behandlung infizierter Bereiche oder Wunden geeignet. Diese Lösung ist zur Entfernung toten und absterbenden Gewebes im Wundbereich sehr hilfreich.

Pilzinfektionen der Haut

Hautpilzbefälle entstehen vor allem durch unsaubere Haltungsbedingungen in Zusammenhang mit einer kühlen und feuchten Umgebung über einen längeren Zeitraum. Anzeichen dafür sind Stellen oder Läsionen auf dem Körper, an denen die Haut ungesund aussieht. Diese Stellen können dann überschorfen oder den Glanz der Schuppen verlieren. Manchmal erscheinen sie auch angeschwollen und einer Verbrennung ähnlich.

Zunächst muss die Ursache in den Haltungsbedingungen identifiziert und beseitigt werden. Das betroffene Tier muss in einer sauberen Umgebung, trocken und warm untergebracht werden. Die betroffenen Hautpartien werden örtlich mit einer antibiotischen Spülung zweimal täglich über 10 Tage behandelt oder solange, bis sich der Zustand sichtlich verbessert hat.

Fäule
Schuppenfäule / Bauchfäule

Schuppen- oder Bauchfäule ist ein Zustand, der durch Verbrennungen oder unhygienische Zustände im Terrarium verursacht wird. Erstere entstehen zum Beispiel, wenn eine Heizmatte eine zu heiße Stelle schafft, die die Schlange trotzdem nicht verlässt, weil die Umgebungstemperatur in ihrem Behältnis ansonsten zu niedrig ist. Ihr Bedürfnis nach Wärme übersteigt ihre begrenzte Fähigkeit zum Erkennen, welche Oberflächentemperatur für sie sicher ist. Hierdurch kommt es zu Verbrennungen auf der Unterseite, die das mit der Wärmequelle in Kontakt kommende Gewebe zerstört. Erste Anzeichen hierfür sind rosa verfärbte Bauchschuppen. Diese sind nicht mit dem rosafarbenen Anflug während der Stufe 1 einer Häutung (siehe das entsprechende Kapitel weiter oben) zu verwechseln. In sehr ernsten Fällen kann das Gewebe so tief zerstört werden, dass die Bauchhöhle offen gelegt und dadurch massiven Infektionen der Weg bereitet wird.

In leichteren Fällen genügt zur Behandlung ein zweimal tägliches Einreiben mit einer antibiotischen Brandsalbe über einen Zeitraum von 7–10 Tagen. Hierzu existieren sehr gute verschreibungspflichtige Salben, die vom Tierarzt zu beziehen sind. Wenn das Gewebe stark geschädigt ist und zu verfaulen beginnt, ist eine systemische Therapie mit Antibiotika-Unterstützung erforderlich. In diesem Fall muss ein Tierarzt die Vorgehensweise festlegen, denn ohne wirklich starke Antibiotika wird die Infektion das Tier mit ziemlicher Sicherheit umbringen.

Selbstverständlich muss die Ursache dieses Zustandes sofort abgestellt werden! Das Terrarium muss geeignete Temperaturzonen aufweisen und die Heizung zuverlässig funktionieren. Man sollte schon deshalb besser auf Billig-Heizer oder experimentelle Eigenkonstruktionen verzichten. Auch sind kleine beheizte Flächen, etwa in

Abb. 87: Nach Heilung einer Schuppenfäule/Bauchfäule sieht man bei diesem Königspython lediglich eine Art Falte am Bauch, die einer Narbe ähnelt. K. McCurley

Form eines „Hot Rock" ungeeignet, da sie es der Schlange aufgrund ihrer Länge nicht erlauben, sich ganzflächig aufzuwärmen.

Verdreckte Terrarien und ständig übermäßig feuchtes oder durchnässtes Substrat können aggressive bakterielle Infektionen an jenen Stellen der Schlange hervorrufen, die damit in Kontakt kommen. Hält man das Behältnis sauber, angemessen warm und das Substrat trocken, können diese Probleme gar nicht erst auftreten.

Auch hier beginnt die Behandlung natürlich mit dem Abstellen der Ursache. Das Substrat wird entfernt und durch weiße Haushaltstücher ersetzt. Die befallenen Stellen werden zweimal täglich mit einer antibiotischen Salbe behandelt. Häufige Bäder in flachem, warmem Wasser, die mit einem Spülen der Wunde mit einer Wund-Desinfektionslösung abgeschlossen werden, sollten als unterstützende Maßnahme hinzukommen.

Infektiöse Stomatitis/„Maulfäule"

Das Maul eines gesunden Königspythons sollte sauber schließen und keine Stellen freilassen, an denen man bei geschlossenem Maul das Zahnfleisch oder die Zähne sehen kann. Scheint das Maul nicht in dieser Art zu schließen, so kann dies ein Hinweis auf eine Infektiöse Stomatitis, besser bekannt als „Maulfäule" sein. Dieser Zustand ist eine auf einer mechanischen Verletzung des Mundbereichs beruhende Erscheinung, die in den meisten Fällen auf Mängel bei der Unterbringung des Tieres zurückzuführen ist. Maulfäule ist keine Erkrankung, sondern ein Syndrom eines Befalls durch opportunistische Bakterien. Diese können in der Folge von Verletzungen zu Geschwüren und Gewebsnekrosen (Auflösungen) führen. Gesundes Zahnfleisch zeigt eine hell rosa-weiße Färbung ohne anders gefärbte Stellen oder Äderungen. Kleine rote Flecken und Läsionen (Blutflecken oder Petechien) sind hingegen erste Anzeichen für eine sich anbahnende Maulfäule. Weiter fortgeschritten findet man dann Geschwüre und käsige Ablagerungen, die um das Maul der Schlange herum verkrusten. Im weiteren Verlauf geht Gewebe verloren, und Zähne fallen aus. Unbehandelt breitet sich die

Abb. 88: Eine bereits weit fortgeschrittene infektiöse Stomatitis (Maulfäule). D. WALLACE

Infektion immer weiter aus, wird systemisch und befällt nun auch andere Bereiche des Körpers. Damit hat sie dann bereits lebensgefährliche Ausmaße angenommen.

Die Behandlung beginnt wiederum mit dem Beseitigen der Ursachen. Bei diesen handelt es sich aller Voraussicht nach um Gegenstände im Terrarium der Schlange oder etwa Lüftungsgitter mit rauer Oberfläche. Wärme und Sauberkeit sind von großer Bedeutung. Die verletzten Stellen müssen sauber gehalten werden, was im Anfangsstadium mit geringen bis mäßigen Gewebeschäden zweimal täglich durch Auftragen einer antibiotischen Salbe oder Spülen mit einer Wund-Desinfektionslösung erfolgt. Bereits abgestorbenes Gewebe sollte man mit warmem Wasser wegzuspülen versuchen. Dazu hält man das Tier unter einen Wasserhahn, so dass der Wasserstrahl das nekrotische Gewebe und den Schleim seitlich wegspülen kann. In fortgeschrittenem Stadium muss ggf. sämtliches befallenes Gewebe entfernt werden, wozu es am besten mit einer 2:1-Lösung Wasser und Mundspülmittel auf der Basis von Wasserstoffsuperoxyd gelöst wird. Diese Vorgehensweise kann für das Tier schmerzhaft sein, so dass es sich zu wehren versucht. Man kann es beiden Parteien leichter machen, wenn man die Schlange täglich nach dem Ausspülen für mehrere Stunden in einem warmen flachen Wasserbad unterbringt. Dazu stellt man ein entsprechend großes Plastikgefäß zu einem Drittel auf eine temperaturkontrollierte Heizmatte, die das Wasser auf 29–34 °C hält. Hierdurch hilft man dem Tier, sich von nekrotischem Gewebe zu befreien; gleichzeitig rehydriert man es und erhöht seine Körpertemperatur. Viele Schlangen kann man auf diese Weise tagelang unterbringen. Bei den wenigstens täglichen Wasserwechseln sieht man dann, wie viel des sich lösenden Gewebes darin herumschwimmt. Das Entfernen von totem Gewebe und die Behandlung mit antibiotischer Salbe und/oder Mundspülmitteln gestattet es dem natürlichen Immunsystem der Schlange, effektiver mit der Infektion umzugehen. Verbleiben hingegen große Mengen nekrotischen Gewebes an Ort und Stelle, bieten diese einen guten Herd für Folgeinfektionen, die dann weitere Komplikationen verursachen. In schweren Fällen kommt es zu Verlusten an Knochengewebe, und das Einzige, was dann noch Aussicht auf einen Behandlungserfolg hat, ist eine systemische Therapie mit injezierbaren Antibiotika.

Parasiten
Ektoparasiten
Zecken und Milben

Bei diesen Spinnentieren handelt es sich um Außenparasiten, die sich vom Blut ihrer Wirte ernähren. Für diesen bedeuten sie Stress. Im Allgemeinen sind sie zwar einfach zu beseitigen, jedoch sollte man schon genau wissen, wie das zu geschehen hat.

Milben sind etwa so klein wie Mohnkörner und in aller Regel auch ebenso schwarz. Sie bewegen sich langsam auf dem Wirtstier und lassen sich einfach zwischen den Fingern zerdrücken, woraufhin ein kleiner Blutfleck zurückbleibt. Bei einem Massenbefall können sie beim Wirt zunächst zu Gewichtsverlust und Dehydrationserscheinungen und später zu Blutarmut führen, die allesamt dem allgemeinen Gesundheitszustand der Schlange abträglich sind.

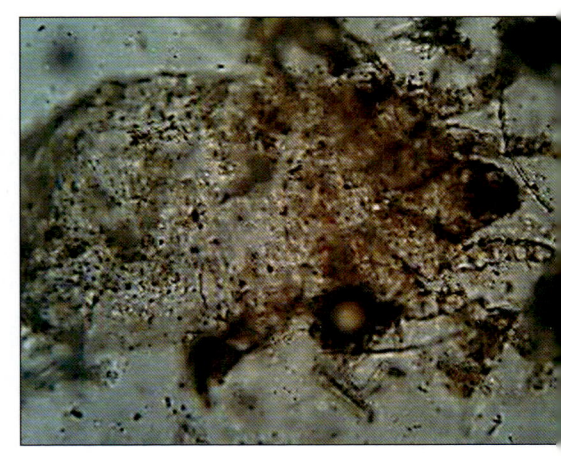

Abb. 89: Diese tote Milbe wurde in einer Kotprobe gefunden.   D. WALLACE

Zecken sind größer, etwa bis zur Größe von Linsen. Sie sind gewöhnlich auf Wildfängen zu finden. Sie lassen sich einfach absammeln oder mit handelsüblichen Zeckenmitteln abtöten.

Grundsätzlich ist es natürlich besser, eine Schlange zu kaufen, die nicht von diesen Parasiten heimgesucht wird. Ihre Beseitigung sollte man daher dem Verkäufer überlassen. Auf diese Weise nimmt man das Problem nicht mit zu sich nach Hause und er-

Abb. 90: Zecken bei einem Königspython. Hier zu sehen an der Unterseite des Mauls.
K. MCCURLEY

schwert der Schlange das Umgewöhnen noch mehr. Sie muss dazu natürlich vor dem Kauf auf ein derartiges Problem hin untersucht werden. Einzelne abstehende Schuppen können darunter sitzende Zecken verraten. Auch das Scheuern an Gegenständen kann auf einen Befall hinweisen. Man sollte daher das in Betracht gezogene Tier beobachten und nach sich bewegenden Pünktchen auf der Haut Ausschau halten.

Besondere Aufmerksamkeit verdient die Falte, die auf der Kopfunterseite von der Schnauzenspitze zur Kehle verläuft. Diese ist ein bevorzugter Aufenthaltsort für Milben, jedoch sind sie dort auf dem weißen Untergrund auch besonders leicht zu erkennen. Tiere mit geschwollenen, aufgedunsen wirkenden oder generell nicht normal aussehenden Augen sollten genauestens untersucht werden. Milben siedeln sich oftmals um das Brillenschild des Auges herum an und sorgen dort für Reizungen und Schwellungen und sind nicht selten der Grund für nicht mitgehäutete Augenschilder. Man sollte die Schlange durch die Hände gleiten lassen und hinterher prüfen, ob irgendwelche lebenden schwarzen Punkte zurückbleiben. Auf diese Weise lässt sich oftmals schnell und zuverlässig feststellen, ob Milben vorhanden sind.

Zecken sind wie gesagt größer als Milben und finden sich meistens auf Wildfangexemplaren. Man entfernt sie einzeln mit einer Pinzette. Die Zecke wird damit ergriffen und im Uhrzeigersinn gedreht. Dadurch lockert sie ihren Halt und lässt sich aus der Haut herausziehen. Belässt man sie an Ort und Stelle, saugt sie weiterhin Blut von ihrem Wirtstier oder verlässt dieses auf der Suche nach einem neuen. Entfernte Zecken tötet man in Alkohol oder in mit Bleichmittel versetztem Wasser ab und/oder entsorgt sie durch die Toilette.

Milben sind der Fluch der Terraristik. Diese blutrünstigen kleinen Quälgeister sind überaus vermehrungsfreudig und nur schwer wieder loszuwerden, hat man es erst einmal zugelassen, dass sie sich bei einem einnisten. Sie sind durchaus mit einem Befall mit Kopfläusen bei einem Menschen vergleichbar. Milben können darüber hinaus Überträger von potentiell pathogenen Keimen sein, die den Wirt infizieren. Unbekämpft breiten sie sich schnell auf ganze Terrarienanlagen aus. Im Terrarium findet man

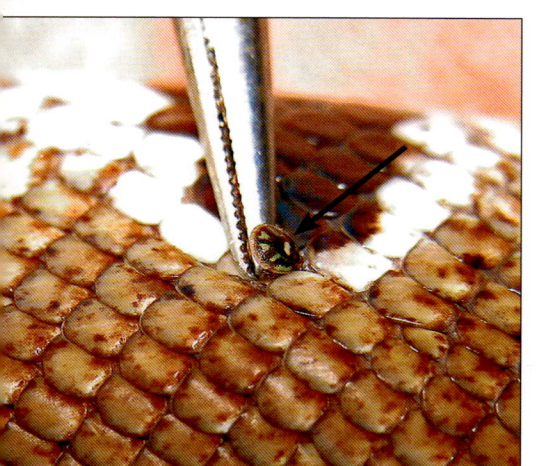

Abb. 91 oben: Zecken sind oft nur schwer zu entdecken, besonders wenn sie wie hier einer Körperschuppe sehr ähnlich sehen.
Abb. 92 unten: Mittels einer Pinzette lassen sich Zecken sehr einfach entfernen. K. McCurley

sie bevorzugt ertrunken im Wassergefäß oder wie sie auf dessen Rand herumkrabbeln.

Eine mit Milben behaftete Schlange befreit man am schnellsten durch ein Bad in klarem Wasser mit der gleichen Temperatur wie die des Terrariums. Schlangenmilben können nicht schwimmen. Lässt man also das befallene Tier über Nacht in einem flachen (!) Bad, ertrinken schon einmal viele der Milben. Dieser Effekt lässt sich durch Hinzugabe von ein wenig Geschirrspülmittel noch verstärken. Das Wasser sollte nur etwa die Hälfte der Höhe des Körpers der Schlange bedecken, damit sie nicht etwa ebenfalls ertrinkt. Gleichzeitig hat die Schlange auf diese Weise Gelegenheit, ihren defizitären Wasserhaushalt zu ergänzen. Man kann die Schlange weiterhin in ihrem Bad mit Wasser daraus übergießen, so dass auf dem Rücken „im Trocknen" sitzende Milben der Behandlung ebenfalls nicht entgehen.

Gleichzeitig muss das Terrarium der Schlange gründlichst mit heißem Wasser mit einem Spül- oder Bleichmittel gereinigt werden. Hierdurch werden viele der erwachsenen Milben und deren Eier beseitigt. Während sich die jungen Milben als Blutsauger betätigen, verlassen sie als Erwachsene ihren Wirt und suchen nach einer Stelle zur Ablage ihrer Eier. Dazu klettern sie häufig in die obersten Bereiche des Terrariums, welche folglich besonders gründlich gereinigt werden müssen. Durch heißes Wasser bringt man sowohl die Milben als auch deren Eier um. Milben sind Überlebenskünstler, die sehr lange Zeiträume in einem Ruhezustand verbringen können. Plötzlich tauchen sie dann wieder auf und überraschen den Schlangenpfleger mit einer erneuten Plage.

Muss man eine Schlange und deren Terrarium gegen Milben behandeln, müssen sämtliche Einrichtungsgegenstände besondere Aufmerksamkeit erhalten. Zu beachten ist auch, dass man durch das Umsetzen eines Tieres auch dessen Milben umsiedelt!

Abb. 93 oben: Ein lauwarmes Vollbad hilft einer Schlange den gröbsten Befall an Milben loszuwerden, aber es reicht nicht, um diese vollständig zu entfernen.

Abb. 94 unten: Häufig findet man bei einem Milbenbefall ertrunkene Milben auf dem Boden des Wasserbeckens (dieses Foto ist nachgestellt, hierzu wurden Mohnsamen verwendet, da zu diesem Zeitpunkt kein Tier mit Milben zur Verfügung stand).

K. McCurley

Was sind nun aber die verlässlichsten Produkte? Man sollte dazu andere Pfleger und gegebenenfalls einen Reptilienhändler befragen. Letztere haben naturgemäß besonders häufig mit diesem Problem zu tun, und die Entwicklung entsprechender Produkte schreitet immer weiter voran. Die Packungsbeilage und Anwendungsvorschriften sind unbedingt zu beachten, denn eine unsachgemäße Verwendung kann auch der Schlange Schaden zufügen. Niemals sollte eine dehydrierte Schlange mit einem Milbenmittel behandelt werden. Sie muss zunächst ihren Wasserhaushalt wieder auf ein normales Niveau bringen. Die Beachtung dieser Grundregel ist lebenswichtig! Mit Pestiziden (z.B. Permethrin) versetzte Milbenbekämpfungsmittel dürfen keinesfalls in Räumen verwendet werden, in denen auch Wirbellose (z.B. Vogelspinnen oder Skorpione) gepflegt werden. Sie würden zweifelsohne ebenfalls durch das Produkt getötet werden.

Endoparasiten
Im Folgenden will ich eine kurze Übersicht häufiger auftretender Innenparasiten geben. Mit der richtigen Behandlung hat man in der Regel schon bald wieder einen glücklichen und gesunden Königspython. Es gibt jedoch keine magischen Tropfen oder Allheilmittel, so dass es stets darauf ankommt, zuerst den verursachenden Parasiten zu identifizieren. Die meisten Gegenmittel aus dem Zoofachhandel sind dafür zu schwach und nicht auf den spezifischen Erreger des Problems ausgerichtet. Bei jeder Therapie ist es von entscheidender Bedeutung, die Dosierung exakt auf das Körpergewicht der Schlange abzustimmen. Parasitizide sind nur deshalb effektiv, weil ihr Gift stark genug dosiert ist, um die Parasiten einer bestimmten Gruppe umzubringen, nicht aber ihren Wirt, d.h. in diesem Fall die Schlange. Oftmals ist der Rat eines erfahrenen Tierarztes unabdingbar, zumal die meisten Medikamente verschreibungspflichtig sind.

Innenparasiten werden typischerweise bei Tieren gefunden, die trotz bester Haltungsumstände kränkeln. Sie sind besonders bei Wildfängen an der Tagesordnung. Bei den meisten in Gefangenschaft lebenden Königspythons stellen Innenparasiten kein Problem dar, jedoch kann bei kränkelnden Tieren ein Überbestand die Ursache des Problems sein. Zur Feststellung bedarf es einer Kotprobe, die am besten von einem erfahrenen Tierarzt mikroskopisch untersucht wird. Die Probe muss dazu frisch sein, d.h. nicht älter als 24 Stunden, wenn sie luftdicht in einem Plastikgefäß oder verschließbaren Tiefkühlbeutel im Kühlschrank aufbewahrt wurde. Eine lediglich aus Uraten bestehende Probe, d.h. der gelbe und weiße Teil einer Ausscheidung ist dafür ungeeignet. Wenn sich keine solche Kotprobe auftreiben lässt, z.B. bei einem futterverweigernden Tier, kann der Tierarzt eine Darmspülung vornehmen, um zu einer untersuchbaren Probe zu gelangen. Diese Untersuchung erfolgt in seiner Praxis und ist überaus hilfreich, um der Ursache des Problems auf den Grund zu gehen.

Protozoen und Amöben
Viele Königspythons, selbst die gesündesten und in Gefangenschaft geschlüpften, haben einen kleinen, natürlichen Bestand dieser Parasiten, der ihnen jedoch unter normalen Umständen nichts ausmacht. Es sind mikroskopisch kleine Lebewesen, die im Magendarmtrakt der Schlange parasitisch leben. Ihre Population wird von einem gesunden Tier unter Kontrolle gehalten und beeinträchtigt es nicht. Bei einer Haltung in weniger als optimalen Verhältnissen oder bei anhaltendem Stress anderer

Art kann sich dieses Gleichgewicht jedoch plötzlich oder allmählich zugunsten der Parasiten verschieben, die sich dann ungehindert vermehren. Protozoen verursachen dann Schäden im Magendarmsystem, was sich durch eine Reihe von Symptomen wie Futterauswürgen, Aufgedunsenheit, Gasbildung, Durchfall oder selbst Atemwegsinfektionen äußern kann. Diese primitiven Parasiten können somit selbst die einstmals gesündeste Schlange zugrunderichten, wenn nichts dagegen unternommen wird.

Der wohl am besten geeignete Wirkstoff ist Metronidazol. Er hat gleichzeitig in begrenztem Maße bakterizide Eigenschaften, die manchmal zur Bekämpfung von Problemen verursachenden Bakterien ausreichen. Bei einer Überdosierung kann es zu neurologischen Störungen kommen, die sich jedoch im Laufe der Zeit von selbst wieder normalisieren. Diese mögen sich zwar ähnlich wie IBD („Schlangen-AIDS"; siehe unten) äußern, haben aber nicht das Geringste damit zu tun!

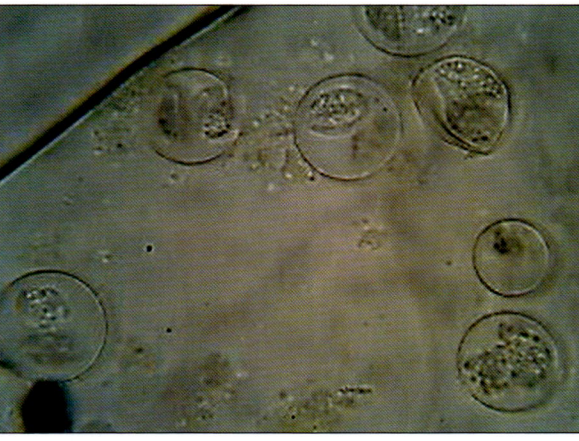

Abb. 95: Protozoen und Amöben.
D. WALLACE

Oxyuren (Pfriemenschwänze)

Ascariden und Nematoden sind häufig auftretende Parasiten, die gewöhnlich durch damit befallene Futternager übertragen werden, aber auch direkt von bereits befallenen und vor allem aus der Natur entnommenen Schlangen. Befälle zeigen sich oftmals in einem verlangsamten Wachstum oder Masseverlust. Wenn ein solcher Befund nach einer mikroskopischen Kotuntersuchung vorliegt, kann eine Behandlung mit Fendabendazol (z.B. Panacur®) erfolgen. Die Dosierung beträgt 100 mg/kg oral und muss zwei bis viermal im Abstand von 10–14 Tagen wiederholt werden. Sie ist in der Regel sehr wirkungsvoll.

Lungenwürmer

Diese Parasiten treten vor allem bei Wildfängen auf. Sie können Verursacher einer chronischen Infektion der oberen Atemwege sein, die durch erwachsene Würmer in der Lunge wieder und wieder ausgelöst wird. In diesem Stadium legen die Würmer Eier, die „ausgehustet" und dann von derselben oder anderen Schlangen aufgenommen werden. Sie gelangen dadurch in den Magendarmtrakt, schlüpfen, wandern in die Lunge und schließen dadurch den Kreislauf. Nach ihrer Identifizierung ist Fendabendazol (z.B. Panacur®) ein sicheres Bekämpfungsmittel. Die Dosierung beträgt 100 mg/kg Körpergewicht oral und muss zwei bis viermal im Abstand von 10–14 Tagen wiederholt werden. Sie ist in der Regel sehr wirkungsvoll.

Bandwürmer

Bei einem solchen Befund bietet sich eine Behandlung mit Proziquantil an.

„Sternengucker"

Mit diesem Begriff wird ein Tier bezeichnet, das sich seltsam verhält indem es nach oben in die Luft starrt, sein Gleichgewichtsgefühl verloren zu haben scheint, sich unkoordiniert „zusammenfaltet", auf den Rücken fällt, eine schlaffe Muskulatur aufweist, nicht frisst und manchmal Pupillen unterschiedlicher Weitung zeigt. Das zugrunde liegende Problem kann vielfältig sein. Bisweilen stellt es sich heraus, dass das Tier über einige Zeit großer Wärme ausgesetzt war, die zu einem Überdruck in Gehirn geführt hat, welcher nun zu motorischen Störungen führt. Wieder unter den richtigen Temperaturverhältnissen untergebracht, sollten die Erscheinungen langsam von selbst wieder abklingen und das Gleichgewichtsgefühl zurückkehren. Durch eine tierärztliche Behandlung mit Steroiden lässt sich der Wiederherstellungsprozess oftmals beschleunigen; der Arzt kann dann auch gleich den allgemeinen körperlichen Zustand der Schlange einschätzen.

In anderen Fällen kann diesen Erscheinungen aber auch eine systemische bakterielle Infektion zugrunde liegen, die ernst zu nehmen ist, da sie die Körperfunktionen der Schlange beeinträchtigt, schädigt und schließlich ausschaltet. Der Organismus kommt dadurch langsam zum Stillstand und bedarf der sofortigen Behandlung mit geeigneten Antibiotika, Steroiden und der Zufuhr von Flüssigkeit. Dieser Zustand ist sehr ernst zu nehmen!

IBD (Einschlusskörperchen-Krankheit, „Schlangen-AIDS")

Häufig mit der englischen Bezeichnung „IBD" (Inclusion Body Disease) belegt, ist dies wohl die von Terrarianern gefürchtetste Erkrankung. Es handelt sich um eine Virusinfektion, die hochgradig ansteckend und tödlich ist. Der Ausbruch kann urplötzlich von einem Tag zum nächsten erfolgen.

Es gibt bislang keine veterinärmedizinisch anerkannte Therapie. Manchmal überwindet ein Tier die Virusinfektion und kommt mit lange Zeit anhaltenden bis bleibenden motorischen Störungen davon. Diese Tiere sind jedoch Zeit ihres Lebens potentielle Träger des Virus und damit eine ständige Ansteckungsgefahr für andere. Sie müssen strikt isoliert von gesunden Beständen untergebracht werden. Wegen der damit verbundenen Risiken ist es am humansten und sichersten, infizierte Exemplare sofort einschläfern zu lassen, denn IBD kann schnell ganze Bestände dahinraffen. Das Virus greift das zentrale Nervensystem an und zerstört es. Der Tod kann schnell eintreten, oder die Schlange kann sich Monate lang herumquälen.

Ich selbst glaube fest, dass z.B. die *Boa constrictor* und andere Boinen Träger des Virus sein können, ohne von ihnen beeinträchtigt zu werden. Auf diese Weise stecken sie andere Schlangen an, zeigen selbst aber keinerlei Anzeichen. Folglich rate ich dringend dazu, niemals eine *Boa constrictor* oder andere Boas auch nur in der unmittelbaren Nähe von Pythons zu halten. Viele Pfleger haben diese Unachtsamkeit bereits schwer bedauert! Milben sind als Überträger des Virus bekannt, und da sie von einem verseuchten Terrarium zum nächsten wandern, erweisen sie sich als ideale Kuriere. Jede völlig gesund erscheinende Schlange kann somit Träger des tödlichen Virus sein und andere anstecken, die dann eingehen, ohne dass der Verursacher die geringsten Anzeichen zeigt. Schon aus diesen Gründen ist ein hygienischer Umgang mit einem Tier nach dem anderen von größter Bedeutung. Für die Desinfektion des Terrariums, sämtlicher

Einrichtungsgegenstände und der darin verwendeten Werkzeuge bedarf es einer starken Bleichmittel- und/oder Desinfektionslösung, um das Virus abzutöten.

Der Tierarzt

Wenn ein Königspython ein Gesundheitsproblem entwickelt, kommt man oftmals nicht ohne tierärztliche Hilfe aus. Der Behandlungserfolg hängt maßgeblich davon ab, wie qualifiziert dieser zur medizinischen Behandlung von Schlangen ist. Man selbst sollte z.B. dieses Buch – aber auch speziell auf Reptilienerkrankungen ausgerichtete andere – gelesen haben, um zu wissen, welche Angaben für den Tierarzt von Bedeutung sind. Auch versetzt man sich so in die Lage zu beurteilen, ob ein bestimmter Tierarzt die nötigen Voraussetzungen an Wissen zur Behandlung einer Schlange mit sich bringt. Kann man zu ihm keine rechte Vertrauensbasis aufbauen, sieht man sich besser nach einem anderen um. Einige Tierärzte haben sich auf „exotische" Tiere spezialisiert und sind folglich bevorzugte Anlaufstellen. Das vorliegende Buch kann auch in dieser Hinsicht eine gute Hilfe sein, denn hier werden die allermeisten Probleme dargestellt und kommentiert, die bei der Pflege eines Königspythons auftreten können. Auch der Tierarzt wird möglicherweise sehr an den hier gemachten Angaben interessiert sein, wenn er selbst nur wenig oder noch keine Erfahrung speziell mit dieser Schlange gemacht hat. Adressen von voraussichtlich geeigneten Tierärzten erhält man wiederum von anderen Pflegern oder durch terraristische Vereinigungen.

Welche Präparate zur jeweiligen Behandlung empfehlenswert erfragen Sie bitte bei einem erfahrenen Reptilientierarzt oder bei einem versierten Züchter.

Verschreibungspflichtige Antibiotika

Amikacin ist ein injizierbares Breitband-Antibiotikum, das bei den vielen gram-negativen Bakterien sehr effektiv ist, die poikilothermen Tieren Gesundheitsprobleme bereiten. Eine typische Kur sieht wie folgt aus: erste Dosis 5 mg/kg Körpergewicht (gut hydriert), folgende sieben Verabreichungen 2,5 mg/kg, d.h. die Hälfte der ursprünglichen Dosis, alle 72 Stunden. Eine Verbesserung des Zustands kann sich schon während der ersten Behandlungswoche zeigen. Der unter verschiedenen Handelsnamen bekannte Wirkstoff eignet sich gut zur Behandlung von Atemwegsinfektionen, Läsionen, Maulfäule und entzündeten Wunden. Unbedingt zu beachten ist, dass dehydrierte oder anderweitig in schlechtem Zustand befindliche Tiere durch die Behandlung einen Nierenschaden davontragen können. Wenn möglich sollte daher der Patient über 24 Stunden vor Beginn der Behandlung gut rehydriert werden.

Enrofloxin ist der Wirkstoff in dem landläufig bekannten Baytril®. Er kann injiziert oder oral verabreicht werden. Dieses Antibiotikum ist ebenfalls sehr effektiv und gilt für die meisten Tiere als relativ sicher. Es wird häufig anstelle von Amikacin verwendet, wenn Nierenschädigungen zu befürchten sind. Die Behandlung besteht aus 15 mg/kg täglich als Injektion oder oral, über 10–14 Tage. Baytril-Injektionen werden am besten verdünnt (Ringerlösung) verabreicht, da die unverdünnte Injektionslösung gewöhnlich zu Gewebeablösungen an der Einspritzstelle führt.

Ceftazidim ist ein Cephalosporin der dritten Entwicklungsgeneration. Es handelt sich dabei um ein neues, injizierbares Antibiotikum, das einen Breitbandeffekt auf viele pathogene Bakterien hat. Es hat sich ausgezeichnet bei Atemwegs- und tiefsitzenden aggressiven Infektionen bewährt. Die Dosierung liegt bei 20–30 mg/kg alle 72 Stunden über 7–10 Behandlungen. Es handelt sich im Urzustand um ein Pulver, das in Salz- oder Ringerlösung aufgelöst und dann portioniert eingefroren werden muss. Als aufgetaute Lösung ist der Wirkstoff bei Zimmertemperatur nur 24 Stunden lang aktiv, im Kühlschrank über sieben Tage, so dass die vorbereiteten Dosen erst vor ihrer bevorstehenden Verwendung aufgetaut werden sollten.

Injektionen werden im ersten (vordersten) Körperdrittel intramuskulär in das fleischige Gewebe neben der Wirbelsäule verabreicht. Dabei ist zu beachten, dass der Einstich nicht zu nahe der Wirbelsäule erfolgt. Die hinteren zwei Drittel des Körpers sind wegen der Nähe zu den Nieren für Injektionen ungeeignet. Spritzen sollten nur von einem Tierarzt oder einer Person mit hinreichender Erfahrung in dieser Art der medizinischen Behandlung verabreicht werden.

Haftungsausschluss

Die Anwendung von verschreibungspflichtigen Medikamenten und die Behandlung von Gesundheitsproblemen sollten im Ermessen eines Tierarztes liegen, zumindest bis der Pfleger selbst genügend Erfahrung mit den entsprechenden diagnostischen und Behandlungsmethoden gesammelt hat, um diese verlässlich durchführen zu können. Ich selbst bin kein Tierarzt, habe jedoch mit der medizinischen Betreuung meiner Tiere lange Jahre der Erfahrung. Die obigen Angaben sind daher lediglich als Ratschläge aus meinen persönlichen Erfahrungen zu verstehen, und ich übernehme keinerlei Haftung für Fehldiagnosen oder Falschbehandlungen, die auf meinen Angaben beruhen.

Abb. 96: Vorbeugen ist besser als heilen. Gesunde Schlangen benötigen keinen Arzt. Hier: Cinnamon Pastel Super Pastel Jungle (links) und Black Pastel Super Pastel Jungle (rechts) von Greg Graziani. K. McCurley

Vermehrung

Züchten – warum?

Wenn man sich wirklich dem Zauber der Schlangenhaltung hingibt, wird man hoffen, eines Tages das „ultimative" Erfolgserlebnis zu haben, nämlich, dass sich die gepflegten Tiere vermehren und man seine eigenen Schlangen produziert. Da sich Königspythons relativ bereitwillig fortpflanzen, lassen sie sich mit nur wenig Aufwand vermehren. Es ist schon ein freudiges Erlebnis, wenn man einen Behälter öffnet und auf gerade aus ihren Eiern schlüpfende Babyschlangen stößt. Hat man jedoch in ausgefallenere Morphen investiert, bietet sich hier die Möglichkeit, etwas von seiner Investition zurückzuerhalten oder diese völlig abzudecken oder sogar Gewinn zu machen, den man zum Beispiel in andere Morphen investieren kann. Auch besteht immer die Möglichkeit, dass man selbst eine neue Mutation ans Licht der Welt bringt, was natürlich ein überwältigendes Gefühl ist. Tatsächlich gibt es wohl nur wenige Hobbys, die sich finanziell selbst zu tragen vermögen und dabei nur ein Minimum an Zeit und Platz benötigen.

Geschlechts- und Zuchtreife

Bei einer normalen Fütterung in Gefangenschaft erreichen männliche Königspythons innerhalb von zwei Jahren ihre Geschlechtsreife. Weibchen benötigen dafür hinge-

Abb. 97: Ein Königspythonweibchen auf seinem Gelege. K. McCurley

gen gewöhnlich drei Jahre oder noch etwas länger. Ein fortpflanzungsfähiges Männchen misst in aller Regel zwischen 80 und 90 cm Länge, ein Weibchen zumeist mehr als 100 cm und wiegt dann über 1000 g. Letztere Angaben sollten auch als Minima angesehen werden, da das Tier in der Lage sein muss, die Eier letztendlich auch problemlos absetzen zu können. Das letzte, was man dabei gebrauchen kann, ist ein Fall von Legenot.

Unter optimalen Haltungsbedingungen kann ein Weibchen jedes Jahr ein Gelege produzieren; unter normalen Bedingungen ist das nur alle zwei Jahre der Fall.

Geschlechtsbestimmung

Das Geschlecht einer Schlange zu bestimmen, kann entweder ganz einfach oder sehr schwierig sein. Wenn man sich die dazu nötige Vorgehensweise von jemandem mit Erfahrung zeigen lassen kann, ist es wirklich simpel! Muss man es jedoch so in Worte fassen, dass es auch demjenigen verständlich wird, der überhaupt keine Vorstellung davon hat, kann es für beide Parteien durchaus zu einer echten Herausforderung werden.

Auch wenn Königspythons nicht gerade einen ausgeprägten Geschlechtsdimorphismus haben, so werden die Weibchen doch allgemein größer als die Männchen. Männliche Tiere besitzen darüber hinaus gewöhnlich stärker entwickelte Aftersporne seitlich des Kloakalspalts. Ein Männchen kann auch einen längeren Schwanz als ein Weibchen gleicher Größe aufweisen. Da aber alle diese Unterschiede individuell recht unterschiedlich stark ausgeprägt sein können, stellen sie keine jederzeit und sicher zu einer Geschlechtsbestimmung führenden Merkmale beim Königspython dar.

Ab. 98 oben: Größenvergleich: zwischen einem vierjährigen Pastel Jungle Weibchen und einer US Cent Münze.
Abb. 99 unten: Ein dreijähriges Ghost Männchen mit derselben Münze. K. McCurley

Es gibt jedoch zwei landläufig angewendete Methoden zur Feststellung von Hemipenes (den männlichen Fortpflanzungsorganen), deren Anwendung allerdings am besten unter der Anleitung eines darin erfahrenen Pflegers erlernt wird.

Sondieren

Das Sondieren liefert beim Königspython sehr verlässliche Ergebnisse. Dazu wird eine polierte, gleitfähig gemachte Sonde aus Edelstahl in die Kloake des zu untersuchenden Tieres in Richtung Schwanz eingeführt. Dort gelangt sie in den umgestülpten, eingezogenen, schlauchförmigen Hemipenis bzw. in die Hemiklitoris und stößt schließlich an dessen Ende an. Die Länge, über welche die Sonde eingeführt werden kann, bis sie auf Widerstand stößt, zeigt das Geschlecht des Tieres an. Bei einem Männchen reicht sie fünf oder mehr Subcaudalia (die Schuppen auf der Schwanzunterseite) weit, bei einem Weibchen hingegen stößt sie nach nur zwei oder drei Schuppen an das Ende.

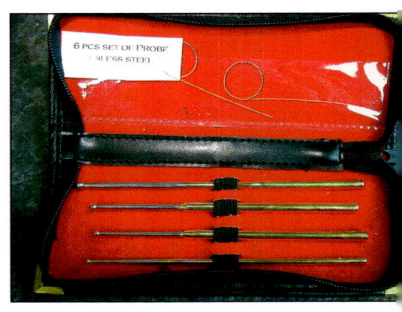

Abb. 100: Sonden verschiedener Durchmesser gibt es im Fachhandel zu kaufen. K. McCurley

Die Untersuchung erfordert Feingefühl und große Vorsicht, denn es besteht die Gefahr, das Tier dabei lebensgefährlich zu verletzen. Auch ein Helfer ist von Vorteil, da sich die Schlange diese Prozedur nicht widerstandslos gefallen lassen wird, was die Verletzungsgefahr nur noch erhöht.

Abb. 101 links: Die Sonde wird vorsichtig am Analschild in Schwanzrichtung eingeführt.
Abb. 102 rechts: Nun führt man die Sonde so tief ein, bis ein leichter Widerstand zu spüren ist und markiert mit der Fingerspitze die Einfuhrtiefe. Dann zieht man die Sonde heraus. K. McCurley

Abb. 103: So markiert lässt sich die Einfuhrtiefe gut abmessen. Hier waren es drei Subcaudalia also ist es ein Weibchen. K. McCurley

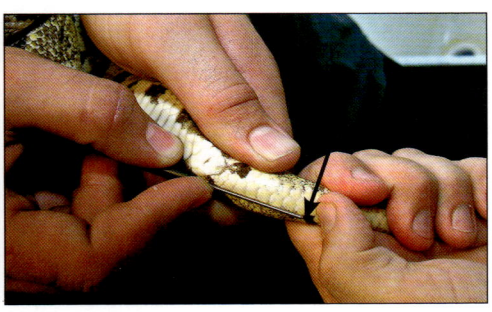

Abb. 104: Hier ließ sich die Sonde sieben Subcaudalia tief einführen, also ist es ein Männchen. K. McCurley

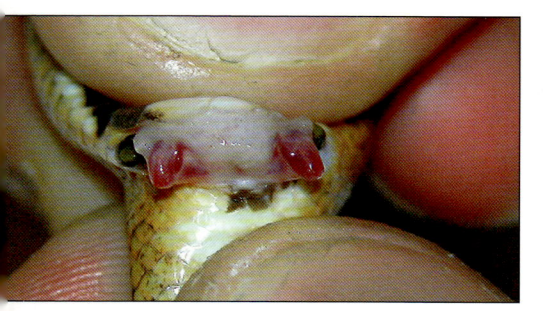

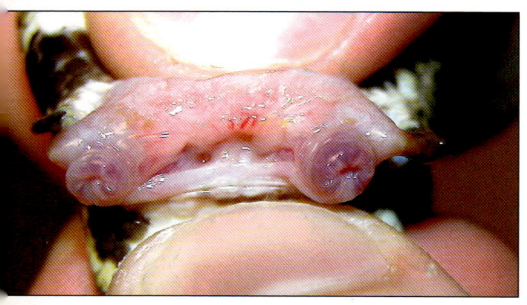

Evertieren

In Züchterkreisen wird überwiegend der Begriff „Poppen" verwendet, der sich vom engl. „to pop out" ableitet.

Neben dem Sondieren besteht eine Alternative zur Geschlechtsbestimmung darin, einen oder beide Hemipenes des Männchens durch Massieren zum Vorschein zu bringen. Auch dies lässt man sich am besten von einem erfahreneren Pfleger zeigen, denn es erfordert ebenfalls eine gewisse Handfertigkeit. Wiederum benötigt man einen Helfer, der die Schlange derweil gut festhält. Während man mit dem Daumennagel der einen Hand das die Kloake abdeckende Analschild etwas (!) anhebt und zurückschiebt, drückt der Daumen der anderen Hand den im Schwanzansatz verborgenen Hemipenis mit einer Streichbewegung in Richtung Kloake, aus der er dann mit einem oder beiden Teilen hervortritt – sofern vorhanden.

Diese Vorgehensweise ist bei jungen Tieren am erfolgreichsten. Mit zunehmendem Alter wächst auch die Muskelkontrolle der Männchen über ihre Hemipenes, so dass sie dem Herausmassieren recht effektiv entgegenwirken können. Bei älteren Exemplaren reicht andererseits häufig auch schon ein teilweises Evertieren, das ggf. das Vorhandensein von Spermapfropfen bei einem fortpflanzungsaktiven Männchen ans Tageslicht bringt.

Auch diese Vorgehensweise birgt ein Verletzungsrisiko für das Tier, wenn es falsch gemacht wird. Man sollte sich also wirklich am besten von einem darin erfahrenen Pfleger gründlich anleiten lassen, bevor man möglicherweise ein kostbares Tier verliert.

Man sollte sich auch bewusst sein, dass nur manche Tierärzte in diesen Techniken versiert sind, nicht alle. Immer wieder trifft man auf falsch geschlechtsbestimmte Exemplare oder durch unsachgemäß durchgeführte Experimente schwer verletzte. Auch ist zu beachten, dass diese geschlechtsspezifischen Unterschiede nicht bei jeder anderen Art von Schlange gleichermaßen ausgeprägt sind.

Von oben nach unten:
Abb. 105 u. 106: Hemipenes eines juvenilen und eines adulten Männchens
Abb. 107 u. 108: Bei Weibchen lassen sich keine Geschlechtsorgane heraus massieren. K. McCurley

Werbung und Paarung

Männliche Königspythons bedienen sich häufig ihrer Aftersporne, um ein Weibchen zur Paarung zu stimulieren. Diese Sporne sind Überbleibsel von einstmals vorhandenen Beinen und erfüllen heute keine andere Funktion mehr als zur Werbung. Sie liegen paarig beiderseits des Kloakalspalts und sind bei beiden Geschlechtern vorhanden, jedoch normalerweise beim Männchen stärker ausgeprägt. Das Männchen positioniert sich im Allgemeinen parallel zum Körper des Weibchens und rutscht dann an dessen Körper entlang nach hinten, während es das Weibchen mit den Spornen anstubst, um es so in eine Lage zu bringen, in der sein Schwanz unter der Kloake des Weibchens zu liegen kommt. Ein nicht zu einer Paarung bereites oder anderweitig abgeneigtes Weibchen oder ein anderes Männchen erschweren eine Paarung ohne die Hilfe dieser Sporne. Zwei Männchen können nämlich als Ausdruck der Verzweiflung oder Verwirrung durchaus miteinander kopulieren. Sobald die richtige Stellung gefunden worden ist, stülpt das Männchen einen seiner beiden Hemipenes aus, führt diesen in die Kloake des Weibchens ein, um auf diese Weise Sperma zu übertragen. Eine Paarung kann von mehreren Stunden bis zu mehreren Tagen dauern. Während dieser Zeit nimmt das Weibchen den Samen des Männchens auf, der dann gespeichert zur Befruchtung künftiger Eizellen dient.

Zur Befruchtung eines Geleges kann es einiger Kopulationen bedürfen, oder es kann auch eine einzige ausreichen. Bei Zuchtversuchen warte ich stets wenigstens sechs anhaltende Kopulationen ab, um sicher sein zu können, dass eine Trächtigkeit folgen wird. Das vom Weibchen gespeicherte Sperma bleibt über viele Monate befruchtungsfähig und findet erst Verwendung, wenn während einer Ovulation befruchtungsfähige Eizellen (Ova) zur Verfügung stehen. Die Dauer der Speicherungsfähigkeit scheint dabei von der Körpertemperatur des Weibchens und seinem Allgemeinzustand abhängig zu sein. Wenn ich einen sicheren Zeitraum für die

Abb. 109: Aftersporn eines männlichen Königspythons. K. McCurley

Abb. 110: Ein Männchen zeigt Werbeverhalten bei einem Weibchen. K. McCurley

Abb. 111: Ein Männchen benutzt seine Aftersporne zur Werbung. G. Greer

Abb. 112: Königspythons bei der Kopulation (Spider Ghost x wildfarben). K. McCurley

Abb. 113: Zur Kopulation schiebt das Männchen seinen Schwanz unter den des Weibchens. K. McCurley

Befruchtung von Eizellen zwischen der letzten Paarung und dem nächsten Eisprung beziffern sollte, würde ich sagen, nicht mehr als 25 Tage. Je länger die Speicherung andauert, desto höher ist die Wahrscheinlichkeit, dass die Menge befruchtungsfähiger Spermazellen abnimmt. Zu diesem Ergebnis führen auch über längere Zeit erhöhte Körpertemperaturen, zum Beispiel durch ausgiebiges Sonnenbaden oder hohe Sommertemperaturen. In der Natur ist ein Weibchen zwei deutlichen Jahreszeiten mit solchen Bedingungen ausgesetzt. Sie führen dazu, dass noch vorhandene Vorräte an Sperma steril werden, wenn sie nicht für eine Trächtigkeit verbraucht worden sind. Dies könnte der Weg der Natur sein, in jedem Jahr ein neues Männchen für die Fortpflanzung erforderlich zu machen und dafür zu sorgen, dass stets lebensfähiges Sperma zur Befruchtung zur Verfügung steht.

Zucht

Geschlechtsreife Königspythons benötigen den Wechsel der Jahreszeiten und die damit einhergehenden natürlichen Veränderungen als Auslöser, die mit der Fortpflanzung einhergehen. In Gefangenschaft müssen diese folglich durch künstliche ersetzt werden. Während die Männchen oftmals das ganze Jahr über versuchen, ein Weibchen zu umwerben, sind die meisten Weibchen erst in den kühleren Monaten eines Jahres zur Paarung bereit. Nicht paarungsbereite Weibchen verstecken sich häufig vor dem Männchen und reagieren auf das Anstubsen mit den Afterspornen nicht mit einem Anheben des Schwanzes.

Auf der Nordhalbkugel werden die meisten Nachzuchten in der kühleren Jahreshälfte, d.h. im Spätherbst, Winter und frühen Frühjahr produziert, weniger während der Sommermonate. Dies ist jedoch lediglich eine statistische Beurteilung, und tatsächlich sind Königspythons schon in allen Monaten vermehrt worden. Es ist nicht selten, dass die Zuchtpaare für 3–5 Monate zusammengesetzt werden müssen, bis es schließlich zu einer Paarung und nachfolgenden Trächtigkeit kommt.

Die Zuchtsaison beginnt mit dem Einsetzen verminderter Nachttemperaturen, was durch Senken der Werte auf etwa 21–24 °C über zwei bis vier Wochen erfolgt. In dieser Zeit muss verstärkt auf etwaige Anzeichen einer Erkrankung der oberen Atemwege geachtet werden. Dies kann vor allem dann passieren, wenn die Temperaturveränderung zu plötzlich erfolgt, die Werte zu weit gesenkt werden oder durch Stress. Die Tagestemperaturen werden ebenfalls etwas reduziert, etwa auf zwischen 26 und 29 °C, so dass das Verdauen kleiner Mahlzeiten nicht beeinträchtigt wird. Wichtig hierbei ist, dass jeden Tag ein Zeitraum für ein Sonnenbad zur Verfügung steht. Fehlt ein solcher, sind Stresserscheinungen die unausweichliche Folge. Nach ein paar Wochen sollten die Tiere Paarungsbereitschaft zeigen, jedoch wird die beschriebene Temperatursteuerung über insgesamt zwei bis vier Monate beibehalten. Der jahreszeitliche Effekt kann auch noch durch die Dauer der täglichen Beleuchtung verstärkt werden, d.h. man verkürzt die Tageslänge auf 8–10 Stunden im Vergleich zu den 12–14 Stunden Helligkeit während restlichen des Jahres.

Durch diese Maßnahmen wird ein „Winter" nachgeahmt, der bei den Schlangen als Auslöser für Paarungsaktivitäten fungiert. Einige Züchter ergänzen sie noch durch leichtes Sprühen und erzeugen dadurch eine erhöhte Luftfeuchtigkeit in den Terrarien, was, wie sie meinen, den Wirkungsgrad der Maßnahmen noch verstärkt.

Diese Veränderungen des Klimas bewirken bei den Männchen ein Ansteigen der Testosteronwerte, wodurch sie sich mit mehr Nachdruck zu paaren versuchen. Auch steigt die Produktion von Spermazellen. Übereifrige Männchen versuchen dann sogar, sich mit anderen Männchen oder noch nicht geschlechtsreifen Weibchen zu paaren.

Einige Züchter stellen während dieser Zeit die Fütterung der Tiere ganz ein, andere füttern weiter, bieten jedoch kleinere Mahlzeiten in Form von kleineren Futtertieren an. Bei den geringeren Temperaturen läuft die Verdauung langsamer ab, so dass eine große Mahlzeit den Organismus der Schlangen möglicherweise überbelasten könnte. Das Futter kann dann im Magen der Schlange zu verfaulen beginnen und wieder ausgewürgt werden. Soll also weitergefüttert werden, ist man besser beraten, Futtertiere von solcher Größe zu wählen, die nach dem Verschlingen keine Beule im Körper der Schlange verursachen.

Untergewichtige Weibchen sollte man gar nicht erst versuchen, mit einem Männchen zu verpaaren. Ein Weibchen wird sich ohnehin nicht der Fortpflanzung widmen, wenn das Ausbilden von Eiern sein Leben in Gefahr bringen würde.

Das Geheimnis der Zucht ist also praktisch folgendes: gesunde, gut genährte Zuchtpartner werden veränderten klimatischen, d.h. allgemein kühleren Verhältnissen ausgesetzt. Sie paaren sich daraufhin mehrmals über einen Zeitraum von einigen Monaten. Das Weibchen wird zusätzlich durch die Werbungsaktivitäten des Männchens stimuliert. Dadurch kommt es bei ihm zum Wachstum von Eifollikeln (den unbefruchteten Eizellen). Bei der Paarung nimmt das Weibchen vom Männchen Sperma auf, das eingelagert und später zum Befruchten der inzwischen gereiften, etwa walnussgroßen Eizellen (nun Ova genannt) verwendet wird. Dies geschieht im Rahmen einer Ovulation (Eisprung), bei der die befruchtungsreifen Follikel in die Eileitern (Ovidukte) übergehen. Nachdem all dies geschehen ist, ist das Weibchen

Abb. 114: Die durch die Ovulation ausgelöste starke Schwellung in der zweiten Körperhälfte ist deutlich zu erkennen.

K. McCurley

trächtig mit sich fortan weiterentwickelnden Eiern, die wachsen und im späteren Verlauf durch Anlagerung von Kalzium schließlich auch beschalt werden.

Der Eisprung ist übrigens auch gut von außen zu erkennen. Er äußert sich in Form einer deutlichen Verdickung im Bereich der Körpermitte des Weibchens, ähnlich der Beule, die eine große Mahlzeit hinterlässt. Die ganze Schlange erscheint gleichzeitig merkwürdig steif. Dieser Zustand hält gewöhnlich nur einen, manchmal aber auch zwei Tage an und normalisiert sich dann wieder. Sind dem Paarungen mit einem Männchen vorausgegangen, kann man beinahe sicher sein, dass eine Trächtigkeit folgen wird. Pfleger von Königspythons verwechseln manchmal eine fette Schlange mit einer während des Eisprungs und wundern sich dann, warum sie schließlich keine Eier legt. Die Schwellung während eines Eisprungs sieht jedoch deutlich anders aus, und man wird sie kaum noch verwechseln, wenn man diesen Vorgang einmal beobachtet hat.

Ein guter Allgemeinzustand des Weibchens ist hierbei von ausschlaggebender Bedeutung. Die Eier zehren von den Fettreserven des Weibchens und beziehen ihren Bedarf an Kalzium aus dessen Knochenskelett. Übersteigt dies die körperlichen Möglichkeiten des Weibchens, ist es möglich, dass weder die Eier noch das Weibchen diesen Prozess überleben. Wahrscheinlicher ist jedoch, dass sich ein solches Weibchen erst gar nicht paart.

Ein trächtiges Weibchen sollte man soweit es geht in Ruhe lassen und die Pflegemaßnahmen auf das unumgängliche Minimum beschränken, da hierdurch der

Fortpflanzungserfolg negativ beeinflusst werden kann. Die meisten Männchen verlieren an einem trächtigen Weibchen das Interesse und versuchen nicht weiter, mit ihm zu paaren. Das Männchen kann daher ebenso gut wieder entfernt werden. Dem Weibchen sollte es möglich sein, sich optimal aufzuwärmen. Eine Haltungstemperatur von 29 °C mit einer „Sonnenbadestelle" scheint seinen Ansprüchen vollauf zu genügen. Sichere Versteckplätze sind für sein Wohlbefinden unerlässlich. Diese können bereits jetzt gegen Ablagekisten ausgetauscht werden.

Zehn bis vierzehn Tage nach dem Eisprung durchläuft das Weibchen eine Häutung. Anhand dieser Häutung kann der Pfleger nun auch vorausberechnen, wann mit der Eiablage zu rechnen sein wird, nämlich 27–35 Tage später. In Ausnahmefällen kann es aber auch bis zu 45 Tage nach der Häutung dauern. Der Grund dafür kann sein, dass niedrigere Temperaturen die Eientwicklung verlangsamen. Es ist also sinnvoll, das Datum eines beobachteten Eisprungs und der nachfolgenden Häutung festzuhalten. Auf diese Weise erspart man sich Überraschungen und kann für seine Tiere typische Muster erkennen, was bei künftigen Zuchtversuchen von Nutzen sein kann.

Abb. 115: Weibchen die Follikel bilden oder bereits ovuliert haben findet man gelegentlich auf dem Rücken liegend. K. McCurley

Nach einer Ovulation findet keine Resorption (Rückbildung) der Eier mehr statt. Auch kann man sich dann Fütterungsversuche sparen, denn das Weibchen stellt nun die Futteraufnahme ein. Ganz im Gegenteil bereitet ihm die Gegenwart eines Futtertieres nur unnötigen Stress.

Die Ablage der Eier erfolgt, wenn deren Reifung abgeschlossen ist, sie beschalt sind und einen mit ausreichend Eidotter versehenen, sich entwickelnden Fötus enthalten. Dessen Bedarf an Sauerstoff ist zu einem bestimmten Zeitpunkt größer als ihn das Muttertier zu decken vermag. Dies löst Muskelkontraktionen aus, und die Eier werden ausgetrieben.

Eiablage

Mit Herannahen des errechneten Ablagezeitpunktes sollte man das Versteck des Weibchens mit leicht feuchtem *Sphagnum*- oder Torfmoos ausstatten. Hierdurch wird eine Stelle im Terrarium geschaffen, dessen Bedingungen das Weibchen auch in der Natur zum Absetzen seiner Eier wählen würde. Bestens geeignet sind normale Schlupfkisten oder ein speziell für diesen Zweck verwendeter Plastikbehälter mit einem Eingangsloch, das groß genug ist, um das ungewöhnlich dicke Weibchen passieren zu lassen. Der Innenraum wird mit dem angefeuchteten Moos gefüllt, wobei es günstig ist, dieses großzügig zu verwenden, da sich das Weibchen gerne hineinzwängt und das Moos entsprechend zusammendrückt.

Diese Ablagekiste sollte keinesfalls auf oder unter einer Wärmequelle stehen, da dann die Möglichkeit besteht, dass die Umgebungstemperatur für die Eier zu hoch ist und sie absterben. Grundsätzlich empfiehlt es sich, die Kiste mit einem fest installierten, von außen ablesbaren Thermometer auszustatten. Die darin herrschenden Temperaturen sollten optimalerweise bei etwa 29–32 °C liegen. Am besten eignet sich dafür natürlich ein digitales Thermometer mit einem Sensor, der durch ein kleines Loch im Deckel geführt wird und auf diese Weise das Weibchen nicht stört. Ist es in der Legekiste zu kalt oder zu heiß, wird das Weibchen sie vermutlich nicht annehmen, die Eier an anderer Stelle absetzen, und möglicherweise verderben sie dann dort.

Ein trächtiges Weibchen, das unter geeigneten Temperaturbedingungen gehalten wird, setzt wie bereits gesagt seine Eier meistens 27–35 Tage nach der postovulativen Häutung ab. Die Eiablage beginnt gewöhnlich in den späten Abend- oder frühen Morgenstunden, wenn es dunkel und ruhig ist. Ein durchschnittliches Gelege umfasst fünf oder sechs Eier, jedoch können es ältere Weibchen auch auf einen Durchschnitt von acht Eiern bringen; Gelege mit bis zu fünfzehn Eiern sind außergewöhnlich. Kleine Weibchen produzieren nicht selten bei ihrem ersten Gelege nur zwei oder drei Eier.

Abb. 116–118 links: Durch die zunächst lederartig-weiche Eischale lässt sich sogar ein großes Ei relativ gut heraus bringen.
Abb. 119 rechts: Ein Ghost-Weibchen bei der Eiablage. K. McCurley

Sollen die Eier zur künstlichen Inkubation (Erbrütung) entfernt werden, sollte man vorsichtig zu Werke gehen, denn das Weibchen will sie oftmals nicht ganz freiwillig hergeben und zieht sich dann eng um sein Gelege zusammen. Der damit verbundene Stress lässt sich einfach dadurch vermindern, dass man es mit einem Handtuch zudeckt, was gleichzeitig auch die Gefahr gebissen zu werden senkt. Dann wird das Weibchen mit beiden Händen von seinen Eiern „abgewickelt". Ein Helfer ist dabei oftmals von Vorteil. Die Eier dürfen nicht in ihrer Lage verdreht oder sogar fallengelassen werden. Nach der Entnahme werden sie in einen oder mehrere vorbereitete, d.h. mit Inkubationssubstrat gefüllte und entsprechend temperierte Behälter gelegt und in den Inkubator überführt. Danach wäscht man das Weibchen mit etwas Geschirrspülmittel versetztem Wasser oder einer schwachen Desinfektionslösung ab, die abschließend gründlich abgespült werden muss. Das Terrarium wird ebenfalls gleich gereinigt, die Nistbox entfernt und das Substrat durch neues ersetzt. Auf diese Weise wird der Geruch des Geleges beseitigt, und das Weibchen wird schon bald wieder mit der Futteraufnahme beginnen. Unterlässt man diese Maßnahmen, rollt sich das Weibchen eng zusammen und zeigt Muskelkontraktionen. Dieser instinktive, aber nun völlig nutzlose Zustand kann dann über die nächsten 60 Tage anhalten und bedeutet lediglich unnötigen Stress.

Abb. 120 oben: Ein Weibchen hat sich um ihr frisch abgesetztes Gelege gewickelt.
Abb. 121 unten: Durch leichten Druck öffnet das Weibchen eine Schlinge, und man kann einen Teil der Eier sehen. K. McCurley

Legenot

Das Weibchen hat einen Eisprung gehabt, sich gehäutet und sieht richtig trächtig aus. Der Pfleger hat alle nötigen Voraussetzungen geschaffen, so dass es das Tier warm, ruhig und Zugang zu einem Eiablageplatz hat. Die Schlange ist nunmehr ruhelos geworden und macht den Eindruck, dass sie zum Legen ihrer Eier bereit ist, doch es passiert gar nichts. Dieses Weibchen leidet möglicherweise unter Legenot. In diesem

Fall ist es dann einfach nicht in der Lage, seine Eier abzusetzen, was unterschiedliche Gründe haben kann. Zu diesen zählen ein verdrehter Eileiter, übergroße Eier oder ein allgemein geschwächter Gesundheitszustand.

Ein Verdacht auf Legenot besteht nach dem 40. Tag nach der postovulativen Häutung und ist mit ziemlicher Wahrscheinlichkeit der Fall, wenn das Weibchen nur ein einziges Ei oder einige wenige Eier legt, dann damit aufhört und einen Tag später noch immer nicht wieder damit weitergemacht hat. Sind die gelegten Eier mit dunkelrotem Blut verschmiert oder tritt solches aus der Kloake aus, hat das Tier voraussichtlich innere Blutungen. Wenn nicht alle Eier eines Geleges abgesetzt werden, so liegt das möglicherweise an einem verdrehten Eileiter. Der hierdurch entstandene „Knoten" in dem schlauchförmigen Organ verhindert, dass die dahinter befindlichen Eier weiter Richtung Kloake gepresst werden können. In diesem Fall sollte man sich umgehend an einen Tierarzt oder zumindest einen versierten Züchter wenden.

Steht fest, dass die Schlange den Zeitpunkt zum Legen ihrer Eier verpasst hat und medizinischer Hilfe bedarf, muss zunächst einmal die Möglichkeit ausgeräumt werden, dass das zuvorderst liegende Ei die darauf folgenden am Austreten hindert. Hierzu wird dessen exakte Lage durch Abtasten festgestellt, die Bauchseite desinfiziert, dann mit einer großkanaligen Nadel zwischen den Bauchschuppen in das Ei gestochen und dessen Inhalt soweit wie möglich mit einer Spritze abgesaugt. Hierdurch wird dessen Durchmesser erheblich vermindert. Anschließend wird durch Massieren der Schlange versucht, die verbliebene Eischale mit der restlichen Eiflüssigkeit zum Austreten zu bewegen. Diese Notbehandlung ist in den meisten Fällen erfolgreich, und nachdem das blockierende Ei zum Vorschein gekommen ist, folgen auch bald schon alle anderen.

Das größte Problem besteht darin zu beurteilen, ob und wann ein Weibchen unter Legenot leidet. Bei der beschriebenen Vorgehensweise wird das erste Ei zerstört. Wartet man aber zu lange, d.h. nur wenige Tage nach dem richtigen Legezeitpunkt, besteht die Möglichkeit, dass alle Eier und das Weibchen selbst sterben. Zur Beurteilung, was denn nun „zu lange" ist, dient am besten die Intuition des Pflegers. Das Weibchen hat den vorausberechneten Legezeitpunkt 35 Tage (hoher Durchschnitt) nach der postovulativen Häutung verstreichen lassen, sieht aufgebläht aus, es fühlt sich sichtlich unwohl, und die Kloake steht durch die darauf drückenden Eier etwas offen. Wenn man nun überzeugt ist, dass etwas nicht Ordnung ist, kann das Absaugen des ersten Eies genau das richtige Mittel dagegen sein. Rechtzeitig in die Tat umgesetzt, rettet man möglicherweise die restlichen Eier und vor allem das Leben des Weibchens. Hat man sich allerdings vorschnell dazu entschieden, verliert man ein Ei und setzt das Weibchen einem völlig unnötigen Stress aus.

Wenn das Weibchen (unbemerkt) nur das letzte oder sogar die letzten paar Eier nicht herausbringt, kann es das in manchen Fällen überleben. Diese Eier sterben ab, fangen an zu verrotten, und der Körper des Weibchens versucht, die Fäulnisprodukte abzubauen. Handelt es sich dabei um viele Eier oder sogar das komplette Gelege, wird er mit der Menge der Fäulnisstoffe jedoch einfach nicht fertig. Im günstigsten Fall gelingt es dem Weibchen dann im Laufe der Zeit, die faulen Eier auszutreiben.

Wenn ein Weibchen beim Legevorgang zu bluten beginnt, bedarf es umgehender tierärztlicher Hilfe. Innere Blutungen stammen von ernsthaften Komplikationen, können direkt zum Tode führen oder schweren sekundären Infektionen den Weg bereiten. Was dem zugrunde liegt, ist häufig eine komplexe Verkettung unglücklicher Umstände, die hier im Detail zu erklären zu weit führen würde.

Bemerkt man eine abnormal hohe Lage der Eier im Körper, oder bleibt eine hoch angelegte Beule im Körperinneren, nachdem bereits einige Eier gelegt wurden, so ist der Grund dafür wahrscheinlich eine Verschlingung des Eileiters. Auch hier ist tierärztliche Hilfe und möglicherweise eine Operation unumgänglich.

Die gute Nachricht bei all diesen Problemen ist, dass sie nur selten auftreten.

Inkubation
Inkubation durch das Muttertier

Dies ist der natürliche Brutvorgang bei allen Arten von Pythons. In der Natur hängt das erfolgreiche Ausbrüten der Eier vom Muttertier ab, welches sie aktiv bebrütet. Dazu wickelt sich die Mutterschlange in schützenden Schlingen um ihr Gelege, um auf diese Weise Wärme und Feuchtigkeit zu kontrollieren.

Währenddessen erkennt man häufig ein Zucken in ihrer Muskulatur, von dem früher angenommen wurde, es diene der Erzeugung von Wärme. Diese Theorie hat sich allerdings inzwischen als falsch erwiesen, ELLIS, T.M. (1987). Ein Königspython-Weibchen ist tatsächlich nicht in der Lage, die Bruttemperatur über die der Umgebung anzuheben. Stattdessen kann es gelegentlich sein Gelege verlassen, sich selbst durch ein Sonnenbad aufwärmen und dann zurückkehren, um diese Wärme an das Gelege weiterzugeben (G. Greer pers. Mitt.). Das Weibchen ist der perfekte Thermostat für die Eier und wird alles unternehmen, um die Inkubationstemperatur in einem idealen Bereich zu halten. Wird es zu warm, lockert das Weibchen seine Körperschlingen, um kühlende Luft herankommen zu lassen.

Während des Bebrütens frisst das Weibchen nicht und stillt seinen Durst hauptsächlich aus seinen körpereigenen Flüssigkeitsreserven, durch Auflecken von Tautropfen auf seinen Körperschlingen oder verlässt das Gelege kurz, um aus einer nahe gelegenen Wasseransammlung zu trinken und umgehend zurückzukehren. In der Natur ist die Luftfeuchtigkeit in seinem unterirdischen Versteck sehr hoch, was dem brutpflegenden Weibchen ideale Bedingungen bietet. Manche Weibchen haben das Glück, einen Eingang in einen Termitenhügel zu finden, in dem die Temperatur und der Grad der Luftfeuchte durch die darin lebenden Termiten konstant gehalten werden. Die Bedingungen innerhalb eines solchen Hügels sind zur Inkubation bestens geeignet, und folglich sind solche Bauten die beim Königspython beliebtesten Brutpflegestätten. Es besteht die Möglichkeit, dass ein brutpflegendes Weibchen die Eier mit seinem eigenen Urin vor dem Austrocknen bewahrt.

Man kann auf diese Weise dem Weibchen das Ausbrüten der Eier bis zum Schlupf überlassen. Das einzige, was dem Pfleger zu tun übrig bleibt, ist die relative Luftfeuchtigkeit im Terrarium durch häufiges leichtes Sprühen des umgebenden Substrats und des Weibchens selbst zu erhöhen. Hin und wieder sollte man zwischen den Körperschlingen des Weibchens hindurch einen Blick auf die Eier werfen, um rechtzeitig feststellen zu können, ob diese auszutrocknen beginnen. Wenn diese anfangen einzufallen, sollte man das Weibchen mit warmem Wasser besprühen. Großzügige

Mengen *Sphagnum*-Moos in der Nistkiste dienen als Feuchtigkeitsspeicher.

Die Temperatur im Terrarium sollte zwischen 30 und 31 °C gehalten werden, wozu sich die Verwendung eines Thermostats anbietet, dessen Temperaturfühler ganz in der Nähe der Eier und ohne isolierende Hindernisse dazwischen installiert wird. Das Weibchen darf mit seinem Gelege nicht direkt auf einer Heizung liegen, da dies die Eier abtöten kann.

Interessanterweise erkennen brutpflegende Weibchen manchmal ein einzelnes unbefruchtetes oder abgestorbenes Ei und manövrieren es aus dem Eihaufen heraus. Ich habe diese „ausgestoßenen" Eier immer wieder zu inkubieren versucht, musste jedoch feststellen, dass sie nur in den seltensten Fällen zur Entwicklung zu bringen sind. Auch habe ich solche Eier dem Weibchen wieder untergemogelt, jedoch erkannte es das Ei offenbar wieder und hatte es kurze Zeit später erneut aus dem Haufen entfernt. Diese Fähigkeit des Weibchens schützt das Gelege vor der Gefahr, dass ein einzelnes Ei darin zu faulen beginnt und dadurch die anderen, gesunden Eier ansteckt.

Wenn die Babies zu schlüpfen beginnen, kann das Muttertier die betref-

Abb. 122 oben: Ein Weibchen bei ihrem Gelege in der Schlupfbox die mit *Sphagnum-moos* ausgelegt ist.
Abb. 123 mitte: Ein Green Head-Weibchen mit Gelege. Eier, die von Pythonweibchen aussortiert werden, sind in der Regel unbefruchtet (dieses Ei wurde eigens in einen Inkubator überführt, starb aber kurze Zeit später ab).
Abb. 124 unten: Wenn die Weibchen ohne ausreichende Luftfeuchtigkeit auf Zeitungspapier belassen werden, verkümmern die Eier und sterben ab. K. McCurley

fenden Eier ebenfalls aus seinen Körperschlingen entlassen, so dass die Jungtiere ungehindert herauskriechen können.

Durch das Muttertier ausgebrütete Eier benötigen oftmals etwas länger bis zum Schlupf als künstlich inkubierte. Dies liegt einfach daran, dass bei letzterem meistens etwas höhere Temperaturen verwendet werden.

Umgang mit den Eiern

Die erste Regel lautet – niemals die Eier in ihrer ursprünglichen Lage verändern. Mit fortschreitender Entwicklung heften sich Blutgefäße an die Innenseiten der Eischale, die der Aufnahme von Sauerstoff dienen. Wird das Ei nun gedreht, können sich diese Blutgefäße lösen und zum Absterben des Embryos führen. Um dies nicht unbemerkt versehentlich zu machen, markiere ich den jeweils obersten Punkt jedes Eies mit einem Bleistift; bei größeren Gelegen ist dies eine laufende Nummer. Das Graphit des „Blei"-Stiftes ist unbedenklich und lässt sich gut auftragen.

Lebensfähigkeit der Eier

Ein gutes, d.h. befruchtetes und entwicklungsfähiges Ei unterscheidet man von einem faulen dadurch, dass ersteres sauber und weiß aussieht und eine weiche, ledrige Oberfläche hat. Die meisten befruchteten Eier kleben zusammen und bilden so einen Eihaufen. Man darf nicht versuchen, sie voneinander zu trennen, da dies in den meisten Fällen nicht ohne eine Beschädigung der Schale möglich ist, und eine solche führt in der Regel zum Absterben des Embryos.

Ein paar Tage nach der Ablage kann man die Entwicklung durch Durchleuchten bestätigen. In einem abgedunkelten Raum leuchtet man dazu mit einer kleinen Taschenlampe von unten durch das Ei. Auf diese Weise werden die sich darin entwickelnden Blutgefäße als feine rote Linien sichtbar. Dieses Ei hat mit seiner Entwicklung begonnen. Zu einem frühen Zeitpunkt oder bei einzelnen Eiern kann dies ein ganz genaues Hinsehen erforderlich machen. Später werden die Gefäße größer und dicker und bilden ein dichteres Netz, was die Angelegenheit natürlich

Abb. 125 oben: Fertile Eier sind weiß, groß und die Oberfläche ist lederartig glatt und fest. Infertile Eier sind meist kleiner, oft deformiert oder anders gefärbt.
Abb. 126 unten: Durch das sogenannte „Schieren" lassen sich bei fertilen Eiern – wie in diesem Fall – kleine Äderchen im Ei erkennen. K. McCurley

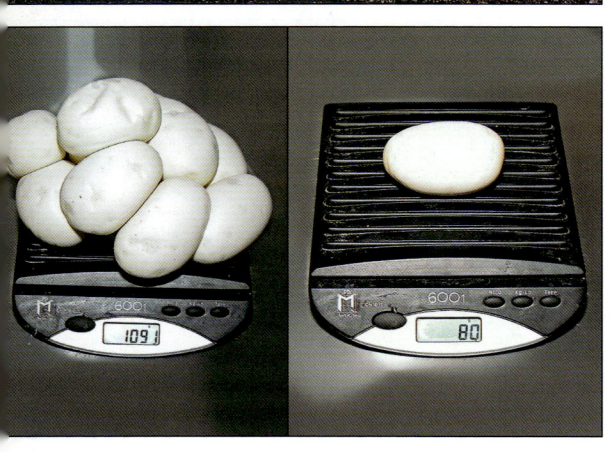

vereinfacht. Auch hier ist unbedingt darauf zu achten, dass das Ei nicht in seiner relativen Lage verdreht wird.

Eier, bei denen es aus welchen Gründen auch immer zu keiner Befruchtung gekommen ist, können anfangs ebenfalls weiß und perfekt aussehen. Beim Durchleuchten zeigen sich dann jedoch keine sich bildenden Blutgefäße. Sie beginnen gewöhnlich innerhalb der ersten zehn Tage der Inkubation zu verfaulen. Gelbe, weiche Eier ohne feste Schale und kleine Eivorstufen sind als „Wachseier" bekannt und beginnen meistens sofort mit dem Verfaulen. Sie sind daher zu entfernen.

Frisch gelegte befruchtete Eier können allerdings anfangs ebenfalls einen gelblichen Anflug aufweisen. Sie werden dann aber mit Aushärten der Schale meistens weiß und dürfen nicht mit unbefruchteten Eiern verwechselt werden.

Wie es zu unbefruchteten Eier kommt, ist in vielen Fällen nicht eindeutig zu ergründen. Es ist einfach Züchterpech, mit dem man leben muss.

Ein Schlangenei ist ein flexibles, absorptionsfähiges Schutzgehäuse für einen Embryo und später einen Fötus. Als solches atmet es und nimmt Feuchtigkeit aus der unmittelbaren Umgebung auf. Auch werden jegliche Chemikalien und Lösemittel absorbiert, die den Embryo jedoch unweigerlich schädigen bzw. umbringen. Die Oberfläche des Eis kann man sich als eine flexible Haut mit punktförmig darauf abgelagerten Schichten

Abb. 127 oben: Ein Weibchen auf seinem Gelege, welches fertile und infertile Eier enthält.
Abb. 128 mitte: Diese Eier sahen zunächst gut aus, starben dann aber aus unbekannter Ursache während der Inkubation ab.
Abb. 129 unten: Wer alle Zuchtdaten sammelt, wiegt und vermisst jedes Gelege und nach Möglichkeit jedes Ei.   K. McCurley

aus Kalk vorstellen. Diese Schale schützt den Embryo, verleiht dem Ei aber andere Eigenschaften als z.B. die von einem hartschaligen Hühnerei.

Wenn sich in einem Gelege offensichtlich unbefruchtete Eier befinden, sollten diese wenn möglich sofort entfernt werden. In vielen Fällen haften sie nicht mit den „guten" Eiern zusammen, so dass sie sich einfach beseitigen lassen. Manchmal finde ich Gelegehaufen, die ein einzelnes unbefruchtetes Ei enthalten, an das nicht heranzukommen ist, ohne die darumliegenden guten Eier zu gefährden. Dieses Ei behalte ich dann gut im Auge. Es beginnt früher oder später zu verfaulen, dabei zusammenzufallen und ist dann einfacher zu entfernen. Wichtig ist nur, dass es entfernt wird, wenn es die Farbe zu verändern beginnt. Beim Entfernen ist darauf zu achten, dass man dabei nicht etwa die Schale der benachbarten Eier beschädigt. Die Entnahme fauler Eier aus einem Eihaufen beeinträchtigt dessen Integrität nicht.

Belässt man ein unbefruchtetes Ei zwischen den anderen, guten Eiern, kann es letztere beim Verfaulen völlig unbeeinflusst lassen oder sie anstecken und ebenfalls verderben.

Künstliche Inkubation

Zur künstlichen Erbrütung von Königspython-Eiern sind einige Grundbedingungen zu erfüllen, die man kennen und verstehen muss, will man damit Erfolg haben.

Die Eier werden gewöhnlich in einem stabilen Plastikbehälter (z.B. Tupperware) untergebracht, der einige wenige oder auch nur ein einzelnes Luftloch aufweist. Dieser Behälter wird in einen Brutkasten (Inkubator) gestellt, der über eine eigene, thermostatgesteuerte Heizung verfügt. Spätestens an dieser Stelle kommt man nun nicht mehr ohne Thermostat aus, denn alle anderen Steuerungshilfen sind für diesen Zweck ungeeignet.

Während sich die Verhältnisse innerhalb des Inkubators durch die Beheizung relativ schnell verändern, fungiert der Behälter mit den Eiern wie ein Puffer, in dem Änderungen nur langsam vor sich gehen. Dies ist der Schlüssel zum Erfolg, denn rapide Veränderungen der Umweltbedingungen können sich auf ein Ei schnell tödlich auswirken. Der Temperaturfühler des Thermostats

Abb. 130: Solche Inkubatoren werden häufig in Labors verwendet, wie man aber sieht, eignen sie sich auch hervorragend zur Inkubation von Pythoneiern. K. McCurley

Abb. 131: Solche einfachen, überall im Handel erhältlichen Inkubatoren sind preiswert und zweckmäßig, solange man nur wenige Gelege pro Jahr zeitigen muss
M. Mense

muss sich unbedingt in dem Eierbehälter befinden, denn die erforderlichen Temperaturen müssen hier erreicht werden; was außerhalb der Kiste vor sich geht, ist relativ bedeutungslos. Der Behälter mit den Eiern darf nicht direkt auf der Heizung des Inkubators stehen, da der hierdurch entstehende Wärmestau die Eier schädigen kann. Zumindest sollte er daher auf Sockeln stehen, so dass sich darunter ein Luftpolster befindet.

Nun benötigt man zwei digitale und ein normales Glas-Thermometer, die miteinander abgeglichen werden müssen indem man ihre Fühler gemeinsam in ein Glas Wasser hängt. Die Anzeigen vergleicht man mit dem Wert auf dem gewöhnlichen Thermometer und korrigiert sie falls nötig. Ist dies aufgrund deren Konstruktion nicht möglich, notiert man ihre Abweichungen, am besten gleich auf den Gehäusen mit dem Anzeigedisplay. Sie lassen sich nun verlässlich für die Temperaturmessungen im Inkubator verwenden. Ich bevorzuge die Verwendung von zwei Thermometern, denn dadurch erspare ich mir unliebsame Überraschungen.

Je nach Bauart des Inkubators kann ein kleiner schwacher Ventilator von großem Nutzen sein. Er wälzt die darin befindliche Luft um und sorgt dadurch für eine Ausgeglichenheit der Temperaturen im gesamten Inneren.

Der Inkubator sollte wenigstens 24 Stunden in Betrieb und auf die gewünschten Temperaturen eingeregelt sein, bevor der Behälter mit den Eiern hinein gestellt wird. Auf diese Weise kann man von stabilen Werten ausgehen und sicher sein, dass alles verlässlich funktioniert.

Ein Brutkasten sollte wenigstens einmal jährlich gründlich gesäubert werden. Die Vorgehensweise ist dabei die gleiche wie bei den Terrarien. Währenddessen dürfen sich natürlich keine Eier darin befinden. Auch muss er anschließend gründlich auslüften, um etwaige gasförmige Rückstände der verwendeten Reinigungsmittel entweichen zu lassen. Der einzige sinnvolle Zeitpunkt dafür ist also dann, wenn man keine Eier hat, die inkubiert werden sollen.

Ein ideal ausgestatteter Inkubator hat die folgenden Eigenschaften:

1. Einen qualitativ hochwertigen Thermostaten zur Temperatursteuerung; Modelle mit Temperaturfühler sind am besten. Solche mit einer An/Aus-Funktion reichen hier schon aus, proportional arbeitende sind zwar besser, bieten hierbei aber kaum einen entscheidenden Vorteil. Billigmodelle sollte man meiden. Der Fühler des Thermostats wird fest in dem Behälter mit den Eiern installiert.
2. Die Heizung des Inkubators ist in einem doppelten Boden untergebracht und besteht aus einem hochwertigen Heizkabel oder -band. Eine primitive Alternative wären einfache Glühlampen, die jedoch gut belüftet werden müssen, da sie ansonsten schnell

durchbrennen, bzw. „heiße Flecken" verursachen oder das Gehäuse des Inkubators verkohlen lassen bzw. schmelzen. Vielleicht sollte man auf solch feuergefährliche Konstruktionen doch lieber verzichten. Der Luftraum in dem doppelten Boden fängt schwankende Temperaturen gut auf und verhindert rapide Veränderungen im Inkubator selbst.

3. Im Idealfall zieht ein kleiner Ventilator Luft aus dem Inneren des Brutkastens über das Heizelement in dem doppelten Boden, so dass eine Umluftbeheizung die temperierte Luft gleichmäßig verteilt und die Temperatur stabil hält. Bei größeren Behältern können dafür auch zwei Ventilatoren erforderlich sein. Die erwärmte Luft darf nicht direkt auf den/die Eierbehälter treffen (Effekt eines Föns), sondern sollte im Innern des Inkubators verwirbelt werden, so dass sie eine große, gleichmäßig temperierte Luftmasse bildet.

4. Die Eier sind alle in stabilen Plastikbehältern untergebracht, in deren Innenraum der Grad relativer Luftfeuchtigkeit kontrolliert wird. Diese „Behälter im Behälter"-Konstruktion ist wichtig, da sie einen weiteren Sicherheitspuffer gegenüber rapiden Veränderungen der klimatischen Bedingungen schafft. Ein einzelnes oder einige wenige Luftlöcher reichen aus, um den Luftaustausch für die Eier zu gewährleisten. Die Sonden des Thermostats und des Kontrollthermometers werden durch Durchführungen in den Seitenwänden am besten direkt zwischen den Eiern verrutschsicher verankert.

Abb. 132: Selbst gebaute Inkubatoren wie dieser funktionieren einwandfrei, wenn der Erbauer das Konzept eines Inkubators richtig umgesetzt hat. K. McCurley

5. Die Temperaturwerte an den Eiern müssen jederzeit verlässlich ermittelt werden können. Dazu eignet sich nichts besser als eine digitale Anzeige. Digitalthermometer sind preiswert und ideal; verwendet man zwei davon, schafft man sich ein großes Maß an Sicherheit. Indem man einen Fühler im unteren und den anderen im oberen Bereich des Eierbehälters anbringt, kann man auch möglicherweise unterschiedliche Bedingungen feststellen.

6. Verwendet man einen großräumigen Brutkasten zur gleichzeitigen Inkubation vieler Gelege, muss dafür gesorgt sein, dass die erwärmte Luft alle Eierbehälter gleichmäßig erreicht. Hierzu können Ablenkplatten und ggf. weitere kleine Ventilatoren erforderlich sein. Der genaue Verlauf der Luftströmungen muss dazu ermittelt werden, was z.B. mit fertig aufgereihten Behältern ohne Inhalt sowie einer Handvoll kleiner Federn festgestellt werden kann. Ansonsten kann es schnell zu Hitzestaus an ungünstigen Stellen kommen.

Ein Inkubator im Eigenbau

Die Zeichnungen stellen zwei Versionen eines Brutkastens dar. Das erste Bild zeigt die Vorderansicht ohne den Türbereich auf der linken Seite und die Ablenkplatten für die Warmluft rechts. Die Luft wird in den oberen Teil der Luftverteilung geleitet, wo sie über eine Wärmequelle in Form eines Heizbandes, eines Heizkabels oder Glühlampen mit geringer Leistung strömt. Die auf diese Weise erwärmte Luft verlässt den Verteiler unten und wird erst ein ganzes Stück weiter geleitet, bevor sie auf den ersten Eierbehälter trifft. Dadurch wird sichergestellt, dass die Eier keiner heißen Luftströmung (Fön) ausgesetzt werden, sondern lediglich eine große Menge der umgebenden Luft angemessen erwärmt wird. Die warme Luft strömt dann über den Behältern hin und her, bevor sie wieder in den Heizungsschacht gelangt.

Die zweite Zeichnung zeigt den geschlossenen Luftverwirbler und die linke Seite des Inkubators ohne die Tür. Letzte sollte so konstruiert sein, dass sich leicht öffnen lässt, ansonsten aber nicht versehentlich aufgehen kann (Riegel). Auch sollte sie eine Gummilippe als Dichtung haben, damit keine warme Luft unkontrolliert aus dem Inneren entweicht.

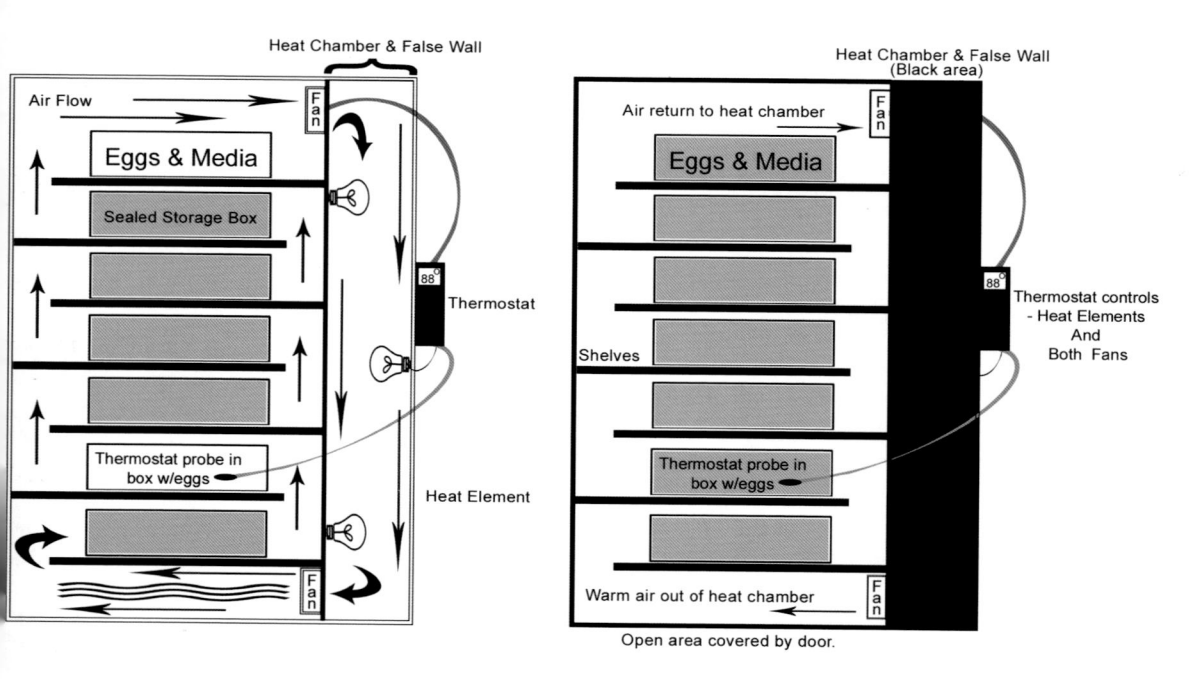

Zeitigungssubstrate

Ich empfehle zum Zeitigen von Königspython-Eiern Vermiculit. Es ist auf allen Reptilienbörsen und im Zoofachhandel erhältlich und ausgesprochen preiswert. Es speichert Wasser gut und enthält in frischem Zustand keine für die Eier schädlichen Organismen. Von den verschiedenen im Angebot befindlichen Körnungen bevorzuge ich mittlere bis grobe Partikelgrößen. Die feinen Körnungen bereiten eine ganze Menge

Schmutz, sind aber trotzdem zum Zeitigen von Eiern gut geeignet. Für einige Echseneier habe ich auch schon Perlit verwendet, jedoch ergibt sich dabei das Problem, dass man schon ganz genau auf dessen Feuchtigkeit Acht geben muss, denn wenn das Material zu trocken wird, entzieht es den darauf gebetteten Eiern Flüssigkeit. Ich will erst gar nicht versuchen, die Inkubation auf Perlit zu erklären, denn ich bin mir nicht sicher, ob mir dies in einer Weise gelingt, die eine sichere Verwendung gewährleistet.

Ebenfalls verwendet werden kann Torfmoos oder eine dicke Schicht *Sphagnum*-Moos, jedoch würde ich auf diese Substrate nur im äußersten Notfall zurückgreifen.

Generell suchen Reptilien nach Stellen mit geeignet hoher Substratfeuchte, Luftfeuchte und Wärme, um ihre Eier abzulegen. Ist das Substrat zu nass oder zu trocken, werden darin abgelegte Eier nicht schlüpfen. Unter künstlichen Verhältnissen gilt es daher, diese Bedingungen nachzuempfinden.

Abb. 133: Feines Vermiculite hat die richtige Feuchte, wenn es beim Zusammendrücken zu einer Kugel verklumpt, beim Rollen aber wieder zerfällt. K. MCCURLEY

Substrat- und Luftfeuchtigkeit

Die hierfür erforderlichen Werte können von Art zu Art unterschiedlich sein. Ich will sie hier nicht in genauen Prozentsätzen angeben, denn solche sind in der Praxis nur mit großer Schwierigkeit exakt zu erreichen und zu steuern. Ich selbst benutze daher auch keine Hygrometer, sondern lasse mich vom Aussehen der Eier und dem Grad des Niederschlags in den Eierbehältern leiten.

In der Regel geht man von einer erforderlichen relativen Luftfeuchte von 90–100 % aus. Dies wird von vielen Anfängern völlig missverstanden und führt oftmals zu triefnassen Zeitigungssubstraten, auf denen Reptilieneier nun wirklich nicht gedeihen. Auch besteht ein gravierender Unterschied zwischen Luft- und Substratfeuchte, wenngleich sich beide gegenseitig beeinflussen. Als Faustregel kann man sagen, dass man Vermiculit am besten mit jeweils kleinen Zugaben von Wasser durchfeuchtet. Dazu muss es gut durchgemischt werden. Der richtige Grad ist erreicht, wenn es leicht zusammenklumpt, wenn man es zu einem Klumpen zusammenpresst, ohne dass Wasser heraus-

Abb. 134: Ein Gelege kurz vor der Überführung in den Behälter mit Vermiculite. K. MCCURLEY

Abb. 135: Ein zusammenhängendes Gelege wird soweit in das Brutsubstrat eingelassen, dass möglichst alle Eier darin stecken, aber keines völlig bedeckt ist. Einzelne Eier werden soweit eingelassen, bis nur noch deren Oberfläche herausschaut.
K. McCurley

läuft. Danach sollte es wieder leicht auseinander fallen. Das ungefähre Mischungsverhältnis hierfür sind zwei Gewichtsanteile Vermiculit auf ein Teil Wasser. Dies schafft eine geeignete Substratfeuchte, und die daraus verdunstende Feuchtigkeit wird in dem weitestgehend geschlossenen Zeitigungsbehälter festgehalten und sorgt so für die geeignete relative Luftfeuchte.

Nachdem sich die Eier für einen oder zwei Tage in ihrem Eibehälter befunden haben, beurteilt man das Ausmaß an Kondenswasser, das sich an dessen Innenwänden und am Deckel sammelt. Es sollte lediglich ein schwacher Niederschlag zu erkennen sein; keinesfalls sollte das Wasser davon heruntertropfen. Eine zu nasse Umgebung führt unweigerlich zum Absterben der Eier; sie werden dann grünlich, fangen zu riechen an und werden von Schimmel überzogen. Die Eier sind außerstande, sich gegen eine zu hohe Umgebungsfeuchte zur Wehr zu setzen. Stattdessen absorbieren sie soviel, wie ihre Umgebung hergibt. Eine wichtige Erkenntnis in diesem Zusammenhang ist, dass es weitaus einfacher ist, ein aufgrund zu geringer Umgebungs- bzw. Substratfeuchte etwas eingefallenes Ei wiederherzustellen, als eines, das durch zuviel Feuchtigkeit angeschwollen ist. Auch bei solchen Korrekturen gilt jedoch, es nicht zu übertreiben. Ein weißes Ei mit kleinen „Grübchen" oder leicht eingefallenen Stellen ist noch lange nicht in Lebensgefahr. Es lässt sich einfach wiederherstellen, indem man dem Substrat ein wenig Wasser zuführt und das Ei für ein oder zwei Tage mit etwas davon zudeckt. Es besteht kein Grund zur Panik. Ein lebendes, gesundes Ei nimmt diese zusätzliche Feuchtigkeit auf und wird dadurch straffer. Es ist ganz normal, dass einige Eier prall aussehen und andere leichte Einfallserscheinungen zeigen.

Eier, die anfangen, einen Fäulnisgeruch zu verbreiten, Schimmel ansetzen oder sich grün, gelb oder blau verfärben sind am Absterben oder bereits tot. Sie sind umgehend zu entfernen, ohne dabei die gesunden Nachbarn zu beschädigen. Unter guten Bedingungen macht es gesunden Eiern meistens nichts aus, wenn sie mit einem verschrumpelten Nachbarn verbunden sind. Fängt dieser dann jedoch zu schimmeln und sich zu verfärben an, steckt er diese jedoch häufig ebenfalls an. Zu diesem Zeitpunkt lassen sich solche „faulen Äpfel" aber meistens auch gut entfernen.

Wenn das Absterben mehrere Eier betrifft, so mag dies ein Anzeichen einer zu hohen Umgebungsfeuchte sein. Ich verwende bevorzugt eine dicke Schicht Vermiculit, d.h. wenigstens 7 cm, auf die die Eier gelegt und dann mit mehr Vermiculit zu etwa zwei Dritteln bedeckt werden. Hierdurch ergibt sich ein wirkungsvoller Schutz gegen Austrocknen sowie eine stabile Luftfeuchtigkeit einerseits, andererseits wird die Bildung von Tropfwasser verhindert, das die Eier schädigen könnte.

Luftaustausch

Der erforderliche Luftaustausch wird bereits durch ein paar Löcher von 3–6 mm Durchmesser in den Wänden des Eierbehälters sichergestellt. Die Eier haben keinen besonders großen Bedarf an Atemluft. Verwendet man grobes Vermiculit, können sie auch völlig darin vergraben sein und trotzdem ausreichend atmen.

Ungefähr am 50. Tag der Zeitigung decke ich die Eier auf und beginne auf Anzeichen eines Schlupfes zu achten.

Eientwicklung

Nachdem ein Ei abgelegt worden ist, nimmt es durch die Aufnahme von Wasser aus seiner Umgebung an Masse zu. Der Embryo/Fötus ernährt sich jedoch von den im Ei enthaltenen Dottervorräten. Ein bevorstehender Schlupf kündigt sich gewöhnlich dadurch an, dass die Oberfläche der Schale aussieht als würde sie „schwitzen". Und tatsächlich geschieht dies durch ein Wärmerwerden der Eier! Diese produzieren zu diesem Zeitpunkt Eigenwärme, die mehrere Grad über der der Umgebung liegen kann. Das Phänomen kann etwa ab dem 48. Zeitigungstag beginnen. Besonders große Gelege-können dabei sogar zuviel Wärme erzeugen, die zum Absterben einzelner Föten oder zu Missbildungen führen können. Der Pfleger sollte also bei solchen Eihaufen die Entwicklung der Temperaturen gut im Auge behalten.

Ich zeitige sämtliche Königspython-Eier grundsätzlich bei 32 °C, jedoch kann dies bei großen Gelegen zu diesem Zeitpunkt der Inkubation zu Schwierigkeiten führen. Es wäre daher vielleicht ratsamer, stattdessen eine Temperatur von 31 °C zu wählen, die etwas mehr Bewegungsspielraum zulässt.

Kurz vor dem Schlupf beginnt der gesamte Eierbehälter zu schwitzen. Die Föten sind nun damit befasst, die verbliebenen Dotterreste aufzunehmen. Durch den beschleunigten Stoffwechsel erzeugen sie etwas Wärme. In zunehmendem Maße ist jetzt zu beobachten, dass die Eischale entweder weicher oder brüchig wird. Dafür sind Enzyme verantwortlich, die vom Fötus abgegeben werden und die Schale aufzulösen beginnen. Erst dadurch ist er in der Lage, die relativ stabile Hülle aufzuschneiden. Zu diesem Zeitpunkt besitzt der Fötus einen Eizahn genannten Fortsatz an der Nasenspitze, mit dem er diesen kritischen Schnitt auf der Innenseite der Schale ausführen kann.

Meistens teile ich die Eier ein paar Tage vor dem Schlupf auf. Dadurch wird verhindert, dass schlüpfende Schlangen in ein benachbartes Ei hineinschneiden und dann in dessen Flüssigkeit ertrinken. Gewöhnlich mache ich

Abb. 136: Kurz vor dem Schlupftermin ist es nicht ungewöhnlich, wenn die Eier etwas einfallen (das Ei links in der Mitte ist allerdings abgestorben).

K. McCurley

Abb. 137: Das Schlitzen der Eischale ist der erste Schritt des Schlupfvorganges.
K. McCurley

Abb. 138: In dieser Phase verbleiben die Schlüpflinge oft noch längere Zeit um ihren Dotter völlig zu resorbieren. K. McCurley

Abb. 139 links: Oft schauen die ersten Babys schon kurz nach dem ersten Anschlitzen der Eischale ein Stück heraus.
Abb. 140 rechts: Zwillinge beim Schlupf.

K. McCurley

Abb. 141: Der Schlüpfling im Vordergrund ist völlig gesund, der im Hintergrund ist deutlich zu klein geraten. K. McCurley

das am 53. Tag bei 31 °C. Zu diesem Zeitpunkt haften sie nicht mehr so fest aneinander und lassen sich gut trennen. Auch hierbei dürfen sie aber nicht in ihrer Lage verändert werden. Man zieht sie am besten mit in einer vorsichtigen Rollbewegung auseinander. Fühlt man sich dabei allerdings unsicher, kann man sie auch zusammen lassen.

Eischädlinge
Die Aasbuckelfliege (Familie Phoridae) – Diese kleinen Monster sehen beinahe wie harmlose Obstfliegen (*Drosophila* ssp.) aus, sind aber ganz und gar nicht harmlos. Sie ernähren sich gewöhnlich von Kot, verrottenden Lebensmitteln und jederlei Aas. Nachdem sich die Maden z. B. an einem übersehenen toten Futtertier gelabt haben, verpuppen sie sich bevorzugt an den Wänden und der Decke eines Terrariums und sind dort als kleine braune Körnchen zu entdecken. Die daraus schlüpfenden adulten Fliegen suchen wiederum nach einem derartigen Futter, legen darauf ihre Eier ab, aus diesen schlüpfen erneut Maden, und der Kreislauf ist geschlossen. Die Maden können in Ermangelung einer brauchbaren Futterquelle jedoch auch auf Wanderschaft gehen und sich so ausbreiten. Eine strikte Terrarienhygiene wirkt diesem Problem offensichtlich entgegen.

Wenn diese Fliegen und ihre Larven die Gelegenheit dazu haben, machen sie sich auch über Schlangeneier her. Sie suchen dabei gezielt nach Schwachstellen in der Schale, um dort ihre Eier abzulegen bzw. in sie einzudringen. Ist dies erst einmal geschehen, kann man das Ei nur noch wegwerfen, denn sie fressen den Embryo/Fötus und alles andere im Ei gnadenlos auf. Selbst wenn es nicht dazu kommt, folgt gewöhnlich eine bakterielle Infektion, die zum gleichen tödlichen Ergebnis führt.

In den USA und Europa treten diese Schädlinge in den Beständen mancher Halter und Züchter mehr oder weniger regelmäßig auf. Es ist mir jedoch nicht bekannt, ob diese Fliege weltweit verbreitet ist. Der einzige Weg, sie ziemlich verlässlich fernzuhalten, ist die Terrarienanlage und deren Umfeld sauber zu halten und Inkubatoren in einem von den Terrarien entfernten Bereich unterzubringen.

Eiermilben – Dieser Albtraum jedes Schlangenzüchters kann beim Inkubieren sowohl auf den Eiern als auch in ihrer Umgebung auftreten. Um welche Art es sich dabei genau handelt, scheint nicht bekannt zu sein. Die Milben sind als kleine weiße bis gelbe Pünktchen besonders an den Schwachstellen der Eischalen zu erkennen. Meistens tauchen sie zuerst an abgestorbenen, unbefruchteten oder beschädigten Eiern auf. Diese Eier sind dann schnell völlig von den Milben bedeckt, und letztere breiten sich von dort auch auf die anderen Eier des Geleges aus. Sie öffnen die Schale, ernähren sich zunächst von der austretenden Flüssigkeit, dringen dann aber auch in das Innere vor, um den Inhalt zu verzehren und vermehren sich derweil in rasantem Tempo. Es ist wiederum von besonderer Wichtigkeit, verdorbene Eier baldmöglichst zu entfernen. Die Milben scheinen aus dem Nichts aufzutauchen, denn sie sind ansonsten kaum aufzuspüren. Aber auch sonst sind sie nur mit einem scharfen Blick zu erkennen, solange noch kein Massenbefall vorliegt. Entdeckt man sie, kann man sie abwischen und, falls unbedingt nötig, das Zeitigungssubstrat austauschen sowie den Eierbehälter gründlich auswaschen. Möglicherweise muss der gesamte Innenraum des Brutkastens einer gründlichen Generalreinigung mit heißem Wasser

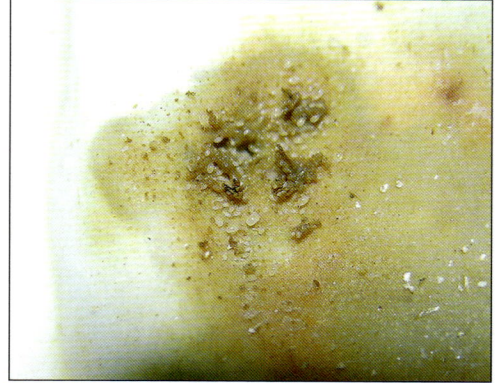

Abb. 142 links: Eiermilben haben das Ei eines Königspython befallen.
Abb. 143 rechts: Nahaufnahme der befallen Stelle. Deutlich ist bereits ein kleines Loch in der Eischale zu erkennen.
K. McCurley

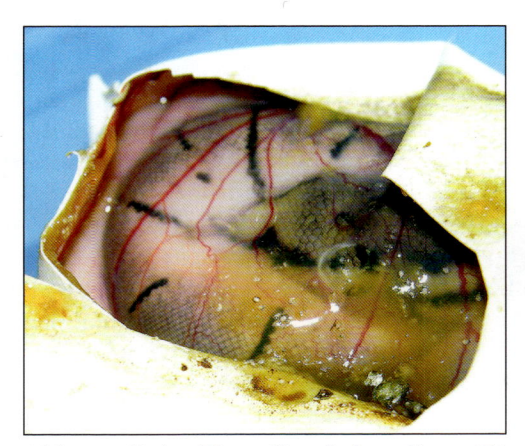

Abb. 144 links: Eiermilben haben diesen Fötus bereits schwer beschädigt, denn alle Adern, die mit der Eischale verbunden waren, sind bereits zerstört.
Abb. 145 rechts: Hier sieht man abgesammelte Eiermilben auf einem Plastikdeckel.
K. McCurley

und Spülmittel unterzogen werden, bevor man wieder guten Gewissens Eierbehälter darin unterbringen kann. Einzelne Milben kann man auch mit einem Wattestäbchen einsammeln und zerdrücken. Bei einem massenweisen Auftreten ist gewöhnlich der ganze Behälter von außen mit einer „Staubschicht" überzogen, bei der es sich um Milben handelt, die auf der Suche nach neuen Futterquellen sind.

Liegt ein Befall eines nachweislich guten Eis vor, und ist dieses erst oberflächlich infiziert, kann man versuchen, es aus dem umgebenden Eihaufen zu entfernen, dann mit entsprechend temperiertem Wasser abzuwaschen und so alle Milben und deren Eier zu entfernen. Es empfiehlt sich danach, dieses Ei getrennt von den anderen weiter zu inkubieren.

Einige Züchter haben die Angewohnheit, sich dem Schlupfzeitpunkt nähernde Eier anzuschneiden, um eine Vorausschau auf die zu erwartenden Nachzuchten zu nehmen (siehe den nächsten Abschnitt). Die dabei herbeigeführte Öffnung in der Schale ist natürlich auch eine Einladung für Eiermilben. Liegt der eigentliche Schlupfzeitpunkt dann noch etliche Tage in der Zukunft, beginnt für den Fötus ein Wettlauf mit der Zeit.

Der ungeduldige Züchter

Der letzte Schrei unter den Züchtern von Königspythons in den USA ist das vorzeitige „Fenstern" von Eiern, um einen Eindruck vom Aussehen der zu erwartenden Nachzuchten zu erhalten. Auch ich leide unter dieser Zwangsneurose, habe aber inzwischen soviel Erfahrung in der Durchführung, dass es zu keinen Verlusten mehr kommt.

In der Regel kann man ab dem 50. Tag der Zeitigung einen Blick auf die fast fertig entwickelte Schlange werfen. Dazu ist größte Vorsicht geboten, und man kann nicht einfach ein Loch in die Schale schneiden – auf diese Weise sind schon unzählige Schlangen ums Leben gekommen! Die große Gefahr besteht darin, dass dabei ein großes Blutgefäß auf der Innenseite des Eis beschädigt wird und der Fötus verblutet bzw. sich in leichteren Fällen eine nicht zu behandelnde bakterielle Infektion zuzieht. Eine ganz geringe Blutung scheint unbedenklich zu sein, alles was jedoch darüber hinausgeht, ist lebensgefährlich. Damit sollte auch bereits klar sein, dass es nur ein ganz kleines „Schlüsselloch" sein darf. Wenn man nicht über äußerstes Feingefühl und Konzentrationsvermögen verfügt, sollte man diese Vorgehensweise erst gar nicht in Betracht ziehen, sondern abwarten, bis die Schlangen von selbst schlüpfen! In jedem Fall muss jeder, der sich daran versuchen will, das hohe Risiko auf die eigene Kappe nehmen.

Sicherer ist da schon das Durchleuchten von wenigstens 45 Tage alten Eiern mit einer kräftigen Taschenlampe in einem dunklen Raum. Schon hierbei erfährt man einiges von dem, was im Inneren vor sich geht. Durch Bewegen des Eies kann man den Fötus oftmals dazu veranlassen, seine Lage im Ei zu verändern, so dass verschiedene Körperstellen an die Wandungen gedrückt und deren Farbzeichnung so von außen erkennbar werden. Auf diese Weise erfährt man bereits viel von dem, was man eigentlich wissen will, ohne dass eine Notwendigkeit zur Beschädigung der Schale besteht.

Will man aber unbedingt einen direkten Blick auf den Fötus werfen, so muss zunächst die genaue Lage der Blutgefäße auf der Innenseite des Eies ermittelt werden. Hierzu verwendet man erneut eine Taschenlampe. Das Ei wird nicht in seiner ursprünglichen Lage verändert, sondern man schaut gegen das Licht hinein und sucht nach einer Stelle, wo die Blutgefäße eine Stelle freilassen. Diese wird mit einem Bleistift genau angezeichnet. Meistens handelt es sich dabei um die zu oberst gelegene Stelle des Eies. Weiter unten befindliche Lücken führen hingegen voraussichtlich zum Auslaufen von Eiflüssigkeit und sind daher ohnehin ungeeignet. In manchen Fällen ist das Netz der Blutgefäße aber auch so dicht, dass es keine sichere Stelle gibt. In diesem Fall muss man seine Neugier zügeln lernen und warten, bis die Schlange von selbst geschlüpft ist.

An der markierten Stelle ergreift man nun die ledrige Schale mit den Schenkeln einer kleinen aber stabilen Pinzette und reißt sie ganz leicht ein. Dies geschieht in einer seitlichen Zugbewegung etwa in einem Winkel von 45 Grad. Ein Zugreifen mit der Spitze sollte man vermeiden, da man hierbei die Schale versehentlich durchstoßen und den Fötus praktisch erstechen könnte. Ich halte dazu das Ei gewöhnlich mit dem Daumen der freien Hand fest und nutze diesen gleichzeitig als Hebelpunkt für das Einreißen. Das Ziel ist eine Öffnung von vielleicht 3 mm, die durch Aufspreizen mit der Pinzette vorübergehend auf etwa 6 mm erweitert werden kann. Dies reicht für einen ersten Blick auf den Embryo. Auch dabei muss unbedingt ständig auf etwaige Blutgefäße geachtet werden!

Unter der äußeren, ledrigen Schale des Eies liegt eine dünne, undurchsichtige Membran, die von Adern durchzogen ist. Zunächst gilt es jedoch, die äußere Schutzhülle zu durchdringen, um dann ungehindert an der inneren arbeiten zu können. Dazu entfernt man kleine Stücke der Außenschale mit der Pinzette und schneidet ausgefranste Ränder mit einer kleinen Schere ab. Schließlich kann man auch die innere Hülle innerhalb der von den umgebenden Blutgefäßen gesetzten Grenzen einreißen und erhält einen ungehinderten Blick auf den Embryo. Offensichtlich bedarf es dabei großer Geduld, denn jede übereilte Bewegung kann die Schlange das Leben kosten. Wenn die Öffnung schließlich ihre maximal mögliche Größe erreicht hat, stelle ich mich mit dem Ei unter eine Lichtquelle hinter und über meiner Schulter. Auch eine kleine Taschenlampe kann hierbei sehr nützlich sein. Durch Bewegen des Eies kann man den Fötus wiederum dazu bringen, sich zu bewegen und einem selbst einen Eindruck zu verschaffen, welchen Bereich seines Körpers man gerade betrachtet. Ich weite dazu das „Schlüsselloch" vorsichtig mit der Pinzette. Ich glaube, dass der Verlust von etwas Eiflüssigkeit unbedenklich ist, solange genug davon übrig bleibt, um den Fötus und den größten Teil der Blutgefäße zu bedecken. In manchen Fällen sind die Eier bis zum Rand mit Flüssigkeit gefüllt, so dass davon zwangsläufig etwas verloren geht. Sind sie jedoch zuvor ein wenig trocken gelagert worden, tritt kaum Flüssigkeit aus.

Für mich bestand der Hintergrund für das Erlernen dieser Vorgehensweise aus dem Wunsch verstehen zu wollen, warum immer wieder und so zahlreich gold-gestreifte und andere seltsam gefärbte Königspythons schlüpfen, deren Aussehen nicht vererbbar ist. Die nächstliegende Begründung dafür sind Umwelteinflüsse während der Zeitigung der entsprechenden Eier. Folglich inkubierte ich Gruppen von Eiern bei unterschiedlichen Temperaturen. Ich musste nun jedoch erfahren, an welchem Tag erstmals Ansätze der Pigmentierung und Ausbildung der Zeichnung erfolgten. Das entsprechende Zeitfenster stellte sich in Abhängigkeit von der Zeitigungstemperatur als der 26.–29. Tag heraus; zuvor waren die Embryos/Föten nur ungezeichnet rosa. Darauf basierend konnte ich Eier bis etwa zum 25. Tag bei einer normalen Temperatur zeitigen, dann die Temperatur für etwa 10 Tage radikal senken oder erhöhen und so Versuche unternehmen, willentlich abnormale Zeichnungsvarietäten zu provozieren. Das Ergebnis war, dass die meisten so behandelten Schlüpflinge völlig normal aussahen und nur hin und wieder einmal ein abnormal aussehendes Exemplar dabei war. Diese Aberrationen waren alles andere als spektakulär, was mich zu dem Schluss führte, dass wenn die Temperaturen in dieser Hinsicht einen Einfluss haben sollten, sie wohl mit instabilen genetischen Eigenschaften zusammentreffen müssten, die ein solches Aussehen ermöglichen. Diese genetischen Grundlagen mögen bei manchen Tieren gegeben sein, bei vielen aber nicht. Nach wie vor besteht allerdings auch die Möglichkeit, dass unter eigentlich zu trockenen Verhältnissen (Trockenstress) gezeitigte Eier zu einer abnormalen Ausbildung der Färbung und/oder Zeichnung führen könnten. Ich wüsste allerdings nicht, wie man Königspython-Eier an der Grenze des Vertrocknens zeitigt, so dass ich für mich selbst keine Möglichkeit sehe, diese Theorie zu überprüfen.

Zu beachten ist, dass es sich hierbei um meine persönlichen Vermutungen und Schlüsse handelt.

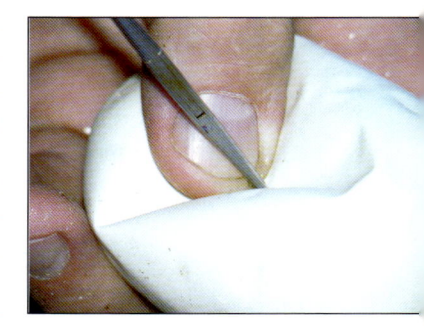

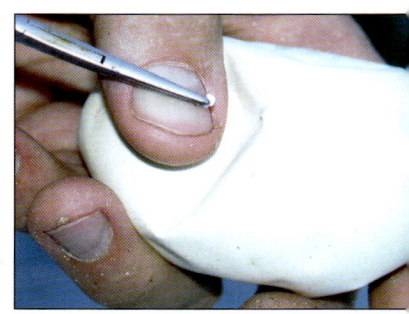

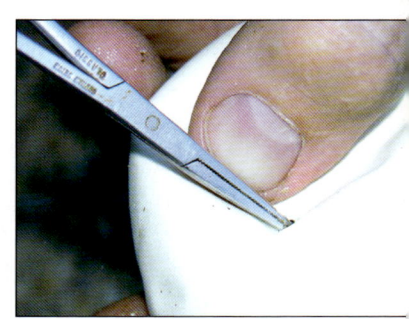

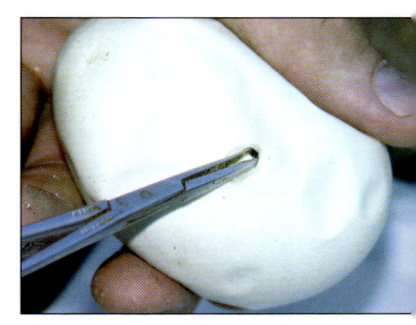

Abb. 146–149: Hier wird gezeigt, wie man vorsichtig ein kleines Loch in die Eischale schneidet.
K. McCurley

Jungtieraufzucht

Die ersten zwei Wochen

Nachdem die Babyschlange ihr Ei aufgeschlitzt hat, verbleibt sie gewöhnlich noch für die nächsten ein bis drei Tage darin und lässt nur den Kopf oder die Nase herausschauen. Zu diesem Zeitpunkt atmet sie Luftsauerstoff und ist nicht mehr vom Adernetz im Inneren des Eies abhängig. Ihr Stoffwechsel beschleunigt sich und führt dazu, dass die Reste des Dottersvorrats und das Blut in den Adern des Eies schnell in den Körper des Schlüpflings resorbiert werden. Erst nachdem dieser Vorgang abgeschlossen ist, verlässt das Baby den Schutz seines Eies, um sich den Herausforderungen der Welt zu stellen. Hin und wieder hat man jedoch auch ein Exemplar dabei, das obwohl es in der Lage wäre, sein Ei zu verlassen, diesen Schutz nicht ohne weiteres aufgeben will und noch tagelang darin verweilt.

Abb. 150: Die Nabelschnur sowie der Dotterrest eines Schlüpflings. K. McCurley

Sind die Babies schließlich geschlüpft, entfernt man sie aus dem Eierbehälter und spült sie mit lauwarmem Wasser ab, trock-

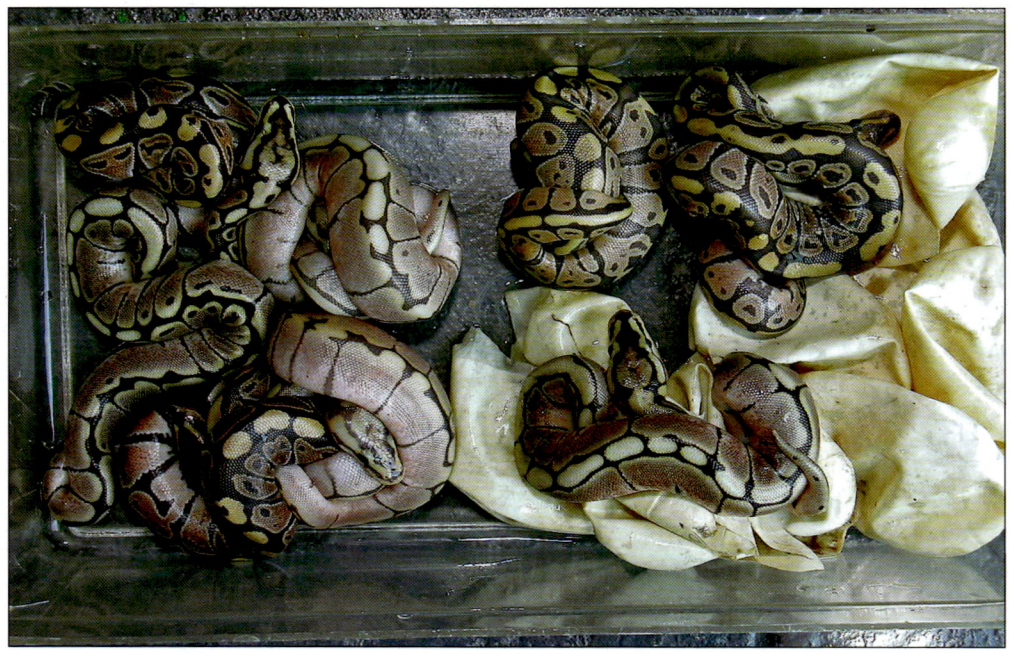

Abb. 151: Frisch geschlüpfte Ghost, Spider, „normale" und Spider Ghost Schlüpflinge.
K. McCurley

net sie und stellt sicher, dass sie sauber sind. Sie werden dann in einen sauberen, mit weißen Küchentüchern ausgelegten Behälter oder ein Terrarium gesetzt. Sie dürfen nicht kalt werden und sollten unter den gleichen stabilen Temperaturverhältnissen wie die Eier im Inkubator gehalten werden. Ihr Behältnis sollte auch eine flache Wasserschale und zahlreiche Versteckmöglichkeiten aufweisen. All dies bedeutet großen Stress für die Schlüpflinge, und sie brauchen etwas Zeit, um sich an die neue Umgebung zu gewöhnen.

Während der folgenden zehn Tage sollten sich alle Schlüpflinge zum ersten Mal häuten. Damit dies reibungslos ablaufen kann, sollte ihnen in ihrem Behältnis unbedingt ein feucht gehaltener Bereich zur Verfügung stehen. Nach der ersten Häutung können sie in ihre zukünftigen Behälter umgesetzt werden. Eine weitere Woche später kann man zum ersten Mal eine lebende Springer-Maus als Futter anbieten. Wird diese nicht innerhalb der nächsten Viertelstunde gefressen, rate ich dazu, sie wieder zu entfernen, da zuviel Nagetier-Aktivität zu diesem Zeitpunkt negative Einflüsse haben kann. Stattdessen versucht man es vielleicht fünf Tage später noch einmal. Die Schlangen sind mit einem Bauch voller Dotter geschlüpft, der ihnen für geraume Zeit alles gibt, was sie benötigen. Es kann somit durchaus mehrere Wochen dauern, bis sie hungrig genug sind, um ihre erste Mahlzeit anzunehmen.

Komplikationen
„Hartbäuche"

Unter dieser Bezeichnung versteht man allgemein importierte Schlüpflinge mit verhärtetem Dotter in ihren Bäuchen. Man nimmt an, dass dieser Zustand dadurch hervorgerufen wird, wenn Schlüpflinge aus ihren Eiern gezerrt werden, ohne dass sie zuvor ausreichend Gelegenheit hatten, ihre Dotterreste zu resorbieren. Allerdings sind bei mir selbst im Laufe der Jahre eben-

Abb. 152 u. 153: Ein Schlüpfling mit einem völlig verhärteten Dotter im Bauch (Hartbauch).
K. McCurley

falls ein paar „Hartbäuche" geschlüpft, ohne dass ich diese verfrüht aus ihren Eiern entfernt hätte. Ich bin mit daher nicht sicher, was genau diesen Zustand verursacht.

Das verhärtete Dotter kann einen Verschluss des Verdauungstraktes verursachen. Manche der hiervon betroffenen Babies gehen daran ein, andere erholen sich und entwickeln sich normal weiter. Es gibt nichts, was man dagegen tun könnte außer Abwarten und Hoffen.

Deformationen

Gelegentlich findet man in einem Wurf ein Tier mit einer Entwicklungsanomalie. In vielen Fällen lässt sich diese auf mit Fehlern behaftete Zeitigungsbedingungen zurückführen. Mit zunehmender Erfahrung bei der Inkubation von Königspython-Eiern werden derartige Vorkommnisse immer seltener. Stabile Zeitigungstemperaturen sollten stets gegeben sein, denn ein krasses Ansteigen der Werte zum Zeitpunkt der Ausbildung der Wirbelsäule zum Beispiel kann zu schweren Missbildungen oder zum Absterben der Embryonen führen.

In den meisten Fällen handelt es sich um Deformationen wie einem Knick in der Wirbelsäule, Missbildungen der Kiefer oder Augenanomalien. Solcherart betroffene Schlüpflinge können auch noch andere, nicht offensichtliche Behinderungen haben, die ihnen ein normales Leben unmöglich machen. Es ist daher nur human, sie umgehend vom Tierarzt einschläfern zu lassen. Man sollte mit dieser Entscheidung auch gar nicht lange warten, denn erstens wird sich an dem Zustand nichts ändern, und zweitens

Abb. 154 oben: Solche Deformierungen stammen oftmals von falschen Bruttemperaturen.
Abb. 155 unten: Bei diesem Ghost befand sich das Herz außerhalb des Körpers. K. McCurley

sollte man sich selbst eine emotionale Bindung an ein solches „Sorgenkind" ersparen.

Ein minimaler Wirbelsäulenknick oder das Fehlen eines Auges mag hingegen nicht zu einer Verminderung der Lebensqualität führen. Es bleibt daher dem Züchter überlassen zu entscheiden, ob er ein solches Tier aufziehen will.

Nabelschnur-Komplikationen

Gelegentlich trifft man auf einen Schlüpfling, der seit Tagen seinen Kopf aus dem Ei gesteckt hat, jedoch offenbar nicht ausschlüpfen kann, während seine Geschwister bereits munter die die große weite Welt erkunden. Bei näherer Untersuchung kann sich dann zeigen, dass sich seine Nabelschnur um seinen Hals verfangen hat, was erstens die Resorption von Dotter und Blut erschwert oder sogar völlig unmöglich macht und zweitens das Baby festhält. Dazu kommt es, wenn der Schlüpfling die Eischale aufzuschneiden versucht und sich dabei ziellos im Eiinneren hin und her bewegt. Dabei reißt es mitunter Blutgefäße ab und verstrickt sich in einem regelrechten Knoten mit der Nabelschnur. Da somit die Resorption des Dotters nicht mit der üblichen Geschwindigkeit abläuft, verbleibt das Baby im Ei und wartet darauf, dass der Vorgang zu seinem Ende kommt.

Erscheint ein solcher Zustand als wahrscheinlich, sollte man die Eischale vorsichtig aufziehen oder -schneiden, um einen Blick hinein werfen zu können. Sieht man, dass die Nabelschnur tatsächlich um den Hals des Schlüpflings gewickelt ist, kann man die kleine Schlange dahingehend dirigieren, dass sie ihren Kopf und Hals durch die Schlinge der Nabelschnur in das Innere des Eies zurückzieht. Dann lässt man sie wieder in Ruhe. Ist der Dotter noch verwendbar, wird der Resorptionsprozess nun mit normaler Geschwindigkeit weiterlaufen. Aber auch wenn es bereits durch die möglicherweise abgeklemmte Durchblutung abgestorben ist, schlüpft die kleine Schlange nach dem Nabelverschluss; sie ist dann möglicherweise etwas kleiner als ihre Geschwister, hat aber trotzdem gute Überlebenschancen.

Abb. 156: Bei diesem Tier kann man sehr gut erkennen, dass sich sowohl einige Adern wie auch die Nabelschnur um dessen Hals gewickelt hat. K. McCurley

Nabelbruch

Hierbei handelt es sich und das Hervortreten des Bauchfells oder eines Teils der mit dem Dottersack verbundenen inneren Organe durch die Nabelöffnung. Dieser Geburtsfehler kann für den Züchter überaus frustrierend sein, wenn er zunächst ein wunderschönes Baby aus dem Ei schauen sieht und dann feststellen muss, dass es unter diesem wirklich schrecklichen Zustand leidet. Er tritt gelegentlich und ohne erkennbare Ursache auf und führt nicht selten zum Tod des betroffenen Schlüpflings.

Manche solchermaßen betroffene Föten sterben bereits im Ei ab, so dass diese Todesursache häufig gar nicht erkannt wird, andere versuchen normal zu schlüpfen und sterben während der Resorbtion ihrer Dottervorräte. Oft fällt dem Züchter dann auf, dass alle anderen Tiere eines Geleges ihre Eier längst verlassen haben, ein Tier jedoch noch immer in seiner Schale verharrt. Bei näherer Untersuchung dieses Eies stellt man dann einen ungewöhnlich großen Dotterrest und eine abnormal lange Nabelschnur fest.

Eine normal große Nabelöffnung hat in etwa den Durchmesser einer Erbse. Bei einem Nabelbruch zeigt sich hingegen eine deutlich größere Öffnung, aus der eine abnormal umfangreiche Nabelschnur oder sogar Körperorgane und Muskelgewebe herausragen. In diesem Fall ist der Ringmuskel des Nabels nicht in der Lage, die Größe der Öffnung zu kontrollieren, wodurch eine korrekte Schließung unmöglich ist. Manche dieser Schlüpflinge können auf diese Weise eine Körperöffnung von mehreren Zentimetern Länge aufweisen; sie sind nach meinen Erfahrungen nicht zu retten. Bei weniger schweren Fällen kann es schließlich doch noch dazu kommen, dass der Dottervorrat resorbiert wird und die Schlange normal schlüpft. Sie sieht dann im Bauchbereich verdickt aus, jedoch besteht die Möglichkeit, dass der Nabel mit der Zeit gut verheilt. Derartige Schlüpflinge müssen mit großer Sorgfalt behandelt werden. Sie dürfen nur in die Hand genommen werden wenn es unbedingt erforderlich ist, und ihre Bewegungsfreiheit sollte durch ein kleines Behältnis eingeschränkt werden. Jede Bewegung kann zu einer Überbeanspruchung der Muskulatur führen, durch welche ein Reißen der Nabelöffnung und in der Folge ein Herausrutschen der inneren Organe oder zumindest sämtlicher Dotterreserven versucht wird. Bei einigen solcher Exemplare verheilt der Nabelbereich teilweise nach außen, was selbst Monate später noch zu Infektionen oder anderen Komplikationen führen kann.

Die beste Gegenmaßnahme ist ein sofortiger Besuch beim Tierarzt. Durch eine rechtzeitige Behandlung, d.h. bevor es zu Gewebeschäden oder einer Infektion kommt, können viele Nabelbrüche korrigiert werden. Dazu bedarf es oftmals nicht mehr als einer fachmännisch angelegten Naht, einer Behandlung mit Antibiotika, klei-

Abb. 157: Noch ganz gut „reparabler" Nabelschnurbruch. K. McCurley

Abb. 158: Dasselbe Tier wie links nach der Operation. K. McCurley

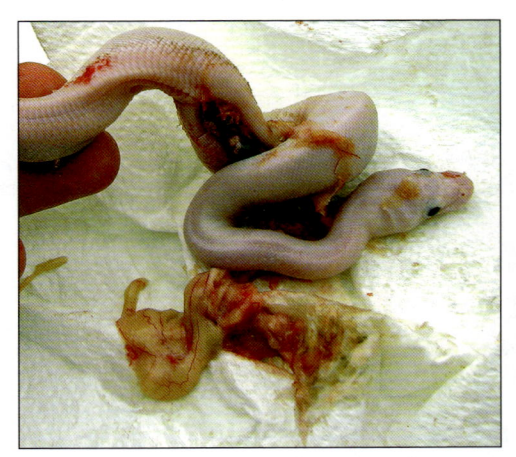

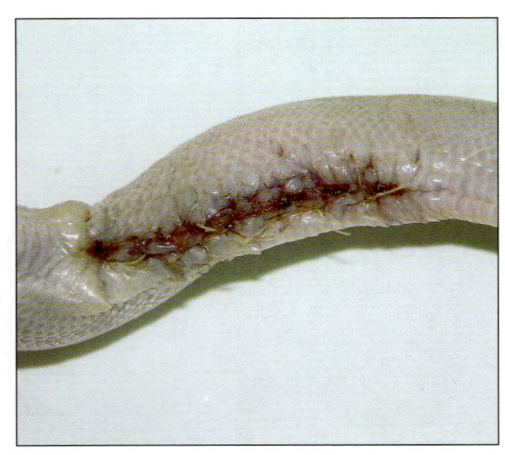

Abb. 159: Ein Albtraum, dieses Tier hat eine große Portion Eidotter verloren und einen gehörigen Gewebeschaden erlitten.
Abb. 160: Dasselbe Tier wie links nach der Operation. K. McCurley

nen Futterportionen und einer optimalen Unterbringung. Ohne tierärztliche Hilfe sind derartige Schlüpflinge jedoch meistens dem Untergang geweiht. Entdeckt man einen solchen Fall, muss der Schlüpfling zu allererst von jeglichen Stoffen ferngehalten werden, die an dem heraushängenden Gewebe haften bleiben können – eine hygienische Umgebung ist von größter Bedeutung. Trocknet das vorgefallene Gewebe ein oder entzündet es sich, sinken die Chancen auf eine Rettung ganz erheblich. Ein Nabelbruch darf nicht ignoriert werden, und selbst bei einem leichten Fall muss das entsprechende Tier sorgfältig beobachtet und in einer möglichst sauberen Umgebung gehalten werden.

Dotterfäule

Wenn eine Schlange lange nachdem alle Geschwister geschlüpft sind noch immer nur aus ihrem Ei herausschaut, sollte man sie auf mögliche Geburtsfehler untersuchen. Wenn das Tier dabei normal erscheint, man jedoch einen merkwürdigen oder fauligen Geruch feststellt, sollte man den Zustand des Dotterrests begutachten. Ist dieser abgestorben und faulig, aber noch mit dem Schlüpfling verbunden, wird er zwangsläufig zur dessen Vergiftung führen. Als Rettungsversuch kann man das Tier dem Ei entnehmen und die Nabelschnur (mit den Fingern) knapp über dem Körper abzwicken. Die Schlange wird anschließend mit lauwarmem Wasser abgewaschen und dann abgetrocknet.

Derartige Schlüpflinge sind gewöhnlich schwächlich, erholen sich aber nicht selten recht plötzlich nachdem die Ursache abgestellt worden ist. Wenn der Nabelbereich entzündet aussieht, sollte man ihn mit Betadin desinfizieren, um eine Ausbreitung der Infektion zu verhindern. Dieser Bereich muss nun verheilen, wozu er trocken und sauber gehalten werden muss. Man sollte den Schlüpfling daher am besten auf weißem Küchenpapier halten, bis er mehrere Häutungen hinter sich gebracht hat.

Beispiele weiterer Fehlentwicklungen

Abb. 161: Hier sieht man drei Geschwistertiere, zwei sind gesund und eines ist völlig unterentwickelt.
K. McCurley

Abb. 162: Yellow Belly von Gulf Coast. Tiere mit zwei Köpfen sind sehr selten, kommen aber schon mal vor, wie dieses Bild zeigt.
S. McQuade

Farbmorphenzucht

Zum Geleit (von Matthias Rath)

Seit Gregor Mendel 1865 seine Vererbungsthesen dem Naturforschenden Verein in Brünn vortrug, hat sich hinsichtlich der Beobachtung spontaner Mutationen und deren Nutzung in Wissenschaft und Hobby viel ereignet. In der (kommerziellen) Zucht exotischer Tiere stellt die Selektion und gezielte Weiterzucht solcher Mutationen für die einen das Salz in der Suppe, für die anderen eine Möglichkeit finanzieller Bereicherung und für wieder andere eine potentielle Gefahrenquelle in der Erhaltungszucht gefährdeter Arten dar.

Zu welcher Gruppe sich der Leser auch zählen mag, die Beschäftigung mit der Mutationsgenetik des Königspythons ist zur Zeit sicherlich eine der reizvollsten Aufgaben, da sich durch die schier unerschöpfliche Mutagenität dieser Art ein weites züchterisches Feld eröffnet. Aber auch für den an der Genetik Interessierten ist die Beschäftigung mit dem Königspython reizvoll, weil sich hinsichtlich seiner Vererbungsmodi noch eine Vielzahl offener Fragestellungen ergeben, die mit einiger Sicherheit in der nächsten Zeit durch die wachsende Anzahl gezielter Zuchten und dem damit steigendem Datenschatz analysiert und gelöst werden können.

In den letzten Jahren hat sich – ähnlich wie in der Vogelzucht – eine „eigene" Nomenklatur bezogen auf die Modalitäten der Vererbung bestimmter Mutationen ergeben. In Züchterkreisen und auf einschlägigen Websites oder in Foren wird viel von Kodominanz und Superdominanz gesprochen, hin und wieder tauchen „versteckte" Gene auf, und wenn man sich nicht sicher ist, vererbt sich die neueste Morphe intermediär. Alle diese Vererbungsmodi werden immer wieder hitzig diskutiert, so dass es eigentlich an der Zeit wäre, eine einheitliche Regelung zu finden, um die babylonische Sprachverwirrung zu beenden. Die in dieser Veröffentlichung benutzten Bezeichnungen entsprechen zwar den zur Zeit in Reptilienzüchterkreisen verwendeten, sind allerdings in mancherlei Hinsicht nicht deckungsgleich mit jenen, die in der modernen Formalgenetik gebraucht werden. Trotzdem haben natürlich die vor allem aus dem amerikanischen Raum stammenden Begriffe ihre Berechtigung, da sie mittlerweile unter Liebhabern etabliert sind und daher eine Kommunikation untereinander ermöglichen. Aus diesem Grund und trotz der Tatsache, dass hier Hobby und Wissenschaft verschiedene Begriffe benutzen, werden die aus der kommerziellen Zucht übernommenen Bezeichnungen nicht geändert, um den Leser vor etwaiger Verwirrung und Missverständnissen zu bewahren.

Allerdings behalten wir es uns vor, in einer möglichen späteren Ausgabe die folgenden Kapitel in überarbeiteter Fassung zu veröffentlichen. Das Ziel muss sein, eine einheitliche Nomenklatur zu finden, die in allen Punkten logisch nachvollziehbar ist und auch eine übergreifende Kommunikation ermöglicht.

Geschichte der Farbmorphenzucht

Bei der Nachzucht in Gefangenschaft wird oftmals gezielt die Anzahl ungewöhnlich aussehender Exemplare einer Art vermehrt. Diese mögen auf einzelnen Wildfängen oder in Gefangenschaft geschlüpften Mutationen beruhen. Als Mutation ist hier ein Tier zu verstehen, das offensichtlich anders als der „normale" Königspython in der freien Wildbahn aussieht. Dieses Tier kann so außergewöhnlich sein, dass der Züchter über die nächsten Jahre versucht, sein Erscheinungsbild in dessen Nachkommen zu reproduzieren. Gelingt dies, d. h. zeigen einige der Nachkommen dieses Exemplars vergleichbare Merkmale, handelt es sich um ein in der Erbmasse (den Genen) verankertes Merkmal, das sich reproduzieren lässt, so dass sich andere Pfleger ebenfalls daran erfreuen können.

Oftmals beginnt die Zucht einer bestimmten Varietät mit einem einzelnen Tier, das importiert wird oder in einer Zucht schlüpft. Sind dessen Merkmale genetisch fixiert, bedarf es oft einigen Aufwands, um es als eine neue Morphe zu etablieren. In diesem Fall wird das entsprechende Exemplar mit einem anderen, oftmals wildfarbenen Tier, verpaart. Die daraus hervorgehenden Nachkommen können allesamt völlig normal aussehen. Sie sind dann jedoch eventuell einfach rezessiv heterozy-

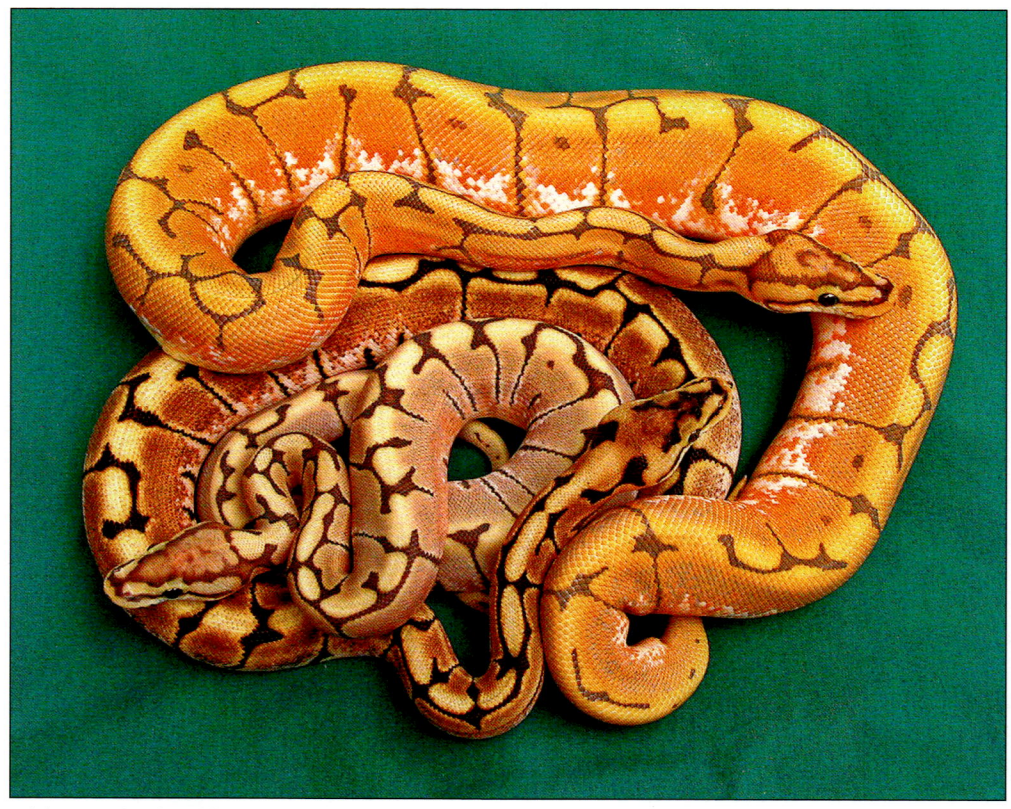

Abb. 163: Spider Ghost (Honey Bee) und Spider. K. McCurley

got für das verantwortliche Gen. „Einfach rezessiv" bedeutet dabei, dass sämtliche Nachkommen zwar das für die Mutation verantwortliche Gen tragen, dieses jedoch von einem anderen unterdrückt wird, so dass sie zumindest in der ersten Generation äußerlich ganz normal aussehen. Diese Tiere werden dann aufgezogen und mit dem ursprünglichen abnormalen Exemplar rück- sowie untereinander gekreuzt. Dies geschieht in der Hoffnung, dass daraus weitere Exemplare mit dem gewünschten ursprünglichen Erscheinungsbild hervorgehen. Geschieht genau das, steht fest, dass dieses Merkmal genetisch bedingt ist, und die nun sichtbare Mutation wird als homozygoter Ausdruck des Merkmals bezeichnet.

Diese Vorgehensweise ist als Stammzucht bekannt und ein wertvolles Instrument für das Verständnis der genetischen Grundlagen eines Zuchtprojekts.

Manche Mutationen kommen jedoch bei einer Verpaarung mit einem wildfarbenen Partner auch schon in der ersten Generation wieder zum Vorschein. Damit steht fest, dass die Merkmalsausprägung (der Phänotypus) co-dominant oder dominant sein muss. Handelt es sich dabei um Co-Dominanz (d.h. unvollständige Dominanz), kann der Züchter bei der Verpaarung mit einem wildfarbenen Partner mit einer statistischen Verteilung von 50 % des Merkmals unter den Nachkommen rechnen. Diese Mutation kann aber auch noch ein ganz anderes Potential offenbaren, wenn sie mit einem weiteren Tier des gleichen Phänotypus verpaart wird. Hieraus kann dann ein auffallend anders aussehender „Super", d.h. ein dominant vererbendes Tier, entstehen. Theoretisch kann solch ein „Super" mit einem normal aussehenden Partner verkreuzt werden, und sämtliche daraus hervorgehenden Nachkommen zeigen den Phänotypus der Mutation. Dieser „Super" ist der homozygote Ausdruck der Mutation (des co-dominanten Phänotypus, nicht das der Superform), und die ursprünglichen Mutationen sind der heterozygote Ausdruck davon.

Kann eine Mutation ohne erkennbaren „Super" erzeugt werden, verwendet man die Bezeichnung „dominant" für die genetischen Eigenschaften dieses Phänotypus.

Bisweilen stößt man auf Exemplare mit ähnlichen Besonderheiten in der Färbung und/oder Zeichnung, deren Verpaarung dann aber nicht zu Nachkommen mit deren Merkmalen führt. Dies kann ein Hinweis darauf sein, dass dieses Merkmal nicht genetisch fixiert ist oder dass verschiedene Gene dafür verantwortlich sind, die bei den beiden Elterntieren an verschiedenen Stellen des Genstranges liegen und daher bei deren Verkreuzung nicht zueinander passen.

Bei der Stammzucht wird hingegen sichergestellt, dass stets die gleiche Anomalie verwendet wird, wodurch die Erfolgschancen für weitere Exemplare mit dieser Anomalie naturgemäß steigen. Einige Varietäten, wie der „Classic Jungle" zum Beispiel, lassen sich nach dem derzeitigen allgemeinen Verständnis offenbar nicht gezielt durch Stammzucht reproduzieren. Sie tauchen lediglich hin und wieder aus uns unbekannten Gründen in einem Wurf auf. Selbstverständlich sind Erkenntnisse wie diese jedes Mal eine enorme Enttäuschung für den Züchter, der lange Jahre auf die Erforschung der genetischen Grundlagen einer mutmaßlichen Morphe verwendet hat und nun doch nicht zu dem gewünschten Ergebnis gekommen ist.

Trotzdem – Schlangen sind lebende Wesen, und auch wenn die Zucht ein Wechselbad aus Erfolg und Misserfolg ist, so sind doch die Momente des Glücksgefühls bei jedem Schlupf von Babies weitaus zahlreicher als die der Enttäuschung.

Genetik

Nach einem kürzlichen Gespräch mit meinem Freund Kit Hollister, der eine Menge mehr von Genetik versteht als ich, wurde mir endlich klar (so glaube ich zumindest), was eigentlich vor sich geht, wenn bei einer Schlange eine bestimmte Färbung und Zeichnung entsteht. Der Locus ist die Stelle auf dem Chromosom, welche die kodierte Information zur Herstellung eines bestimmten Proteins enthält. Für den normalen Ausdruck eines Merkmals sind viele Proteine verantwortlich, jedoch kann bereits das Fehlen eines einzigen davon zu einem völlig veränderten Aussehen führen. Zum Beispiel bedarf es nur des Fehlens eines Proteins, nämlich des zur Herstellung von Farbpigmenten verantwortlichen, um einen Albino hervorzubringen. Allele sind andere Teile der genetischen Kodierung, die die unterschiedliche Ausprägung eines Gens auf einem Locus beeinflussen. Es können dabei viele verschiedene Allele auf einem beliebigen Locus existieren, und doch hat jedes einzelne Tier davon stets nur zwei pro Locus, je eine von seinen beiden Eltern.

Das Aussehen einer Schlange kann auf dem Zusammenspiel mehrerer Allele auf verschiedenen Loci beruhen. Der Körper verwendet eine RNS genannte Substanz zur Kontrolle der Proteine herstellenden „Betriebe" – Ribosomen. Andere Proteine im Körper entschlüsseln den Code der DNS und setzen danach RNS zusammen. Die RNS nimmt den DNS-Code für ein Protein und begibt sich zu Stellen innerhalb der Zelle, die Ribosomen genannt werden – die „Proteinfabriken". Dort kontrolliert eine weitere Substanz namens Transfer-RNS (tRNS) die Ribosomen, die gemäß der vorgegebenen Kodierung aus Aminosäuren bestehende „Bausteine" zu Proteinen zusammensetzen. Ein normal aussehender Königspython hat somit Gene, die bestimmen, dass Proteine so zusammengesetzt werden, dass er eine normale Pigmentierung und Zeichnung erhält. Werden diese Proteine korrekt hergestellt, sieht er normal aus. Führt jedoch eine fehlerhafte Kodierung oder ein Produktionsfehler zu nutzlosen oder dysfunktionalen Proteinen, kommt dabei ein Tier heraus, das wir dann als Mutant, als Ergebnis einer Mutation bezeichnen.

Im Prinzip „maskieren" bei einer rezessiven Mutation die Proteine für ein normales Aussehen das, was passieren würde, würden sie fehlen. Ein abnormales Aussehen ist also das Ergebnis des Fehlens eines bestimmten Proteins an einer bestimmten Stelle. Ganz offensichtlich gibt es verschiedene Stellen auf einem Chromosom, die als Kodierung für Mutationen wie Albino, Axanthic, Piebald, Genetic Striped, Caramel Albino, Patternless, Clown etc. dienen. Wenn bei einer rezessiv vererbten Mutation das verantwortliche Protein auf beiden Stellen eines Allels fehlt, erhalten wir eine Mutation. Wenn die DNS des Locus für Piebald bestimmt, dass kein Protein für ein normales Aussehen hergestellt werden soll, kommt dabei ein geschecktes Tier heraus. Da jedoch stets zwei Allele (von jedem Elternteil eine) vorhanden sind, die beide jeweils 50 % der genetischen Zusammensetzung darstellen, müssen beide die Kodierung für „kein Protein für normales Aussehen herstellen" haben, damit dieses Aussehen unterdrückt wird. Wenn jedoch die DNS nur eines Elternteils den Code für „kein Protein herstellen" beinhaltet, die zu einem Piebald führen würde und die DNS des anderen den Befehl „Protein für normales Aussehen herstellen" enthält, wird das Protein erzeugt, und das Tier erhält ein normales Aussehen. In sei-

Abb. 164: Spider Lemon Pastel Jungle von NERD. K. McCurley

ner Erbmasse steckt jedoch auch der Befehl für das Nicht-Herstellen; mit anderen Worten, es ist zwar nicht als solches erkennbar, aber trotzdem heterozygot. Nur wenn bei einem einfach rezessiven Piebald beide Allelen den Befehl zum Nicht-Herstellen des Proteins beinhalten, wird wirklich keines hergestellt, und das Ergebnis ist ein Piebald-Königspython. Bei einer co-dominanten und dominanten Vererbung hingegen braucht nur eines der Elterntiere dieses Gen an die Nachkommen weiterzugeben, damit es auch äußerlich anders als normal aussieht, denn dieser Befehl überschreibt alle anders lautenden.

Damit kommen wir zu den „Anzeigern", d. h. heterozygoten Tieren, denen man diese Eigenschaft äußerlich ansehen kann, da sie sich von normalen unterscheiden. Bei heterozygoten Piebalds zum Beispiel lassen sich die entsprechenden Genträger manchmal von ihren nicht dieses Gen besitzenden Geschwistern durch den hellen Bauch und die schwarzen Bauchränder unterscheiden. Die Merkmale von Piebald scheinen also irgendwie „durchzusickern", aber wie ist das möglich? Wenn eine Allele den Befehl für Piebald und die andere den für Normal enthält, sollte das Ergebnis „Normal" sein, zumindest in der Theorie. Dies beruht auf der Tatsache, dass auch die nur zur Hälfte arbeitenden Ribosomen („Proteinfabriken") immer noch genügend „Normal"-Protein erzeugen, um das Tier „normal" aussehen zu lassen. Hier scheint es jedoch so zu sein, dass eine „halbe" Produktion nicht ganz für ein völlig normales Aussehen ausreicht, so dass das heterozygote Tier in geringem Umfang anders als „völlig normal" erscheint. Dies mag die Erklärung dafür sein, dass man immer wieder auf heterozygote Exemplare stößt, die diese Eigenschaft bei genauerem Hinsehen erkennen lassen. Es ist natürlich nur eine Hypothese, die ich nicht beweisen kann.

Erbgänge
Intermediäre Erbgänge (Unvollständige Dominanz) (von Matthias Rath)

Mendel selbst hat in seinen Experimenten nur vollständige Dominanz beobachten können, d.h. heterozygote Nachkommen sind äußerlich (phänotypisch) nicht von reinerbigen (homozygoten) Eltern zu unterscheiden. Allerdings zeigte sich schon bald nach der Wiederentdeckung seiner Arbeiten, dass es zahlreiche Modifikationen seiner Grundsatzregeln gibt, wie z.B. die unvollständige Dominanz, die auch als intermediärer Erbgang bekannt ist.

	B weiß	B weiß
A rot	AB rosa	AB rosa
A rot	AB rosa	AB rosa

Ein anschauliches Beispiel hierfür ist die Vererbung der Blütenfarbe bei *Antirrhinum majus* (Löwenmäulchen). Kreuzt man ein rotblühendes Exemplar mit einem weißblühenden, erhält man in der ersten Filialgeneration an allen Nachkommen rosa Blüten. Der Phänotyp der F_1 ist also intermediär, die beteiligten Allelen verhalten sich unvollständig dominant. Weder das mutierte Gen A noch das Gen B können sich in der F_1 durchsetzen, oder andersherum ausgedrückt, beide Gene ergänzen sich zum kombinierten Genotyp AB.

Kreuzt man nun die F_1 untereinander, erhält man eine Aufspaltung von 1:2:1 [1 × Phänotyp Rot (A): 2 × Phänotyp Rosa (C) 1 × Phänotyp Weiß (B)]. Dieses lässt sich im Punnet-Quadrat wie folgt darstellen.

	A rot	B weiß
A rot	AA rot	AB rosa
B weiß	AB rosa	BB weiß

(Man beachte, dass sich in der F_2 bei unvollständig dominanten Erbgängen alle Genotypen anhand der auftretenden Phänotypen bestimmen lassen!)

Was aber haben nun aber Blumen mit dem Königspython zu tun?

Auch für die Königspythonzucht ist das genetische Verhalten unvollständig dominanter Erbgänge von nicht zu unterschätzender Bedeutung. Die F_1 ist in diesem Fall hinsichtlich ihres züchterischen Potentials nur von geringem Wert. Sie kann sich nicht reinerbig vererben, denn ihr Phänotyp ist an den Zustand der Mischerbigkeit (Heterozygotie) gebunden. Maximalen Erfolg erzielt man tatsächlich nur, wenn die Ausgangsverpaarung der Parentalgeneration wiederholt wird. In diesem Falle erhält der Züchter 100 % der erwünschten Merkmalskombination, da sich die F_1 gemäß der 1. Mendel'schen Regel einheitlich (uniform) zeigt.

Einfach rezessive Erbgänge

Einfach rezessive Merkmale sind Ausdruck nachweislich vererbbarer Gene, die nur in einer **homozygoten** Ausprägung äußerlich erkennbar sind. Wenn ein homozygotes Exemplar mit einem **wildfarbenen** (**normalen**), nicht dieses Gen besitzenden verkreuzt wird, haben alle ihre gemeinsamen Nachkommen ebenfalls ein normales Aussehen, tragen aber das Gen des homozygoten Elternteils. Dieser Umstand ergibt sich daraus, dass eine mutierte **Allele** von dem homozygoten Elternteil an die Nachkommen vererbt wird und eine normale Allele von dem anderen Elternteil. Da die beiden Allelen ungleich sind, jene für ein normales Aussehen jedoch stärkere Auswirkungen hat (siehe oben), ergibt sich daraus, dass der **Phänotypus** der Nachkommen „Normal", der **Genotypus** hingegen für diese Mutation **heterozygot** ist. Diese Nachzuchten werden folglich als „heterozygot" oder kurz als **„Hets"** bezeichnet. Zur Wiederholung: diese Tiere sind Träger des genetischen Codes für eine bestimmte Mutation, obwohl sie sich äußerlich nicht von einem „normalen" oder wildfarbenen Tier unterscheiden lassen.

Beispiele einfacher rezessiver Merkmale beim Königspython
Bei den folgenden Ausführungen ist zu beachten, dass die Albino-Mutation hier nur als Beispiel dient, die Punnet-Quadrate aber auf alle einfach rezessiven Mutationen jeder Tier- und Pflanzenart zutreffen.

Normal × Homozygot
Das Punnet-Quadrat zeigt die Genzusammensetzung unter den Nachkommen bei der Verpaarung eines normalen, d.h. wildfarbenen Königspythons (NN) mit einem Albino-Königspython (aa).
 Wie aus diesem Quadrat ersichtlich, zeigen alle Nachkommen einer Kreuzung aus einem normalen mit einem albinotischen Königspython Normal als ihre äußere Erscheinung, sind aber Träger des Albino-Gens (Na). Die Nachkommen sind somit alle 100 % heterozygot (Na) für Albino, oder wie Züchter es ausdrücken würden, „definitive Hets."

	a	a
N	Na	Na
N	Na	Na

Normal × Heterozygot
Dieses Punnet-Quadrat zeigt nun die Nachkommenschaft einer Verpaarung eines 100 % für Albino heterozygoten (Na) Königspythons mit einem normalen/wildfarbenen (NN) Partner.
 Aus der Verkreuzung eines heterozygoten (Na) mit einem normalen (NN) Tier gehen Nachkommen hervor, die alle normal aussehen, von denen jedoch statistisch die Hälfte für Albino heterozygot (Na) sind. Die Kreuzung von Hets mit Normal führt zu „**50 % möglichen Hets**." Da die Hälfte der Nachkommen Hets sind, alle Tiere jedoch normal aussehen, hat man eine 50/50 Chance, bei der Auswahl eines Tieres aus dem entsprechenden Wurf, ein für Albino heterozygotes (Na) Exemplar zu erwischen. Der schnellste Weg herauszufinden, welche dieser Nachkommen tatsächlich Hets (Na) sind, ist sie mit einem homozygoten Exemplar rückzukreuzen. Wenn das ausgewählte Tier wirklich eines der definitiven Hets ist, sollte aus dieser Kreuzung theoretisch ein Wurf hervorgehen, der zumindest ein homozygotes (aa) Tier enthält (in diesem Beispiel also einen Albino).

	N	a
N	NN	Na
N	NN	Na

Heterozygot × Heterozygot

In unserem nächsten Beispiel kreuzen wir einen für Albino heterozygoten Königspython (Na) mit einem ebenfalls für Albino heterozygoten Königspython (Na), was zu dem folgenden Punnet-Quadrat führt.

	N	a
N	NN	Na
a	Na	aa

Von den vier Nachkommen in diesem Quadrat ist statistisch eines ein normal wildfarbenes ohne das Gen für Albino (NN), zwei sind heterozygot (Na) und eines ein Albino (aa). Genau wie bei der Kreuzung Normal × Albino oben sind die zwei Hets (Na) und das eine normale (NN) Tier in ihrer äußeren (normalen) Erscheinung identisch, so dass es unmöglich ist zu sagen, welches welche genetischen Eigenschaften hat. Da ungefähr zwei Drittel (oder 66 %) der scheinbar normalen Nachzuchten in diesem Wurf tatsächlich heterozygot für Albino sind, bezeichnet man sie als „**66 % mögliche Hets**."

Wie man hier sieht, kann das Verkreuzen von Hets ein durchaus brauchbarer Weg zur Produktion homozygoter Exemplare sein. Hets eröffnen auch dem angehenden Züchter den Zugang zu einigen der „High-End"-Zuchtprojekte, denn sie sind in aller Regel nicht so teuer wie homozygote Tiere.

Heterozygot × Homozygot

An dieser Stelle betrachten wir eine weitere Möglichkeit, ohne große Umschweife zu den angestrebten Ergebnissen zu kommen. Wir kreuzen einen Het-Albino (Na) Königspython mit einem Albino (aa) Königspython. Das Punnet-Quadrat zeigt, dass aus dieser Paarung homozygote Albinos hervorgehen.

	a	a
N	Na	Na
a	aa	aa

Ein großartiges Ergebnis! Dem Punnet-Quadrat zufolge ist die eine Hälfte der Nachkommen heterozygot für Albino (Na) und die andere homozygot (aa). Da ein Elternteil homozygot (aa) war, sind alle normal erscheinenden Nachkommen „**hundertprozentige Hets**" (Na). Raten erübrigt sich.

Homozygot × Homozygot

Unser letztes Punnet-Quadrat ist sehr simpel. Ebenso wie zwei völlig normale, wildfarbene (NN) Tiere ausschließlich normale, wildfarbene Nachkommen (NN) erzeugen, so führt die Kreuzung von zwei homozygoten albinotischen (aa) Königspythons ausschließlich zu homozygoten albinotischen (aa) Nachkommen. Was kann bei einem solch großartigen Wurf noch zu wünschen übrig bleiben?

	a	a
a	aa	aa
a	aa	aa

Bei der Arbeit mit Punnet-Quadraten und einfach rezessiven genetischen Eigenschaften muss stets im Hinterkopf behalten werden, dass sämtliche Zahlen statistische Durchschnittswerte sind. Zum Beispiel führt die Kreuzung eines hundertprozentigen Het-Albinos (Na) mit einem Albino (aa) zu 50 % Hets und 50 % Albinos. In der Praxis muss es jedoch nicht notwendigerweise mit jedem Gelege so ausgehen. Im Extremfall erhält man hieraus nur homozygote Tiere (und ist begeistert!) oder nur heterozygote Nachkommen (und ist enttäuscht!). Wiederholt man diese Verpaarung aber wieder und immer wieder, ergibt sich unter dem Strich tatsächlich eine durchschnittliche 50:50-Verteilung. Damit bleibt das Überraschungsmoment bei jedem Gelege erhalten, denn das jeweilige Ergebnis lässt sich durch absolut nichts beeinflussen. Es ist ein fester Bestandteil der Farbmorphenzucht, der einerseits den Spaß daran erhält, andererseits aber auch ganz schön nervenaufreibend sein kann!

Doppelt rezessive Erbgänge
Nachdem wir nun gesehen haben, mit welchen Überraschungen man bei der Arbeit mit einfach rezessiven Farb- und Zeichnungsmorphen rechnen darf, warum nehmen wir nicht ein paar dieser „coolen" Gene und machen daraus noch coolere? Während wir zuvor Beispiele von Kreuzungen homo- und heterozygoter Elterntiere verwendet haben, wollen wir uns nun einmal anschauen, was passiert, wenn man diese homozygoten Merkmale miteinander kombiniert.

Wie zuvor bedienen wir uns hier des Königspythons als Beispiel, jedoch treffen die nachfolgend dargestellten Punnet-Quadrate wiederum auf die Kreuzung jeglicher doppelt rezessiver Merkmale bei jeder Tier- und Pflanzenart zu.

Hier wollen wir die diversen Kombinationen beleuchten, die zu einem Caramel Albino Orange Ghost-Königspython führen, auch bekannt als der „Caramel Glow".

Die Ergebnisse einer Kreuzung von zwei verschiedenen homozygoten, rezessiven Merkmalen verstehen
Will man als Züchter einen Königspython hervorbringen, der für zwei verschiedene Merkmale homozygot ist, muss man es irgendwie schaffen, die beiden dafür verantwortlichen Gene in dieselbe Schlange zu bekommen. Wenn man zwei für verschiedene Mutationen homozygote Exemplare verpaart, ist zu bedenken, dass sich die entsprechenden Gene gegenseitig nicht beeinflussen, es sei denn, sie befinden sich an derselben Stelle (Locus). Mit anderen Worten, bei unserem Beispiel befindet sich das mutierte Gen für Caramel Albino an einem anderen Locus als das Gen, welches die Bildung von Melanin bei einem Orange Ghost (Hypo) beeinträchtigt. Somit gilt es bei der Planung einer neuen Morphe und der Einschätzung des Potentials einzelner Elterntiere zu bedenken, dass sich bei deren Nachkommen das erhaltene Gen „A" unabhängig von dem ebenfalls erhaltenen Gen „B" auswirken wird.

Im folgenden Beispiel verpaaren wir einen Caramel Albino (ccGG) mit einem Orange Ghost (CCgg), wodurch wir ganz normal aussehende, doppelt heterozygote Nachzuchten für Caramel und Ghost (CcGg) erhalten. Im Punnet-Quadrat dargestellt, sieht das folgendermaßen aus:

Nachdem wir nunmehr den Genotypus der doppelt heterozygoten (doppelt-het) Nachkommen kennen, können wir uns mit den möglichen Kombinationen zur Produktion von als solchen erkennbaren, doppelt homozygoten Mutationen befassen.

Doppel-Het Glow × Doppel-Het Caramel Glow
Da wir es nun bei jedem Doppel-Het mit 2 Genen auf 4 verschiedenen Allelen zu tun haben, müssen wir unser Punnet-Quadrat erweitern, um darin jede der möglichen Kombinationen der Erbanlagen beider Elterntiere unterbringen zu können.

Die vier möglichen Kombinationen von einem Doppel-Het sind jeweils CG, Cg, cG und cg.

Folglich nehmen wir unsere beiden Doppel-Hets, CcGg und CcGg, und verteilen sie horizontal und vertikal im Punnet-Quadrat:

Als nächsten Schritt fügen wir die sich daraus ergebenden, möglichen Neukombinationen hinzu, denn schließlich wollen wir ja wissen, was wir erwarten können, wenn wir einen Doppel-Het mit einem Doppel-Het kreuzen:

	CG	Cg	cG	cg
CG				
Cg				
cG				
cg				

Ein Schlüssel kann zum besseren Verständnis der Gencodes helfen:

CCGG = normal. Da sich ein normal aussehendes Tier aus dem Quadrat ergibt, besteht in der Praxis die Möglichkeit, dass eines der Nachzuchttiere nicht nur normal aussieht, sondern auch nicht das Mutationsgen trägt.

CCGg = heterozygoter Ghost. Die Kreuzung bringt statistisch zwei heterozygote Ghosts hervor.

CcGG = heterozygoter Caramel. Wie bei dem Anteil an Ghosts entstehen auch zwei heterozygote Caramels aus dieser Verpaarung.

CcGg = doppelt-heterozygot für Caramel und Ghost. Die statistische Anzahl an Doppel-Hets beträgt nach dem Punnet-Quadrat vier.

	CG	Cg	cG	cg
CG	CCGG	CCGg	CcGG	CcGg
Cg	CCGg	CCgg	CcGg	Ccgg
cG	CcGG	CcGg	ccGG	ccGg
cg	CcGg	Ccgg	ccGg	ccgg

CCgg = Ghost. Ein ganz „normaler" (homozygoter) Ghost, der für nichts anderes heterozygot ist.

ccGG = Caramel. Wie bereits zu erwarten war, befindet sich auch ein ganz normaler (homozygoter) Caramel in diesem Wurf, der nicht het für Ghost ist.

ccGg = Caramel het Ghost. Jetzt wird es spannend, denn mit einem Caramel het Ghost kommt das Projekt richtig in Schwung! Das einzige Problem dabei ist herauszufinden, welcher der offensichtlichen Caramels in diesem Wurf denn nun het für Ghost ist. Statistisch enthält der Wurf zwei Caramel het Ghosts.

Ccgg = Ghost het Caramel. Wie bei ccGg sind zwei der sechzehn theoretischen Nachkommen Ghost het Caramels.

ccgg = Bingo! Dies ist der einzig wahre, unverkennbare, unzweifelhafte, doppelt homozygote Königspython, von dem wir die ganze Zeit geträumt haben, in diesem Fall ein Caramel Glow (Caramel Ghost). Die Chancen dafür standen 1 : 16 dagegen, dass ein solcher bei der Verpaarung Doppel-Het × Doppel-Het herauskommen würde. Jetzt kann man auch verstehen, warum Züchter bei einem solchen Hauptgewinn völlig aus dem Häuschen sind und warum sie über Magengeschwüre und graue Haare klagen, wenn nichts dergleichen passiert.

Wer genau aufgepasst hat, wird jetzt natürlich einwenden, dass Königspythons nur in den allerseltensten Fällen 16 Eier in einem Gelege produzieren. Das ist völlig korrekt und bedeutet, dass man möglicherweise zwei oder drei oder vier solche Königspython-Gelege produzieren muss, um überhaupt erst einmal auf die statistische Mindestmenge von 16 Eiern zu kommen! Offensichtlich ist das Erreichen dieses Ziel bei Arten mit mehr Nachkommen pro Gelege bzw. Wurf, wie z. B. dem Tigerpython, einigen Boas, dem Netzpython etc., einfacher. Andererseits darf man nicht übersehen, dass die inzwischen erhaltenen Caramel het Ghosts und Ghost het Caramels weitere Möglichkeiten für interessante Zuchtprojekte eröffnen. Mit diesen kann man ja inzwischen schon mal anfangen. Aufgeben ist andererseits der größte Fehler, den man begehen kann. Irgendwann trifft man schon die „1" in der 1 : 16-Chance!

Nachdem wir nun den laaaangen Weg zur Verwirklichung eines doppelt homozygoten Tieres gesehen haben, wollen wir uns einige der möglichen „Abkürzungen" ansehen.

Doppelt-het Caramel Glow × Caramel

Unsere nächste Partnerkombination beschert uns ein Punnet-Quadrat, das die Nachkommenschaft einer Kreuzung zwischen einem Caramel (ccGG) Königspython und einem doppelt heterozygoten Caramel/Ghost (CcGg) Königspython darstellt.

Wie aus diesem statistischen Quadrat ersichtlich, erbringt diese Kreuzung:
- 4 het Caramels = CcGG
- 4 doppelt-het Caramel/Ghosts = CcGg
- 4 Caramels = ccGG und
- 4 Caramels het Ghost = ccGg

	CG	Cg	cG	cg
cG	CcGG	CcGg	ccGG	ccGg
cG	CcGG	CcGg	ccGG	ccGg
cG	CcGG	CcGg	ccGG	ccGg
cG	CcGG	CcGg	ccGG	ccGg

Auch hier bedarf es einiger Zeit und mehrerer Zuchtversuche, um die Caramel-het-Ghosts von den Caramels und die doppelt heterozygoten von den het-Caramels unterscheiden zu lernen, jedoch treten bei dieser Kombination von Elterntieren auch mehr homozygote Nachzuchten auf. Die gleichen Verhältnisse ergeben sich auch bei der Kreuzung doppelt-het Caramel Glow × Ghost, nur hätte man hier dann het Ghosts, homozygote Ghosts und Ghosts het Caramel neben den Doppel-Hets.

Doppelt-het Caramel Glow × Caramel het Ghost

Ganz offensichtlich ist diese Kombination von Genen ein schnellerer Weg zur Produktion von doppelt homozygoten Caramel Glows.

Dem Punnet-Quadrat zufolge kann man mit folgenden Ergebnissen rechnen:
CcGG = 2 het Caramels
CcGg = 4 doppelt-het Caramel/Ghosts
Ccgg = 2 Ghosts-het-Caramel
ccGG = 2 Caramels
ccGg = 4 Caramels-het-Ghost
ccgg = 2 Caramel Glows

	CG	Cg	cG	cg
cG	CcGG	CcGg	ccGG	ccGg
cg	CcGg	Ccgg	ccGg	ccgg
cG	CcGG	CcGg	ccGG	ccGg
cg	CcGg	Ccgg	ccGg	ccgg

Doppelt-het Caramel Glow × Caramel Glow

Wenn dem Züchter diese Tiere als Ausgangsmaterial zur Verfügung stehen, kann er auf reiche Ernte hoffen. Statistisch sollte dabei unter den Nachzuchten folgende Verteilung herauskommen:
CcGg = 4 doppelt-het Caramel/Ghost
Ccgg = 4 Ghosts-het-Caramel
ccGg = 4 Caramels-het-Ghost
ccgg = 4 Caramel Glows

Einfach und nett, keine Ratereien über mögliche Hets, nur wunderschöne Königspythons!

	CG	Cg	cG	cg
cg	CcGg	Ccgg	ccGg	ccgg
cg	CcGg	Ccgg	ccGg	ccgg
cg	CcGg	Ccgg	ccGg	ccgg
cg	CcGg	Ccgg	ccGg	ccgg

Doppelt-het Caramel Glow × Normal

Zur Freude aller Masochisten unter den Lesern wollen wir nun noch einen Blick auf eine Kreuzung werfen, die zu reichlich Rätselraten über mögliche Hets führt. Als Elterntiere dienen hier ein doppelt heterozygoter Caramel Glow und ein ganz normaler, wildfarbener Königspython. Daraus entstehen statistisch:
CCGG = 4 wildfarbene, nicht das Caramel Glow-Gen tragende Nachzuchten
CCGg = 4 scheinbar normale het-Ghosts
CcGG = 4 scheinbar normale het-Caramels
CcGg = 4 scheinbar normale doppelt-het Caramel/Ghosts

	CG	Cg	cG	cg
CG	CCGG	CCGg	CcGG	CcGg
CG	CCGG	CCGg	CcGG	CcGg
CG	CCGG	CCGg	CcGG	CcGg
CG	CCGG	CCGg	CcGG	CcGg

Wie man anhand dieser Beispiele sehen konnte, kann der Weg zu einem erkennbaren doppelt-homozygoten Königspython ziemlich lang sein. In jedem Fall führt aber auch er letztendlich zum Erfolg.

Co-dominante/dominante Erbgänge

An diesem Punkt muss ich davon ausgehen, dass der Leser sich mit den vorangegangen Ausführungen zum Thema Genetik auseinandergesetzt hat und mit den verwendeten Begriffen einigermaßen vertraut ist.

Allgemeines

Die Vererbung von co-dominanten Genen folgt im Prinzip den gleichen Gesetzmäßigkeiten wie die Vererbung einfach rezessiver Gene. Der große Unterschied ist dabei, dass sich hier heterozygote Tiere deutlich sichtbar von „normalen" unterscheiden. Diese erkennbaren Hets kann man miteinander verkreuzen und so noch extremere Mutationen hervorbringen, die häufig als „Supers" (super-dominante Tiere) bezeichnet werden. Der „Super" ist dabei die dominante Ausprägung eines co-dominanten Gens, das mit einem „Normal" verpaart zu ganzen Würfen erkennbarer Hets (d.h. der co-dominanten Form) führt. Zwischen der sichtbar co-dominanten (Het-)Form und der homozygoten Super-Form bestehen erhebliche optische Unterschiede. Sind diese zwischen der Het- und der homozygoten Form nur undeutlich ausgeprägt, spricht man von dominant und nicht von co-dominant.

Wie bei den rezessiv vererbten Mutationen können wir uns des Punnet-Quadrats bedienen, um die zu erwartende Verteilung der genetischen Erbanlagen unter den Nachkommen vorauszuberechnen. Ein großer Vorteil co-dominanter Gene ist, dass man die einzelnen Träger heterozygoter und homozygoter Gene anhand ihrer äußeren Erscheinung identifizieren kann. Diese Exemplare unterscheiden sich deutlich von ihren normalen, wildfarbenen Geschwistern. Aus der Sicht des Züchters ist diese Eigenschaft naturgemäß besonders vorteilhaft, da es keine „möglichen Hets" geben kann. Diese Eigenschaft lässt sich besonders gut anhand der Farb-/Zeichnungsmutation „Pastel" verdeutlichen. Diese co-dominante Mutation zeigt sich darin, dass Pastel die erkennbare heterozygote Form von Super Pastel ist. Kreuzt man einen Pastel mit einem normalen, wildfarbenen Königspython, so findet man im Durchschnitt unter deren Nachkommen 50 % Pastels und 50 % Normale. Verpaart man zwei Pastels miteinander, kann man mit 25 % Normalen, 50 % Pastels und 25 % Super Pastels rechnen. Kreuzt man schließlich einen Super Pastel mit einem normalen Partner, sind alle Nachkommen Pastels. Und verpaart man dann noch zwei Super Pastels miteinander, kommen dabei ausschließlich Super Pastels heraus.

Wiederum muss bei den folgenden Beispielen beachtet werden, dass die Mutation Pastel hier lediglich als Beispiel dient, die Punnet-Quadrate sich aber auf jede Form co-dominanter und dominanter Mutationen und auf jederlei Tier- und Pflanzenart anwenden lassen.

Normal × Co-dominant

Das hier gezeigte Punnet-Quadrat veranschaulicht das statistisch zu erwartende Nachzuchtergebnis aus einer Kreuzung zwischen einem normalen, wildfarbenen Königspython (NN) und einem Pastel Königspython (Np*). In diesem Fall steht p* für das co-dominante Pastel-Gen.

Wie man sehen kann, sollten die Hälfte aller Nachkommen dieser Kreuzung normale, wildfarbene Exemplare sein, die das Pastel-Gen nicht tragen (NN), und die andere Hälfte sind offensichtliche Träger des co-dominanten Pastel-Gens (Np*).

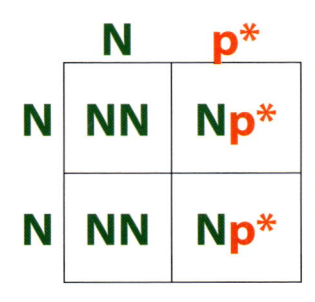

	N	p*
N	NN	Np*
N	NN	Np*

Co-dominant × Co-dominant

Dieses Punnet-Quadrat zeigt die Verteilung der Genzusammensetzung aus einer Verpaarung zwischen einem Pastel-Königspython (Np*) mit einem anderen Pastel-Königspython (Np*).

	N	p*
N	NN	Np*
p*	Np*	Np*

Die beiden Pastel- (Np*) Elterntiere bringen also zur Hälfte Pastel-Nachkommen (Np*) hervor, daneben aber auch noch zu 25 % normal wildfarbene (NN). Die verbleibenden 25 % sind dominante Super Pastels (p*p*).

Wie bei rezessiv vererbten Merkmalen sind die prozentualen Verteilungen unter den Nachkommen von beiderseitig co-dominanten Eltern statistische Mittelwerte. Es besteht die Möglichkeit, dass bei einer Pastel × Pastel-Paarung alle Nachzuchten ebenfalls Pastels, alle Supers, alle Normale sind (die beiden letzten Möglichkeit sind eher unwahrscheinlich) oder, wie es meistens der Fall ist, alle drei vertreten sind, aber nicht in einer Verteilung von 50 : 25 : 25 %. Der oder die dabei entstehenden Supers sind jedoch eine große Bereicherung, denn sie machen die folgende Kreuzung erst möglich.

Dominant × Normal

Wie schon in der einleitenden Erklärung dargestellt, führt die Verpaarung eines dominanten Genträgers, im vorliegenden Fall eines

	p*	p*
N	Np*	Np*
N	Np*	Np*

Super Pastel- (p*p*) Königspythons, mit einem normal wildfarbenen (NN) Partner ausschließlich zu co-dominanten Pastel- (Np*) Nachkommen.

Dominant vererbte Mutationen sind von großem züchterischen Wert, da sie sich gezielt zur Entwicklung von weiteren Morphen verwenden lassen. Die Ergebnisse sind jeweils schon in der nächsten Generation sichtbar, auch wenn dazu einfach rezessive oder Farbphasen-Stämme verwendet werden.

Dominant × Co-dominant

Das Ergebnis einer Kreuzung eines dominanten mit einem co-dominanten Pastel-Genträger ist sicher vorherzusagen: es kommen dabei Pastels heraus:

	p*	p*
N	Np*	Np*
p*	p*p*	p*p*

Statistisch sind die Hälfte der Nachkommen Pastels (Np*) und die andere Hälfte Super Pastels (p*p*).

Dominant × Dominant

Unser letztes Punnet-Quadrat führt gleichermaßen zu keinen Überraschungen, denn beide Elterntiere sind dominante Pastel-Genträger:

	p*	p*
p*	p*p*	p*p*
p*	p*p*	p*p*

Es gibt kaum einen schöneren Anblick, als wenn aus einem ganzen Gelege die Köpfe lauter kleiner Super Pastels herauszuschauen beginnen!

Die Arbeit mit co-dominanten und dominanten Zuchtprojekten macht besonders großen Spaß, da man die Ergebnisse normalerweise jeweils bereits in der ersten Generation beurteilen kann. Zu beachten bleibt jedoch, dass jedes Einkreuzen eines normal wildfarbenen Exemplars die Möglichkeit mit sich bringt, dass ein Projekt in eine Sackgasse gerät. Dies kommt zwar nicht allzu oft vor, jedoch öfter als viele Züchter es sich wünschen würden. Zum Zeitpunkt der Niederschrift des Manuskriptes hat sich die Anzahl von co-dominanten und dominanten Genkombinationen bereits zu mehren begonnen. Damit steht fest, dass wir alle einer prächtigen Zukunft in der Zucht von genetisch bedingten Farb- und Zeichnungsmorphen entgegen gehen.

Wie entstehen Färbung und Zeichnung?

Um zu verstehen, warum ein Königspython aussieht, wie er eben aussieht, stellt man sich seine Färbung und Zeichnung am besten als das Ergebnis vieler übereinander liegender Schichten vor, die alle kleine Farbpünktchen in unterschiedlicher Dichte und Anordnung enthalten. Dies ist allerdings lediglich als der Versuch einer bildhaften Verständnishilfe zu verstehen, die dazu beitragen soll, das Aussehen von Zeichnungs- und Farbmutationen zu erklären.

Abb. 165: Portrait eines Spider Pastel Jungle, Super (Killer Bee) von NERD. K. McCurley

Jede dieser Lagen trägt ein wenig zum Farbmuster des betreffenden Tieres bei, indem es gemäß seiner Menge eines bestimmten Pigments alle andere Farbschichten mehr oder weniger stark beeinflusst. So kann eine Schicht für das Entstehen weißer Schuppenränder verantwortlich sein, eine andere kann diese aber auch schwarz werden lassen. Sind alle Lagen in ihrer normalen Ausprägung vorhanden, ist das Ergebnis ein klassischer, wildfarbener Königspython.

Durch das Fehlen einzelner Schichten entsteht jedoch unter Umständen ein Tier, das völlig anders aussieht. Denkt man zum Beispiel an einen Axanthic, so sieht man einen schwarz, silber und weiß gezeichneten Königspython, der stark an ein Schwarz/Weiß-Druckerzeugnis erinnert. Diesem Exemplar fehlen offensichtlich die Schichten für braun und gelb. Hier legen die Gene fest, dass Gelb und Braun nicht produziert werden. Befinden sich diese Farben in mehreren oder gar vielen Schichten und die genetische Programmierung sorgt dafür, dass diese vertauscht werden oder leer bleiben, kann es zu ähnlichen, aber nicht identischen Ergebnissen kommen. Dies erklärt warum manche Axanthics „reiner" aussehen als andere und manche ihr ganzes Leben lang schwarz/silber/weiß bleiben, andere aber mit zunehmender Alter „nachbräunen", indem sich mit der Zeit ein Anflug von Gelb oder Braun bemerkbar machen. Der Zuchtstamm, bei dem letzteres passiert, besitzt also vermutlich zumindest Reste von Lagen mit gelben und/oder braunem Pigment, während diese bei den besten Exemplaren völlig fehlen bzw. leer sind. Ein Königspython kann somit rein technisch als axanthisch bezeichnet werden, obwohl er noch immer geringe Reste von Braun und/oder Gelb zeigt.

Ein Spider-Königspython kann sein bemerkenswertes Aussehen dem Fehlen vieler Farbschichten zu verdanken haben, die zusammengenommen die typische Bänderung und große Fleckung ergeben. Was übrig bleibt, ergibt nurmehr eine stark reduzierte Zeichnung. Viele Spider haben weiße Flanken. Das Weiß mag naturgemäß eine der tiefsten Schichten sein, die unter normalen Umständen von den darüberliegenden Schichten verdeckt wird, durch deren Fehlen nun aber sichtbar geworden ist. Ein Leucistic mag nur deshalb völlig weiß aussehen, weil alle der normalerweise darüber befindlichen Schichten fehlen und dadurch die weiße Unterlage die einzige Farbe liefert, die übrig bleibt. Ivory ist ebenfalls ein Leucistic, hat aber einen gelben Streifen, der durch eine zusätzlich vorhandene Schicht oder Schichten eine blasse Pigmentierung auf dem Rücken erzeugt wird. Albinos sehen deshalb so spektakulär aus, weil sämtliche Melanin enthaltenden Lagen fehlen, so dass die unter normalen Umständen unter der dunklen Pigmentierung liegenden weißen, orangefarbenen und gelben Töne nun sichtbar sind. Bei der gezielten Zucht von Mutationen versucht der Züchter, durch die Manipulation dieser theoretischen Farblagen einen bestimmten Effekt hervorzubringen oder zu unterdrücken.

Ich habe keine formelle Ausbildung in Genetik, und mein Wissen stammt aus der praktischen Erfahrung und Informationen, auf die ich im Laufe der Zeit gestoßen bin. Es scheint aber festzustehen, dass die Genetik der Reptilien noch eine Menge Geheimnisse birgt und es wohl noch eine ganze Weile dauern wird, bis jemand mit Recht behaupten kann, er wisse genau, was da eigentlich alles vor sich geht. David Barker von VPI scheint derzeit den besten Überblick darüber zu haben, warum diese Schlange so aussieht und warum ihre genetische Ausstattung sich so verhielt als sie mit jener Schlange verpaart wurde. Er stellte mir auch das hier dargestellte „Schicht-Konzept" anlässlich einer Diskussion zu diesem Thema vor. Ich habe seine Idee übernommen, denn sie scheint sich gut zum Erklären des Aussehens eines beliebigen Königspythons zu eignen. Diese Theorie kann natürlich vom Standpunkt des Genetikers völlig falsch sein, jedoch gilt es an dieser Stelle, sich irgendwie verständlich zu machen, während unsere Schlangen wachsen, unsere Gedankengänge Überstunden machen und unsere Eier im Brutschrank lagern.

„Mutationen" kaufen

Man ist zum versierten Pfleger von Königspythons avanciert, versteht ihre Bedürfnisse zu befriedigen und möchte sich nunmehr auch mit einer der vielen schönen Farb- und Zeichnungsmorphen beschäftigen (und hat auch das Geld dafür übrig). Willkommen in der Welt der Morphenzucht und der importierten Wild-Mutationen.

Für welche Morphe man sich entscheidet, hängt hauptsächlich von drei Punkten ab: dem persönlichen Gefallen am Aussehen, der Vererbbarkeit der Merkmale und was man züchterisch damit anfangen will. Die Auswahl an Mutationen ist riesengroß, und es gilt, eine ganze Menge der genetischen Aspekte zu berücksichtigen. Entscheidet man sich für eine einfach rezessive Form, etwa einen Albino, bekommt man ein bemerkenswert schönes Tier, an dem man seine Freude haben kann. Mit einem normal wildfarbenen Partner verpaart, entstehen daraus normal aussehende,

Abb. 166: Spider Pastel Jungle (Bumble Bee) mit einem Spider Pastel Jungle, Super (Killer Bee) von NERD. G. Maxwell

albino-heterozygote Nachzuchten. Kauft man eine co-dominante Mutation, kann man bei einer Kreuzung mit einem normalen Königspython mit etwas Glück schon bei der ersten Nachzucht weitere Tiere dieser Morphe erwarten. Nachdem man sich hier die entsprechenden Gedanken über die Zukunft gemacht hat, sollte man mit seiner Entscheidung sowie dem Verkäufer des entsprechenden Tieres vollauf zufrieden sein. Wenn sich das Geschäft irgendwie seltsam anhört oder zu gut klingt, um wahr zu sein, ist es das vermutlich auch. Man sollte sich dann besser auf sein Gefühl verlassen und sich nicht einfach und ohne weiteres von seinem Geld trennen. Das rasante Wachstum der Königspython-Zucht hat leider auch einige „schwarze Schafe" auf den Plan gerufen, die sich als Züchter und Händler verkleidet nicht scheuen, einem arglosen Interessenten alles Mögliche aufzuschwatzen und dabei nur an einem möglichst schnellen und hohen Profit interessiert sind. Die Auswahl an potentiellen Quellen ist dabei jedoch riesig, und man muss sich nur die Mühe machen, jemanden zu finden, zu dem man wirklich Vertrauen fassen und bei dem man bleiben kann. Je mehr Leute man auf diesem Weg „ausprobiert", desto größer ist die Wahrscheinlichkeit, dass man mit einem Kauf auf die Nase fällt. Viele Züchter werden bereitwillig über Geschlecht, Schlupfdatum oder Alter und die genetischen Hintergründe einer bestimmten Mutation aus ihrer Zucht Auskunft geben. Diese Angaben werden sich auch in dem entsprechenden Kaufvertrag wieder finden. Manche Verkäufer geben darüber hinaus auch noch das Gewicht des in Rede stehenden Tieres an, woraus man auf dessen Größe, seine voraussichtliche Futterfestigkeit und seinen allgemeinen Gesundheitszustand schließen kann. Die meisten Züchter werden auch ohne Umschweife ein Foto des Tieres zur Verfügung stellen – E-Mail und Internet machen selbst bei Verhandlungen über eine große Distanz einen Blindkauf unnötig.

In der Regel bedeutet ein geringerer Kaufpreis auch eine geringere Qualität. Wenn ein Exemplar wirklich superb aussieht, muss es nicht billig verkauft werden. Der Käufer steht im Begriff, sich ein lebendes Kunstwerk anzuschaffen, und wie mit Bildern und Skulpturen muss man für erstklassige Stücke mit entsprechenden Preisen rechnen. Kauft man stattdessen ein Super-Sonderangebot, spart man vielleicht etwas Geld, doch bleibt die Frage, ob man damit auch glücklich wird. Es muss einen Grund für den geringeren Preis geben, und wenn die betreffende Schlange dann eingeht, ist die Investition verloren. Mit dem Kauf eines Tieres von einem als verlässlich bekannten Züchter verschafft man sich gleichzeitig einen guten Kontakt, der einem bei Fragen oder Problemen sicherlich gerne helfend zur Seite stehen wird. Gelegentlich werden Königspythons angeboten, die schlecht fressen und deshalb billiger sind. Hier sollte man jedoch unbedingt beachten, wie sich dieser Umstand später auf dessen Haltung oder sogar die eigenen Zuchtprojekte auswirken könnte. Derartige Tiere sind gewöhnlich kleiner als für ihr Alter typisch, und man sollte nicht zwangsläufig erwarten, dass sie ihre Einstellung der Futteraufnahme gegenüber plötzlich ändern, nur weil sie einen neuen Besitzer gefunden haben. Ist man selbst aber bereit, sich möglicherweise langfristig mit diesem Problem auseinanderzusetzen? Dann vielleicht doch lieber ein Tier, das einen gesunden Appetit zeigt. Mit diesem wird das Züchten von qualitativ hochwertigen Mutationen kein Problem sein.

Qualität hat ihren Preis, aber für sein Geld darf man auch eine entsprechende Qualität erwarten.

Morphen mit unbekanntem Erbgang und Importe – Mit solchen Tieren haben alle heute existierenden Mutationen angefangen. Tatsächlich ist die Suche nach interessanten Merkmalen einer der Aspekte, die bei der Zucht von Königspythons am meisten Spaß machen. Und noch immer gibt es eine Unzahl von neuen Möglichkeiten, die lediglich jemanden erfordern, der sie in ein Zuchtprojekt einbaut, herausfindet, ob diese Merkmale genetisch verankert sind und wenn ja, mit ihnen eine neue Stammzucht begründet. Jedes Jahr tauchen Hunderte einzigartiger Tiere zum Verkauf auf, bei denen es keinerlei Garantien für ihre genetischen Eigenschaften gibt, die dem Züchter jedoch ein mögliches Zuchtpotential bieten. Hier benötigt man Zeit, Geld, Vorstellungsvermögen und ein gutes Gefühl, um vielleicht eine ganz neue Mutation zu schaffen. In vielen Fällen waren es nur geringe bis mäßig stark ausgeprägte Unterschiede bei einzelnen Tieren, die mit anderen gekreuzt zu unglaublichen Königspython-Morphen geführt haben.

Die Suche nach Mutationsindikatoren – Ein Indikator oder „Marker" ist ein sichtbarer Unterschied in Färbung und/oder Zeichnung, der das Vorhandensein einer oder mehrerer besonderer Gen-Allelen als Möglichkeit einräumt. Dieser Unterschied kann beim Durchsehen eines Imports von in Gefangenschaft geschlüpften Jungtieren auffallen. Der Züchter sucht in solchen Importsendungen nach ungewöhnlichen Merkmalen, die ein Tier von allen anderen unterscheiden. Ein besonders guter Punkt, auf den man dabei achten sollte, ist die Augenfarbe. Helle Augen sind stets von Interesse, denn etliche Mutationen, wie Spiders, Pastels, Platinums und Womas, haben auffallend helle Augen.

Zeichnungsanomalien sind gute Anzeichen, dass an einem solchen Exemplar „mehr dran sein" könnte. Das trifft vor allem auf eine abnormale Kopfzeichnung und verblasste Farben zu. Diese könnten sich als Mutation herausstellen und bei der weiteren Zucht zu etwas Herausragendem führen. Der Spot Nose-Königspython fiel zum Beispiel durch seine verrückte Kopfzeichnung auf. Sein Entdecker züchtete daraus den Super Spot Nose, der wirklich unglaublich ist! Auch andere Mutationen wie Spider, Clown, Woma, Fireball, Desert Ghost u.s.w. zeigen jeweils einzigartige Anomalien in der Kopfzeichnung.

Abb. 167 oben: Helle Augen sind immer ein interessanter Hinweis (Marker) für eine eventuell vorhandene Mutation.
Abb. 168 unten: Tiere mit ausgefallenen Kopfmusterungen haben schon oft aufregende neue Mutationen hervorgebracht. K. McCurley

Abb. 169 u. 170: Königspython mit ausgefallenem Bauchmuster sind immer von Interesse für einen „Morphenzüchter".　　　　　　　　　　　　　　　　　　　　　　　　　K. McCurley

„Schnauzbärte" können ebenfalls von Interesse sein, wie genetische Mutationen wie Spider und Woma belegen. Mir selbst sind auch schon heterozygote Clowns mit einer starken Ausprägung schwarzer Schnauzbärte begegnet, jedoch bin ich mir nicht sicher, ob dies wirklich als Ausdruck des Markers für die Clown-Morphe zu verstehen ist. Reduzierte und verzerrte Zeichnungen sind ganz allgemein ansprechend und können stets einen genetischen Hintergrund haben. Solche Tiere sind dann wertvolle Bereicherungen des Zuchtbestands, da sie bei der Schaffung neuer Mutationen ausschlaggebend sein können. Viele solcher Exemplare können tatsächlich einzigartig sein, und ihr genetisches Potential bleibt unentdeckt, wenn es nicht durch Zuchtversuche erforscht wird.

Auch abnormale Färbungen der Bauchseite, wie grün oder gelb, können Ausdruck einer genetisch verankerten Anomalie sein. Die Morphe Hyper Melanistic Sable hat beispielsweise einen grünlich gelben Anflug der Bauchseite. Aus der Kreuzung von

Abb. 171 u. 172: Ein rein weißer Bauch zusammen mit einer ausgefallenen Flankenmusterung ist immer ein hoffnungsvoller Indikator für eine eventuell versteckte Mutation. Hier sieht man ein heterozygoten Piebald Königspython.　　　　　　　　　　　　　　　　　K. McCurley

Abb. 173 u. 174: Ungewöhnliche Körperfärbungen, so wie hier zu sehen (links grünlich und rechts orange rot), können ebenfalls ein „Marker" für eine eventuell vorhandene Mutation sein. K. McCurley

zwei Exemplaren dieser Form entsteht dann eine weitere Mutation – der Super Sable. Rein weiße, gestreifte und mit Einfassungen versehene Unterseiten haben sich oftmals als Anzeiger für andere, nicht so offensichtliche genetische Mutationen erwiesen. Heterozygote Piebalds haben zum Beispiel häufig ganz helle Bauchseiten. Der Yellow Belly-Königspython hat ebenfalls eine typische Färbung der Unterseite, die das gezielte Heraussuchen unter anderen, oberseits normal aussehenden Importtieren erlaubt. Die Kreuzung von Exemplaren mit diesem Merkmal untereinander führte ursprünglich zu der nahezu rein weißen Morphe Ivory.

Seltsame Farbschattierungen können ebenfalls Anzeiger eines großen Zuchtpotentials sein. Wie bereits in der Einleitung zum Abschnitt „Genetik" erklärt, scheinen manche heterozygote Eigenschaften „durchzusickern" und so zu einem veränderten Erscheinungsbild zu führen. Rötungen jeder Art und besonders an den Körperseiten können ein Anzeiger dafür sein; etliche Mutationen, wie Mojave, Lesser Platinum und Cinnamon zeigen dieses Merkmal in besonders starker Ausprägung. Der heterozygote Blue Eyed Leucistic (Russo-Zucht) zeigt als hell gefärbte Morphe eine besonders starke Rötung der Flankenzeichnung. Vielen mag ein solches Tier lediglich wie

Abb. 175: Hier sieht man ein leicht rötliche Färbung an der Flanke eines Cinnamon Pastel. K. McCurley

Abb. 176 u. 177: Solch ungewöhnlichen Verschmelzungen der schwarzen Musterelemente wie beim Tier links, oder eine höchst ungewöhnliche Fleckung wie beim rechten Tier sind mehr als interessant für weitere Zuchtprojekte. K. McCurley

ein besonders hübscher normaler Königspython vorkommen – wer jedoch ein Auge für Marker hat, erkennt sein Potential als möglicherweise heterozygoter Leucistic. Die Morphe Fireball (ein co-dominanter Hypo), ein heterozygoter Black Eyed Leucistic, zeigt eine so starke Rötung, dass sie unter allen anderen Königspythons sofort ins Auge fallen muss.

Unter den Tausenden von Importtieren lassen sich auch hin und wieder sogenannte „Granit"-Königspythons finden. Ungewöhnliche schwarze Sprenkelungen und verstärkte Konzentrationen von Melanin in der Zeichnung sind stets eine genauere Untersuchung wert. Granites zeigen darüber hinaus nicht selten eine teilweise Streifenzeichnung mit starker schwarzer Fleckung oder haben oberseits eine normale Zeichnung, aber schwarze Flecken auf den Seiten. Granite-Königspythons können durchaus häufiger in Afrikaimporten vertreten sein, doch lassen sie sich nur sehr schwer erkennen wenn die Merkmale nicht besonders kräftig ausgeprägt sind. Die Morphe Sable kann sich in ähnlicher Weise lediglich durch eine geringfügig dunklere Färbung und eine schwarze Fleckung auf den Seiten von ganz normalen Königspythons unter-

Abb. 178 u. 179: Deutliche Flecken (links) oder ein sehr aufgehellter Streifen könnten ebenfalls „Marker" für eine Mutation sein. K. McCurley

Abb. 180 u. 181: Der gelbe Bauch (links) ist bei diesem Ivory ein Zeichen für seine „versteckte" Mutation. Obwohl dunkel gefärbte Königspythons (rechts) oft missachtet werden, sind sie für Züchter von großem Wert, da sie über erhebliches Potenzial verfügen.　　　　K. McCurley

scheiden und wird daher vermutlich sehr häufig übersehen. Irgendwann hat aber mal jemand diesen Unterschied wahrgenommen und durch Zuchtexperimente nachgewiesen, dass es sich um eine vererbbare Variation handelt. Manchmal bedarf es tatsächlich nur eines winzigen Unterschieds, um züchterisch zu einer spektakulären neuen Mutation zu gelangen.

All diese „Anzeiger" sind natürlich keine Garantie für eine neue Designermorphe. Sie sind jedoch mögliche Schlüssel dafür. Der Einsatz von ein paar Hundert Dollar oder Euro für ein irgendwie seltsam aussehendes Exemplar heute kann daher ein paar Jahre später zu Ergebnissen führen, von denen man nicht einmal zu träumen wagt.

Abb. 182: Auf diesem Bild ist links und rechts je ein Sable abgebildet und in der Mitte ein Super Sable.　　　　K. McCurley

Ich selbst habe mit großem Erfolg auf importierte Sonderlinge gesetzt. Sie waren mein Ausgangspunkt für die Schaffung neuer Königspython-Mutationen. Ich suchte ganz gezielt nach ungewöhnlichen Exemplaren und begann Stammzuchten mit ihnen, um zu sehen, ob ihre Erbanlagen in irgendeiner Weise brauchbar waren. Bei vielen Tieren war genau das der Fall, bei manchen aber auch nicht. Bemerkenswert aussehende Tiere sind nicht in jedem Fall gleichzeitig genetisch bemerkenswert. Viele auffällige Individuen vererben ihr Aussehen einfach nicht weiter. Zum Beispiel haben sich die Morphen Classic Jungle, Labyrinth, Gold Stripe, Striped Black Side Melt, Coffee, Green Head Stripe sowie die meisten Hyper Melanistics nicht in Stammzuchten duplizieren lassen. Dieser Umstand ist mir ein ziemliches Rätsel – derartig spektakulär aussehende Königspythons sollten doch ebensolchen Nachwuchs produzieren können. Ihre Zeichnung und Färbung mag daher lediglich das Ergebnis abnormaler Zeitigungsbedingungen oder ein zufälliges Zusammentreffen polygener Merkmale sein, die nur in den seltensten Fällen zum Tragen kommen.

Der „chemische Königspython" – Dieser Begriff stammt aus meiner eigenen Wortschmiede und bezeichnet manche der „ungewöhnlichen" aus Afrika importierten Königspythons. In der Regel handelt es sich dabei um unterernährte Halbwüchsige bis Erwachsene mit sehr seltsamen Färbungen. In vielen Fällen sind es blasse, schwarz/weiße, gelbe oder burgunderrote Tiere. Auf den ersten Blick sehen sie überaus ungewöhnlich aus, und man denkt sofort, „das muss eine neue Mutation sein". Offensichtlich sind sie aufgrund ihres phantastischen Aussehens und vermutlichen Zuchtpotentials erheblich teurer als normal. Nach dem Kauf zeigen sie sich dann aber häufig als schlechte Fresser, und wenn man sie ans Futter bringen kann und sie an Masse zunehmen, verändern sich ihre Farben.

In aller Regel haben solche Exemplare eine andere Hautbeschaffenheit. Sie sind entweder auffallend stumpf oder besonders stark glänzend. In manchen Fällen fühlt sich die Haut rau an, nicht wie das glatte Leder eines normalen Königspythons. Im Laufe der Jahre habe ich etliche solcher Tiere als Desert Ghosts, IMGs und unter diversen anderen Bezeichnungen gekauft. Schließlich erkannte ich, dass diese Schlangen nicht die normalen Königspythons waren und geringfügig andere äußere Merkmalen aufwiesen als die Königspythons, die sich ansonsten in meinem Bestand befinden.

In den Exportländern Afrikas werden Tausende Königspythons in Gefangenschaft gehalten oder gehältert, und manche von diesen sind in Erwartung ihres Schicksals unter eher schlechten Bedingungen untergebracht. Sie werden in schmutzigen, heißen und schlecht belüfteten Behältnissen aufbewahrt, wo sie Kot und Urin in hohen Konzentrationen ausgesetzt sind und fehlendes Trinkwasser, Hitze und Luftmangel ihr Leben ernsthaft bedrohen. Einige dieser Tiere überleben, nehmen aber innerlich Schaden. Diese schlechten Bedingungen können auch dazu führen, dass sich die Tiere häuten und dabei Pigment abstoßen. Dadurch sieht die neue Haut dann etwas bis deutlich anders als die vorherige aus. Leber- und Nierenschäden sind häufig parallele Erscheinungen. Der Händler entdeckt aber „plötzlich" ein herausragendes Tier, das sich auf dem ständig hungrigen Markt für Königspythons gut verkaufen lassen sollte.

Vielleicht haben diese Exporteure aber auch einen Weg entdeckt, die Schlangen dem Einfluss einer oder mehrerer Chemikalien auszusetzen, die deren Färbung verändern. So wie ich das verstehe, nehmen die Schlangen wieder eine ganz normale Färbung an, indem sie mit jeder Häutung wieder an Pigmentierung gewinnen. Nimmt die Schlange Nahrung auf, kann sich schwarzes Farbpigment (Melanin) überall in seiner Zeichnung anlagern, so dass das Tier nie sein ursprüngliches Aussehen wiedererlangt. Anfangs mag es dann beinahe schwarz/weiß (Desert Ghost) oder axanthisch aussehen, aber später wird es zu einem hypermelanistisch erscheinenden IMG. Dies könnte daran liegen, dass sein Organismus aufgrund der körperlichen Schäden mehr oder weniger die Kontrolle über die Anlagerung von Farbpigment verloren hat. Exemplare dieser Art mit scheinbar ungewöhnlich großem Gelbanteil haben mich bislang stets enttäuscht. Sie verweigerten das Futter und mussten schließlich zwangsweise mit Nagern ernährt werden, um ihren Gewichtsverlust aufzuhalten. Letztendlich sind sie alle innerhalb von ein bis zwei Jahren eingegangen. Die Gründe hierfür mögen Organschäden gewesen sein, aber ich kann diesbezüglich nur raten.

Es hat mich einige Jahre gekostet, um für diese Phänomene und Vorgänge halbwegs plausible Erklärungen zu finden. Vielleicht spielen sich diese Szenarien aber auch nur in meinem Kopf ab. Ich habe allerdings eine Menge Geld für Tiere ausgegeben, die sich dann nicht vermehren ließen. Meine letzte diesbezügliche Investition war für einen wunderschönen „Desert Ghost" mit einer ganzen Menge Gelb in der Zeichnung, der dann nach anderthalb Jahren einging. Dieser Tage lasse ich die Finger von solchen aus Afrika importierten Schlangen. Ich bin der Meinung, dass sich in den Beständen von vertrauenswürdigen Königspython-Züchtern noch immer Unmengen von Genvariationen befinden, die wir erschließen können.

Der IMG-Königspython – IMG steht für „Increasing Melanin Gene" und beschreibt einen Königspython, der mit fortschreitendem Wachstum eine stetig zunehmende schwarze „Pfefferung" erhält. Was diese Erscheinung allerdings verursacht, ist zur Zeit noch gänzlich unklar; es scheint aber nicht genetisch vorprogrammiert zu sein. Einige Exemplare wie die „chemischen Königspythons" (siehe den vorangehenden Abschnitt) werden als Aufsehen erregende schwarz/weiße Schlangen importiert, die bei Überleben schließlich eine schwarze Pfefferung entwickeln. Die Haut dieser Königspythons fühlt sich oftmals nicht so glatt lederartig wie die von normalen Königspythons an, was Ausdruck einer Veränderung der Haut- und Pigmentstruktur durch Umwelteinflüsse sein könnte. Häufig wirkt sie auch stumpf im Sinne von matter gegenüber hochglänzender Farbe.

Was ist eine Designer-Morphe?

Eine Designer-Morphe oder -Mutation entsteht, wenn ein Züchter zwei oder mehr in der Natur vorkommende oder unter Gefangenschaftsnachzuchten auftretende Mutationen verkreuzt und so eine neue Mutation schafft. In der ersten Konstellation ist es höchst unwahrscheinlich, dass diese unter natürlichen Bedingungen entstanden wäre, weil sich dazu ja die beiden Partner zum richtigen Zeitpunkt für eine Paarung

Abb. 183: Zwei leuzistische Königspythons mit blauen Augen. J. Piro

hätten begegnen müssen. Folglich existiert diese Mutation nur in Gefangenschaft und wird korrekterweise als menschgemacht betrachtet. Viele Designer-Morphen existieren nur in Gestalt eines einzigen Exemplars im Bestand eines Züchters, der dann natürlich das Recht hat, ihr einen Namen zu geben.

Die Morphenzucht beim Königspython befindet sich noch immer in den Anfangsstadien, so dass viele Designer-Morphen noch immer sehr selten und demzufolge überaus kostbar sind. Die stolzen Besitzer trennen sich kaum von solchen Exemplaren, da sie sie zunächst erst einmal aufziehen und dann für ihre eigenen Zuchtprojekte verwenden wollen. Schließlich stellen sie den Grundstock für die Stammzucht und Kreuzungsversuche zur Schaffung weiterer Mutationen dar.

Angesichts dieser Lage wird es wohl noch Jahrzehnte dauern, bis in dieser Hinsicht Langeweile aufkommen kann.

Die Zukunft der Morphen und ihre Bedeutung für den Markt

Warum Königspythons für ein Zuchtprojekt? – Königspythons sind ausgezeichnet für den angehenden wie auch den erfahrenen Züchter von Schlangen geeignet, denn die Tiere selbst sind relativ klein, bieten eine unglaubliche Vielfalt an genetisch fixierten Färbungen und Zeichnungen, und sie lassen sich selbst bei begrenzten Platzverhältnissen vermehren. Königspythons können bestens in Regalanlagen (Racksysteme) untergebracht werden, um den vorhanden Platz optimal auszunutzen und so eine stattliche Anzahl selbst unter beengten Verhältnissen artgerecht zu pflegen. Mit guter Planung lassen sich auf diese Weise durchaus um die 30 erwachsene Tiere in einem Regalsystem

Abb. 184: „Ups, eine Mutation..." K. McCurley

von 1,50 m Breite, 75 cm Tiefe und 1,80 m Höhe unterbringen. In Deutschland muss man diesbezüglich die Rechtslage zur Haltung von Königspythons beachten, siehe hierzu das Kapitel „Terrariengröße"/ „Anmerkung des Herausgebers".

Die Zukunft sind Königspython-Mutationen – Ohne Zweifel steht der Königspython auf der Beliebtheitsskala von Pythons ganz oben. Schon jetzt existieren eine Unzahl von Königspython-Mutationen, die selbst die Zuchtmöglichkeiten der Kornnatter noch übertreffen. Die Vielfalt der Kombinationen erscheint endlos, und noch immer tauchen völlig unerwartete Überraschungen auf, die in der Welt der Schlangenzucht keine Parallelen haben. Diese beginnen mit einer scheinbar grenzenlosen Vielfalt an wildgefangenen Mutationen und führen zur Kreuzung selbiger, wodurch nur in Gefangenschaft existierende Designer-Morphen entstehen. Inzwischen sind so viele Zeichnungs- und Farbvarietäten bekannt, dass es noch sehr lange dauern wird, bis alle Kombinationsmöglichkeiten ausprobiert und damit erschöpft sind. Zum gegenwärtigen Zeitpunkt gibt es noch jede Menge neuer Kombinationsmöglichkeiten, von denen wir nur träumen können, als solche, die wir bereits produziert haben. Einst als gewöhnliche Schlange für das Terrarium mit geringem Wert angesehen, können adulte weibliche Königspythons ihren Käufer heute schnell ein paar Hundert Dollar oder Euro kosten. Die Preise für diese Weibchen sind gerade in letzter Zeit angestiegen, da eine große Nachfrage nach Zuchttieren besteht und sie einen großen Wert für die gezielte Zucht von Weibchen-Morphen haben.

Jeden Tag kommen neue Liebhaber von Königspythons hinzu, und viele von diesen haben die besten Aussichten, die jeweils ersten zu sein, die eine neue und vielleicht sogar spektakuläre Morphe bei sich schlüpfen sehen.

Abb. 185: Orange Ghost und Orange Ghost Spider von NERD. K. McCurley

Will man mit der Zucht von Morphen beginnen, benötigt man zunächst einmal einen Bestand von einigen der grundlegenden Mutationen, damit man überhaupt etwas zum Kreuzen hat. Ist man bereits an dieser Stelle eingeschränkt, lässt sich das Potential auch nur eingeschränkt ausschöpfen. Es bedarf also gut überlegter Entscheidungen, will man, dass sich die Investitionen durch neue, andere Königspython-Fans begeisternde Morphen auszahlen. Dabei mögen sich manche Mutationen als für die Zucht wichtiger erweisen als andere, nicht nur durch ihren Marktwert, sondern auch durch ihre Erbanlagen.

Viele Pfleger kaufen eine bestimmte Mutation einfach nur, weil sie ihnen gut gefällt. Daran ist im Prinzip nichts auszusetzen, denn schließlich halten wir ja Schlangen, weil sie uns gefallen, und nicht jeder will auch mit diesen Tieren züchten. Diese Schlange ist dann aber auch nicht als Investition zu betrachten, denn woher sollen die „Zinsen" kommen, wenn nicht von Nachzuchten? Der Besitzer besitzt dann lediglich ein lebendes Kunstwerk, an dem er sich erfreuen kann.

Es gibt Mutationen, die vielleicht selbst nicht besonders Aufsehen erregend sind, die jedoch für Zuchtprojekte von größtem Wert sein können, wenn sie mit einer anderen Mutation verkreuzt werden. Dies ist ein immens wichtiger Aspekt für den Designer, der neue Wege beschreiten will; er muss sämtliche Möglichkeiten jedes einzelnen Tieres in Erwägung ziehen.

Noch immer verstehen wir längst nicht alles, und wir produzieren bisweilen spektakuläre Morphen von Elterntieren, die praktisch nach nicht viel aussehen. Allein dieser Umstand bedeutet möglicherweise einen Joker im Bestand jedes Einzelnen. Wer weiß – der nächste wirklich herausragende Königspython könnte jederzeit, überall und bei jedem Pfleger schlüpfen!

Die nächsten Jahre – Züchter kombinieren Mutationen, und als Ergebnis kommen eine Vielzahl schier unglaublicher Morphen ans Licht der Öffentlichkeit. Im weiteren Verlauf wird es zu Dreifach-Mutationen kommen, die noch spektakulärere Resultate

Abb. 186: Woma Tiger Lesser Platinum von NERD. K. McCurley

liefern mögen. Innerhalb der kommenden fünf Jahre steht zu erwarten, dass die Welt der Königspython-Mutationen regelrecht mit neuen Designer-Mutationen explodieren wird, die wir uns heute noch nicht einmal vorzustellen vermögen.

Während ich diese Zeilen abfasse, schlüpfen bereits zahlreiche neue Morphen bei den Züchtern, und etliche mehr werden ihnen folgen. Unsere Brutschränke können gar nicht so schnell Eier ausbrüten, wie der Markt danach schreit. Unglaubliche Morphen sind überall in Arbeit … man stelle sich nur einmal die Möglichkeiten vor!

Zur Königspythonzucht in Europa (von Marc Mense) – Die Zucht von *Python regius* im Allgemeinen und die Farbzucht im Speziellen hat hier in Europa bei weitem noch nicht solch einen Stellenwert wie in den USA. Um es gleich vorweg zu sagen, die Amerikaner sind uns hier wieder einmal um einige Jahre voraus. Das stellt aber auch jeder sofort selbst fest, wenn er dieses Buch von Kevin McCurley nur einmal durchblättert. Galt dieser Python hier noch bis vor wenigen Jahren als extrem schwer zu vermehren, konnten die US-Amerikaner zur selben Zeit schon große Zuchterfolge verzeichnen. Einige hatten sogar schon mit einer ganz gezielten – und nebenbei bemerkt sehr erfolgreichen – Mutationszucht begonnen. Außerdem waren die amerikanischen Züchter schon zu dieser Zeit bereit, hohe

Abb. 187: Dirk Hasselberg ist einer der bekanntesten deutschen Königspythonzüchter, hier zu sehen mit einem Albino und einem Piebald Königspython aus seiner Zucht.
H. BOKEL

Geldsummen für vermeintliche Mutationen in afrikanischen Zuchtbetrieben zu zahlen. Da die Zuchtbetriebe in Afrika unglaubliche Mengen an Königspythons „produzieren", finden sich hier naturgemäß auch die meisten Mutationen, und so kamen die US-Züchter ständig zu neuen Morphen. Diese kreuzten sie dann wiederum untereinander und mit den bereits vorhandenen, woraus dann oft wieder eine neue Mutation entstand usw. usw. Welch wichtige Quelle der Import von *Python regius* aus Afrika für die Züchter (aber auch den Handel) in den USA darstellt, sieht man ganz klar an den hohen Stückzahlen von Königspythons, die jedes Jahr offiziell in die Staaten eingeführt werden.

Dies wird durch einige Zahlen* besonders deutlich:

zwischen 1995 und 1997 importierte Deutschland etwa 4800 *P. regius*, Großbritannien etwa 4500, Spanien etwas über 3500 und die Niederlande knapp 2300; das macht in den drei Jahren zusammen (abgerundet) 15.000 *Python regius* für vier europäische Länder. Im selben Zeitraum importierte allein die USA mehr als 325.000 Königspythons (ebenfalls abgerundet!). Diese Zahlen machen also ganz deutlich, welch wesentlich größeren Stellenwert der Königspython bereits vor etwa zehn Jahren in den Staaten hatte. Wenn man diesen Umstand berücksichtigt, ist es überhaupt nicht verwunderlich, dass es dort einen ganz anderen Markt als hier gibt, und natürlich auch nicht, dass die Zucht dort weiter entwickelt ist als in Europa. Wer aber den „Reptilienmarkt" in den letzten Jahren in Europa beobachtet hat, hat bereits einen Wandel feststellen können. Nicht nur, dass immer mehr EU-Nachzuchten von *Python regius* angeboten werden, nein, es sind auch vermehrt Morphen (Mutationen) zu bekommen. Ein gutes Spiegelbild von dem, was bei Profi- und Hobbyzüchtern in ganz Europa geschieht (bzw. gerade „angesagt" ist), ist immer die Terraristik-Börse *„Terraristika"* in Hamm. Hier sieht man, was, in welchen Stückzahlen und zu welchen Marktpreisen gerade gezüchtet wird. War man vor weniger als einer Dekade noch froh, dort überhaupt einmal Königspython-Nachzuchten zu sehen, ist es heute schon so, dass auch Albinos (amelanistische Tiere), Pastel, Piebald usw. und seit kurzem sogar Mutationen, deren Anschaffungspreis sich im fünf- bzw. sogar im sechsstelligen Euro-Bereich bewegen (z.B. genetisch gestreifte oder leuzistische *Python regius*), angeboten werden. Summa summarum könnte man sagen, dass die europäische Königspythonzucht zwar zur Zeit der amerikanischen noch etwas hinterherhinkt, wir aber kräftig dabei sind, sie einzuholen.

* Quelle: CITES Datenbank des Bundesamtes für Naturschutz und World Conservation Monitoring Centre (WCMC)

Die Morphen

Die Mutationen des Königspythons
In diesem Kapitel habe ich versucht, die vielen zum gegenwärtigen Zeitpunkt existierenden Mutationen des Königspythons kurz vorzustellen. Ich bin mir wohl bewusst, dass schon jetzt etliche weitere im Schlüpfen begriffen sind, jedoch werden diese erst in zukünftigen überarbeiteten Auflagen dieses Buches Berücksichtigung finden können. Genau das ist es aber, was die Arbeit mit diesen Schlangen so aufregend macht – es gibt stets etwas Neues, auf das man sich schon jetzt freuen kann!

Die Namen
Bei den meisten Mutationen haben wir es mit einer einzelnen, charakteristischen Merkmalsausprägung zu tun, und der angegebene Name ist der dafür in Fachkreisen gebräuchliche. Namen wie „Piebald" („Schecke") sind gut definiert, insbesondere weil sie auch zur Beschreibung eines bestimmten Aussehens bei anderen Arten dienen. Der Zusammenhang zwischen einigen Morphennamen und den entsprechenden Phänotypen ist allerdings nicht immer offensichtlich, was einfach daran liegt, dass manche Mutationen kaum mit nur wenigen Worten zu beschreiben sind. In manchen Fällen kann es sich um eine Kombination mehrerer Eigenschaften han-

Abb. 188: So unterschiedlich können verschiedene Mutationen aussehen. K. McCurley

deln, wodurch der dafür verwendete Name recht verwirrend erscheinen kann. Die meisten Namen wurden von Züchtern (mich selbst eingeschlossen) aufgebracht, die keinerlei formelle Ausbildung in Fragen der Genetik haben. Wir können daher auch nicht beurteilen, ob ein Name tatsächlich den Zustand beschreibt, der für den Betrachter sichtbar ist.

Alternative Bezeichnungen sind weitere unter Pflegern für eine bestimmte Morphe gebräuchliche Namen. Hier können sich die Züchter so richtig austoben, denn wenn sie als erste eine neue Mutation hervorbringen, haben sie natürlich auch das Recht, diese mit einem Namen zu versehen. Auch mir bereitet gerade dies großen Spaß, und ich wähle Bezeichnungen, die mir beim Beschreiben des von mir geschaffenen Tieres helfen. Ich will damit nicht behaupten, dass meine Namen stets die beste Wahl sind oder auch nur immer einen klaren Zusammenhang erkennen lassen, aber es macht schon Freude, diese zu konstruieren. Zum Beispiel nannte ich den Spider × Pastel Jungle-Königspython „Bumble Bee" („Hummel"), einfach weil er schwarz, gelb und weiß ist. Mir erschien das logisch, und ich erweiterte lediglich den Verweis auf Spinnentiere in das Reich der Insekten. Gleichzeitig entstand dadurch für mich die Möglichkeit zur Schaffung weiterer „Bees" („Bienen") aus der Kreuzung mit Spiders, so zum Beispiel „Killer Bee", „Honey Bee", „Zebra Bee", „Pewter Bee", „Cinna-Bee", „Coral Bee" und so weiter. Vergessen darf man dabei nicht, dass mir die älteren dieser Namen zu einer Zeit einfielen, als sich kaum jemand für meine seltsamen Königspythons interessierte!

Genetische Grundlage erklärt in aller Kürze, wie es zu der betreffenden Morphe gekommen ist. Zum besseren Verständnis der beteiligten Gene sei aber auf das Kapitel 8 „Farbmorphenzucht" verwiesen. Hier zeigt sich das Bestreben der einzelnen Züchter, ein bestimmtes Merkmal zu erhalten, bzw. es weiterzuentwickeln und dadurch eine bisher nie dagewesene Lebensform zu schaffen. Bei der Farbmorphenzucht von Königspythons ist das Entschlüsseln und Verstehen der genetischen Grundlagen das A und O, und die in diesem Buch dargestellten Mutationen sind der Ausgangspunkt für viele der zukünftigen Weiterentwicklungen. In dieser Hinsicht sollte es ein maßgebliches Werkzeug für den Züchter sein, der seine eigenen Werke lebender Kunst schaffen will, und die Abbildungen werden sicherlich dazu beitragen, die Nachfrage nach bestimmten Mutationen zu vergrößern.

Erstzucht gibt an, welche Person oder welches Gewerbe (das sind dann die außer Kontrolle geratenen Züchter) als erste die betreffende Mutation hervorgebracht hat. Diese Züchter legen dadurch den Standard für diese Morphe fest und stacheln andere zum Nach- und Bessermachen an. Ohne diese Leistungen wäre die Zucht von Königspythons bei weitem nicht das, was sie heute ist. Viele der Mutationen sind einfach unglaublich und dienen nach ihrem ersten Auftreten als ein Ziel für andere Züchter, das es zu erreichen und wenn möglich zu übertreffen gilt. Die Kreativität dieser Züchter zeigt auf, was machbar ist und inspiriert andere zu neuen Ideen.

Beschreibung fasst in kurzen Worten zusammen, wie sich mir die betreffende Mutation darstellt. Manche Morphen lassen sich ohne Hinweis auf die beachtenswerten Eigenschaften nur schlecht als solche erkennen, so dass ein paar erklärende Worte hilfreich sein können. In anderen Fällen sagt das Bild mehr als Tausend Worte, weswegen ich sie mir weitgehendst spare. Es fällt mir häufig schwer, einige der spektakulären Mutationen zu beschreiben, denn was ich auch immer dazu sagen könnte, kann man auch der Abbildung entnehmen.

Varianten und Weiterentwicklungen führt abschließend auf, welche anderen Designer-Mutationen unter Verwendung der vorliegenden erzeugt worden sind, bzw. welche mit dieser nahe verwandt sind. Diese Liste dient praktisch als Querverweis auf andere in diesem Kapitel vorgestellte Morphen, und diese sind dort entsprechend ihrer Stellung im Alphabet zu finden.

Diese Auflistung erhebt keinerlei Anspruch auf Vollständigkeit. Es ist in der Tat sehr wahrscheinlich, dass die eine oder andere Bezeichnung für eine Mutation (oder sogar die Morphe selbst) übersehen worden ist. Die sich rapide vergrößernde Vielfalt an Königspython-Formen macht es überaus schwer, den Überblick zu behalten oder auch nur von jeder Neuschöpfung zu erfahren.

Anmerkung des Übersetzers

Bei den nachfolgenden Bezeichnungen für die einzelnen Morphen wurden deren englische Namen beibehalten, da der Versuch sie zu übersetzen, die ohnehin schon existierenden babylonischen Zustände nur noch vergrößert hätte. Anzumerken bleibt jedoch, dass etliche der verwendeten Namen „Ball" (für Königspython) als Nachsatz tragen. Dies wurde nur dort beibehalten, wo „Ball" in Form einer Wortspielerei zum Namen beiträgt (z.B. „Butter Ball" als „Butterball"). Da sich „Ball" wie auch der eigentliche Morphenname direkt auf „Königspython" beziehen, wurden alle englischen Bezeichnungen als maskulin behandelt, es ist also der „Lemon"(-Königspython) und nicht die „Lemon" (= Zitrone).

Albino

Alternative Bezeichnungen: Amelanistisch, Tyrosinase-negativ Albino, T-negativ Albino, T–Albino.
Erstzucht: Bob Clark, 1992.
Genetische Grundlage: Farbmutation, einfach rezessiv. Der Original-Albino war ein Import aus Afrika. Er produzierte in der ersten Generation heterozygote Nachkommen, die später in Stammzucht durch Rückkreuzung mit dem Elterntier zur ersten Farbmutation des Königspythons in Gefangenschaft führten. Die Albinomutation war damit die erste nachweislich vererbbare Form des Königspythons und

Abb. 189: Albino von NERD. K. McCurley

sorgte bei den Liebhabern schnell für Begeisterung. Sie bildete auch die Grundlage zur Zucht etlicher anderer Mutationen.

Beschreibung: Dies ist der klassische Albino, d.h. eine weiße Schlange mit gelber Zeichnung und leuchtend rosafarbenen Augen.

Varianten und Weiterentwicklungen: Albino Axanthisch (Snow), Albino Spider, Albino Pastel, Albino Ghost/Hypo, Faded Albino, High-Contrast Albino, Albino Genetic Striped, Albino Piebald, Albino Super Pastel Jungle und Albino Black Pastel.

Abb. 190: Albino Black Pastel von Gulf Coast Reptiles.
S. McQuade

Abb. 191: Albino Clown von BHB Enterprises.
K. McCurley

Albino Black Pastel

Erstzucht: Gulf Coast Reptiles, 2005.

Genetische Grundlage: Hier liegt eine Kombination von zwei Mutationen vor – das einfach rezessive Albino-Gen wurde mit dem codominanten Gen für Black Pastel kombiniert.

Beschreibung: Auf den ersten Blick sieht eine solche Schlange wie ein seltsam gezeichneter Albino aus, jedoch erkennt man bei genauerem Hinsehen die für Black Pastel typische Zeichnung.

Varianten und Weiterentwicklungen: nicht bekannt.

Albino Clown

Erstzucht: BHB, 2005.

Genetische Grundlage: Zwei einfach rezessive Mutationen, Albino und Clown. Dies ist ein doppelt homozygotes Merkmal, d.h. man erkennt sowohl den Albino als auch die Clown-Morphe.

Beschreibung: Diese Designer-Mutation auf der Grundlage des Albinos zeigt das durch den Beitrag von Clown kräftige Orange. Diese Farbe ist im Rücken-

bereich am stärksten ausgeprägt. Der Körper ist weitgehend gestreift. Die Kopfzeichnung ist vielleicht das bemerkenswerteste Merkmal dieser Morphe. Eine besonders schöne Kreuzung!
Varianten und Weiterentwicklungen: nicht bekannt.

Albino, Faded

Alternative Bezeichnungen: Pale Albino.
Erstzucht: nicht bekannt.
Genetische Grundlage: Es scheint sich um ein zusätzliches einfach rezessives Gen zu dem für Albino verantwortlichen zu handeln. Ein normal aussehender Albino kann Träger dieses Gens sein, so dass bei einer Rückkreuzung mit einem anderen Faded Albino-Genträger normale Albinos und Faded herauskommen können.

Abb. 192 u. 193: Albino, Faded von NERD. K.L. GLASGOW

Beschreibung: Dies ist eine Version des Amelanistic Albino mit einer sehr schwachen, gedämpft gelben Färbung und häufig reduzierter Zeichnung. Faded Albinos sind insgesamt sehr hell in ihrem Aussehen.
Varianten und Weiterentwicklungen: Faded Albino Spider.

Albino Ghost

Alternative Bezeichnungen: Albino Hypo, Sunglow.
Erstzucht: NERD, 2003.
Genetische Grundlage: Zwei einfach rezessive Farbmutationen. Hierbei handelt es sich um ein doppelt homozygotes Merkmal, d.h. die Merkmale von Albino und Ghost (Hypo) sind beide erkennbar.
Beschreibung: Diese Mutation erscheint wie ein besonders attraktiver Albino mit schön kontrastierender orangefarbener Pigmentierung und unterschiedlich stark ausgeprägter Schattierung der Zeichnung. Davon abgesehen ist es jedoch eine relativ unscheinbare Morphe. Anfangs bestand die Hoffnung, dass dieser spezielle Albino

Abb. 194: Albino Ghost von NERD. K. McCurley

Abb. 195: Albino, High Contrast von NERD.
K.L. Glasgow

Ghost ebenso beeindruckend wie die „Sunglows" bei anderen Arten werden würde. Im Endeffekt kam er diesen dann aber doch nicht nahe, was wieder einmal belegt, dass Kreuzungen nicht immer zu dem Ergebnis führen, zu dem sie nach Einschätzung des Züchters „hätten führen sollen".
Varianten und Weiterentwicklungen: nicht bekannt.

Albino, High Contrast
Dies ist eine Abart des Amelanistic Albino mit lebhaften Orangetönen. Erwachsene Exemplare dieser Morphe zeigen eine gut abgegrenzte oran-

gefarbene Zeichnung auf weißem Grund. Die Form ist durch Auswahlzucht bei der Verfeinerung der Albino-Stammzucht entstanden.

Albino, Paradox
Alternative Bezeichnungen: Brindle Albino.
Erstzucht: Zufällig entstanden.
Genetische Grundlage: Farbmutation mit unbekannten genetischen Grundlagen. Bisher steht nicht fest, ob dieses Aussehen erblich verankert ist.

Abb. 196: Albino, High Contrast von NERD.　　　K.L. GLASGOW

Beschreibung: Das Merkmal besteht aus einem willkürlichen Auftreten von Melanin, im vorliegenden Fall bei einem ansonsten amelanistischen Tier. Es kann prak-

Abb. 197: Albino, Paradox von Trooper Walsh.　　　G. MAXWELL

tisch bei jeder Form vorkommen, ist jedoch naturgemäß bei Albinos am ausgeprägtesten und aufsehenerregendsten. Es wird manchmal als „genetisches Leck" bezeichnet und ist von einer ganzen Reihe von Mutationen bekannt, darunter Ghost/Hypo, Pastel, Super Pastel und Caramel (T+) Albino.
Varianten und Weiterentwicklungen: nicht bekannt.

Abb. 198: Albino, Paradox von NERD. K. McCurley

Albino Pastel Jungle
Erstzucht: Reptile Industries (Mark & Kim Bell), 2004.
Genetische Grundlage: Zwei Farbmutationen: co-dominanter Pastel × rezessiver Albino.
Beschreibung: Der Albino Pastel ist eine ansprechend aussehende Kombinationsmorphe. Die weiße Pigmentierung an solchen Tieren hat einen gewissen Perlglanz, und das Gelb der Zeichnung ist rein und lebhaft. Wie beim Pastel besitzt der Albino Pastel eine verblasste Kopfzeichnung, wodurch der Kopf im Vergleich zu normalen Albinos eher high-white erscheint.
Varianten und Weiterentwicklungen: Albino Super Pastel.

Abb. 199: Albino Pastel Jungle von Reptile Industries. K. Bell

Albino Pastel Jungle, Super

Erstzucht: Reptile Industries (Mark & Kim Bell), 2006.
Genetische Grundlage: Zwei Farbmutationen: rezessiver Albino und die Super-Form des co-dominanten Pastel.
Beschreibung: Ein Albino mit blasser, wie überfroren aussehender Zeichnung.
Varianten und Weiterentwicklungen: nicht bekannt.

Abb. 200: Albino Pastel Jungle, Super von Reptile Industries. K. BELL

Albino Piebald

Erstzucht: Steve Roussis, 2006.
Genetische Grundlage: Hier trifft die einfach rezessive Albino-Farbmutation auf die ebenfalls einfach rezessive Piebald-Farb- und Zeichnungsmorphe. Die Wahrscheinlichkeit für dieses Zusammentreffen liegt bei 1 zu 16 (siehe Kapitel 8 zu den Grundlagen).
Beschreibung: Der Albino Pied ist eine ebenso gut aussehende wie bemerkenswerte Designer-Mutation, die richtiggehend künstlich erscheint. Die Abbildung sagt alles!

Abb. 201: Albino Piebald von Steve Roussis. K. McCURLEY

Die entsprechende Schlange schlüpfte gerade noch rechtzeitig für das vorliegende Buch, und das Foto wurde während ihrer ersten Häutungsphase aufgenommen.
Varianten und Weiterentwicklungen: noch keine.

Amber Pastel Jungle
Erstzucht: Snakes at Sunset, 2004.
Genetische Grundlage: Eine Kombination aus Farb- und Zeichnungsmutationen: co-dominanter Pastel × co-dominanter Amir-line Cinnamon.
Beschreibung: Der Amber Pastel ist eine Form mit Bänderzeichnung, die in extremem Maße Schattierungen der gelbbraunen Grundfarbe überall auf dem Körper aufweist. Die Zeichnungselemente sind ein düsteres, nach Orange schlagendes Gelb mit schwarzer Ränderung und bernsteinähnlicher Tüpfelung auf dem ganzen Tier. Diese Mutation hat ein rauchiges, ausgeblichenes Aussehen.
Varianten und Weiterentwicklungen: nicht bekannt.

Abb. 202: Amber Pastel Jungle von RDR.   R. Davis

Axanthic
Erstzucht: VPI, 1997.
Genetische Grundlage: Einfach rezessive Farbmutation.
Beschreibung: Axanthisch (engl. Axanthic) bedeutet wörtlich „fehlendes Gelb". Die hochwertigsten Axanthics schlüpfen als silber-auf-schwarz gezeichnete Tiere und behalten den größten Teil oder sogar den gesamten Umfang ihrer kontrastreichen Zeichnung bis ins Erwachsenenalter bei. Es existieren mehrere etablierte Zuchtstämme mit nachweislich vererbbaren Axanthic-Eigenschaften, die regelmäßig Nachzuchten produzieren. Die einzelnen Axanthic-Stämme unterscheiden sich erheblich in ihrem Aussehen, sowohl im Vergleich zueinander als auch hinsichtlich der Jugend- und Erwachsenenfärbung der einzelnen Individuen. Einige Tiere „bräunen" mit dem Älterwerden nach und verlieren dann die saubere Zeichnung, die sie als Jungtiere besaßen. Weiterhin kommen jedes Jahr zahlreiche, genetisch nicht erforschte, importierte „Axanthics" auf den Markt, darunter auch solche, die von ignoranten oder skrupellosen Händlern einfach als Axanthic bezeichnet werden, jedoch in Wirklichkeit ganz normal wildfarbene Exemplare sind. Bei einer Kaufabsicht von axanthischen Königspythons zweifelhafter Herkunft ist daher größte Vorsicht an-

Abb. 203 u. 204: Axanthic von NERD.   K. McCurley   K.L. Glasgow

zuraten. Es ist zu diesem Zeitpunkt unklar, ob die einzelnen belegten Zuchtstämme von Axanthics miteinander kompatibel sind.
Varianten und Weiterentwicklungen: Snow.

Axanthic Pastel Jungle
Erstzucht: NERD, 2004.
Genetische Grundlage: Rezessiv × co-dominant, doppelt homozygoter Pastel und Axanthic.
Beschreibung: Der Axanthic Pastel ist eine Mischung aus zwei eigentlich widersprüchlichen Merkmalen. Während sich der Pastel durch „high yellow" auszeichnet, fehlt dem Axanthic das gelbe Pigment. Die daraus hervorgehende Schlange besitzt eine blasse silbergraue Zeichnung auf tiefschwarzem Grund. Flächen mit wie ausgewaschen wirkender Silberfärbung finden sich auf Kopf und Rücken, was den Einfluss der Pastel-Morphe verrät. Die Augen dieser Tiere zeigen eine hell silberne Färbung. Angesichts der heute existierenden verschiedenen Zuchtstämme von Axanthics und Pastels kann man in der Zukunft mit einer breiten Auswahl diverser Axanthic Pastels rechnen, die sich je nach den be-

Abb. 205: Axanthic Pastel Jungle von NERD.
K. McCurley

Abb. 206: Axanthic Pastel Jungle von NERD.
K. McCurley

teiligten Zuchtstämme in zum Teil einzigartiger Weise voneinander unterscheiden. Das weibliche Ursprungstier war ein auf einer Farm erbrütetes axanthisches Exemplar. Dieses wurde später mit einem Bumble Bee Spider verpaart, woraus heterozygote Nachkommen hervorgingen. Nach deren Aufzucht wurden diese untereinander verkreuzt, was zu dieser ganz besonderen Form führte.

Varianten und Weiterentwicklungen: Axanthic Super Pastel Jungle.

Axanthic Pastel Jungle, Super
Erstzucht: NERD, 2006.

Genetische Grundlage: Die Kreuzung des rezessivem Axanthic mit der dominanten (Super-)Form des Pastel Jungle führt zu dieser doppelten Farbmutation.

Beschreibung: Eine ausgeprägt schwarz/weiße Schlange, bei der sich der blasse Kopf des Super Pastels durchsetzt. Diese Schlange schlüpfte gegen Ende der Fertigstellung dieses Kapitels, und ich war mir nicht ganz sicher, was ich da eigentlich vor mir hatte – bis sie sich häutete. Danach war sie von meinen Axanthic Pastels sichtlich verschieden, und ich wusste sofort, dass es sich um die Super-Pastel-Form handeln musste. Es ist eine kontrastreiche und bemerkenswerte Mutation!

Abb. 207: Axanthic Pastel Jungle, Super von NERD.
K. McCurley

Varianten und Weiterentwicklungen: noch keine.

Banana Clown

Alternative Bezeichnungen: Coral Glow Clown.
Erstzucht: Will Slough, 2005.
Genetische Grundlage: Eine Kreuzung des co-dominanten oder dominanten Banana und dem rezessiven Clown.
Beschreibung: Eine exquisite seltene Mutation. Bei dieser Kreuzung sind die purpurne und mandarin-orange Färbung des Banana/Coral Glow mit der extremen Zeichnung des Clown erfolgreich verbunden worden. Die Abbildung sagt alles!
Varianten und Weiterentwicklungen: nicht bekannt.

Abb. 208: Banana Clown von Exotic Ball Python. K. McCurley

Banana Pastel Jungle

Erstzucht: Will Slough, 2005.
Genetische Grundlage: Verantwortlich sind das dominante (oder möglicherweise co-dominante) Banana- und das co-dominante Pastel Jungle-Gen.
Beschreibung: Der Eindruck ist der eines Coral Glow/Banana-Königspythons mit lebhafter gelber Pigmentierung einerseits und den pastellartig gedämpften Tönungen des Pastel in der Zeichnung andererseits.
Varianten und Weiterentwicklungen: Coral Glow Spider Pastel oder Coral Bee.

Abb. 209: Banana Pastel Jungle von VPI. K. McCurley

Black Back

Erstzucht: NERD mit diesem speziellen Stamm; andere Züchter haben ihre eigenen Stämme, zu denen keine Angaben verfügbar sind.
Genetische Grundlage: Einfach rezessiv würde ich vermuten. Dieses Merkmal kann problematisch sein, denn die Verpaarung von zwei Black Backs bringt nicht zwangs-

Abb. 210: Black Back von NERD. K. McCurley

läufig auch Black Back-Babies hervor. Es bedarf offenbar Partner des gleichen Schlags und möglicherweise sogar des selben Stamms, um Black Back-Nachwuchs zu bekommen. Ich kreuze zwei Black Backs in den 1990ern und produzierte mehrere Black Back-Jungtiere mit dem entsprechenden Gelege. Später kreuzte ich andere Black Backs mit diesem Stamm und erhielt keine. Eine stammtreue Zucht scheint bei dieser Mutation zwingend erforderlich zu sein.

Beschreibung: Tiere dieser Morphe haben einen vollständigen oder unterbrochenen schwarzen Rückenstreifen, der vom Kopf bis auf den Schwanz reicht. Bei manchen Exemplaren ist dieser Streifen nur als teilweise Strichelung angedeutet, doch sind auch sie Träger des entsprechenden Gens. Andere können unterbrochene schwarze Begleitlinien neben dem Rückenstreifen im vorderen ersten Körperdrittel aufweisen. Die besten Exemplare besitzen kaum Zeichnung auf den Körperseiten und können wie ein Clown „für Arme" aussehen.

Bisweilen verliere ich bei meinen zahlreichen Königspython-Zuchtprojekten den Überblick, und dies ist eine Morphe, die ich zur Zeit irgendwie aus den Augen verloren habe.

Varianten und Weiterentwicklungen: Barbed Wire Spider.

Black Head

Erstzucht: Ralph Davis Reptiles, 2002.
Genetische Grundlage: Co-dominant oder dominant; es bedarf weiterer Zuchtversuche um zu klären, ob diese Königspythons einen Super für diese Zeichnungsmutation hervorbringen.
Beschreibung: Ein Tier mit schwarzem Rücken und schwarzem Kopf. Die Rückenmitte weist einen breiten schwarzen Streifen mit einem unterbrochenen goldenen Streifen darin auf. Die seitlichen Zeichnungselemente sind stark verblasst und erinnern darin an einen Cinnamon Pastel, zumal sie auch bis an die Bauchschuppen heranreichen. Die Unterseite ist ungezeichnet rein weiß.

Abb. 211: Black Head von RDR. R. Davis

Diese Mutation lässt sich kaum mit einem Black Back verwechseln. Ihre genetischen Grundlagen sind oftmals mysteriös; sie muss aber in erster Generation wiederholbar sein, um der Definition dieser Morphe zu entsprechen.
Varianten und Weiterentwicklungen: nicht bekannt.

Black Pastel
Alternative Bezeichnungen: Cinnamon Pastel Pastel „Gulf Coast Line" (ähnliche Merkmale wie Cinnamon Pastel, stammt aber aus einem ganz anderen Zuchtstamm) oder Black Ball.
Erstzucht: Gulf Coast Reptiles, 2002.

Abb. 212: Black Head von Ralph Davis. P. BUSCHER

Genetische Grundlage: Eine Farb- und Zeichnungsmutation mit co-dominanter Vererbung.
Beschreibung: Der Cinnamon Pastel zeigt eine dunkelbraune und schwarze Körperfärbung, die durchgehend mit rötlich braunen Schattierungen durchsetzt ist. Die tropfenförmige Lateralzeichnung ist oftmals zimtfarben oder goldbraun. Sie kann unterbrochen oder fortlaufend sein und manchmal sogar beinahe als Streifung erscheinen. Diese Zeichnungselemente laufen zur Bauchseite hin in Weiß aus. Insgesamt ist die Zeichnung stark reduziert und beinhaltet häufig eine vollständige oder aufgebrochene dorsale Streifung. Die Unterseite ist zeichnungslos cremeweiß. Diese Mutation ist bisweilen recht unauffällig und daher leicht zu übersehen. Cinnamon Pastels sind dem Black Pastel äußerst ähnlich, besitzen aber eine stärker ausgeprägte rötlich braune Pigmentierung. Dem Black Pastel scheint das Rot zu fehlen, und der Kopf sieht oftmals eher schwarz als braun aus. Der ursprüngliche Cinnamon Pastel war ein ungewöhnlich ausseh-

Abb. 213: Black Pastel von Gulf Coast Reptiles. S. MCQUADE

ender Import. Nach seiner Kreuzung mit einem normal wildfarbenen Königspython war das Merkmal bei den Nachkommen in der ersten Generation zu erkennen. Die „Super-" (dominante) Form des Cinnamon Pastel ist eine düster schokoladenbraune und schwarze Schlange mit weißem Bauch.

Varianten und Weiterentwicklungen: Super Black Pastel (dominante/homozygote Form), Albino Black Pastel, Black Pastel Pastel Jungle sowie Super Pastel Jungle Black Pastel sowie Black Pastel Genetic Black Back.

Black Pastel Pastel Jungle

Erstzucht: Outback Reptiles, 2005.
Genetische Grundlage: Eine doppelt co-dominante Farb- und Zeichnungsmutation.
Beschreibung: Diese neue Mutation ist der Kreuzung Cinnamon Pastel × Pas-

Abb. 214: Black Pastel von Gulf Coast Reptiles. S. McQuade

Abb. 215: Black Pastel Pastel Jungle von Outback Reptiles. K. McCurley

tel Jungle sehr ähnlich, durch die Einflussnahme des Black Pastel aber auch deutlich verschieden. Im Gegensatz zum Pewter zeigt diese Morphe keinerlei Orange. Auffällig ist die große Menge an Melanin (schwarzes Pigment), die sich überall in der Zeichnung des Tieres bemerkbar macht.
Varianten und Weiterentwicklungen: Black Pastel Super Pastel (Silver Streak).

Black Pastel, Super
Alternative Bezeichnungen: Super Cinnamon „Gulf Coast Line" (ähnliche Erscheinung wie Super Cinnamon, stammt aber aus einem anderen Zuchtstamm), Super Black Pastel oder Black.
Erstzucht: Gulf Coast Reptiles, 2002.
Genetische Grundlage: Dies ist die Super- (homozygote, dominante) Version des Cinnamon Pastel oder Black Pastel. Bei einer Kreuzung einer zeichnungslosen homozygot-dominanten Form mit einem normalen Königspython gehören alle Nachkommen der Cinnamon Pastel-Morphe an.
Beschreibung: Eine zeichnungslose Schlange von dunkelbrauner bis beinahe schwarzer Färbung und weißem, ungezeichnetem Bauch. Mit keiner anderen Königspython-Morphe zu verwechseln, denn hier scheint das für die Zeichnung zuständige Gen völlig zu fehlen! Die Schnauze weist eine leichte Einschnürung auf, die für diese besondere homozygote Form typisch zu sein scheint.

Abb. 216: Black Pastel, Super von Gulf Coast Reptiles.
S. McQuade

Varianten und Weiterentwicklungen: Super Cinnamon Pastel (auch als Silver Bullet bekannt).

Black Pastel Pastel Jungle, Super
Alternative Bezeichnungen: Silver Streak.
Erstzucht: Outback Reptiles, 2005.
Genetische Grundlage: Eine Farb- und Zeichnungsmutation aus der Kreuzung des co-dominanten Black Pastel mit der superdominanten Form der Pastel Jungle-Mutation.
Beschreibung: Diese Mutation zeigt einen perlglänzenden rosafarbenen Hauch auf dem Körper und eine heller gefärbte Zone entlang der Rückenmitte. Der Einfluss

Abb. 217: Black Pastel Pastel Jungle, Super von NERD. K. McCurley

Abb. 218 : Black Pastel Pastel Jungle, Super von Outback Reptiles. K. McCurley

des Black Pastel ist durch die rußartige Pigmentierung auf dem gesamten Körper und die schwache Zeichnung zu erkennen. Es ist eine sehr beeindruckende Mutation, die gewisse Ähnlichkeiten zum Pearl Patternless aufweist.
Varianten und Weiterentwicklungen: nicht bekannt.

Blood Ghost
Erstzucht: Reptile Industries, 2006.
Genetische Grundlage: Eine Farb- und Zeichnungsmutation aus der Kreuzung co-dominantes × einfach rezessives Ghost-Gen.
Beschreibung: Auf den ersten Blick ähnelt diese Morphe dem normalen Ghost, aber irgendetwas scheint anders. Das Foto stammt von einem frisch geschlüpften Jungtier, das sein wahres Wesen noch nicht preisgegeben hat. Dies ist kein Hybride!
Varianten und Weiterentwicklungen: nicht bekannt.

Blood, Super
Erstzucht: Reptile Industries, 2006.
Genetische Grundlage: Eine Farb- und Zeichnungsmutation. Dies ist die super-homozygote Ausprägung des Blood-Königspythons.
Beschreibung: Diese Mutation weist einige Gemeinsamkeiten mit dem Angola-Python und dem Borneo-Blutpython auf. Sie ist jedoch kein Hybride, sondern die Superform einer merk-

Abb. 219: Blood Ghost von Reptile Industries.
K. BELL

Abb. 220: Blood Super von Reptile Industries.
K. BELL

würdigen Mutation. Der Rücken zeigt eine unterbrochene Streifung, der Kopf ist hell kastanienfarben, und die Aufhellungen in der Zeichnung sind orange. Insgesamt betrachtet handelt es sich um eine in zwei Brauntönen gefärbte Schlange ohne schwarze Pigmentierung. Auf den Seiten findet sich eine deutliche Ausprägung der Granite-Zeichnung, wie auch sonst überall willkürlich verteilte, kleine Pigmentpunkte zu finden sind. Der Super-Blood ist eine offensichtlich drastische Weiterentwicklung der normalen Wildfärbung, von dem eine Super Ghost-Form vielversprechend sein sollte! Eine weitere neue Mutation, gerade noch rechtzeitig für dieses Buch.
Varianten und Weiterentwicklungen: nicht bekannt.

Burgundy Albino
Erstzucht: im Besitz von VPI.
Genetische Grundlage: Gegenwärtig noch unbekannt und erst noch durch Zuchtversuche zu ermitteln.

Abb. 221: Burgundy Albino von VPI. D. BARKER

Beschreibung: Der Burgundy Albino ist ein wunderschönes und einzigartiges Tier mit einer satt burgunderroten Färbung und reduzierter gold- und cremefarbener Zeichnung. Es wurde als Adulti importiert und hat bisher noch nicht für Nachwuchs gesorgt. Allein seine Existenz erweitert aber das Potential der Mutationszucht beim Königspython um eine ganz neue Dimension.
Varianten und Weiterentwicklungen: nicht bekannt.

Burgundy Hypo
Alternative Bezeichnungen: Chocolate Hypo.
Erstzucht: Cutting Edge Herp (Vin Russo), 2002

Abb. 222: Burgundy Hypo von NERD. K. McCurley

Genetische Grundlage: Eine einfach rezessive Farbmutation.

Beschreibung: Wie bei anderen hypomelanistischen Morphen fehlt auch beim Burgundy Hypo die schwarze Pigmentierung. In diesem Fall ist die dunklere Körperfärbung überall mit verschieden stark ausgeprägten rötlichen Untertönen durchsetzt. Die Zeichnung ist auffällig intensiv goldfarben, kann aber ebenfalls leicht burgunderrot angehaucht sein.

Varianten und Weiterentwicklungen: nicht bekannt.

Abb. 223: Burgundy Hypo von NERD. K. McCurley

Butterball

Erstzucht: Reptile Industries (Mark & Kim Bell), 2001.
Genetische Grundlage: Co-dominant.
Beschreibung: Die Butterball-Mutation ist in ihrer Erscheinung wie auch den genetischen Grundlagen dem Lesser Platinum sehr ähnlich, stammt aber aus einem anderen, auf einen Wildfang zurückgehenden Zuchtstamm. Butterballs zeigen eine toffeebraune Kopf- und Körperfärbung mit einer schwach gelben Zeichnung und ausgeblichen cremefarbenen Seiten. Wie zu erwarten, ist der Super-Butterball dann eine leuzistische Mutation.
Dass der Super Butter ein Leucistic ist, kann kaum überraschen. Gegenwärtig ist unklar, ob die Träger des Butter-Gens auch das „versteckte" Gen einiger Lesser Platinums und aller Platinums besitzen, jedoch erscheint dies recht unwahrscheinlich.
Varianten und Weiterentwicklungen: Spider Butterball (auch bekannt als Butter Bee), Butterball Ghost, Super Butterball und Butterball Pastel Jungle.

Butterball Ghost

Erstzucht: Reptile Industries, 2004.
Genetische Grundlage: Co-dominant × einfach rezessiv, ist dies die doppelt homozygote Ausprägung des Butterball und des hypomelanistischen Ghost.

Von oben nach unten:
Abb. 224 u. 225: Butterball
Abb. 226: Butterball Ghost
Alle von Reptile Industries.   J. Vella

Abb. 227: Butterball Ghost von Reptile Industries. J. Vella

Beschreibung: Ein sehr heller Butterball mit insgesamt extrem ausgeblichener Zeichnung und verstärkter gelber Pigmentierung.
Varianten und Weiterentwicklungen: nicht bekannt.

Butterball Pastel Jungle
Erstzucht: Reptile Industries, 2003.
Genetische Grundlage: Codominante × dominante Farbmutation als doppelt homozygoter Ausdruck von Butterball und Pastel Jungle.
Beschreibung: Der Butterball Pastel ist eine wunderschöne Kombination. Unter dem Einfluss des Pastel haben der Kopf und Rücken dieses Tieres ein verwaschenes Lavendelschwarz als Färbung angenommen. Die Zeichnungselemente

Abb. 228: Butterball Pastel Jungle von Reptile Industries. J. Vella

auf dem Körper sind samtartig gelb mit hell- oder blass cremefarbenen Untertönen dazwischen.
Varianten und Weiterentwicklungen: nicht bekannt.

Butterball Spider
Alternative Bezeichnungen: Sputter Ball (Kim BELL), Butter Bee (NERD).
Erstzucht: Ein gemeinsames Zuchtprojekt von Reptile Industries und NERD, 2004.
Genetische Grundlage: Eine Farb- und Zeichnungsmutation aus der Kreuzung dominant × dominant, doppelter homozygoter Butterball und Spider.
Beschreibung: Der Butterball Spider wirkt wie ein verblasster, hypomelanistischer Bumble Bee mit hellbrauner, spinnennetzartiger Zeichnung auf hellgelbem Grund und high-white Seiten.
Varianten und Weiterentwicklungen: nicht bekannt.

Abb. 229 u. 230: Butterball Spider von NERD. K.L. GLASGOW

Butterball, Super

Erstzucht: Reptile Industries (Mark & Kim Bell), 2006.
Genetische Grundlage: Die dominante, homozygote Super-Form des Butterball.
Beschreibung: Ein blauäugiger leuzistischer Königspython – einfach traumhaft schön!
Varianten und Weiterentwicklungen: nicht bekannt.

Abb. 231: Butterball Super von Reptile Industries. K. BELL

Caramel Albino

Alternative Bezeichnungen: Tyrosinase positive Albino, T+Albino, T-positive Albino, Xanthic.
Erstzucht: NERD, 1996.
Genetische Grundlage: Eine einfach rezessive Farbmutation. Nicht alle Zuchtstämme von Caramel Albinos sind miteinander kompatibel. Mir wurde dies erst kürzlich nach einer Unterhaltung mit Eric Kreider bewusst, der 2002 zwei Stämme von Caramels zu kre-

Abb. 232: Caramel Albino von NERD. K. McCURLEY

Abb. 233: Caramel Albino von NERD.   K. McCurley

zen versucht hatte und normal aussehende heterozygote Nachzuchten erhielt. Nach deren Aufzucht wurden sie untereinander verpaart und brachten zwei verschieden aussehende Arten von Caramel Albinos hervor; die eine besaß mehr Purpur und die andere mehr Gelb. Manche Zuchtbestände, einschließlich meines eigenen, können somit mehr als einen Zuchtstamm umfassen, ohne dass dies dem Züchter bekannt ist. Die entsprechenden Tiere mögen zwar sehr ähnlich aussehen, sind jedoch genetisch nicht kompatibel. Bei einer Kreuzung untereinander oder mit anderen Caramel Albinos kann es daher zu Überraschungen kommen.

Beschreibung: Der Unterschied zwischen dieser Art von Albinismus und dem „amelanistischen" Albino ist eine Aminosäure mit dem Namen Tyrosinase, die für die Produktion von Melanin verantwortlich ist. Bei einem amelanistischen Albino (auch T-negativer Albino genannt), fehlt die Tyrosinase völlig. Bei einem Caramel Albino (auch T-positiver Albino genannt), ist die Tyrosinase andererseits zwar vorhanden, jedoch nicht völlig funktionsfähig, so dass anstelle von Melanin (schwarzes und braunes Pigment) andere Farben zum Vorschein kommen. Dieses Merkmal äußert sich in einer lavendelfarbenen Grundfarbe mit einem Anflug von Caramel auf dem Kopf und Rücken sowie einer opaleszierend gelben Zeichnung. Der ursprüngliche Caramel

Abb. 234: Caramel Albino von NERD.   K. McCurley

Albino war ein importiertes, noch nicht geschlechtsreifes Männchen mit willkürlich verteilten, rein schwarzen Stellen (paradox).
Varianten und Weiterentwicklungen: Caramel Glow (Caramel × Ghost/Hypo), Caramel × Pastel.

Caramel Glow
Alternative Bezeichnungen: Caramel Ghost, Caramel Hypo.
Erstzucht: NERD, 2002. Dies war die vierte Designer-Mutation.
Genetische Grundlage: Farbmutation, einfach rezessiv × einfach rezessiv zwischen doppelt homozygotem Caramel und Ghost/Hypo.
Beschreibung: Man nehme einen Caramel Albino und mache etwas noch Feineres daraus! Das Oran-

Abb. 235 u. 236: Caramel Glow von NERD. K. McCurley

ge-Gen des Ghost/Hypo in dieser Kombination beseitigt alle dunklen Untertöne, so dass eine lavendel- bis purpurfarbene, orangefarbene und gelbe Schlange entsteht. Die dunklere Grundfarbe ist ziemlich stark ausgeprägt und zeigt darauf verteilt orangefarben angehauchte Stellen. Die Zeichnung besteht aus einem reinen Pastellgelb mit geringer dunkler Punktzeichnung auf den einzelnen Schuppen. Das entsprechende Tier besitzt insgesamt einen perlartigen Glanz im Kontrast zu den rubinroten Augen.
Varianten und Weiterentwicklungen: nicht bekannt.

Champagne
Erstzucht: EB Noah, 2005.
Genetische Grundlage: Eine co-dominante oder möglicherweise auch dominante neue Zeichnungs- und Farbmutation. Es wird sich im Laufe der Zeit zeigen, ob es auch eine superhomozygote Form davon gibt!
Beschreibung: Eine erstaunliche neue Morphe mit großer Variabilität. Einige Exemplare sind nahezu zeichnungslos, während andere eine begrenzte Zeichnung aus Kreisen der Streifen aufweisen. Einige der mir zugesandten Fotos zeigten Tiere, die mich an den Borneo-Blutpython erinnerten! Dies sollte eine gut zum Kombinieren geeignete Mutation sein.
Varianten und Weiterentwicklungen: nicht bekannt.

Abb. 237: Champagne von BHB. K. McCurley

Chocolate

Erstzucht: BHB Enterprises, 2005.
Genetische Grundlage: Eine co-dominante Mutation.
Beschreibung: Ein Königspython mit schwarzem Rücken und einem so merkwürdigen Aussehen, dass er einen Zuchtversuch wert war. **Varianten und Weiterentwicklungen:** Chocolate Pinstripe, Super Chocolate und Super Chocolate Pinstripe.

Chocolate, Super

Erstzucht: BHB Enterprises, 2005.
Genetische Grundlage: Dies ist die homozygote Superform des co-dominanten Chocolate. Eine Zeichnungs- und Farbmutation.
Beschreibung: Der Kopf ist hell karamelbraun, und der Rücken zeigt eine unterbrochene Streifenzeichnung. Die Körpergrundfarbe ist ein helles Goldbraun mit stellenweise kräftiger dunkler brauner Zeichnung, die auf den Flanken nach unten ausläuft. Dieses Tier zeigt auf dem gesamten Körper Ansätze von Orange, welche sich auf dem Kopf verdichten.

Abb. 238: Chocolate von NERD. K. McCurley

Abb. 239: Chocolate Super von BHB. K. McCurley

Varianten und Weiterentwicklungen: Super Chocolate Pinstripe (auch bekannt als Camo Ball).

Chocolate, Super Pinstripe

Alternative Bezeichnungen: Camo Ball.
Erstzucht: BHB Enterprises, 2005.
Genetische Grundlage: Dies ist die Superform des co-dominanten Chocolate unter Einkreuzung des dominanten Pinstripe-Gens. Eine großartige Zeichnungs- und Farbkombination!

Abb. 240: Chocolate Super Pinstripe von BHB.   B. Ashley

Abb. 241: Cinnamon Pastel von NERD.   K. McCurley

Beschreibung: Diese Mutation präsentiert sich als dorsal gestreiftes Tier mit einem braunen/goldfarbenen Kopf und fragmentierter Flankenzeichnung. Es ist eine Designermorphe, bei deren Betrachtung es schwerfällt zu erraten, welche Erbmerkmale bei seiner Schaffung eine Rolle gespielt haben mögen. Das Pinstripe-Gen ist jedenfalls für die Auflösung der dorsalen Zeichnungselemente und die geisterhafte Ausprägung jener auf den Flanken verantwortlich.
Varianten und Weiterentwicklungen: nicht bekannt.

Cinnamon Pastel

Alternative Bezeichnungen: Black Pastel „Graziani Line" (ähnliche Erscheinung wie Black Pastel, stammt aber aus einem anderen Zuchtstamm).
Erstzucht: Cinnamon – Graziani Reptiles, 2002
Genetische Grundlage: Eine Farb- und Zeichnungsmutation mit co-dominanter Vererbung.
Beschreibung: Der Cinnamon Pastel zeigt eine dunkelbraune und schwarze Körperfärbung, die durchgängig von rotbraunen Untertönen durchdrungen wird. Die tropfenförmige Lateralzeichnung ist häufig zimtfarben oder goldbraun und kann unterbrochen oder zusammenhängend sein, manchmal sogar als Streifung auf-

treten. Zum Bauch hin laufen alle Zeichnungselemente in das Cremeweiß der Unterseite aus. Insgesamt ist die Zeichnung stark reduziert und bildet auf dem Rücken oftmals teilweise Streifen. Die Unterseite ist zeichnungslos cremeweiß. Bisweilen ist diese Mutation eher unauffällig und daher leicht zu übersehen. Cinnamon Pastels sind dem Black Pastel überaus ähnlich, besitzen aber eine intensivere rotbraune Pigmentierung. Dem Black Pastel scheint rotes Pigment völlig zu fehlen, und der Kopf sieht bei ihm gewöhnlich eher schwarz als braun aus. Der ursprüngliche Cinnamon Pastel-Königspython war ein ungewöhnlich aussehender Import. Bei der Kreuzung mit normal wildfarbenen Partnern trat das Merkmal auch bei den Nachkommen der ersten Generation auf. Die „Super-" (dominante) Form des Cinnamon Pastel ist eine düster schokoladenbraune/schwarze Schlange mit weißer Unterseite.

Abb. 242: Cinnamon Pastel von NERD.
K. McCurley

Varianten und Weiterentwicklungen: Pewter Pastel (auch bekannt als Cinnamon Pastel × Pastel Jungle), Cinna Bee (oder Cinnamon Pastel Spider), Sterling (oder Super Pastel Cinnamon) und Super Cinnamon (dominante/homozygote Form).

Cinnamon Pastel Mojave
Erstzucht: NERD, 2006.
Genetische Grundlage: Eine Farb- und Zeichnungsmutation aus zwei co-dominanten Erbträgern in einer neuen Morphe vereinigt.
Beschreibung: Die Schlange ähnelt einerseits dem Mojave, andererseits aber auch dem Cinnamon. Dies jedenfalls war mein erster Eindruck als ich dem Tier beim Schlüpfen zusah. Zuerst

Abb. 243: Cinnamon Pastel Mojave von NERD.
K. McCurley

hielt ich es für einen Mojave, dann bemerkte ich jedoch die starke eingetönte Zeichnung, die auf den Cinnamon hinwies. Auch wenn es sich nicht gerade in spektakulärer Weise von den anderen Morphen abhebt, so könnte es sich doch mit fortschreitendem Alter zu einem beeindruckenden Exemplar entwickeln, wenn nämlich die Tönung an Kraft gewinnt. Diese Schlange schlüpfte noch rechtzeitig, um in diesem Buch Berücksichtigung zu finden. Ursprünglich hatte ich gehofft, dass die Kreuzung dieser beiden Mutationen zu einer „Super"-Form führen würden. Aber ich habe auch einmal geglaubt, dass es der Weihnachtsmann war, der mir Kohlen in meinen Weihnachtsstrumpf gesteckt hatte!
Varianten und Weiterentwicklungen: noch keine.

Cinnamon Pastel, Super
Alternative Bezeichnungen: Black Pastel, Super „Gulf Coast Line" (ähnliche Erscheinung wie Super Black Pastel, stammt aber aus einem anderen Zuchtstamm), Chocolate Ball oder Black Ball.
Erstzucht: Gulf Coast Reptiles, 2002.
Genetische Grundlage: Dies ist die Super- (homozygote, dominante) Version des Cinnamon Pastel oder Black Pastel. Wenn die sich hieraus ergebende, zeichnungslose, homozygote, dominante Form mit einem normal gefärbten Königspython gekreuzt wird, sind alle Nachkommen Vertreter der Cinnamon Pastel-Form.
Beschreibung: Eine zeichnungslose Schlange von brauner bis nahezu schwarzer Färbung mit weißer, zeichnungsloser Bauchseite. Mit keiner anderen Morphe zu verwechseln, denn das für die Zeichnung zuständige Gen scheint hier völlig zu fehlen! Zu bemerken ist auch eine leichte Einschnürung der Schnauze, die für diese homozygote Form typisch zu sein scheint.
Varianten und Weiterentwicklungen: Super Cinnamon Pastel (auch bekannt als Silver Bullet).

Abb. 244 u. 245: Cinnamon Pastel, Super von NERD.   K. McCurley

Cinnamon Pastel Pastel Jungle
Alternative Bezeichnungen: Pewter Pastel.

Abb. 246: Cinnamon Pastel Pastel Jungle von NERD. K. McCurley

Erstzucht: Graziani Reptiles, 2004
Genetische Grundlage: Farb- und Zeichnungsmutation aus dem doppelt homozygoten Cinnamon (co-dominant) und Pastel Jungle (co-dominant).
Beschreibung: Die Grundfärbung ist hier ein sehr blasses Gelb/Braun mit einer Zeichnung in Siena (Orange) und weißer Bauchseite. Die gesamte Zeichnung ist stark ausgewaschen.
Varianten und Weiterentwicklungen: Super Cinnamon Pastel Super Pastel Jungle (auch Silver Bullet genannt), Cinnamon Super Pastel Jungle (oder Sterling Pastel).

Cinnamon Pastel Pastel Jungle, Super
Alternative Bezeichnungen: Sterling Pastel.
Erstzucht: Markus Jayne Reptiles, 2005.

Abb. 247: Cinnamon Pastel Pastel Jungle von NERD. K. McCurley

Genetische Grundlage: Eine Kombination von Farb- und Zeichnungsmutationen. Der Sterling Pastel entsteht durch Kreuzung des homozygoten Super Pastel Jungle (dominant) mit einem Cinnamon Pastel (co-dominant), so dass deren Merkmale in einem Tier vereinigt werden.

Beschreibung: Hierbei handelt es sich praktisch um einen sehr hellen Super Pastel mit silberfarbenen Seiten und extrem ausgeblichener Zeichnung. Die Flankenmusterung dieser Morphe wird vom Cinnamon Pastel geprägt, was sich durch die überall eingestreuten, in etwa ovalen Flecken bemerkbar macht.

Varianten und Weiterentwicklungen: nicht bekannt.

Abb. 248 u. 249: Cinnamon Pastel Pastel Jungle, Super von Markus Jayne Reptiles.

M. MANDIC

Abb. 250: Cinnamon Pastel Spider Pastel Jungle von NERD. K. McCurley

Cinnamon Pastel Spider Pastel Jungle
Alternative Bezeichnungen: Pewter Bee.
Erstzucht: NERD, 2006.
Genetische Grundlage: Eine Farb- und Zeichnungsmutation aus der Kombination des sichtlich co-dominanten Cinnamon und dominanten Spider mit dem co-dominanten Pastel Jungle.
Beschreibung: Beim Schlupf sahen diese Tiere beinahe axanthisch aus, jedoch wurde die Zeichnung im weiteren Verlauf bräunlich rot. Der Körper ist blass silbrig mit einer Andeutung von Rosa. Die Zeichnung ist an manchen Stellen sehr konfus, was ihre Beschreibung sehr schwierig macht. Diese Mutation überstieg meine Erwartungen!
Varianten und Weiterentwicklungen: noch keine.

Cinnamon Pastel, Super Pastel Jungle, Super
Alternative Bezeichnungen: Silver Bullet.
Erstzucht: Graziani Reptiles, 2005.

Abb. 251: Cinnamon Pastel, Super Pastel Jungle, Super von Graziani Reptiles.
G. Graziani

Abb. 252: Cinnamon Pastel, Super Pastel Jungle, Super von Graziani Reptiles. G. GRAZIANI

Abb. 253: Circus von Southwest Wisconsin Reptiles. K. MCCURLEY

Genetische Grundlage: Doppelt homozygote Farb- und Zeichnungsmutation aus Super Pastel und Super Cinnamon Pastel.
Beschreibung: Ein silberfarbener, ungezeichneter Königspython mit dunkler grauem Kopf und Hals.
Varianten und Weiterentwicklungen: nicht bekannt.

Circus

Erstzucht: Southwest Wisconsin Reptiles, 2005.
Genetische Grundlage: Eine Farb- und Zeichnungsmutation. Die genetischen Grundlagen hierfür sind noch immer ein ziemliches Rätsel. Diese Mutation entstand aus der Verpaarung eines als heterozygot bekannten Clown mit einem merkwürdig gefärbten „blushing ball"-Weibchen. Soweit mir bekannt ist, hat dieses Pärchen danach noch zwei weitere Gelege produziert, von denen jedes ein Tier der Circus-Morphe enthielt.
Beschreibung: Hier finden sich die Merkmale der Clown-Morphe wieder, die jedoch im Unterschied dazu einen größeren Gehalt des Granite-Merkmals aufweisen. Im Prinzip scheint es sich um eine Version des einfach rezessiven Clown zu handeln.
Varianten und Weiterentwicklungen: nicht bekannt.

Classic Jungle

Alternative Bezeichnungen: Jungle.
Erstzucht: Eine willkürlich in der Natur auftretende Erscheinung.
Genetische Grundlage: Zum gegenwärtigen Zeitpunkt unbekannt und erst noch durch weitere Zuchtversuche zu ergründen. Möglicherweise basiert die Mutation auf einem zufälligen Zusammentreffen von Genen, denn es scheint weder eine einfach rezessive noch eine co-dominante Vererbung vorzuliegen. Ich habe sogar versucht, diese Mutation mit einem Yellow BELLY zu verkreuzen, um zu sehen, ob dies das zuständige Gen erschließt, jedoch waren die so erzeugten Jungtiere zwar hübsch, aber keine Jungles. Vielleicht handelt es sich dabei um ein polygenes Merkmal, d.h. eines, das von mehr als einem bestimmten Gen ausgelöst und weder in rezessiver noch co-dominanter/dominanter Art und Weise weiter vererbt wird.
Beschreibung: Zu den Vorzügen des Classic Jungle zählen ein dicker Schnauzbart, eine einzigartig aberrante Zeichnung und eine schwarze, gold/gelbe und weiße Töne umfassende Färbung. Die Augen sind hell grünlich goldfarben, und oftmals findet sich auf dem Scheitel des Kopfes ein blasser, kreisförmiger Fleck. Der Classic Jungle ist nach bisherigen Erkenntnissen eine willkürliche Mutation, die gänzlich unerwartet unter den Schlüpflingen eines Geleges auftreten kann, ohne dass die Ursache dafür zu ermitteln wäre.

Abb. 254 u. 255: Classic Jungle von NERD.
K. McCurley

Varianten und Weiterentwicklungen: nicht bekannt.

Clown

Erstzucht: VPI, 1999.
Genetische Grundlage: Eine einfach rezessive Farb- und Zeichnungsmutation.
Beschreibung: Clowns zeichnen sich durch eine extrem aberrante Zeichnung aus. Sie schlüpfen mit schwarzem Rücken und brauner bis gelber Körperfärbung, hellen dann aber zu gold- bis lohfarben auf, wobei der Rückenstreifen die Farbe von Toffee annimmt. Die Zeichnung auf den Flanken ist erheblich reduziert, und wenngleich

Abb. 256 u. 257: Clown von NERD. K. McCurley

die Kopfzeichnung von Tier zu Tier unterschiedlich ist, scheint bei allen der gelbe Augenstreifen und die dunkle, einheitliche Pigmentierung normaler Königspythons zu fehlen.
Varianten und Weiterentwicklungen: Banana Clown, Albino Clown, Circus und Pastel Clown.

Clown Pastel Jungle
Alternative Bezeichnungen: Pastel Clown.
Erstzucht: BHB, 2005.

Abb. 258 u. 259: Clown Pastel Jungle von NERD.
K. McCurley

Genetische Grundlage: Eine Kombination aus Farb- und Zeichnungsmutationen, einfach rezessiv (Clown) × co-dominant (Pastel Jungle).
Beschreibung: Diese spektakuläre neue Mutation vereinigt die gelbe und blass-schwarze Pigmentierung des Pastel Jungle mit der aberranten Zeichnung des Clown. Überaus beeindruckend!
Varianten und Weiterentwicklungen: Clown Pastel, Super.

Clown Pastel Jungle, Super
Alternative Bezeichnungen: Super Pastel Clown.
Erstzucht: BHB, 2006.

Abb. 260: Clown Pastel Jungle von NERD.
K. McCurley

Genetische Grundlage: Eine Farb- und Zeichnungsmutation aus der Kreuzung einfach rezessiver Clown × die dominante Form des Pastel Jungle.
Beschreibung: Diese neue Mutation bringt den an und für sich schon erstaunlichen Pastel Clown auf eine ganz neue Ebene. Das Tier zeigt deutlich mehr der Lavendel-

Abb. 261: Clown Pastel Jungle, Super von BHB. K. McCurley

färbung in seiner Zeichnung und hat den Kopf des Super Pastel. Ein wirklich wunderschönes Tier, das ich mir eines Tages unbedingt einmal zulegen muss!
Varianten und Weiterentwicklungen: noch keine.

Coral Glow
Alternative Bezeichnungen: Whitesmoke oder Banana „NERD Line" (ähnliche Merkmale wie Banana, stammt aber aus einem ganz anderen Zuchtstamm)
Erstzucht: NERD, 2002.
Genetische Grundlage: Dominant, möglicherweise co-dominant.
Beschreibung: Eine bemerkenswerte und seltene Mutation. Derartige Tiere sind hell orange- und purpurfarben. Ausgewachsen können sie dann eine Sprenke-

Abb. 262 u. 263: Coral Glow von NERD. K. McCurley

lung aus dunklen, mit Melanin pigmentierten Schuppen aufweisen, die ihnen ein „gepffertes" Erscheinungsbild verleiht. Ich erinnere mich an ein Foto des ursprünglichen Imports dieser Mutation, und mein erster Gedanke war, dass das Absammeln der darauf sitzenden Zecken wohl einigen Aufwand erfordern würde.
Varianten und Weiterentwicklungen: Banana Clown, Banana Pastel, Coral Glow Pastel und Coral Glow Spider Pastel Jungle.

Coral Glow Spider Pastel Jungle
Alternative Bezeichnungen: Coral Bee.
Erstzucht: NERD, 2005.
Genetische Grundlage: Das dominante, möglicherweise co-dominante Coral Glow-Gen wurde hier mit dem dominanten Spider- sowie dem co-dominanten Pastel-Gen

Abb. 264: Coral Glow Spider Pastel Jungle von NERD. K. McCurley

vereinigt. Zum jetzigen Zeitpunkt ist noch nicht bekannt, ob es vom Coral Glow-Gen auch noch eine „Super"-Form gibt.
Beschreibung: Diese Mutation entstand aus der Kreuzung eines Woma Spider Pastel mit einem Coral Glow. Das Ergebnis scheint die Eigenschaften sowohl von Spider als auch von Pastel zu besitzen, trägt darüber hinaus aber vielleicht auch noch das Woma-Gen. Diese Möglichkeit ist jedoch nur schwer zu erkennen und muss erst noch durch weitere Zuchtversuche geklärt werden. Es ist eine Aufsehen erregende und seltene Mutation, die ich als das Prunkstück in meinem Bestand ansehe!
Varianten und Weiterentwicklungen: nicht bekannt.

Crystal Ball, Lesser Platinum Strain
Erstzucht: BHB, 2006.
Genetische Grundlage: Der co-dominante Ausdruck des Lesser Platinum aus der Paarung mit einem nicht weiter bekannten, ungewöhnlichen Wildfang-Königspython. Zu jetzigen Zeitpunkt sind die genetischen Grundlagen noch nicht vollständig erforscht, was wieder einmal belegt, dass es über die Genetik von Königspythons noch viel zu lernen gibt.
Beschreibung: Dies ist ein cremeweißer, beinahe durchscheinend wirkender Python mit schwach lavendelfarbenen Seiten. Die Zeichnung besteht aus hell lohfarbenen

Abb. 265: Crystal Ball - Lesser Line von BHB. K. McCurley

und gelben Tönen, die Augen sind blau, und die Unterseite ist weiß. Diese Mutation sieht wie eine Kopie des Mojave Crystal aus, was aber nur erneut unter Beweis stellt, wie ähnlich sich die Lesser Platty- und die Mojave-Mutation wirklich sind. Man könnte daraus schließen, dass in Zukunft die Schaffung eines Crystal auf Grundlage der Butter-Mutation möglich ist.
Varianten und Weiterentwicklungen: noch keine.

Crystal Ball, Mojave Strain
Erstzucht: Tom Baker/Python Dreams, 2005.
Genetische Grundlage: Der co-dominante Ausdruck des Mojave aus der Paarung mit einem nicht weiter bekannten, ungewöhnlichen Wildfang-Königspython. Zum jetzigen Zeitpunkt sind die genetischen Grundlagen noch nicht vollständig bekannt. Das entsprechende Tier trat spontan in einem Gelege auf. Diese Mutation hat sich jedoch als reproduzierbar erwiesen, denn weitere dieser bemerkenswerten Schlüpflinge waren auch in späteren Gelegen des gleichen Paares vertreten. Es ist durchaus möglich, dass die Paarung eines Crystal mit einem normal wildfarbenen Partner zu Mojave, Crystal (aus der Kombination des Mojave und dem versteckten Gen), normalen und entweder heterozygoten oder offensichtlichen Trägern des „versteckten" Gens führt. Im Moment kann man jedenfalls nur raten.

Abb. 266: Crystal Ball Mojave Strain von Python Dreams. T. BAKER

Beschreibung: Dies ist ein cremeweißer, beinahe durchscheinend wirkender Python mit schwach lavendelfarbenen Seiten. Die Zeichnung besteht aus hell lohfarbenen und gelben Tönen, die Augen sind blau, und die Unterseite ist weiß. Es ist eine bemerkenswerte Mutation.

Varianten und Weiterentwicklungen: Paradox Crystal Ball.

Abb. 267: Crystal Ball Mojave Strain von Python Dreams.
T. Baker

Desert Ghost

Erstzucht: Reptile Industries, 2003. Mark & Kim Bell produzierten die ersten Desert Ghost-Babies in Gefangenschaft, wodurch belegt wurde, dass ihr Zuchtstamm einfach rezessiv war. NERD zeigten dann in 2003, dass sich die Merkmale bei ihrem Stamm auf co-dominante oder dominante Weise vererbten.

Genetische Grundlage: Farbmutation, im Zuchtstamm von Bell einfach rezessiv und co-dominant oder dominant in der NERD-Zucht. Bei allen Stämmen handelt es sich um eine Farbmutation; bei einigen kommt aber noch eine Zeichnungsmutation hinzu. Diese Morphe bedarf der weiteren Erforschung, um hinter ihre Geheimnisse zu kommen.

Abb. 268 u. 269: Desert Ghost von NERD.
K. McCurley

Beschreibung: Kontrastreiche, eierschalenfarbene Zeichnungselemente auf samtschwarzem Untergrund. Desert Ghosts sind häufig gebändert und weisen ausgedehnte schattierte und verblasste Bereiche in der schwarzen Pigmentierung auf. Die Oberseite des Kopfes ist gleichfalls ausgeblichen. Schlüpflinge sehen ihren Eltern zunächst überhaupt nicht ähnlich, sondern erscheinen goldfarben und schwarz mit auffällig blassen Köpfen. Bis zu ihrer ersten Häutung können sie sogar ganz normal aussehen. Junge Desert Ghosts werden dann zusehends heller und nehmen schließlich die typische schwarze, gelbe und

Abb. 270: Desert Ghost von NERD. K. McCurley

weiße Färbung an. Die Bezeichnung „Desert Ghost" für diese Morphe wurde ursprünglich gewählt, um auf die ähnliche Färbung bei der Desert Phase der Kalifornischen Königsnatter (Lampropeltis getula californiae) hinzuweisen, die durch das für Ghost charakteristische Ausbleichen beeinflusst wird.
Varianten und Weiterentwicklungen: nicht bekannt.

Desert Pastel
Erstzucht: Das Originalexemplar war ein Import.

Abb. 271: Desert Pastel von Stan Chiras. S. Chiras

Genetische Grundlage: Eine co-dominante oder dominante Zeichnungs- und Farbmutation. Die mögliche Existenz einer homozygoten Super-Form muss erst noch durch Zuchtversuche bestätigt werden.

Beschreibung: Die Zeichnungselemente bei dieser Mutation sind unglaublich klar und bestehen aus einer getigerten Bänderung, weißer Seitenbegrenzung und gelber bis goldfarbener Grundfarbe. Die Augen sind hell goldfarben. Eine hübsche Mutation mit großem Zuchtpotential.

Varianten und Weiterentwicklungen: Desert Pastel × Reeses Pastel (auch als Tiger bekannt).

Desert Pastel Reeses Pastel

Alternative Bezeichnungen: Tiger.

Erstzucht: Stan Chiras, 2005.

Genetische Grundlage: Eine Zeichnungs- und Farbmutation. Diese Exemplare sind das Ergebnis einer Kreuzung zwischen einem co-dominanten oder dominanten Desert Tiger und einem merkwürdig strohfarbenen Weibchen (Reeses Pastel), das entweder ein co-dominantes oder dominantes Gen eingebracht hat. Die daraus entstandenen Jungtiere scheinen die Merkmale beider Elternteile zu vereinen.

Beschreibung: Wie beim Desert Tiger sind die Zeichnungsbestandteile bei dieser Mutation überaus klar definiert und umfassen eine unterschwellige Tiger-Bänderung, weiße Randbegrenzungen und eine leuchtend gelbe bis goldfarbene Grundfärbung.

Varianten und Weiterentwicklungen: nicht bekannt.

Abb. 272: Desert Pastel Reeses Pastel von Stan Chiras. K. McCurley

Abb. 273: Desert Pastel Reeses Pastel von Stan Chiras. S. Chiras

Ebony

Erstzucht: Amir Soleymani, 2004.

Genetische Grundlage: Die co-dominante Ausprägung des Yellow Belly unter dem Einfluss eines Granite-ähnlichen Exemplars.

Beschreibung: Der Ebony ist ein gestreifter, im vordersten Bereich des ersten Körperdrittels schwarzer Königspython mit Granite-artig gefleckten Seiten. Der vorherrschende Eindruck ist der eines hypermelanistischen Exemplars. Hin und wieder tauchen ähnlich aussehende Jungtiere in Importen auf, doch erweisen sich diese in den meisten Fällen nicht als Träger eines entsprechenden Gens, das die Weitervererbung der Merkmale ermöglichen würde. Diese Morphe ist der Beleg dafür, dass der mysteriöse Yellow Belly in einzigartiger Weise für Überraschungen sorgt, wenn er mit einer anderen Mutation verkreuzt wird. Das abgebildete Tier ist offensichtlich ein heterozygoter Genträger für das Ivory-Merkmal.

Varianten und Weiterentwicklungen: nicht bekannt.

Abb. 274: Ebony & Ivory von Amir Soleymani.   K. McCurley

Enchi Pastel

Erstzucht: Lars Brandell, Sweball, 2002.

Genetische Grundlage: Eine co-dominante Farb- und Zeichnungsmutation.

Beschreibung: Der Name verweist auf das Waldgebiet in Afrika, wo das ursprüngliche Wildfang-Exemplar hergekommen sein soll. Der Enchi Pastel zeigt eine extrem goldgelbe Färbung mit reduzierter Bänderzeichnung.

Abb. 275: Enchi Pastel von NERD.   K. McCurley

Ich bin überzeugt, dass diese Mutation ein großes Potential zum Hervorbringen anderer genetisch bedingter Merkmale hat.
Varianten und Weiterentwicklungen: Spider × Enchi Pastel (auch bekannt als Stinger Bee) und Super Enchi Pastel.

Enchi Pastel, Super
Erstzucht: Lars Brandell, Sweball, 2003.
Genetische Grundlage: Eine codominante Farb- und Zeichnungsmutation.
Beschreibung: Die homozygote/dominante/"Super"-Form des

Abb. 276: Enchi Pastel von NERD.   K. McCurley

Abb. 277: Enchi Pastel, Super von Sweball.   L. Brandell

Enchi Pastel zeigt eine extrem reduzierte Zeichnung mit verstreuten schwarzen Bändern auf strohgelbem Untergrund. Diese Mutation hat ein ausgezeichnetes Zuchtpotential für Kombinationen!
Varianten und Weiterentwicklungen: nicht bekannt.

Enchi Pastel Spider
Alternative Bezeichnungen: Stinger Bee.
Erstzucht: Ein konzertiertes Zuchtprojekt von Ray Hine (Reptile Reproduction Services) und Lars Brandell (Sweball).

Abb. 278: Enchi Pastel, Super von NERD.
K. McCurley

Abb. 279: Enchi Pastel Spider von RRS.
R. Hine

Genetische Grundlage: Eine Farb- und Zeichnungsmutation aus der Kreuzung dominanter Spider × co-dominanter Enchi Pastel.
Beschreibung: Die Körperfärbung ist insgesamt sehr hell mit strahlend weißen Seiten und einem leuchtenden Gelb im vorderen Teil des ersten Körperdrittels und auf dem Rücken. Die Spider-Zeichnung ist extrem reduziert und willkürlich, und der Kopf weist eine edle Gelbfärbung auf. Stinger Bee ist eine ebenso prächtige wie seltene Mutation.
Varianten und Weiterentwicklungen: nicht bekannt.

Fireball
Alternative Bezeichnungen: Co-dominant Hypo
Erstzucht: NERD co-dominanter Hypo-Stamm 1995, Eric Davies (Großbritannien) Fire, 2003

Genetische Grundlage: Co-dominante Farbmutation. Inzwischen sind mehrere, auf den ersten Blick ähnlich erscheinende Tiere importiert worden, jedoch muss erst noch bewiesen werden, ob diese eine ähnliche und/oder kompatible genetische Grundlage besitzen.
Beschreibung: Ein hell goldfarbener Königspython, bei dem die normale schwarze Pigmentierung durch eine schwach kakaobraune Färbung ersetzt wird.

Abb. 280: Fireball von NERD.   K. McCurley

Zeichnung und Grundfarbe sind häufig ausgeblichen und mit Untertönen durchsetzt. Manche Exemplare weisen eine Bänderzeichnung auf. Der Kopf erscheint oftmals blass und zeigt einen helleren Fleck auf der Oberseite. Die Fire-Mutation ist bisweilen schwierig von anderen hell gefärbten Königspythons zu unterscheiden. Anfang der 1990er Jahre, noch vor dem weitreichenden Interesse an Königspythons, brachte NERD einen Stamm dieser Mutation hervor. Zu dieser Zeit befasste ich mich jedoch weit intensiver mit der hypomelanistischen Ghost-Mutation in meinem Bestand und verkaufte schließlich meine ursprünglichen co-dominanten Hypos. Rückblickend wünschte ich, ich hätte mich mehr mit diesem Zuchtstamm beschäftigt, denn er führt bei der Kombination mit anderen Morphen zu einer Aufhellung (z.B. Spider) und bringt eine wunderbare homozygote/Super-Form hervor. Ein anderer Züchter, Eric Davies in Großbritannien, besaß zwei solcher Tiere, deren Verpaarung zu Black-Eyed Leucistics führte! Sein Zuchtstamm ist unter dem Namen „Fireball"

Abb. 281: Fireball von NERD. K. McCurley

bekannt und scheint mit dem co-dominanten Hypo identisch zu sein. Zum Zeitpunkt dieser Niederschrift habe ich meinen Stamm von co-dominanten Hypos noch nicht untereinander verpaart, um so herauszufinden, ob sie wirklich identisch sind.
Varianten und Weiterentwicklungen: Black-Eyed Leucistic (Super-/homozygote Form), Fireball Spider.

Fireball, Super
Alternative Bezeichnungen: „Leucistic", Black-Eyed Leucistic.
Erstzucht: Eric Davies (Großbritannien), 2002.
Genetische Grundlage: Hierbei handelt es sich um die homozygote, dominante „Super"-Form des co-dominanten hypo/fireball. Bei einer Verpaarung mit einem normal wildfarbenen Partner sind alle Nachkommen eindeutig Fireballs.
Beschreibung: Schlüpflinge haben einen weißen, völlig zeichnungs-

Abb. 282: Fireball Super von Constrictors Unlimited. M. Wilbanks

Abb. 283: Fireball Super von Constrictors Unlimited.
M. WILBANKS

losen Körper und onyxschwarze Augen. Mit fortschreitendem Heranwachsen erscheinen willkürlich verteilte gelb gefärbte Stellen auf dem weißen Körper. Dies ist eine herausragende Mutation mit einem regelrecht unwirklichen Erscheinungsbild. Sie besitzt nicht den Augenstreifen anderer „Leucistics".
Varianten und Weiterentwicklungen: nicht bekannt. Da diese Morphe nahezu jegliche Zeichnung und Färbung vermissen lässt, möchte man meinen, es gäbe nicht viele Möglichkeiten, ihr Aussehen durch eine Kombination mit anderen Mutationen zu verändern. Allerdings könnte man die offenkundig heterozygote Ausprägung dieses Merkmals zur Kreuzung mit anderen Farb- und Zeichnungsmutation nutzen, um diese zu beeinflussen. Auch existiert die Möglichkeit, bei anderen Morphen so zu einem Durchscheinen von „Paradox"-Merkmalen zu gelangen. Vergleichbare Eigenschaften hinsichtlich Farbe und Zeichnung sind bereits beim Super Mojave Ghost, Pearl Patternless Spider Woma und dem Crystal Ball bekannt geworden.
Varianten und Weiterentwicklungen: nicht bekannt.

Genetic Reduced/Banded
Alternative Bezeichnungen: Tiger.
Erstzucht: NERD, 1997, für die hier im Besonderen beschriebene Morphe. Es gibt vermutlich eine ganze Reihe von Züchtern mit genetisch begründeten Bandeds, die ihre eigenen Stämme weiterentwickeln.
Genetische Grundlage: Polygenisch oder einfach rezessiv. Die zugrunde liegenden Merkmalen sind nur grob umrissen festgelegt und gegenwärtig noch mit einigen Rätseln behaftet. In der Stammzucht zeigen einige der Nachkommen in der ersten Generation eine verminderte Zeichnung, jedoch hat nicht jedes Tier mit reduzierter Zeichnung die gleichen genetischen Grundlagen. Bei manchen der entsprechenden Exemplare ist die reduzierte Zeichnung Ausdruck nicht genetisch bedingter Faktoren. Bei einer polygenischen Grundlage können einige der Nachkommen in erster Generation unterschiedlich starke Ausprägungen des Merkmals aufweisen, wodurch einige auffälliger als andere sind. Diese Jungtiere sollten dann mit dem verantwort-

lichen Elternteil und untereinander verkreuzt werden, um die Merkmale weiter zu verfeinern. Letztendlich sollte eine konsequente Stammzucht zu den Ausgangstieren sehr ähnlichen oder sogar noch verbesserten Nachzuchten führen.

Beschreibung: Eine sehr deutliche, ausgeprägt gebänderte Zeichnung ohne die „Alien-" oder „Ghost-" Markierungen auf den Seiten, die bei den meisten Königspythons auftreten. Der bei NERD bekannte Genstamm zeichnet sich durch einen beiderseitig vorhandenen Fleck vor dem Auge aus, der ihn von anderen Stämmen mit reduzierter Zeichnung und Bänderung unterscheidet. Manche dieser Tiere können eine geringfügige Streifung aufweisen und hypermelanistisch erscheinen.

Varianten und Weiterentwicklungen: Dieses Merkmal lässt sich in ergänzender Weise für andere Zeichnungsmutationen verwenden, z. B. für Spiders, wo es zur Verminderung der Zeichnung beiträgt.

Abb. 284 u. 285: Genetic Reduced/Banded von NERD.
K. McCurley

Genetic Striped
Erstzucht: VPI, 1999, mit von Bob Clark erworbenen heterozygoten Tieren.
Genetische Grundlage: Eine einfach rezessive Farb- und Zeichnungsmutation.
Beschreibung: Eine unglaubliche Mutation, die erstmals 1989 in der Gestalt eines importierten Männchens zutage trat. Sie zeichnet sich oftmals durch einen durch-

Abb. 286: Genetic Striped von NERD. K. McCurley

gehenden goldfarbenen Streifen entlang der Rückenmitte aus, der beiderseits dunkelbraun abgegrenzt ist; die Flanken sind ungezeichnet. Bei einzelnen Exemplaren kann der Rückenstreifen mehrfach unterbrochen sein, oder es kann eine minimale Flankenzeichnung auftreten, jedoch bringen auch diese perfekt gestreifte Jungtiere hervor. Die Genetic Striped-Morphe darf nicht mit aberranten Importtieren verwechselt werden. Diese sind häufig nicht aufgrund ihrer Erbanlagen gestreift, auch wenn sie ähnlich aussehen mögen.

Abb. 287: Genetic Striped von NERD. K. McCurley

Abb. 288: Genetic Striped von Reptile Industries. J. Vella

Varianten und Weiterentwicklungen: Genetic Striped Albino, Genetic Striped Pastel und der Genetic Striped Spider.

Genetic Striped Albino
Erstzucht: Ralph Davis Reptiles, 2005.
Genetische Grundlage: Eine einfach rezessive Farb- und Zeichnungsmutation. Statistisch besteht eine Chance von 1 : 16, diese beiden Merkmalen an derselben Schlange zu finden.
Beschreibung: Eine beinahe zeichnungslose, gelb und orange gefärbte Schlange von prächtigem Aussehen! Die Rückenmitte ist beiderseits mit unterbrochenen weißen Linien und leuchtend orangefarbenen Rändern eingefasst.
Varianten und Weiterentwicklungen: nicht bekannt.

Abb. 289: Genetic Striped Albino von RDR. P. Buscher

Genetic Striped Pastel Jungle
Erstzucht: Reptile Industries, 2005.
Genetische Grundlage: Eine einfach rezessive Farb- und Zeichnungsmutation (Genetic Striped), die mit dem co-dominanten Pastel Jungle-Gen kombiniert worden ist.
Beschreibung: Die Zeichnung und Merkmale des Genetic Striped werden durch die Pastel-Färbung ergänzt und ergeben eine großartige neue Mutation.
Varianten und Weiterentwicklungen: nicht bekannt.

Abb. 290: Genetic Striped Pastel Jungle von Reptile Industries. K. Bell

Ghost/Hypomelanistic

Alternative Bezeichnungen: Green Ghost, Orange Ghost, Yellow, Frosted, Citrus und Butterscotch Ghost.
Erstzucht: NERD, 1994.
Genetische Grundlage: Einfach rezessiv. Nicht alle Zuchtstämme von Ghost sind kompatibel. Bei der Kreuzung mancher Stämme kommen normal aussehende, doppelt heterozygote Nachzuchten heraus. Es existiert ein Stamm, den ich „Frosted Ghost" nenne und der keine homozygoten Nachkommen erzeugt, wenn er mit einem anderen der bekannten Stämme gekreuzt wird.
Beschreibung: Als hypomelanistischer (engl. hypomelanistic) Königspython scheint der Ghost beinahe wie mit Rauhreif überzogen, der die gesamte Zeichnung zu verschleiern scheint. Die schwarze Pigmentierung ist erheblich reduziert und tritt bisweilen als ausgewaschenes Grau in Erscheinung. Die Zeichnung ist orangefarben, gelb oder grünlich. Die abgestreifte Haut eines Ghost zeigt keinerlei Anzeichen einer Musterung, ganz im Gegensatz zu der eines normal wildfarbenen Königspythons. Die ursprünglichen Green Ghosts waren importierte Wildfänge. Die Auswahl- und Stammzucht innerhalb der verschiedenen Ghost-Stämme führt zu immer attraktiveren Nachkommen mit verfeinerter orangefarbener oder gelber Zeichnung. Beim Erwerb von Tieren aus verschiedenen Quellen sollte man sichergehen, dass die Stämme miteinander kompatibel sind.

Von oben nach unten:
Abb. 291–293: Ghost/Hypomelanistic von NERD. K. McCurley

Abb. 294: Ghost/Hypomelanistic von NERD. K. McCurley

Varianten und Weiterentwicklungen: Blood Ghost, Spider Ghost (oder Honeybee Spider), Spider Pastel Jungle Ghost, Pastel Jungle Ghost, Super Pastel Jungle Ghost, Albino Ghost, Butterball Ghost, Pinstripe Ghost, Super Vanilla Citrus Ghost, Super Mojave Ghost Paradox und Mojave Ghost.

Granite
Alternative Bezeichnungen: Granite-sided Striped.
Erstzucht: Ralph Davis Reptiles, 2003.
Genetische Grundlage: Co-dominant oder dominant; es bedarf weiterer Zuchtexperimente, um festzustellen, ob es davon eine „Super"-Form gibt.
Beschreibung: Granite-Königspythons zeigen oftmals verschiedene sekundäre Merkmale, jedoch ist die hauptsächliche Eigenschaft stets das gepunktete, der Struktur von Granit ähnliche Aussehen der Lateralzeichnung. Die Rückenzeich-

Abb. 295: Granite von NERD. K. McCurley

nung besteht in der Regel aus einer Streifung, und viele Exemplare weisen einen charakteristischen runden Fleck, den „Dot", direkt hinter dem Hals auf. Viele Tiere zeigen eine tiefschwarze dorsolaterale Zeichnung.
Varianten und Weiterentwicklungen: Ebony (Granite × Yellow BELLY), Granite Mojave.

Granite Mojave
Erstzucht: Camlon Reptiles, 2005.
Genetische Grundlage: Eine Kombination von Färbungs- und Zeichnungsaberrationen durch die Kreuzung dominant (Granite) × co-dominant (Mojave).
Beschreibung: Das Mojave-Merkmal wird in dieser Kombinationsmorphe erheblich

Abb. 296: Granite Mojave von Camlon Reptiles. D. DILLON

von Granite beeinflusst. Die seitlichen, typischerweise ovalen Zeichnungselemente sind reduziert, unregelmäßig und gepunktet angedeutet, die Dorsalzeichnung besteht aus einem unterbrochenen Streifen, und die braune Grundfarbe ist durchgängig ausgeblichen, was besonders zwischen den seitlichen Flecken auffällt.
Varianten und Weiterentwicklungen: nicht bekannt.

Granite Yellow Belly
Alternative Bezeichnungen: Granite heterozygous Ivory.
Erstzucht: Unbekannt; ich bin sicher, dass mir hier jemand zuvorgekommen ist. Das abgebildete Tier wurde jedoch 2006 von NERD produziert.

Abb. 297: Granite Yellow Belly von NERD. K. McCurley

Genetische Grundlage: Das Kreuzungsprodukt aus der Paarung (?)dominanter Granite × co-dominanter Yellow Belly; eine Zeichnungs- und Farbmutation.
Beschreibung: Diese Mutation präsentiert sich als Schlange mit einer sehr verwirrenden Zeichnung und willkürlich verstreuter schwarzer Pigmentierung auf dem ganzen Körper. Die Seiten erscheinen beinahe wie mit einer fragmentierten Zeichnung versehen, in der Schwarz eindeutig dominiert. Der klassische Nackenfleck ist zwar vorhanden, wirkt aber wie ein abgebrochenes Stück des Rückenstreifens.
Varianten und Weiterentwicklungen: noch keine.

Labyrinth
Alternative Bezeichnungen: Harlequin, Jungle, Maze, Puzzle
Erstzucht: Eine willkürliche natürliche Erscheinung, die unerwartet in mehreren Zuchtbeständen aufgetreten ist.

Abb. 298: Labyrinth von NERD. K. McCurley

Abb. 299: Labyrinth von NERD.   K. McCurley

Genetische Grundlage: Zur Zeit noch rätselhaft. Es bedarf weiterer züchterischer Experimente, um die Entstehung dieses Merkmals zu interpretieren. Es ist bislang nicht belegt, dass sich diese Mutationsausprägung in einer der herkömmlichen Weisen rezessiv oder gar co-dominant/dominant vererbt.

Beschreibung: Ein Königspython mit schwarzer Zeichnung und extrem hervorstechenden gelben oder goldfarbenen Markierungen. Die Zeichnung ist oftmals extrem verschlungen und aberrant und schließt Bänderungen und wie „ausgeschnitten" wirkende goldfarbene Markierungen mit weißem Rand ein.

Varianten und Weiterentwicklungen: nicht bekannt.

Abb. 300: Lavender Albino von NERD.   K. McCurley

Lavender Albino

Erstzucht: Ein gemeinsames Zuchtprojekt von Ralph Davis Reptiles und NERD.

Genetische Grundlage: eine einfach rezessive Farbmutation.

Beschreibung: Eine weitere Form eines amelanistischen (T-) Albinos. Die typischerweise weiße Färbung hat hier eine lavendelfarbene Tönung mit Perlglanz erhalten, und die gelbe Zeichnung ist überall mit einem orangefarbenen Unterton versehen. Das Lavender

Abb. 301: Lavender Albino von NERD. K. McCurley

Albino-Merkmal trat erstmals bei Wildfängen in Erscheinung. Diese Importe unterschieden sich deutlich von den bereits in Gefangenschaft existierenden Albinos. Bis zum Zeitpunkt der Niederschrift war nicht bekannt, ob diese Morphe mit anderen Albinos zuchtkompatibel ist.
Varianten und Weiterentwicklungen: Lavender Albino Pied (oder Dreamsicle).

Lavender Albino Piebald
Alternative Bezeichnungen: Dreamsicle.
Erstzucht: Ralph Davis Reptiles, 2005.
Genetische Grundlage: Zwei Mutationen, beide einfach rezessiv. Albino ist eine Farbmutation und das Clown-Gen bringt eine Zeichnungs- und Farbmutation mit sich. Das Ergebnis ist ein doppelt homozygotes Merkmal, das sowohl Albino als auch Clown erkennen lässt.
Beschreibung: Ein prächtig leuchtender Albino mit unterschiedlichen Schattierungen von Weiß und verschieden stark ausgeprägter Streifung.
Varianten und Weiterentwicklungen: nicht bekannt.

Abb. 302: Lavender Albino Piebald von RDR. P. BUSCHER

Lemon
Alternative Bezeichnungen: Heterozygous Blue Eyed Leucistic, RUSSO-line heterozygous Leucistic.
Erstzucht: Cutting Edge Herps, Vin RUSSO, 1999.
Genetische Grundlage: Eine co-dominante Mutation, die sich als sichtbar heterozygoter Lemon äußert und eine leuzistische (dominante) Super-Form hervorbringt.
Beschreibung: Diese subtile Mutation produziert einen sauber gefärbten Königspython mit etwas aufgehellten Seiten und schönen gelben Highlights. Der Eindruck ist der eines gut aussehenden High Yellow Königspythons.
Varianten und Weiterentwicklungen: Mojave × Lemon Ball (diese beiden Erbanlagen reagierten zusammen zu einer Super-Form des Leucistic mit blauen Augen).

Abb. 303: Lemon von NERD. K.L. GLASGOW

Lemon Mojave

Alternative Bezeichnungen: Blue-eyed Leucistic.
Erstzucht: Ein Gemeinschaftsprojekt von Cutting Edge Herps und Graziani Reptiles, 2005.
Genetische Grundlage: Die super-homozygote Form der co-dominanten Lemon-Mutation gekreuzt mit Mojave. Diese beiden Mutationen reagieren aufeinander genauso, als wenn sie untereinander verkreuzt würden und auf diese Weise einen „Super" hervorbrächten. Es ist daher durchaus möglich, dass diese beiden Morphen Variationen der gleichen Allele sind.
Beschreibung: Eine weiße Schlange!
Varianten und Weiterentwicklungen: noch keine.

Abb. 304: Lemon Mojave (Leucistic) von Greg Graziani. K. McCurley

Lemon, Super

Alternative Bezeichnungen: Blue Eyed Leucistic
Erstzucht: Cutting Edge Herps, 2002.

Abb. 305: Lemon, Super von Cutting Edge Herps. V. Russo

Genetische Grundlage: Die Super-, homozygote Form der co-dominanten Lemon-Mutation.
Beschreibung: Eine atemberaubend schöne, rein weiß-leuzistische Mutation mit nahezu keinen Resten einer Zeichnung. Letztere beschränken sich auf einen angedeuteten Vertebral- und die kurzen Streifen hinter den Augen. So stellt man sich einen Königspython als Leucistic vor! Kaum noch zu verbessern.
Varianten und Weiterentwicklungen: Lemon × Mojave (= Leucistic).

Lemon Pastel Jungle

Genetische Grundlage: Eine co-dominante Farb- und Zeichnungsmutation. Die dominante/homozygote Form davon ist der Super Lemon Pastel Jungle. Ich fasse diesen Zuchtstamm des Pastel Jungle aufgrund der genetisch begründeten Zeichnung und Färbung als eigenständig auf. Lemon Pastels besitzen als einzige die Neigung, einen Nackenstreifen auszubilden und sind auch in ihrer Zeichnung von anderen Pastels verschieden. Ich habe noch nie einen gebänderten oder regelmäßig gezeichneten Lemon Pastel hervorgebracht. Bei der Kreuzung dieser Mutation mit anderen fiel mir die überraschend starke Beeinflussung der Zeichnung auf. Die Pastel Jungle-Mutation gilt ja eigentlich als Farb- und nicht als Zeichnungsmutation. Diese Beeinflussung der Zeichnung ist besonders bei Morphen wie dem Lemon Pastel × Woma Tiger × Lesser Platinum auffällig. Ursprünglich erwartete ich, dass ein Woma Tiger Lesser mit einer anderen Farbgebung entstehen würde, wenn man das Lemon-Gen einbringt. Als dann jedoch die Schlangen schlüpften, stellte ich fest, dass die Zeichnung des Lemon sowohl die der Woma Tiger Pastels als auch die der Woma Tiger Lemon Lessers in dem betreffenden Gelege verändert hatte. Die Zeichnung war erheblich dichter als erwartet und scheint den Ausdruck der Woma-Zeichnung zu unterdrücken. Da das Lemon-Gen mehrere Mutationen sichtlich verändert, erschien es mir sinnvoll, diesen Stamm von anderen zu trennen.

Abb. 306: Lemon Pastel Jungle, Babies von NERD.   K. McCurley

Beschreibung: Diese Mutation fügt dem Pastel Gelb hinzu. Im Idealfall entsteht so ein rein schwarz, gelb und weiß gefärbtes Tier. Da kaum bis kein Orange vorhanden ist, besteht auch kaum die Gefahr, dass diese Exemplare mit zunehmendem Alter nachbräunen. Bei Schlüpflingen vorhandenes Orange nimmt später oftmals die Farbe von oxydiertem Kupfer an, so dass viele Adulti dann im vorderen Körperdrittel bräunlich aussehen. Häufig besteht eine Neigung zur Ausbildung einer Streifung im Halsbereich, wobei der Streifen dann mit schwarzen Flecken durchsetzt ist.

Abb. 307: Lemon Pastel Jungle von NERD.
K. McCurley

Manche Streifen spalten sich auch zu einer Y-förmigen Markierung zum Hinterkopf hin auf. Die Zeichnung beinhaltet in der Regel etliche „Alien"-Flecken auf der gesamten Schlange. Dieser Zuchtstamm weist nicht annähernd den Umfang an „Blushing" wie andere Pastels auf und bringt auch keinen stark ausgeblichenen Super hervor. Er hilft jedoch bei der Zucht eines sehr sauberen und dadurch herausragenden Bumble Bee, wenn er mit einem Spider verkreuzt wird!

Varianten und Weiterentwicklungen: Lemon Pastel Jungle Pinstripe (auch bekannt als Lemon Blast), Lemon Pastel Jungle Lesser Platinum, Lemon Pastel Jungle Spider, Lemon Pastel Jungle Woma Tiger und Lemon Pastel Jungle Woma Tiger Lesser Platinum.

Mocha

Erstzucht: Snakes at Sunset, 2005.
Genetische Grundlage: Ein codominantes, die Zeichnung und Färbung beeinflussendes Gen.
Beschreibung: Erwachsene Tiere dieser Mutation sind der Mojave-Mutation ähnlich, aber nicht völlig mit dieser identisch. Sie haben

Abb. 308: Mocha von NERD.
K. McCurley

grünlich blasse Bereiche auf den Seiten und eine ungezeichnete Ventralseite. Die Identifikation dieser Morphe kann schwierig sein, wenn man sie nicht genau kennt. Jungtiere sehen beinahe normal aus, nur dass die Flankenzeichnung verblasst ist.
Varianten und Weiterentwicklungen: Super Mocha.

Mocha, Super
Alternative Bezeichnungen: Latte, Leucistic.
Erstzucht: Snakes at Sunset, 2006.

Abb. 309: Mocha Ball Super von Snakes at Sunset. K. McCurley

Abb. 310: Mojave von NERD. K. McCurley

Genetische Grundlage: Praktisch ist dies eine weitere Ausprägung von „Leuzismus", einer Bezeichnung, die gegenwärtig noch landläufig für nahezu jede weiße Schlange Verwendung findet. Es handelt sich um die homozygote Super-Form der Mocha-Mutation. Bei einer Kreuzung mit einem normal wildfarbenen Königspython sollten alle Nachkommen der Mocha-Morphe angehören.
Beschreibung: Eine rein weiße Schlange mit durchscheinend wirkender perlweißer Zeichnung. Diese Form von Leuzismus unterscheidet sich durch die willkürlich unterbrochene Streifung auf dem Rücken deutlich von der anderer weißer Schlangen. Die Augen haben eine wunderschöne blaue Farbe!
Varianten und Weiterentwicklungen: noch keine.

Mojave
Erstzucht: Snake Keeper, 2000.
Genetische Grundlage: Eine co-dominante Farb- und Zeichnungsmutati-

Abb. 311 u. 312: Mojave von NERD. K.L. GLASGOW

on. Die dominante/homozygote Form davon ist ein Blue-Eyed Leucistic.
Beschreibung: Königspythons der Mojave-Morphe besitzen eine satte, samtig braune Körperpigmentierung, die zwischen den goldfarbenen, ovalen Flecken auf den Flanken stark nach Gelb und Cremefarben ausbleicht. Die Lateralflecken verblassen zum Bauch hin zu Weiß. Die Rückenzeichnung besteht typischerweise aus einem unterbrochenen Vertebralstreifen. Der Name bezieht sich auf die Wüste unweit des Wohnortes des Erstzüchters.
Varianten und Weiterentwicklungen: Cinnamon Mojave, Pastel Mojave, Mojave Ghost, Mojave Spider, Lemon Mojave (Leucistic), Granite Mojave, Crystal Ball, Super Mojave/Blue-Eyed Leucistic, Super Mojave Ghost Mojave, Super Mojave Ghost Mojave Lesser Platinum (Leucistic) und Mojave Woma Tiger.

Mojave Ghost
Alternative Bezeichnungen: Hypomelanistic Mojave.
Erstzucht: Snake Keeper, 2005.
Genetische Grundlage: Hierbei handelt es sich um die sichtbare Kombina-

Abb. 313: Mojave von NERD. K. McCURLEY

Abb. 314: Mojave Ghost von Snake Keeper. D. SUTHERLAND

tion des co-dominanten Mojave-Gens mit dem einfach rezessiven Gen des hypomelanistischen Ghost.
Beschreibung: Eine hypomelanistische Version des Mojave.
Varianten und Weiterentwicklungen: Super Mojave Ghost, ein Beispiel für die paradoxe Ausprägung mehrerer um Ausprägung kämpfender Gene.

Abb. 315: Mojave Ghost von Snake Keeper.   D. SUTHERLAND

Mojave Pastel Jungle
Alternative Bezeichnungen: „Pastave," „Motel" (das sind wirklich nicht meine Wortschöpfungen!).
Erstzucht: Morph King Reptiles, 2004.
Genetische Grundlage: Eine Kombination von Farb- und Zeichnungsmutationen in Form des co-dominanten Mojave- und des co-dominanten Pastel Jungle-Gens.

Abb. 316: Mojave Pastel Jungle von Gail Thorpe Reptiles.   G. THORPE

Beschreibung: Ein Mojave mit satten Gelbtönen in der gesamten Zeichnung, die durch den Beitrag des Pastel-Merkmals beeinflusst werden.
Varianten und Weiterentwicklungen: nicht bekannt.

Mojave, Super
Erstzucht: Morph King Reptiles, 2005.
Genetische Grundlage: Die dominante/homozygote Form der Mojave-Morphe zeigt sich als fast perfekt leuzistischer Königspython. Mit einem normal wildfarbenen Partner verkreuzt, sollten alle Nachkommen Mojaves sein.
Beschreibung: Diese nahezu weiße Schlange scheint auf den ersten Blick leuzistisch zu sein, zeigt aber bei genauerer Betrachtung schwache purpur-graue Töne auf dem Kopf und Körper.
Varianten und Weiterentwicklungen: Super Mojave Ghost. Ich bin überzeugt, dass der Super Mojave aufgrund des Vorhandenseins von etwas Pigment keine züchterische Sackgasse ist. Offensichtlich sind Gene vorhanden, die sich auf der homozygoten Leinwand durchzusetzen versuchen. Im Laufe der Zeit werden vermutlich mehr Beispiele dieser Mutation auftauchen.

Abb. 317: Mojave Pastel Jungle von Gail Thorpe Reptiles.
G. THORPE

Abb. 318: Mojave, Super von Snake Keeper.
K. MCCURLEY

Mojave, Super Ghost
Erstzucht: The Snake Keeper, 2005.
Genetische Grundlage: Die dominante/homozygote Super-Form der Mojave-Mutation als Kombination mit dem einfach rezessiven Ghost-Gen. Bei einer Verpaarung mit einem normal wildfarbenen Partner sollten alle Nachkommen für Ghost heterozygote Mojaves sein.

Abb. 319: Mojave, Super (links) und Mojave Super Ghost (rechts) von Snake Keeper.
D. SUTHERLAND

Beschreibung: Eine überragende weiße Schlange, die fast zeichnungslos ist. Die schwach lavendelfarbene Tönung auf der Kopfoberseite von Seiten der Super Mojave-Mutation ist aufgehellt, und die insgesamt blass braune, platinfarbene Körperfärbung verschwindet durch den Einfluss der Hypo-Gene fast völlig. Diese Morphe besitzt hellblaue Augen.
Varianten und Weiterentwicklungen: nicht bekannt.

Abb. 320: Mojave Super Ghost von Snake Keeper.
D. SUTHERLAND

Abb. 321: Paragon von Gail Thorpe.
G. Thorpe

Paragon
Im Bestand von (jeweils): Gail Thorpe und Neil McCrumb/Peter Kahl Reptiles.
Genetische Grundlage: In der Saison 2006 wurde ein Männchen mit mehreren Weibchen verpaart. Es schlüpften ausschließlich „normal" aussehende Babys, deshalb vermute ich stark, dass es sich hier um ein einfach rezessives, die Färbung beeinflussendes Gen handelt.

Abb. 322: Paragon von Gail Thorpe.
G. Thorpe

Beschreibung: Die Grundfarbe ist ein Cremegelb, von dem sich ein schwach karamelfarbenes Muster abhebt. Die Bauchseite ist weiß. Die Zeichnung ist außergewöhnlich sauber abgegrenzt und auf dem Kopf und Rücken stark ausgebleicht. Die Iris zeigt eine goldene Farbe in zwei verschiedenen Schattierungen.
Varianten und Weiterentwicklungen: nicht bekannt.

Pastel Jungle
Alternative Bezeichnungen: Pastel, Graziani Pastel, Lemon Pastel, Stonewash, Blonde etc., je nach den einzelnen Zuchtstämmen verschiedener Züchter.
Erstzucht: NERD, 1997.

Abb. 323: Pastel Jungle von NERD.   K. McCurley

Genetische Grundlage: Eine co-dominante Farbmutation. Die dominante/homozygote Form ist der Super Pastel Jungle. Der Original-Pastel war ein importiertes Männchen, das ich mit einem normalen Weibchen verpaarte. Die daraus entstehenden Jungtiere sahen normal aus. Zu diesem Zeitpunkt hatten Züchter von Königspythons erst wenig Erfahrung mit co-dominanten Merkmalen, und es wurde vermutet, dass diese normal aussehenden Jungtiere für ein einfach rezessives Gen heterozygot wären. Ich zog diese Nachkommen auf und kreuzte ein Weibchen mit dem Importmännchen zurück, woraus drei offensichtliche Pastel Jungles entstanden. Gleichzeitig produzierte ein anderer Züchter (Greg Graziani) ebenfalls Pastels, wodurch bestätigt war, dass es sich tatsächlich um eine Morphe in erster Generation handelte.

Beschreibung: Diese Mutation fügt der Grundfärbung einer Schlange Gelb hinzu, bei manchen Stämmen auch Orange. Dadurch kommt es auch zu einer erheblichen Einfärbung der Zeichnung und einem auffällig blassen, weißlichen Anflug der Färbung des Kopfes. Die Augen sind hell und hervorstechend. Die Zeichnung sieht anders als bei einem normal gefärbten Königspython aus. Pastels haben sich als eine bedeutende Ausgangsmutation erwiesen, auf deren Grundlage neue Morphen geschaffen und bestehende verbessert werden können.

Abb. 324: Pastel Jungle von NERD.   K. McCurley

Varianten und Weiterentwicklungen: Axanthic Pastel Jungle, Axanthic Super Pastel Jungle, Axanthic Spider Pastel Jungle (Zebra Bee), Axanthic Spider Super Pastel Jungle, Pastel Jungle Albino, Pastel Clown, Super Pastel Clown Pastel Coral Glow (auch bekannt als Banana Pastel), Pastel Jungle Ghost/Hypo, Cinnamon Pastel Jungle (oder Pewter Pastel), Pastel Jungle Lesser Platinum, Pastel Jungle Mojave, Pastel Jungle Pinstripe (oder Lemon Blast, Pastel Spider (oder Bumble Bee Spider), Pastel Spider Pinstripe, Pastel Spider Woma (oder Wanna Bee

Spider) Pastel Jungle Woma Tiger, Pastel Piebald, Pastel Jungle Spider Cinnamon (Pewter Bee), Desert Ghost Spider Pastel (Desert Bee) Woma Tiger Lesser Platinum Lemon Pastel Jungle, Sunburst Pastel, Pastel Jungle Yellow Belly, Pastel Jungle Sable, Pastel Jungle Woma Tiger Yellow Belly, (Angolan × Ball Hybrid) × Pastel Jungle, Vanilla Pastel sowie Pastel Jungle Lesser Platinum Spider (auch bekannt als Queen Bee).

Pastel Jungle Caramel

Erstzucht: The Snake Keeper, 2005.
Genetische Grundlage: Eine Farb- und Zeichnungsmutation als co-dominanter Ausdruck des Pastel Jungle mit den einfach rezessiven Erbanlagen des Caramel Albino.
Beschreibung: Diese Kombination vereint die schöne goldbraune Färbung des Caramel Albino mit den abstrakten Gelbtönen des Pastel-Merkmals. Die betreffende Schlange hat eine helle Schnauze und über die gesamte Zeichnung ausgedehnte Schattierungen, die ebenfalls auf den Einfluss des Pastel-Gens zurückzuführen sind. Die weitere Entwicklung dieses noch jungen Tieres wird sehr interessant zu beobachten sein!
Varianten und Weiterentwicklungen: nicht bekannt.

Abb. 325: Pastel Jungle Caramel von Snake Keeper. D. SUTHERLAND

Abb. 326: Pastel Jungle Caramel von Snake Keeper. D. SUTHERLAND

Pastel Jungle Ghost
Alternative Bezeichnungen: Pastel Ghost oder Hypo Pastel.
Erstzucht: Reptile Industries, 2003.
Genetische Grundlage: Co-dominant und einfach rezessiv.
Beschreibung: Ein Pastel Jungle mit deutlichen Schattierungen. Der Einfluss von Ghost beseitigt jegliches Braun des Pastel, das die Färbung verunreinigen könnte.
Varianten und Weiterentwicklungen: Super Pastel Ghost.

Pastel Jungle Granite
Erstzucht: Joe Ellis, 2006.
Genetische Grundlage: Eine co-dominante Ausprägung des Pastel Jungle mit dem co-dominanten oder dominanten Granite-Gen. Es handelt sich um eine Zeichnungs- und Farbmutation.
Beschreibung: Diese Mutation präsentiert sich als offensichtlicher Pastel Jungle mit besonders kräftiger, schwarzer Zeichnung auf dem Rücken und den Seiten. Der klassische „Dot" im Vertebralstreifen hinter dem Nacken weist auf den Einfluss von Granite hin, worauf auch die sonstige dorsale Streifung zurückzuführen ist.
Varianten und Weiterentwicklungen: nicht bekannt.

Pastel Jungle Piebald
Alternative Bezeichnungen: Pastel Pied.
Erstzucht: The Snake Keeper, 2005.
Genetische Grundlage: Eine Farb- und Zeichnungsmutation als co-dominanter Ausdruck des Pastel Jungle unter dem Einfluss der einfach rezessiven Erbanlagen des Pied.

Abb. 327: Pastel Jungle Ghost von NERD. K. McCurley

Abb. 328: Pastel Jungle Granite von Joe Ellis. K. McCurley

Abb. 329: Pastel Jungle Piebald von Snake Keeper. D. Sutherland

Beschreibung: Ein Pied der Extraklasse! Der Pastel-Einfluss sollte bei der Erhaltung der prächtigen Orangefärbung von Pied-Schlüpflingen helfen, die sie normalerweise leider mit zunehmendem Alter zu verlieren scheinen.
Varianten und Weiterentwicklungen: nicht bekannt.

Pastel Jungle, Super
Alternative Bezeichnungen: Super Pastel oder Opal Pastel.
Erstzucht: NERD, 1999. Dies war die erste bekannt gewordene Manifestation eines „Super-" (homozygoten/dominanten) Merkmals bei Königspythons.
Genetische Grundlage: Eine Farb- und Zeichnungsmutation als dominante Ausprägung des Pastel Jungle-Gens. Die Kreuzung mit einem normal wildfarbenen Königspython führt ausschließlich zu Pastel Jungle-Nachkommen.
Beschreibung: Eine extreme Version des Pastel Jungle mit ausgeprägten Farbveränderungen in der gesamten Zeichnung des betreffenden Tieres und einer stark aufgehellten Grundfärbung. Der Kopf ist beim Schlupf weiß mit einem Hauch von Purpur und bleibt auch mit fortschreitendem Alter hell. Die Körperfärbung ist ein tiefes, opaleszierendes Gelb. An dieser Morphe gibt es kein Braun!
Varianten und Weiterentwicklungen: Axanthic Super Pastel Jungle Spider, Super Pastel Jungle Spider (auch bekannt als Killer Bee Spider), Super Pastel Jungle Albino, Super Pastel Jungle Clown, Super Pastel Jungle Cinnamon Pastel (oder Sterling).

Abb. 330: Pastel Jungle Piebald von Snake Keeper.
D. SUTHERLAND

Abb. **331** Mitte: Pastel Jungle, Super, Baby.
Abb. **332** unten: Pastel Jungle, Super.
Beide von NERD. K. McCURLEY

Abb. 333: Pastel Jungle, Super Ghost. C. Woods

Pastel Jungle, Super Ghost
Alternative Bezeichnungen: Super Pastel Ghost.
Erstzucht: Reptile Industries, 2003.
Genetische Grundlage: Die dominante Ausprägung des Super Pastel Jungle unter Einfluss der rezessiven Erbanlagen des Ghost Hypomelanistic.
Beschreibung: Ein sehr heller und ausgeblichen wirkender Pastel Jungle mit leuchtendem Gelb auf der ganzen Oberseite. Erwachsene Exemplare sind überaus hübsch!
Varianten und Weiterentwicklungen: nicht bekannt.

Patternless
Erstzucht: VPI, 2002.
Genetische Grundlage: Eine einfach rezessive Zeichnungs- und Farbmutation.

Abb. 334: Patternless von RDR. R. DAVIS

Beschreibung: Eine kastanienbraune Schlange mit großer Ähnlichkeit zum Genetic Striped. Es handelt sich um eine sehr seltene Mutation, die nur von wenigen Exemplaren in einigen Zuchtbeständen bekannt ist.
Varianten und Weiterentwicklungen: nicht bekannt.

Phantom
Erstzucht: Ralph Davis Reptiles, 2005.
Genetische Grundlage: Eine Farb- und Zeichnungsmutation in co-dominanter Ausprägung. Die dominante/homozygote Form ist das „Super Phantom."
Beschreibung: Diese Mutation sieht der Mojave-Morphe sehr ähnlich, unterscheidet sich aber durch das Ausmaß der Schattierung der Körperfärbung und eine unregelmäßigere Zeichnung. Die Merkmale sind überaus subtil. Ralph Davis behielt diese Mutation in seinem Bestand und hielt sie für eine Form von Mojave, bis er sie mit seiner

Abb. 335: Phantom von RDR. P. BUSCHER

Platinum-Mutation verkreuzte und daraus Blue-Eyed Leucistics erhielt. Später wurde das entsprechende Exemplar mit seinem Blue-Eyed Leucistic-Sohn zurückgekreuzt,

wodurch weitere Leucistics, aber auch Lesser Platinums und Super Phantoms entstanden. Diese „Supers" sind ziemlich einzigartig und aus dem Mojave-Stamm nicht bekannt.
Varianten und Weiterentwicklungen: Lesser Platinum Phantom (auch bekannt als Blue-Eyed Leucistic), Super Phantom.

Phantom, Super
Erstzucht: Ralph Davis Reptiles, 2005.
Genetische Grundlage: Eine Farb- und Zeichnungsmutation als dominanter Ausdruck des Phantom. Eine Kreuzung mit einem normal wildfarbenen Partner sollte ausschließlich zu Phantoms führen.
Beschreibung: Eine hellgraue Schlange mit einer Lateralzeichnung, die in das Weiß der zeichnungslosen Unterseite ausläuft. Die einzelnen dorsalen Zeichnungselemente sind insofern merkwürdig, als sie im vorderen Teil des ersten Körperdrittels aus Stücken von Streifen und großen Flecken bestehen. Die Augen sind hell und beinahe blaugrau in ihrer Färbung. Der Nasen- und Lippenbereich zeigt eine helle perlgraue Tönung.

Abb. 336: Phantom, Super von RDR.
R. Davis

Varianten und Weiterentwicklungen: Super Phantom Yellow Belly (auch bekannt als Super Phantom Goblin).

Phantom, Super Yellow Belly
Alternative Bezeichnungen: Super Phantom Goblin
Erstzucht: Ralph Davis Reptiles, 2005.
Genetische Grundlage: Eine Farb- und Zeichnungsmutation als dominante Super-Form des Phantom kombiniert mit der co-dominanten Yellow Belly-Mutation. Die Kreuzung mit einem normal wildfarbenen Partner sollte ausschließlich zu Phantoms und Phantom Yellow Bellys führen.
Beschreibung: Das Tier ist etwas schwierig zu beschreiben. Seine Seiten sind nahezu zeichnungslos, und die gesamte Oberseite zeigt die Färbung und gelben Highlights des Super Phantom. Dieses Tier ist wirklich einzigartig!

Abb. 337: Phantom, Super Yellow Belly von RDR. P. Buscher

Varianten und Weiterentwicklungen: nicht bekannt.

Phantom Platinum, Lesser

Erstzucht: Ralph Davis Reptiles, 2005.
Genetische Grundlage: Die Verkörperung der Reaktion von zwei co-dominanten Genen aufeinander in Form eines Super Leucistic. Die Kreuzung mit einem normal wildfarbenen Partner sollte ausschließlich Phantoms und Lesser Platinums ergeben.
Beschreibung: Ein bemerkenswerter Blue-Eyed Leucistic-Königspython. Die weiße Schlange besitzt bis auf einen schwach angedeuteten Vertebralstreifen und ebensolche Striche hinter den Augen keinerlei Zeichnung. Dieses Exemplar muss als Maß der Leucistic-Mutation bei *Python regius* gelten.
Varianten und Weiterentwicklungen: nicht bekannt.

Abb. 338: Phantom Platinum, Lesser von NERD. K. McCurley

Piebald

Alternative Bezeichnungen: Pied.
Erstzucht: Peter Kahl Reptiles, 1997.
Genetische Grundlage: Eine einfach rezessive Farb- und Zeichnungsmutation.
Beschreibung: Piebalds erfreuen sich größter Beliebtheit und sind einfach als solche zu identifizieren, obwohl sie extrem variabel sind. Ihre namensgebende Scheckung besteht aus einer aberranten, orangefarbenen und schwarzen Fleckenzeichnung, die sich mit hohem Kontrast von einer leuchtend weißen Grundfarbe abhebt. Der Anteil an Weiß kann dabei von sehr gering bis nahezu ausschließlich (95 % und mehr) reichen. Piebald-Königspythons besitzen davon völlig unabhängig stets einen normal gefärbten Kopf. Sie erregen stets Aufsehen und sind bei Haltern und Züchtern gleichermaßen beliebt. Sie haben dabei den gleichen Stellenwert wie andere gescheckte Tiere, etwa der Jack Russell Terrier und Pinto Pferde.
Varianten und Weiterentwicklungen: Pastel Pied, Pied Spider (auch bekannt als Spied) sowie der Lavender Albino Pied.

Abb. 339 u. 340 Mitte u. unten: Piebald von NERD. K. McCurley

Abb. 341 u. 342: Piebald Spider von Steve Roussis Reptiles.

S. ROUSSIS

Piebald Spider
Alternative Bezeichnungen: Pied Spider, Spied.
Erstzucht: Steve Roussis Reptiles, 2006.
Genetische Grundlage: Eine Farb- und Zeichnungsmutation aus einfach rezessivem Piebald × dominantem Spider.
Beschreibung: Soweit bekannt, handelt es sich um eine Schlange mit weißer Körperfärbung mit dem wildfarbenen Kopf eines Spider. Zur Zeit existieren davon nur einige wenige Exemplare, die jedoch alle einen zu 95 % weißen Körper und den farbig abgesetzten Kopf aufweisen. Es ist eine herausragende züchterische Leistung, und man kann nur hoffen, dass in Zukunft Tiere mit vom Spider-Gen beeinflussten, unterschiedlichen Weiß- und Pied-Anteilen produziert werden können.
Varianten und Weiterentwicklungen: nicht bekannt.

Abb. 343: Pinstripe von Exotics by Nature.
C. CHIEN

Pinstripe

Erstzucht: BHB Enterprises, 2001.
Genetische Grundlage: Eine dominant vererbte Farb- und Zeichnungsmutation.
Beschreibung: Die Zeichnung eines Pinstripe („Nadelstreifen") besteht genau aus solchen: goldfarbene Streifen auf einem hell lohfarbenen Untergrund und dünnen, fadenartigen Linien, die senkrecht die Flanken hinunterlaufen. Das Ausmaß der Nadelstreifung ist bei jedem Tier unterschiedlich groß. Der Kopf ist stets normal gefärbt, wenngleich etwas heller als bei wildfarbenen Exemplaren. Diese Mutation eignet sich besonders zur Kombination mit anderen Mutationen, da die Resultate aus aus solchen Verbindungen oft spektakulär sind.
Varianten und Weiterentwicklungen: Pinstripe Ghost/Hypo, Pinstripe Pastel Jungle (auch bekannt als Lemon Blast), Pinstripe Spi-

Abb. 344: Pinstripe von NERD.
K. MCCURLEY

Abb. 345: Pinstripe Chocolate von BHB. K. McCurley

der (oder Spinner), Pinstripe Lesser Platinum (Kingpin), Pinstripe Super Pastel Jungle, Pinstripe Chocolate, Super Chocolate Pinstripe (oder Camo) sowie der Pinstripe Spider Pastel Jungle.

Pinstripe Chocolate
Erstzucht: BHB Enterprises, 2003.
Genetische Grundlage: Die Kombination aus dominantem Pinstripe und co-dominantem Chocolate.
Beschreibung: Das Ergebnis ist ein seltsamer Pinstripe mit zusätzlichem Braun, der beinahe wie ein Afrikanischer Felsenpython aussieht.
Varianten und Weiterentwicklungen: Chocolate Pinstripe, Super (Camo).

Pinstripe Ghost
Erstzucht: BHB Enterprises, 2004.

Abb. 346: Pinstripe Ghost von BHB. K. McCurley

Abb. 347: Pinstripe Ghost von BHB.   C. CHIEN

Genetische Grundlage: Eine Farb- und Zeichnungsmutation aus der Paarung dominanter Pinstripe × einfach rezessiver Ghost/Hypo.
Beschreibung: Die gelborangefarbene Körperfärbung stammt vom Ghost und die reduzierte Zeichnung vom Pinstripe. Aufhellungen und Schattierungen betreffen die gesamte Körperfärbung.
Varianten und Weiterentwicklungen: nicht bekannt.

Pinstripe Lemon Pastel
Alternative Bezeichnungen: Lemon Blast.
Erstzucht: BHB Enterprises, 2003.
Genetische Grundlage: Eine Farb- und Zeichnungsmutation aus der Kreuzung dominanter Pinstripe × co-dominanter Pastel.
Beschreibung: Die buttergelbe Pigmentierung des Lemon Pastel ist hier mit der reduzierten Körperzeichnung des Pinstripe zusammengekommen.
Varianten und Weiterentwicklungen: nicht bekannt.

Abb. 348: Pinstripe Lemon Pastel von NERD.
K. McCURLEY

Pinstripe Spider
Alternative Bezeichnungen: Spinner.
Erstzucht: BHB Enterprises, 2003.
Genetische Grundlage: Eine kombinierte Zeichnungs- und Farbmutation aus der Kreuzung dominanter Pinstripe × dominanter Spider.
Beschreibung: Die Fusion von Pinstripe und Spider hat zu einer enorm verfeinerten Mutation geführt: eine goldfarbene Körperfarbe mit erheblich verminderter Körper- und Kopfzeichnung. Die klassischen Pinstripe-Markierungen sind überaus fein und schon beinahe schemenhaft. Die schwache Spider-Zeichnung hat offensichtlich die Musterung des Kopfes beeinflusst. Die goldfarbenen Dorsalstreifen treten deutlich hervor. Die Kombination der Spider- mit der Pinstripe-Mutation führt zu einer erheblichen Reduzierung der Körperzeichnung, was ganz neue Zuchtziele eröffnet.
Varianten und Weiterentwicklungen: Pinstripe Spider Pastel Jungle (oder Spinner Blast).

Abb. 349: Pinstripe Spider von NERD. K. McCurley

Abb. 350: Pinstripe Spider, juvenil von NERD. K. McCurley

Pinstripe Spider Pastel Jungle

Alternative Bezeichnungen: Spinner Blast.
Erstzucht: BHB Enterprises, 2005.
Genetische Grundlage: Eine kombinierte Zeichnungs- und Farbmutation aus der Kreuzung (dominanter Pinstripe × dominanter Spider) × co-dominanter Pastel Jungle.
Beschreibung: Eine prachtvoll gelbe Schlange mit minimaler Zeichnung, die gerade noch rechtzeitig für dieses Buch schlüpfte, auf dass wir alle etwas zum Geifern haben! Als erwachsene Schlange wird sie zweifelsohne für Furore sorgen!
Varianten und Weiterentwicklungen: nicht bekannt.

Abb. 351: Pinstripe Spider Pastel Jungle von NERD. K. McCurley

Abb. 352 u. 353: Pinstripe Spider Pastel Jungle von NERD. K. McCurley

Pinstripe Super Pastel Jungle

Alternative Bezeichnungen: Super Pastel Pin.
Erstzucht: BHB Enterprises, 2005.
Genetische Grundlage: Eine Zeichnungs- mit einer Farbmutation kombiniert: dominanter Pinstripe × co-dominanter Pastel Jungle.
Beschreibung: Ein stark verblasster Pinstripe mit pfirsichgelber Tönung und schwach purpurfarbener Zeichnung, die mit dem Älterwerden möglicherweise grau wird. Der Kopf ist beim Schlupf lavendelfarben. Die Zeichnung ist zart und unaufdringlich. Während sich dieses Manuskript seiner Fertigstellung näherte, schlüpfte bei mir das erste Tier aus einer Paarung Bumble Bee × Pastel Pin, und ich saß

Abb. 354: Pinstripe Super Pastel Jungle von NERD. K. McCurley

Abb. 355: Pinstripe Super Pastel Jungle von NERD.　　　　　　　　　　　　　K. McCurley

mit der Schlange auf meinem Schoß und versuchte, dafür die richtigen Worte zu finden. Es ist einfach eine prachtvolle Mutation.
Varianten und Weiterentwicklungen: nicht bekannt.

Platinum
Alternative Bezeichnungen: Platty oder Platty Daddy.
Erstzucht: Das Ursprungstier war ein aus Afrika importierter Wildfang, dessen erstmalige Vermehrung bei Ralph Davis Reptiles, 2003, gelang.

Genetische Grundlage: Eine co-dominante Zeichnungs- und Farbmutation mit einem versteckten Gen. Die Erbanlagen werden derzeit noch zu entschlüsseln versucht.

Die genetischen Eigenschaften dieses Exemplars sind noch immer rätselhaft. Zwar sind die Nachzuchten, die „Lesser Platties" dem Vatertier ähnlich, doch schien ihnen irgendeine Eigenschaft zu fehlen. Es wurde dann vermutet, dass ein einfach rezessives Gen eine Rolle spielen könnte, das zum Erscheinungsbild des Ursprungstieres führt, wenn man es der Lesser Platty-Mutation hinzufügt. Tatsächlich ergab dann die Rückkreuzung zwischen dem Original-Platty und einer (normal he-

Abb. 356: Platinum von RDR.　　R. Davis

terozygoten) Lesser Platty-Tochter einen gewissen Prozentsatz an Replikaten des importierten Platinum.
Beschreibung: Das importierte Ursprungstier wurde als weiß beschrieben – wovon zu diesem Zeitpunkt noch niemand etwas gehört hatte. Man hoffte, dass es sich um ein leuzistisches Exemplar handelte. Bei seinem Eintreffen wurde dann jedoch eine schwache Zeichnung festgestellt, was seinem Aussehen allerdings kaum Abbruch tat. Der Name dieser Morphe bezieht sich auf ein Edelmetall, was auf die Selten- und Kostbarkeit dieser Mutation zum Zeitpunkt ihres Imports anspielt.
Varianten und Weiterentwicklungen: nicht bekannt.

Platinum, Lesser
Alternative Bezeichnungen: „Lesser", „Lesser Platty".
Erstzucht: Ralph Davis Reptiles, 2001.
Genetische Grundlage: Eine co-dominante Farb- und Zeichnungsmutation. Diese Mutation entsteht aus der Verpaarung eines Platty mit einem normal wildfarbenen Partner, unter deren gemeinsamen Nachkommen 50 % Lesser Platties sind. Die Super-Form aus zwei Lesser Platties ist ein atemberaubender Leucistic mit blauen Augen. Dieses versteckte Gen mag ein noch unentdecktes Zuchtpotential haben, wenn es mit anderen Mutationen zusammengebracht wird.
Beschreibung: Das „Lesser" („kleiner", „niedriger", „geringer") weist darauf hin, dass es sich zwar um die Platinum-Morphe handelt, die Eigenschaften jedoch aufgrund eines versteckten Gens nicht ganz so ausgeprägt wie beim eigentlichen Platty sind.

Abb. 357: Platinum, Lesser von NERD.
K. McCurley

Varianten und Weiterentwicklungen: Platinum, Lesser Platinum Pastel Jungle, Lesser Platinum Lemon Pastel, Lesser Platinum Spider, Lesser Platinum Woma, Lesser Platinum Spider Pastel Jungle, Lesser Platinum Pinstripe, Woma Tiger Lesser Platinum Lemon Pastel Jungle, Woma Tiger Spider Lesser, Super Lesser Platinum sowie Lesser Platinum Ghost/Hypo.

Platinum, Lesser Pinstripe
Alternative Bezeichnungen: Kingpin.
Erstzucht: Ralph Davis Reptiles, 2005.
Genetische Grundlage: Eine Farb- und Zeichnungsmutation aus der Kreuzung co-dominanter Lesser Platinum × dominanter Pinstripe, der das Zeichnungs- und Farbgen einbringt.

Abb. 358: Platinum, Lesser Pinstripe von RDR. P. Buscher

Beschreibung: Die helle Platinum-Färbung des Körpers ist auf dem ganzen Tier mit goldenen Highlights durchsetzt. Der Kopf ist der eines klassischen Lesser Platinum. Entlang des Rückens erstreckt sich ein breiter Vertebralstreifen, der von dünnen braunen Nadelstreifen begleitet wird. Diese Mutation scheint die genetischen Merkmale beider Elternmorphen in gleichem Maße auszudrücken und lässt keine Zweifel über ihre Abstammung aufkommen.
Varianten und Weiterentwicklungen: nicht bekannt.

Platinum, Lesser, Super
Alternative Bezeichnungen: Super Lesser Platty, Blue-Eyed Leucistic.
Erstzucht: Ralph Davis Reptiles, 2004.
Genetische Grundlage: Die Super-/dominante Form des co-dominanten Lesser Platinum-Gens. Eine Kreuzung mit einem normal wildfarbenen Partner sollte ausschließlich Lesser Platinums hervorbringen.
Beschreibung: Ein atemberaubender leuzistischer Königspython ohne jeglichen Hinweis auf eine Zeichnung oder eine andere Farbe. Die Augen aller Blue-Eyed Leucistics sind tatsächlich rot, können dem unbewaffneten Auge jedoch schwarz erscheinen.
Varianten und Weiterentwicklungen: nicht bekannt.

Abb. 359: Platinum, Lesser Super von RDR. R. Davis

Red Axanthic

Erstzucht: Corey Woods, 2001.
Genetische Grundlage: Eine dominant vererbte Zeichnungs- und Farbmutation.
Beschreibung: Als homozygote Form eines co-dominanten Black Back-Zuchtstammes haben Red Axanthics eine hell goldfarbene Zeichnung auf deutlich rotbraunem Untergrund. Die seitlichen Zeichnungselemente bestehen häufig aus Ovalen; der Rücken weist oftmals einen unterbrochenen Streifen auf. Die Augenstreifen sind bei der Red Axanthic-Morphe typischerweise unvollständig, wobei ein einzelner heller Fleck über jedem Nasenloch zu finden ist.
Varianten und Weiterentwicklungen: nicht bekannt.

Abb. 360: Red Axanthic.   C. WOODS

Reeses Pastel

Erstzucht: Das Originalexemplar war ein Wildfang-Weibchen.
Genetische Grundlage: Eine co-dominante oder dominante Farbmutation. Es bedarf weiterer Zuchtversuche, um festzustellen, ob sich daraus eine Super-Form erzeugen lässt, was belegen würde, dass es sich um ein co-dominantes Gen handelt.
Beschreibung: Der Körper weist eine hell stroh- bis erdnussbutterfarbene Grundfarbe auf, von der sich eine dunkler braune Zeichnung abhebt.

Abb. 361: Reeses Pastel.   S. CHIRAS

Das Ursprungstier zeichnet sich durch ein unübersehbares Fehlen von schwarzem Pigment (Hypomelanismus) aus. Die Augen sind hell. Diese Mutation zeigt viele der Pastel Jungle-Merkmale.
Varianten und Weiterentwicklungen: Desert Tiger Reeses Pastel (auch bekannt als Tiger).

Ringer

Alternative Bezeichnungen: Bull's Eye oder Pied Spot.
Erstzucht: NERD, 2000.
Genetische Grundlage: Eine Zeichnungsmutation, die in einzelnen Zuchtstämmen co-dominant oder dominant ausgeprägt sein kann. Ringers scheinen häufiger und willkürlich in verschiedenen Gelegen aufzutauchen, wofür noch keine Erklärungen gefunden werden konnte. Auch sind jedes Jahr aufs Neue Ringer in Importsendungen enthalten. Sie sind somit recht einfach zu beschaffen und mögen im Einzelfall ein Potential für die Morphenzucht haben, wenn eine andere Mu-

tation auf das entsprechende Gen anspricht. Es muss durch Versuche geklärt werden, ob sich dieses Potential in irgendeiner Weise nutzen lässt.

Beschreibung: Das hauptsächliche Erkennungsmerkmal ist ein weißer Bereich, der sich nahe des Kloakalspalts von unten an den Seiten hinaufzieht und eine orangegelbe oder schwarz/weiße Begrenzung aufweist. Der Bauchbereich unter dieser ungewöhnlichen Eigenheit weist oftmals einen orangefarbenen Anflug auf. Einige Ringers sind einem Pied mit sehr wenig Weiß ähnlich, jedoch fehlen ihnen deren Streifung oder andere aberrante Zeichnungsmerkmale. Diese Mutation wird offenbar nicht in der gleichen Weise wie beim Piebald vererbt und könnte tatsächlich nur in bestimmten Zuchtstämmen überhaupt erblich verankert sein. Der Ringer mit der größten weißen Fläche, die bislang bekannt ist, wird hier abgebildet. Keiner der Nachkommen dieser Schlange hatte bisher das gleiche High-white Erscheinungsbild. Die Rückkreuzung mit zwei Töchtern erbrachte bei mir normal wildfarbene Exemplare und Ringer.

Varianten und Weiterentwicklungen: 2006 verpaarte NERD einen Bumble Bee mit einem NERD Ringer und einige Schlüpflinge hatten außerordentlich „komisch" aussehende Flanken und Bäuche. Ihr Aussehen ist durchaus sehr interessant, aber als neue Mutation möchte ich diese noch nicht bezeichnen.

Abb. 362–364: Ringer von NERD.
K. McCurley

Sable

Alternative Bezeichnungen: Co-dominant Hypermelanistic, Hypermelanistic.
Erstzucht: Eric Burkett, 2002.
Genetische Grundlage: Co-dominant bei diesem speziellen Zuchtstamm. Die Merkmale einiger der atemberaubendsten hypermelanistischen Exemplare erwiesen sich als nicht auf rezessivem oder co-dominantem Weg vererbbar. Sable ist zur Zeit die einzige genetisch fixierte Morphe dieser Art.
Beschreibung: Eine insgesamt sehr dunkle Mutation mit sehr starker schwarzer Pigmentierung, die dem Tier einen unglaublichen Glanz und ein allgemein rußiges Aussehen verleiht. Einige Exemplare zeigen auf der Bauchseite einen Anflug von Gelb, das sich bis auf die Flanken hochziehen kann.
Varianten und Weiterentwicklungen: Sable Pastle Jungle und Super Sable.

Abb. 365: Sable von NERD. K. McCurley

Sable Pastel Jungle

Alternative Bezeichnungen: Mudball.
Erstzucht: NERD, 2006.
Genetische Grundlage: Hier zieht das co-dominante Sable-Gen gegen das gleichfalls co-dominante des Pastel Jungle zu Felde und bringt einen überaus hässlichen Pastel hervor! Es ist eine Farbmutation, die man besser versteckt.
Beschreibung: Das Sable-Gen widerspricht bei dieser seltenen Kreuzung dem Pastel-Gen. Aber auch wenn sie nicht gerade ansprechend aussieht, so hat diese Morphe doch einiges an Zuchtpotential für die Kreuzung mit anderen Mutationen. Das Bild sagt wohl alles.
Varianten und Weiterentwicklungen: noch keine.

Abb. 366: Sable Pastel Jungle von NERD. K. McCurley

Sable, Super

Alternative Bezeichnungen: Super co-dominant Hypermelanistic.
Erstzucht: Eric Burkett, 2005.
Genetische Grundlage: Die Super-Form des co-dominanten Sable. Bei einer Kreuzung mit einem normal wildfarbenen Partner sollten alle Nachkommen co-dominante Hypermelanistic Sables sein.
Beschreibung: Ein sehr dunkler Königspython mit rußig schwarzer Pigmentierung. Die normalerweise hell gefärbten Seiten sind hier mit einer schwarzen Pfefferzeichnung versehen. Einige Stellen mit hellerer Zeichnung zeigen eine olivgrüne Tönung. Im Gesicht findet sich ein orangefarbener Anflug. Auch die Bauchseite zeigt eine dichte dunkle Pigmentierung. Am gesamten Tier findet sich nur sehr wenig bis kein Weiß. Insgesamt ist die Erscheinung samtartig und mit einem bläulichen Glanz überlagert, der häufig bei sehr dunklen Schlangen festzustellen ist.
Varianten und Weiterentwicklungen: nicht bekannt.

Snow

Alternative Bezeichnungen: Snowball, Axanthic Albino, VPI Snow, SK Snow, Jolliff Snow (spezifiziert nach den einzelnen axanthischen Zuchtstämmen, die dieses Merkmal hervorbringen).
Erstzucht: Mike Jolliff, 2001.
Genetische Grundlage: Farbmutation aus der Kombination von zwei einfach rezessiven Merkmalen. Der Snowball ist ein doppelt homozygoter (T-) Albino und Axanthic.
Beschreibung: Ein weißer Königspython mit roten Augen und in manchen Fällen einer sehr schwachen Andeutung einer gelben Zeichnung oder vereinzelten gelben Markierungen. Der Einfluss der Albino-Erbanlage beseitigt

Von oben nach unten:
Abb. 367: Sable Super von NERD.   K. McCurley
Abb. 368 u. 369: Snow von RDR.   R. Davis

sämtliches auf Melanin beruhendes Pigment, d. h. alle Töne von Braun und Schwarz. Das Axanthic-Gen dämpft andererseits die vielen Lagen mit gelbem Farbstoff, so dass Weiß als alles dominierende Farbe übrigbleibt. Der Axanthic-Zuchtstamm hat bei dieser Morphe eine enorm große Wirkung, und demzufolge bringen die besten schwarz/silbernen Axanthics die besten Snows hervor.
Varianten und Weiterentwicklungen: nicht bekannt.

Spider
Alternative Bezeichnungen: Spider-Webbed.
Erstzucht: NERD, 1999.
Genetische Grundlage: Eine dominante Zeichnungs- und Farbmutation.
Beschreibung: Dies ist eine extreme, ungewöhnliche Morphe. Der Kopf ist sehr auffällig und zeigt neben einem dicken „Schnauzbart" eine wie ausgeschnitten wirkende Zeichnung auf der Oberseite sowie Spuren von Schwarz unter dem Kinn. Die Grundfarbe des Körpers ist variabel und kann von orange-lohfarben über gelblich lohfarben bis zu hell erdfarben reichen. Darauf zeichnet sich ein schwarzes, netzförmiges, aus dicken Bändern bestehendes Muster ab. Einige Spiders zeigen eine zu dünnen Bändern reduzierte Zeichnung, andere eher eine Streifung in dieser oder jener Form. Viele Exemplare haben große weiße Flächen an den Seiten, die sich vom Bauch ausgehend nach oben erstrecken und in einzelnen Fällen bis fast auf den Rücken reichen können. In diesen weißen Flächen finden sich häufig einzelne gelbe oder orangefarbene Schuppen in willkürlich verstreuter

Von oben nach unten:
Abb. 370–372: Spider von NERD.
K. McCurley

Anordnung. Einzelne Exemplare zeigen eine ausgeprägte Strichelung aus Melanin in der Flankenzeichnung, die dann für einen ausgeprägten Schimmer sorgt. Die Spider-Mutation scheint darüber hinaus eine erblich verankerte Verhaltenseigenschaft zu haben. Oftmals sind diese Tiere besonders neugierig und aufgeschlossen, was sie zu besonders guten Fressern macht. Neben dem Pastel Jungle ist Spider die Morphe, aus der die meisten spektakulären Kreuzungen hervorgegangen sind.

Varianten und Weiterentwicklungen: Albino Spider, Black-backed Spider (auch bekannt als Barbed Wire Spider), Butter Spider (oder Butter Bee), Cinnamon Pastel Spider (oder Cinna-Bee), Cinnamon Pastel Spider Pastel Jungle (Pewter Bee), Co-dominant Hypo Spider (oder Fireball Spider), Ghost Spider (oder Honey Bee Spider), Lesser Platinum Spider (oder Lesser Bee), Lesser Platinum Pastel Spider (oder Queen Bee Spider), Mojave Spider, Pastel Spider (oder Bumble Bee Spider), Pastel Jungle Spider Woma (oder Wanna Bee Spider), Woma Tiger Spider Lesser Platinum, Pinstripe Spider (oder Spinner), Pinstripe Spider Pastel Jungle, Spider Pastel Jungle Axanthic, Spider Super Pastel Jungle Axanthic, Super Pastel Jungle Spider (oder Killer Bee Spider), Woma Spider, Vanilla Spider, Genetic Stripe Spider sowie Spider Piebald (Spied).

Spider Albino
Erstzucht: NERD, 2003.
Genetische Grundlage: Eine Farb- und Zeichnungsmutation aus der Kreuzung dominanter Spider × einfach rezessiver Albino.

Abb. 373: Spider Albino von NERD. K. McCurley

Beschreibung: Die Albino Spider-Mutation kann sich als orangegelber, nahezu zeichnungsloser Albino ausdrücken oder als kontrastreicher Albino mit deutlicher weißer Spinnennetz-Zeichnung, die vor einer tiefgelben Hintergrundfarbe zu leuchten scheint.
Varianten und Weiterentwicklungen: nicht bekannt.

Spider Albino, Faded

Erstzucht: NERD, 2005.
Genetische Grundlage: Eine Farb- und Zeichnungsmutation auf der Grundlage dominanter Spider × einfach rezessiver Faded Albino.
Beschreibung: Ein blasser, gelblich weißer Albino mit schwacher, lavendelfarbener Spinnennetz-Zeichnung. Die Schlange erscheint nahezu zeichnungslos und lässt ihre Abstammung vom Spider nur bei genauerem Hinsehen erkennen. Als der entsprechende Schlüpfling seinen Kopf erstmals aus dem Ei gesteckt hatte, tat auch ich ihn zunächst als normalen Faded Albino ab und konzentrierte mich auf die kontrastreichen Albino Spiders im selben Gelege. Erst bei einer erneuten Betrachtung bemerkte ich dann die lavendelfarbene Wünschelruten-Zeichnung auf dem Kopf, die für die Spider Mutation charakteristisch ist. Dieser Wurf beinhaltete beide Arten von Albinos aufgrund des Umstands, dass beide Elterntiere Träger sowohl des Faded Albino- als auch des Hi-Contrast Albino-Gens waren.
Varianten und Weiterentwicklungen: nicht bekannt.

Abb. 374: Spider Albino, Faded von NERD. K. McCurley

Spider Cinnamon Pastel

Alternative Bezeichnungen: Cinna-Bee Spider.
Erstzucht: NERD, 2005.
Genetische Grundlage: Eine Farb- und Zeichnungsmutation aus der Kreuzung dominanter Spider × co-dominanter Cinnamon Pastel.
Beschreibung: Bei dieser Kreuzung scheint der Cinnamon Pastel den größeren Einfluss auf das Aussehen der Nachkommen zu haben. Die Kopfzeichnung ist im Vergleich mit dem normalen Spider undeutlicher. Die Grundfar-

Abb. 375: Spider Cinnamon Pastel von NERD. K. McCurley

be des Körpers ist mit rötlichen Nuancen durchsetzt, und die Zeichnung besteht aus einem Gemisch aus der Spinnennetz-Zeichnung des Spider und den ovalen Flecken des Cinnamon Pastel. Die Flanken sind überwiegend weiß.
Varianten und Weiterentwicklungen: Cinnamon Pastel Spider Pastel Jungle (Pewter Bee).

Spider Co-dominant Hypo
Alternative Bezeichnungen: Fire Spider oder Co-dominant Hypo Spider.
Erstzucht: NERD (in Zusammenarbeit mit Lindy Johnson), 2003.
Genetische Grundlage: Eine Farb- und Zeichnungsmutation aus der Kreuzung dominanter Spider × co-dominanter Fire/Co-Dom Hypo.

Abb. 376: Spider Cinnamon Pastel, Baby von NERD. K. McCurley

Abb. 377: Spider co-dominant Hypo von NERD. K. McCurley

Beschreibung: Diese Spider-Mutation zeichnet sich durch eine äußerst helle, brüniert-goldfarbene Rückenfärbung, weiße Seiten und eine ausgeprägte Kopfzeichnung aus. Die klassische Spider-Netzeichnung ist auf eine kakaobraune Farbe reduziert, jedoch ziemlich klar in ihrer Abgrenzung. Der Kontrast zwischen Zeichnung und Grundfarbe ist sehr ausgeprägt.
Varianten und Weiterentwicklungen: nicht bekannt.

Spider Desert Ghost Pastel Jungle
Alternative Bezeichnungen: Desert Bee.
Erstzucht: NERD, 2006
Genetische Grundlage: Eine Farb- und Zeichnungsmutation aus der Kreuzung (dominanter Spider × dominanter Desert Ghost) × co-dominanter Pastel Jungle.
Beschreibung: Diese Mutation wirkt wie ein Bumble Bee („Hummel") ohne die deutlichen gelben Highlights. Da Desert Ghosts ihr typisches Aussehen erst mit fortschreitendem Wachstum entwickeln, kann zum gegenwärtigen Zeitpunkt nur vermutet werden, dass diese Schlange einmal eine klare schwarze Zeichnung auf weißem oder gelbem Grund zeigen wird. Die deutlich gebänderte Zeichnung ist möglicherweise auf den Einfluss des Desert Ghost-Gens zurückzuführen.
Diese Mutation schlüpfte, als ich gerade mit dem Manuskript zum vorliegenden Buch fertig wurde und musste anhand eines Schlüpflings noch vor dessen erster Häutung beschrieben werden.
Varianten und Weiterentwicklungen: nicht bekannt.

Abb. 378: Spider Desert Ghost Pastel Jungle von NERD. K. McCurley

Spider Genetic Striped

Alternative Bezeichnungen: Motley Bee.
Erstzucht: NERD, 2006 in Zusammenarbeit mit VPI.
Genetische Grundlage: Eine Farb- und Zeichnungsmutation aus der Kreuzung dominanter Spider × einfach rezessiver Genetic Striped.
Beschreibung: Das Genetic Striped-Gen drängt sich bei der Farbgebung des Kopfes in den Vordergrund, während sich das Spider-Gen in Form willkürlich verteilter schwarzer Markierungen auf dem Körper durchsetzt. Die Zeichnung sieht besonders auf den Seiten merkwürdig aus, denn hier finden sich vereinzelte orangefarbene Stellen, die die verminderte Flankenzeichnung einfassen. Die Abstammung vom Genetic Striped ist überall auf der Schlange durch den zeichnungslosen goldfarbenen Rückenbereich zu erkennen. Zum Zeitpunkt der Beschreibung befand sich dieser bislang nur als einziges Exemplar bekannte Designer-Königspython noch im Ei. Es steht jedoch zu vermuten, dass weitere Gelege die wahre Spannbreite der Merkmalsausprägungen ans Tageslicht bringen werden.
Varianten und Weiterentwicklungen: nicht bekannt.

Abb. 379 u. 380: Spider Genetic Striped von NERD. K. McCurley

Spider Ghost/Hypomelanistic

Alternative Bezeichnungen: Honey Bee Spider.
Erstzucht: NERD, 2003.
Genetische Grundlage: Eine Farb- und Zeichnungsmutation, entstanden aus der Kreuzung dominanter Spider × einfach rezessiver Ghost/Hypo.
Beschreibung: Das fünfte Mitglied der Spider-Familie ist gleichzeitig die dritte Kreuzung von einfach rezessiven mit co-dominanten Erbanlagen. Ghost Spiders zeigen sich als Mischung aus pfirsichfarbenen, rosa und lohbraunen Pigmenten sowie einem strahlenden Orange als Begrenzung der weißen Seitenfärbung. Wie bei normalen Ghosts ist der Anteil

Abb. 381: Spider Ghost/Hypomelanistic von NERD. K. McCurley

von Schwarz in erheblichem Umfang auf ein Purpur-Anthrazit reduziert. Die Augen sind dunkel mit einer Andeutung der typischen „spider-grünen" Töne.
Varianten und Weiterentwicklungen: noch keine, aber bald!

Spider Platinum, Lesser
Alternative Bezeichnungen: Lesser Bee.
Erstzucht: NERD, 2005.
Genetische Grundlage: Eine Farb- und Zeichnungsmutation, die sich aus der Kreuzung dominanter Spider × co-dominanter Lesser Platinum ergibt.

Abb. 382: Spider Ghost/Hypomelanistic von NERD. K. McCurley

Beschreibung: Der Lesser Bee ist ein in exquisiter Weise strahlender, von Kontrasten geprägter Königspython. Der Körper ist hell cremefarben, hat weiße Seiten und einen Anflug von Gelb entlang der Rückenmitte. Die Spider-Zeichnung ist stark verfeinert und erscheint samtig braun. Die Augen sind hellgrün pigmentiert, und der Gesamteindruck der Schlange ist sehr zart.
Varianten und Weiterentwicklungen: nicht bekannt.

Abb. 383: Spider Platinum, Lesser von NERD. K. McCurley

Abb. 384: Spider Mojave von NERD. G. Thorpe

Spider Mojave
Erstzucht: Ein Gemeinschaftsprojekt von Gail Thorpe und NERD, 2004.
Genetische Grundlage: Eine Farb- und Zeichnungsmutation aus Spider (dominant) und Mojave (co-dominant).
Beschreibung: Die Grundfarbe ist ein strahlendes Gelb in den unteren seitlichen Bereichen, das dorsolateral und vertebral in Champagnerfarben übergeht und von einer dunkelbraun bis schwarzen Zeichnung überlagert wird. Die Bauchseite ist weiß. Die Zeichnung rührt ganz offensichtlich vom Spider her, auch wenn sie etwas dicker und blasser ist. Winzige Sprenkel können auf den unteren Teilen der Flanken vorhanden sein. Die Iris ist blass grün.
Varianten und Weiterentwicklungen: nicht bekannt.

Spider Pastel Jungle
Alternative Bezeichnungen: Bumble Bee Spider.
Erstzucht: NERD, 2001. Dies war das zweite doppelt homozygote Designer-Merkmal beim Königspython.

Abb. 385: Spider Pastel Jungle von NERD.
K. McCurley

Abb. 386: Spider Pastel Jungle von NERD.　　　　　　　　　　　　　　K. McCurley

Abb. 387: Spider Pastel Jungle von NERD.　　　　　　　　　　　　　　K. McCurley

Genetische Grundlage: Eine Farb- und Zeichnungsmutation aus der Kreuzung dominanter Spider × co-dominanter Pastel Jungle.

Beschreibung: Bumblebee Spiders sind ohne Zweifel bis heute eine der „spektakulärsten" Mutationen beim Königspython. Sie zeigen eine lebhaft gelbe Grundfärbung mit einer pechschwarzen, an ein Spinnennetz erinnernden Zeichnung darauf. Die Markierungen auf den Flanken können „low white" oder auch „high white" sein und erstrecken sich manchmal über mehr als die Hälfte der Körperhöhe. Bumblebees erben ihre grünen Augen vom Spider-Elternteil, nur dass der Pastel-Einfluss sie heller werden lässt.

Varianten und Weiterentwicklungen: Lesser Platinum Pastel Jungle Spider (auch bekannt als Queen Bee Spider), Super Pastel Jungle Spider (oder Killer Bee Spider), Pastel Spider Woma (oder Wanna Bee Spider) Spider Pinstripe Pastel Jungle (oder Spinner Bee) Spider Pastel Jungle Axanthic – (Zebra Bee) sowie Desert Ghost Spider Pastel (oder Desert Bee).

Spider Pastel Jungle Axanthic

Alternative Bezeichnungen: Zebra Bee.
Erstzucht: NERD, 2002.
Genetische Grundlage: Eine Farb- und Zeichnungsmutation aus dem dominanten Spider × dem co-dominanten Pastel unter Einbeziehung des einfach rezessiven Gens des Axanthic.

Abb. 388: Spider Pastel Jungle Axanthic von NERD. K. McCurley

Beschreibung: Eine prachtvolle neue Mutation mit opaleszierend weißer Grundfärbung und der schwarzen Spinnennetzzeichnung des Spider. Im vorderen Körperdrittel findet sich noch immer eine geringfügige schwarze Sprenkelung, die von der Verwendung des Pastel Jungle-Zuchtstammes herrührt. Es ist ein aufsehenerregendes Tier mit starken Kontrasten.
Varianten und Weiterentwicklungen: Spider Super Pastel Jungle Axantic.

Spider Pastel Jungle Ghost
Erstzucht: Outback Reptiles, 2006.
Genetische Grundlage: Eine Farb- und Zeichnungsmutation aus dem dominanten Spider × dem co-dominanten Pastel und dem einfach rezessiven Ghost.
Beschreibung: Die Erscheinung ist die einer blassen Ausgabe eines Bumble Bee Spiders, und ich erkenne auch einige Merkmale von Killer Bee. Durch den Einfluss von Ghost wird das gesamte Aussehen aufgehellt und führt somit zu einer ansprechenden Mutation.
Varianten und Weiterentwicklungen: noch keine.

Abb. 389: Spider Pastel Jungle Ghost von Outback Reptiles. I. GNIAZDOWSKI

Spider Pastel Jungle Platinum, Lesser
Alternative Bezeichnungen: Queen Bee Spider.
Erstzucht: NERD, 2005.
Genetische Grundlage: Eine Farb- und Zeichnungsmutation aus der dreifach homozygoten Kreuzung (dominanter Spider × co-dominanter Pastel Jungle) × co-dominanter Lesser Platinum.
Beschreibung: Diese Kombination weist viele Ähnlichkeiten zum Killer Bee Spider auf, besitzt jedoch zusätzlich noch einen Hauch von Lavendel! Mit Worten ist diese Morphe nur schwer zu beschreiben!
Varianten und Weiterentwicklungen: nicht bekannt.

Abb. 390: Spider Pastel Jungle Platinum, Lesser von NERD. K. MCCURLEY

Spider Pastel Jungle, Super Axanthic
Erstzucht: NERD, 2006.
Genetische Grundlage: Eine Farb- und Zeichnungsmutation aus dem dominanten Spider und dem dominanten Super Pastel sowie dem einfach rezessiven Axanthic-Gen mit großem Zuchtpotential.
Beschreibung: Eine schwarz/weiße Version des Killer Bee Spider, die seit langem zu erwarten stand. Ich bin mit dem Aussehen dieser Morphe sehr zufrieden. Sie schlüpfte gerade noch rechtzeitig für diese Auflage, und es ist mir derzeit noch schleierhaft, wie die entsprechenden Tiere einmal aussehen werden wenn sie ausgewachsen sind. Die Abbildung kann ihr jetziges Erscheinungsbild besser als meine Worte vermitteln.
Varianten und Weiterentwicklungen: noch keine.

Spider Pastel Jungle, Super
Alternative Bezeichnungen: Killer Bee Spider.
Erstzucht: NERD, 2002.
Genetische Grundlage: Eine Farb- und Zeichnungsmutation, entstanden aus der Kombination dominanter Spider × dominanter Super Pastel, zwei homozygoten Manifestationen.
Beschreibung: Killer Bee Spiders haben eine außergewöhnlich blasse gelbe und weiße Körpergrundfarbe, auf der eine filigrane, lavendelgraue Spider-Zeichnung liegt. Als Schlüpflinge sind sie weiß und purpurn mit einem bläulichen Anflug auf der Kopfoberseite; erst später werden sie gelb, weiß und grau. Diese Mutation lässt sich kaum mit einer anderen verwechseln!
Varianten und Weiterentwicklungen: Spider Pastel Jungle Super Axanthic.

Spider Woma
Erstzucht: NERD, 2002.
Genetische Grundlage: Eine Zeichnungsmutation aus der Kreuzung dominanter Spider × codominanter oder dominanter Woma.
Beschreibung: Hierbei handelt es sich um eine sehr subtile Kombination der für Spider und Woma charakteristischen Merkmale. Die Zeich-

Von oben nach unten:
Abb. 391: Spider Pastel Jungle, Super Axanthic.
Abb. 392: Spider Pastel Jungle, Super.
Abb. 393: Spider Woma.
Alle von NERD. K. McCurley

nung kann reduziert sein, die typische Kopfzeichnung des Spider kann vorhanden sein oder fehlen, und häufig zeigen die Seiten dieser Morphe wenig oder kein weißes Pigment. Die Augen sind gewöhnlich hell gefärbt.
Varianten und Weiterentwicklungen: Spider Woma Pastel Jungle (auch bekannt als Wanna Bee Spider).

Spider Woma Pastel Jungle
Alternative Bezeichnungen: Wanna Bee Spider.
Erstzucht: NERD, 2003.
Genetische Grundlage: Eine Farb- und Zeichnungsmutation aus der Verknüpfung von drei verschiedenen Mutationsmerkmalen: (dominanter Spider × co-dominanter Pastel) × co-dominanter Woma. Dies ist die erste dreifach homozygote Mutation beim Königspython. Eine Kreuzung mit einem normal wildfarbenen Partner kann normal theoretisch wildfarbene Königspythons, Womas, Spiders, Bumble Bees, Pastels, Pastel Womas, Spider Womas und Wanna Bees – alle im gleichen Wurf – hervorbringen!
Beschreibung: Wanna Bee Spiders sind ziemlich verschiedenartig in ihrem Aussehen. Die extremsten Exemplare präsentieren sich als „calico" gezeichnete Bumble Bee Spiders mit großflächig weißen Flanken und dichter Sprenkelung auf dem gesamten Körper.
Varianten und Weiterentwicklungen: nicht bekannt.

Abb. 394: Spider Woma Pastel Jungle von NERD. K. McCurley

Spider Yellow Belly
Erstzucht: NERD, 2005.
Genetische Grundlage: Eine Farb- und Zeichnungsmutation aus der Kombination von zwei verschiedenen Merkmalen aus dem dominanten Spider und dem co-dominanten Yellow Belly.
Beschreibung: Dem unerfahrenen Betrachter mag diese Mutation wie ein besonders hübscher Spider vorkommen. Die Flanken weisen jedoch in größerem Umfang schwarze Striche auf, die kein zusammenhängendes Muster bilden sowie eine orangefarbene Fleckung, die dichter als beim gewöhnlichen Spider ist. Babies zeigen helle Stellen mit

Abb. 395: Spider Yellow Belly von NERD. K. McCurley

goldfarbener Sprenkelung, die nur ausnahmsweise bei anderen Jungtieren zu finden ist. Die Bauchzeichnung entspricht nicht der sonst bei Yellow Belly üblichen, sondern äußert sich in Form willkürlich verteilter Flecken. Erst nach der ersten Häutung bemerkte ich, dass sich diese Tiere von meinen anderen Spiders unterschieden. Diese Abweichungen sind zwar für das Auge nur subtil, jedoch hinsichtlich der Erbanlagen durchaus interessant.
Varianten und Weiterentwicklungen: nicht bekannt.

Spotnose
Erstzucht: VPI, 2001.
Genetische Grundlage: Eine co-dominante Zeichnungsmutation.
Beschreibung: Hierbei handelt es sich um einen extrem verwirrend gezeichneten Königspython mit aberranter schwarzer Kopfzeichnung und einem großen goldfarbenen Fleck auf der Nase. Die Rückenzeichnung ist häufig als Vertebralstreifen ausgeprägt.
Varianten und Weiterentwicklungen: Spotnose Pastel Jungle und Super Spotnose (auch bekannt als Powerball).

Spotnose Pastel Jungle
Erstzucht: VPI, 2006.
Genetische Grundlage: Die Kreuzung einer Zeichnungs- mit einer Farbmutation auf co-dominanter × co-dominanter Grundlage.
Beschreibung: Die Färbung der Pastel Jungle-Mutation ist hier mit der extrem konfusen Zeichnung des Spotnose kombiniert. Die Schlange besitzt eine aberrante schwarze Kopfzeichnung und einen großen goldfarbenen Fleck auf der Nase. Die Rückenzeichnung ist häufig als Vertebralstreifen ausgeprägt.
Varianten und Weiterentwicklungen: nicht bekannt.

Von oben nach unten:
Abb. 396: Spotnose.
Abb. 397: Spotnose Pastel Jungle.
Alle von VPI.   D. Barker

Spotnose, Super
Alternative Bezeichnungen: Powerball.
Erstzucht: VPI, 2005.

Genetische Grundlage: Eine Zeichnungs- und Farbmutation; die Super-/dominante Form des Spotnose.
Beschreibung: Die schwarze Zeichnung steht vor einem silberweißen Hintergrund und ist an den Flanken spitzenartig und beinahe wie ein Labyrinth ausgebildet. Schwarze Sprenkel finden sich überall. Entlang der Wirbelsäule verläuft ein weißer, schwarz eingefasster Streifen. Die Kopfzeichnung ist stark reduziert. Eine wirklich einzigartige Mutation!
Varianten und Weiterentwicklungen: nicht bekannt.

Abb. 398: Spotnose, Super von VPI. D. Barker

Sunburst Pastel Jungle
Erstzucht: Rob Trenor/RK Reptiles, 2006.
Genetische Grundlage: Diese Mutation ist das Ergebnis einer Verpaarung eines normal aussehenden Pastel Jungle mit einem etwas ungewöhnlichen Weibchen. Auf diese Weise kamen das co-dominante Farbgen des Pastel mit einer unbekannten Veranlagung zu einer Zeichnungs- und Farbmutation zusammen. Zum gegenwärtigen Zeitpunkt bedarf es noch weiterer Zuchtexperimente, um die Eigenschaften des „unbekannten" Gens zu verstehen.
Varianten und Weiterentwicklungen: noch keine.

Abb. 399: Sunburst Pastel Jungle von NERD. K. McCurley

Vanilla
Alternative Bezeichnungen: Thunder Ball @ Cypress Creek.
Erstzucht: Gulf Coast Reptiles, 2000.
Genetische Grundlage: Eine co-dominante Farbmutation mit abweichender Zeichnung.
Beschreibung: Diese zart gefärbte Mutation zeichnet sich durch einen ungewöhnlich hohen Anteil von Gelb auf dem Körper und eine extrem reduzierte braune Zeichnung aus. Der Kopf besitzt einen aufgehellten mittleren Bereich, der stark an Spotnose oder den Fireball/Co-dominant Hypo erinnert. Die gelben Markierungen im vorderen Lippenbereich sind ebenfalls der Spotnose-Mutation sehr ähnlich und scheinen für die vorliegende Morphe charakteristisch zu

Abb. 400: Vanilla von Gulf Coast Reptiles. S. McQuade

sein. Auch wenn sie lediglich wie eine weitere „High Yellow"-Mutation erscheinen mag, so ist sie doch etwas ganz anderes. Vanilla ist eindeutig durch seine Super-Form definiert.
Varianten und Weiterentwicklungen: Super Vanilla und Super Vanilla Citrus Ghost.

Abb. 401: Vanilla, Super von Gulf Coast Reptiles. S. McQuade

Vanilla, Super
Alternative Bezeichnungen: Lightning Ball @ Cypress Creek.
Erstzucht: Gulf Coast Reptiles, 2002.
Genetische Grundlage: Die homozygote dominante Ausprägung des Vanilla ist eine Zeichnungs- und Farbmutation.
Beschreibung: Eine hypomelanistische Schlange, die blass und wie überfroren aussieht. Ihre zartgelbe Zeichnung ist reduziert und kryptisch und besonders auf dem Kopf sehr blass. Der Super Vanilla ist sicherlich für die Kreuzung mit anderen Morphen von großem Wert.
Varianten und Weiterentwicklungen: Super Vanilla Citrus Ghost.

Vanilla, Super Blonde Ghost
Alternative Bezeichnungen: Super Vanilla Citrus Ghost.
Erstzucht: Gulf Coast Reptiles, 2002.
Genetische Grundlage: Eine co-dominante Farbmutation mit abweichender Zeichnung.
Beschreibung: Eine blasse, aber prachtvolle Schlange. Wirkt sie insgesamt schon sehr ausgeblichen, so macht der Kopf den Eindruck, als hätte jemand versucht, die Farbe auszuradieren. Die Zeichnung ist durch den Einfluss von Vanilla stark reduziert. Eine überaus beeindruckende Designer-Morphe!
Varianten und Weiterentwicklungen: Super Vanilla Citrus Ghost.

Abb. 402: Vanilla, Super Blonde Ghost von Gulf Coast Reptiles. S. McQuade

Abb. 403: Vanilla Pastel Jungle von Gulf Coast Reptiles.   S. McQuade

Vanilla Pastel Jungle
Erstzucht: Gulf Coast Reptiles, 2006.
Genetische Grundlage: Die Vereinigung von zwei co-dominanten Merkmalen führt zu einer Farbmutation mit möglicher Reduktion der Zeichnung aufgrund des Einflusses von Vanilla.
Beschreibung: Auf den ersten Blick könnte man einen Schlüpfling dieser Mutation für einen Super Pastel Jungle halten. Die schwarze Zeichnung auf dem Körper und die Kopfoberseite sind erheblich verblasst. Eine vollständige Beschreibung war nicht möglich, denn die entsprechenden Schlangen hatten bei Abgabetermin gerade erst die Köpfe aus ihren Eiern gesteckt.
Varianten und Weiterentwicklungen: nicht bekannt.

Vanilla Spider
Erstzucht: Gulf Coast Reptile, 2006.
Genetische Grundlage: Hier trifft der co-dominante Vanilla auf den dominanten Spider und führt zu einer doppelt genetisch bedingten Zeichnungs- und Farbmutation.
Beschreibung: Die Spider-Zeichnung auf einem sauber goldfarbenen Untergrund und

Abb. 404: Vanilla Spider von Gulf Coast Reptiles.
S. McQuade

einem auffallenden hypomelanistisch goldfarbenen Bereich entlang der Rückenmitte. Die Spinnennetz-Zeichnung tritt scharf abgegrenzt hervor, und es ist dieser Kontrast, der die Schlange im Erwachsenenalter einmal zu einem herausragenden Tier machen wird. Zum Zeitpunkt der Fertigstellung des Manuskripts waren diese Tiere erst im Schlüpfen begriffen.
Varianten und Weiterentwicklungen: nicht bekannt.

Vanilla Yellow Belly

Alternative Bezeichnungen: Super Stripe.
Erstzucht: Jared HORENSTEIN, Royal Python Reptiles, 2004. Tom Carleton von Cypress Creek bewies 2006, dass diese Mutation durch die Kreuzung zwischen Yellow Belly und Vanilla zustandekommt. Zuvor war nicht bekannt, dass Vanilla daran beteiligt war.
Genetische Grundlage: Eine Farb- und Zeichnungsmutation aus der Kreuzung co-dominanter Vanilla × co-dominanter Yellow Belly (heterozygoter Ivory).
Beschreibung: Ein perfekter, blendend goldfarbener Vertebralstreifen auf einem kastanienfarbenen Rücken, der seinerseits auf den Flanken in kaffeebraune Töne übergeht. Darunter ist die Färbung ein zartes Gelb und Orange mit schwarzer Sprenkelung. Die Bauchseite ist weiß mit Andeutungen der für Yellow Bellies typischen Ränder zwischen den Bauchschuppen und der Flankenzeichnung. Die Kopfzeichnung ist reduziert und erinnert etwas an jene von Spider.

Diese Mutation ist mit Sicherheit eine enorme Bereicherung! Persönlich verstehe ich nicht, wie diese Kreuzung zu solch einem Ergebnis führen konnte. Aber ganz offensichtlich hat die Natur einige Geheimnisse, die wir wohl nie verstehen werden.

Abb. 405 u. 406: Vanilla Yellow Belly von RPR. J. HORENSTEIN

Varianten und Weiterentwicklungen: nicht bekannt.

Viper

Erstzucht: Im Besitz von BHB Enterprises.
Genetische Grundlage: Eine Farb- und Zeichnungsmutation, deren genetische Hintergründe zur Zeit noch unbekannt sind.
Beschreibung: Die Bezeichnung „Viper" spielt auf die Ähnlichkeiten mit dem Aussehen einer Gabunviper (*Bitis gabonica*) an. Es ist ein Durcheinander aus orangefarbenem, gelbem und braunem Pigment mit extrem ausgewaschener, reduzierter Zeichnung. Diese Morphe scheint durchgehend grünliche Highlights in ihrer Körperfärbung zu besitzen. Ein Foto eines Viper-Königspythons drückt wirklich mehr als tausend Worte aus!
Varianten und Weiterentwicklungen: nicht bekannt.

Abb. 407: Viper von BHB. L. BARCZYK

White Sided

Alternative Bezeichnungen: Bubble Gum, Calico, Sugar.
Erstzucht: NERD, 2002.
Genetische Grundlage: Eine Zeichnungsmutation auf dominanter, möglicherweise co-dominanter Grundlage.
Beschreibung: Oftmals ist dies ein normal gefärbter Königspython mit weißer Sprenkelung oder weißen Flächen auf den Seiten. Viele Exemplare weisen darüber hinaus versprengte orangefarbene Schuppen in den weißen Bereichen auf. Einige White-Sideds zeigen eine schwarze Rückenstreifung oder eine reduzierte Bänderzeichnung und helle Bauchseiten ohne Zeichnung. Schlüpflinge dieser Mutation sind recht vielgestaltig in ihrem Aussehen. Diese Morphe wird durch die Kreuzung mit anderen Mutationen mit Sicherheit zu einigen spektakulären neuen Morphen führen.
Varianten und Weiterentwicklungen: White Sided Pastel Jungle.

Abb. 408 oben: White Sided von NERD. K. MCCURLEY
Abb. 409 unten: White Sided. A. SJÖBECK

Abb. 410: White Sided Pastel Jungle von Ballroom Python South. K. McCurley

White Sided Pastel Jungle
Alternative Bezeichnungen: Calico Dream.
Erstzucht: Ballroom Pythons South, 2006.
Genetische Grundlage: Hier wurde das co-dominante oder dominante Zeichnungs-/Farb-Gen des White-sided mit dem co-dominanten Farb-Gen des Pastel Jungle kombiniert.
Beschreibung: Eine prachtvolle neue Mutation, bei der eine kräftige weiße Pigmentierung die Zeichnung und Färbung des Pastel auflöst. Die Flanken sind weiß und orangefarben und lassen nur auf der Hälfte des Tieres etwas Zeichnung erkennen. Der vordere Abschnitt behält die dunklen Bereiche der Seitenzeichnung bei, nur dass diese nun von Weiß und Orange umgeben sind. Ich vermute, dass dieses Exemplar mit zunehmendem Alter mehr Weiß entwickeln und dass die Zeichnung weiter verblassen wird.
Varianten und Weiterentwicklungen: noch keine.

Woma Tiger
Erstzucht: NERD, 1998.
Genetische Grundlage: Eine co-dominante oder dominante Farb- und Zeichnungsmutation. Es bedarf weiterer Zuchtexperimente, um auf die genauen genetischen Hintergründe schließen zu können. Möglicherweise besitzt diese Mutation auch ein verstecktes Gen, das das Aussehen einzelner Nachkommen beeinflußt. Es scheint auch auf andere Mutationen anzusprechen, so z.B. bei einer Kreuzung mit dem Lesser Platinum Woma. Bei diesem Python handelt es sich um einen 100%ig reinrassigen Königs-

python und nicht wie fälschlicherweise durch seinen Namen oft angenommen um einen Hybriden zwischen einem Woma (*Aspidites ramsayi*) und *Python regius*. Die Bezeichnung Woma erhielten diese Tiere durch ihr einem „echten" Woma ähnlichen Zeichnung.

Beschreibung: Eine stark reduzierte Zeichnung aus dünnen schwarzen Bändern auf einer gold- bis lohfarbenen Grundfärbung. Die Augen sind hell und erinnern stark an die Spider-Mutation. Die Kopfzeichnung ist deutlich. Zeichnung und Färbung sind hochgradig variabel. Viele Womas zeigen ein starkes Schillern sowie schwarz geränderte Lateralschuppen. Man darf diese Mutation nicht mit der Banded- oder Tiger-Morphe verwechseln; sie ist in der Tat sowohl in ihrem Aussehen als auch hinsichtlich der genetischen Grundlagen gänzlich verschieden.

Varianten und Weiterentwicklungen: Woma Tiger Spider, Woma Tiger Spider Pastel (auch bekannt als Wanna Bee Spider), Woma Tiger Spider Lesser Platinum, Woma Tiger Pastel Jungle, Woma Tiger Phantom, Woma Tiger Lesser Platinum Lemon Pastel Jungle, Woma Tiger Lemon Pastel Jungle, Woma Tiger Yellow Belly, Woma Tiger Pastel Jungle Yellow Belly, Woma Tiger Genetic Granite, Woma Tiger Mojave und Woma Tiger Lesser Platinum. Die Pearl Patternless-Morphe (mit schwarzen Augen, grau, zeichnungslos) entstand aus der Verpaarung von zwei Womas. Der Super Woma mag mit diesem Pearl identisch sein, jedoch werden erst zukünftige Zuchtversuche zum Verständnis der Genetik dieser Mutation führen.

Abb. 411–413: Woma Tiger von NERD. K. McCurley

Abb. 414: Woma Tiger Genetic Granite von NERD. K. McCurley

Woma Tiger Genetic Granite

Erstzucht: NERD, 2006.

Genetische Grundlage: Eine Farb- und Zeichnungsmutation aus der Kreuzung co-dominanter Woma × co-dominanter oder dominanter Genetic Granite.

Beschreibung: Eine Schlange mit äußerst verwirrender Zeichnung, bei der die an Durchbruchspitze erinnernden ovalen Zeichnungselemente von einer unregelmäßigen Bänderung aufgebrochen werden. Insgesamt besteht die Färbung aus einem Toffeebraun mit cremefarbenen Highlights und einer goldfarbenen Musterung.

Varianten und Weiterentwicklungen: noch keine.

Woma Tiger Platinum, Lesser

Erstzucht: NERD, 2005.

Genetische Grundlage: Eine Farb- und Zeichnungsmutation aus der Kreuzung co-dominanter Woma × co-dominanter Lesser Platinum; zwei homozygote Ausprägungen im selben Tier. Hier steht zu vermuten, dass das versteckte Gen der Woma-Mutation mit dem versteckten Gen des Lesser Platty spontan eine neue Morphe geschaffen hat.

Beschreibung: Eine sehr seltsame Mutation, die nicht so herauskam, wie ich mir das vorgestellt hatte. Die Schlange ist auf dem Rücken vollständig gestreift und zeigt im vorderen Teil des ersten Körperdrittels eine rötlich graue

Abb. 415: Woma Tiger Platinum, Lesser von NERD. K. McCurley

Zone, die auf die Seiten ausfließt. Die Flanken werden in diffusem Sonnenlicht zu einem Perlweiß mit bläulichem und grünlichem Glanz!

Es ist anzunehmen, dass die Woma-Mutation ein verstecktes Gen mit sich bringt, das mit dem versteckten Gen des Lesser Platinum eine Reaktion eingegangen ist und zu dieser Morphe geführt hat. NERD hat diese Mutation 2006 erneut produziert und damit die genetischen Gegebenheiten bestätigt. Ebenfalls entstand dort die Kombination Woma Tiger × Lesser × Spider, bei der sich das versteckte Gen nicht offenbart.

Varianten und Weiterentwicklungen: Woma Lesser Platinum Lemon Pastel, Woma Tiger Spider Lesser Platinum.

Woma Tiger Platinum, Lesser Lemon Pastel Jungle
Erstzucht: NERD, 2006.
Genetische Grundlage: Eine Farb- und Zeichnungsmutation aus der Kombination co-dominanter Woma, co-dominanter Lesser Platinum und co-dominanter Pastel Jungle. Ich glaube, dass diese Mutation das Ergebnis von drei verschiedenen Mutationen und eine Reaktion von zwei versteckten Genen aus den Morphen Lesser Platinum und Woma darstellt. Ich kann nicht recht erklären, warum sich das Zuchtergebnis so darstellt, aber auf jeden Fall ist die Schlange eine spektakuläre Designermorphe.
Beschreibung: Eine unglaubliche Mutation mit Streifenzeichnung auf dem Rücken und verschwommener grau/lavendelfarbener Randzeichnung, die sich zur Bauchseite hin auflöst. Im Moment besteht die Farbgebung aus Lavendel, Grau und Rosa. Der Einfluss des Lemon Pastel scheint sich sowohl auf die Zeichnung als auch auf die Färbung der Woma × Lesser-Mutation auszuwirken.
Varianten und Weiterentwicklungen: noch keine.

Abb. 416: Woma Tiger Platinum, Lesser Lemon Pastel Jungle von NERD. K. McCurley

Abb. 417: Woma Tiger Pastel Jungle von NERD. K. McCurley

Abb. 418: Woma Tiger Pastel Jungle von NERD. K. McCurley

Woma Tiger Pastel Jungle
Erstzucht: NERD, 2003
Genetische Grundlage: Eine Farb- und Zeichnungsmutation aus der Kreuzung co-dominanter/dominanter Woma × co-dominanter Pastel Jungle.
Beschreibung: Dieses einzigartige Exemplar besitzt eine dichte, dunkel goldfarbene Bänderzeichnung auf einem samtig schwarzen Hintergrund und Flanken mit wenig Weiß. Die Augen sind hell grünlich goldfarben. Erst zukünftige Zuchtexperimente werden zeigen können, wie variabel diese Kreuzung ausfallen kann.

Varianten und Weiterentwicklungen: Spider Woma Pastel (oder Wanna Bee Spider) Woma Tiger Lesser Platinum Lemon Pastel, Woma Tiger Pastel Jungle Yellow Belly.

Woma Tiger Lemon Pastel Jungle

Erstzucht: NERD, 2006.
Genetische Grundlage: Eine Farb- und Zeichnungsmutation aus dem co-dominanten/dominanten Woma und dem co-dominanten Pastel.
Beschreibung: Ich unterscheide zwischen dieser Kombination und dem Woma Tiger Pastel Jungle, weil der Einfluss des Lemon Pastel Jungle für ein deutlich anderes Aussehen sorgt. Das Lemon-Gen unterdrückt das Woma-Gen und schafft eine verwirrend gezeichnete Schlange mit starker Eintönung. Diese Tiere sind eine verbesserte Weiterentwicklung meiner Woma × Pastel Jungle-Mutation. Gerechnet hatte ich eher mit einer Woma-artigen Zeichnung in anderer Farbgebung, und ich verstehe eigentlich nicht so recht, wie es zu der vorliegenden Ausprägung gekommen ist. Zu erwarten steht aber, dass sich die Farben im Laufe des weiteren Wachstums durch einen zunehmenden Einfluss der Lemon-Erbanlagen verstärken.

Abb. 419: Woma Tiger Lemon Pastel Jungle von NERD. K. McCurley

Varianten und Weiterentwicklungen: Woma Tiger Lesser Platinum Lemon Pastel Jungle.

Woma Tiger Pastel Jungle Yellow Belly

Alternative Bezeichnungen: Inferno.
Erstzucht: NERD, 2006.
Genetische Grundlage: Eine Farb- und Zeichnungsmutation aus der Kombination co-dominanter/dominanter Woma und co-dominanter Pastel × co-dominanter Yellow Belly/heterozygoter Ivory.
Beschreibung: Diese Mutation ist aufgrund ihrer burgunderroten Flämmung auf den Körperseiten einzigartig. Die Unterseite ist hell mit einer stark aufgelösten Randabgrenzung, und große Teile der Zeichnung sind

Abb. 420: Woma Tiger Pastel Jungle Yellow Belly von NERD. K. McCurley

Abb. 421: Woma Tiger Pastel Jungle Yellow Belly von NERD. K. McCurley

mit roten und orangefarbenen Highlights durchsetzt. Die Zeichnung zum Schwanz hin erinnert an die eines jungen Blutpythons. Einer der aufregendsten Aspekte bei dieser neuen Mutation ist meiner Meinung nach, dass einige Bereiche der Zeichnung zunächst tiefschwarz sind, sich dann aber schnell durch eine sich wie ein Feuer ausbreitende Eintönung verändern. Sie schlüpfte gerade noch rechtzeitig, um im vorliegenden Buch Erwähnung zu finden, und die Fotos entstanden gleich nach dem Schlupf.
Varianten und Weiterentwicklungen: noch keine.

Woma Tiger Phantom
Erstzucht: NERD, 2006.
Genetische Grundlage: Eine co-dominante oder dominante (Woma) Farb- und Zeichnungsmutation gekreuzt mit der co-dominanten Phantom Zeichnungs- und Farbmutation.
Beschreibung: Diese Morphe präsentiert sich als ein Phantom mit sehr verschlungener Zeichnung und den Färbungs- und Zeichnungseigenschaften des Woma Tiger. Die Augen sind wie beim Woma hell gefärbt, und die Seiten sind wie beim Phantom erheblich verblasst und leiten zu einem rein weißen Bauch über. Der Rücken macht den Eindruck von überfrorenem Gold und verleiht dem Tier ein unvergleichliches Aussehen.
Varianten und Weiterentwicklungen: nicht bekannt.

Abb. 422: Woma Tiger Phantom von NERD. K. McCurley

Woma Tiger Spider Platinum, Lesser

Erstzucht: NERD, 2006.
Genetische Grundlage: Eine Farb- und Zeichnungsmutation aus der Kreuzung co-dominanter/dominanter Woma und dominanter Spider × co-dominanter Lesser Platinum.
Beschreibung: Dieses Exemplar ist einem Spider Lesser Platinum sehr ähnlich, hat aber eine insgesamt sauberere, verfeinerte Erscheinung. Eine Fleckung oder „Strichelung" aus dunklem Pigment auf den La-

Abb. 423: Woma Tiger Spider Platinum, Lesser von NERD.
K. McCurley

teralschuppen fehlt. Die saubere, cremefarbene Kopfzeichnung ist dick mit einem tiefen, samtig wirkenden Braun eingefaßt. Bei dieser Kreuzung findet sich kein Hinweis auf aufeinander reagierende versteckte Gene aus den Erbmassen von Woma und Lesser Platinum. Dies würde auch das Fehlen einer Streifung bei diesem Tier im Gegensatz zu der Kreuzung Woma × Lesser Platinum erklären.
Varianten und Weiterentwicklungen: noch keine.

Abb. 424: Woma Tiger Spider Platinum, Lesser von NERD. K. McCurley

Woma Tiger, Super
Alternative Bezeichnungen: Pearl Patternless.
Erstzucht: NERD, 2001.
Genetische Grundlage: Eine Farb- und Zeichnungsmutation, von der zur Zeit angenommen wird, dass sie die Super-Form des Woma Tigers verkörpert. Sie entstand aus der Verpaarung eines Woma Tigers mit einem anderen Woma Tiger. Es scheint in der Woma-Mutation ein „verstecktes" einfach rezessives Gen zu geben, das hier vielleicht zum Ausdruck gekommen ist.
Beschreibung: Pearl Patternless-Königspythons schlüpfen fast weiß aus ihren Eiern und nehmen erst nach der ersten Häutung ein hell opaleszierendes Rosagrau an. Die Augen sind schwarz, und die Unterseite ist weiß und zeichnungslos. Das erste Exemplar war bei seinem Schlupf ein ziemlicher Schock, denn diese Mutation galt zu jener Zeit als der „heilige Gral" bei der Mutationszucht von Königspythons. Leider hat die Geschichte auch eine Schattenseite, denn das Pärchen, das diese weißen Jungtiere hervorbringt, scheint auch eine Störung des Bewegungsapparates zu vererben, so dass diesen Jungtieren bei der Futteraufnahme geholfen werden muss. Ich versuche, dieses Problem aus dem Stamm herauszuzüchten,
Varianten und Weiterentwicklungen: Super Woma Lesser Platinum (oder Pearl Lesser Platinum).

Abb. 425: Woma Tiger, Super von NERD. K. McCurley

Woma Tiger, Super Platinum, Lesser

Alternative Bezeichnungen: Pearl Patternless Lesser Platinum.
Erstzucht: NERD, 2006.
Genetische Grundlage: Eine Farb- und Zeichnungsmutation auf der Grundlage der vermutlichen super-homozygoten Form des Woma (siehe Woma Tiger, Super).

Diese Mutation ist unglaublich und war eine völlige Überraschung. Ich verstehe keineswegs, warum diese Schlangen so aussehen oder warum die Gene von Woma und Lesser Platinum in dieser Form aufeinander reagiert haben. Ich bin überzeugt, dass beide Mutationen über ein verstecktes Gen verfügen, die in diesem Fall für das Ergebnis verantwortlich sein könnten. Auch diese Tiere zeigen noch etwas von der motorischen Behinderung, jedoch bereits in weniger ausgeprägter Form als meine ursprünglichen Pearls. Dies lässt mich hoffen, dass ich diesen Fehler letztendlich in den Griff bekommen kann. Ich vermute, dass das Lesser Platty-Gen hier das des Super-Woma gekräftigt hat.

Abb. 426: Woma Tiger, Super Platinum Lesser von NERD. K. McCurley

Beschreibung: Diese Mutation zeigt sich als nahezu zeichnungslose Schlange mit opaleszierend rosafarbenem Körper, der an den Seiten orange angehaucht ist und nur in minimalem Umfang Markierungen zeigt. Willkürlich verstreute Pigmentflecken bilden Striche auf den Seiten und dunklere, d.h. rosa-, orange- und platinfarbene Stellen. Der Kopf zeigt deutliche Augenstreifen und eine platinfarbene Pigmentierung auf der Mitte des Kopfes. Die Augen sind schwarz!
Die entsprechenden Tiere schlüpfen gerade während der Fertigstellung des Manuskripts, und ich hoffe, dass die Beschreibung auch nach ihrer ersten Häutung noch zutreffen wird.
Varianten und Weiterentwicklungen: nicht bekannt.

Woma Tiger Yellow Belly

Erstzucht: NERD, 2006.
Genetische Grundlage: Eine Farb- und Zeichnungsmutation aus der Kreuzung co-dominanter/dominanter Woma × co-dominanter Yellow Belly/heterozygoter Ivory.
Beschreibung: Das Tier zeigt die Tigerung des Woma mit einer Eintönung der gebänderten Bestandteile der Zeichnung. Somit finden sich burgunderfarbene Töne

Abb. 427: Woma Tiger Yellow Belly von NERD. K. McCurley

und orangefarbenes Pigment auf den Seiten. Ich denke, dass der Einfluss des Yellow Belly die Erscheinungsform des Woma Tiger-Gens insgesamt aufwertet.
Varianten und Weiterentwicklungen: Woma Tiger Pastel Jungle Yellow Belly.

Abb. 428: Yellow Belly von NERD. K. McCurley

Yellow Belly
Alternative Bezeichnungen: Clear Belly, Heterozygous Ivory, Goblin (RDR).
Erstzucht: Unbekannt.
Genetische Grundlage: Eine co-dominant vererbte Farb- und Zeichnungsmutation. Die „Super"-Form des Yellow Belly ist der Ivory.
Beschreibung: Yellow Belly ist ein eher unauffälliges Merkmal. Oftmals handelt es sich um Tiere mit einer Bänderzeichnung und Schattierungen in der Färbung. Die Bauchschilder sind weiß und zeichnungslos, weisen aber an ihren seitlichen Rändern eine Sprenkelung auf. Bisweilen haben sie auch einen gelblichen Anflug. Bei der Kreuzung mit anderen Mutationen sorgen Yellow Bellies manchmal für überraschende neue Formen.
Varianten und Weiterentwicklungen: Ebony, Ivory, Yellow Belly Granite, Super Stripe Yellow Belly, Pastel

Jungle Yellow Belly sowie Super Phantom Yellow Belly (oder Super Phantom Goblin).

Yellow Belly, Super
Alternative Bezeichnungen: Ivory.
Erstzucht: Snake Keeper, 2003.
Genetische Grundlage: Die dominante Super-Form des Yellow Belly. Eine Verpaarung mit einem normal wildfarbenen Partner führt ausschließlich zu Yellow Belly-Nachkommen.
Beschreibung: Von manchen Pflegern als leuzistische Form betrachtet, hat der Ivory eine weiße Grundfarbe, auf der sich als einziges Zeichnungselement ein schwach gelber Vertebralstreifen abzeichnet. Die Augen sind schwarz und haben rote Pupillen. Die Kopfschuppen weisen oft schwach graue Verunreinigungen auf. Als Schlüpflinge sind Ivories rein weiß. Während ihrer weiteren Entwicklung tritt dann eine geringfügige feine Sprenkelung auf den Körperschuppen auf, die schließlich wieder verschwindet, wenn sie geschlechtsreif werden.
Varianten und Weiterentwicklungen: nicht bekannt.

Abb. 429: Yellow Belly von NERD. K. McCurley

Abb. 430: Yellow Belly, Super von NERD. K. McCurley

Last Minute Morphen

Gerade noch rechtzeitig geschlüpfte Morphen, um sie hier zeigen zu können!

Abb. 431: Albino Pinstripe von BHB. K. McCurley

Abb. 432: Bumble Bee Combo von NERD. K. McCurley

Abb. 433 u. 434: Bumble Bee Combo von NERD. K. McCurley

Abb. 435: Bumble Bee Combo von NERD. K. McCurley

Abb. 436: Pirate von NERD. K. McCurley

Ungeprüfte Morphen

Es befinden sich zahlreiche interessant aussehende Königspythons in den Beständen von Haltern und Züchtern, deren Merkmale sich im Laufe der Zeit als vererbbar herausstellen mögen. Einige dieser Tiere sind so bemerkenswert, dass mit ziemlicher Sicherheit davon auszugehen ist, dass ihr Erscheinungsbild genetisch fixiert ist, auch wenn noch keine Möglichkeit bestanden hat, sie zu vermehren. Diese Zeichnungs- und Farbaberrationen müssen nur in die Hände der richtigen Züchter gelangen, damit ihr volles Potenzial erschlossen oder verläßlich nachgewiesen werden kann, dass ein solches nicht gegeben ist. In diesem Abschnitt will ich ein paar Beispiele der vielen in diese Kategorie fallenden Königspythons abbilden. Sie lassen die Zukunft der Königspython-Zucht in einem strahlenden Licht erscheinen!

Abb. 437: Black Lace von Dan Wolfe.
D. WOLFE

Abb. 438: Derma von Justin Savkov.
J. SAVKOV

Abb. 439: Calico von BHB.
B. ASHLEY

Abb. 440: Clean-banded von NERD.
K. MCCURLEY

Abb. 441: Ungewöhnlicher Albino von RDR. R. Davis

Abb. 442: Odd Ball von NERD.
K. McCurley

Abb. 443: Chocolate von NERD.
K. McCurley

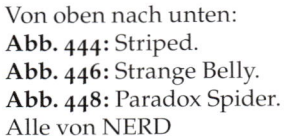

Von oben nach unten:
Abb. 444: Striped.
Abb. 446: Strange Belly.
Abb. 448: Paradox Spider.
Alle von NERD K. McCurley

Von oben nach unten:
Abb. 445: Green Headed.
Abb. 447: High Yellow.
Beide von NERD K. McCurley
Abb. 449: Jaguar von Camlon Reptiles.
D. Dillon

Abb. 450 oben: Hypermelanistic/Grey von Snake Keeper.   D. SUTHERLAND
Abb. 451 Mitte: Mint Pearl von BHB.   L. BARCZYK

Abb. 452: Strange Yellow von NERD.   K. McCURLEY

Abb. 453: Hypermelanistic von NERD.　　　　　　　　　　　　　　　　K. McCurley

Abb. 454: Odd Pattern von NERD.　　　　　　　　　　　　　　　　　　K. McCurley

Abb. 455: Hypermelanistic/Black von NERD.   K. McCurley

Abb. 456 oben: Gold.
Abb. 457 links: Odd Pattern.
Beide von NERD.   K. McCurley

Königspython-Hybriden

Angola-Python (*Python anchietae*) × **Königspython** (*Python regius*)
Alternative Bezeichnungen: Angolan Ball.
Erstzucht: NERD, 2002.
Genetische Grundlage: Nachzuchten eines Angola-Python *(Python anchietae)* wurden mit einem Königspython *(Python regius)* verpaart und führten nachgewiesenermaßen zu fortpflanzungsfähigen Hybriden.
Beschreibung: Dieser Bastard zeigt charakteristische Merkmale beider Arten. Die eigenwillige Beschuppung stammt vom Angola-Python, der erhöhte Gelbanteil in der Färbung vom Königspython. Diese Tiere haben insgesamt einen „grünlichen" Anflug. Sie scheinen auch etwas länger und dabei nicht so massiv wie der Königspython zu werden. Diese Kreuzung war eine gute Leistung, da viele Versuche von Artkreuzungen entweder völlig scheitern oder zu Nachkommen mit stark verminderter oder gar keiner Fortpflanzungsfähigkeit führen. Vielfach erkennen die Tiere zweier verschiedener Arten einander gar nicht als mögliche Fortpflanzungspartner.
Varianten und Weiterentwicklungen: Angolan Ball Hybrid × Pastel Jungle, Angolan Ball × Königspython.

Abb. 458: Angola-Python (*Python anchietae*) × Königspython (*Python regius*) von NERD. K. McCurley

Abb. 459: Angola-Python (*Python anchietae*) × Königspython (*Python regius*) von NERD. K. McCurley

Abb. 460 u. 461: Angola Python Hybrid (*Python anchietae* × *Python regius*) × Pastel Jungle (*Python regius*) von NERD. K. McCurley

Angola Python Hybrid (*Python anchietae* × *Python regius*)
× Pastel Jungle (*Python regius*)
Erstzucht: NERD, 2005.
Genetische Grundlage: Ein lebensfähiger und vermutlich fruchtbarer Hybride.
Beschreibung: Genau wie die Artkreuzung Angolan Ball × Ball mit unterschiedlichen Gelbanteilen.
Varianten und Weiterentwicklungen: nicht bekannt.

Angola Python Hybrid (*Python anchietae* × *Python regius*)
× Königspython (*Python regius*)
Alternative Bezeichnungen: Angry Balls.
Erstzucht: Gail Thorpe, 2004.
Genetische Grundlage: Die erste Rückkreuzung eines Königspythons *(Python regius)* mit einem Angolapython-Hybriden aus erster Generation zur Feststellung, dass diese

Abb. 462 u. 463: Angola Python Hybrid (*Python anchietae* × *Python regius*) × Königspython (*Python regius*) von Gail Thorpe. G. Thorpe

Artkreuzung nicht steril ist. Die Verteilung der Erbanlagen unter den Nachkommen kann von 50 % Angolapythons und 50 % Königspythons bis zu 100 % Königspythons reichen, jedoch können 25 % Angolapythons zu 75 % Königspythons allgemein als „Durchschnitt" angesehen werden.

Beschreibung: Die Erscheinungsbilder unter den Nachzuchten sind überaus verschiedenartig: am einen Ende des Spektrums finden sich Tiere, die dem typischen Aussehen von Angolan Ball-Hybriden sehr nahe kommen, am anderen solche mit dem typischer Königspythons. In einem Wurf können stark unterschiedliche Zeichnungen und Färbungen vertreten sein. Besonders auffällig und schön sind bei vielen dieser Tiere die intensiv und in etlichen Schattierungen gefärbten Augen.

Varianten und Weiterentwicklungen: Angolan Ball Pastel Jungle-Hybrid.

Abb. 464: Angola Python Hybrid (*Python anchietae* × *Python regius*) × Königspython (*Python regius*) von Gail Thorpe.   G. THORPE

Königspython (*Python regius*)
× Borneo-Kurzschwanzpython (*Python breitensteini*)

Alternative Bezeichnungen: Superball.

Abb. 465: Königspython (*Python regius*) × Borneo-Kurzschwanzpython (*Python breitensteini*) von Roussis Reptiles.   S. ROUSSIS

Erstzucht: Roussis Reptiles.
Genetische Grundlage: Eine Artkreuzung zwischen dem Königspython (*Python regius*) und dem Borneo-Kurzschwanzpython (*Python breitensteini*).
Varianten und Weiterentwicklungen: F_2 Superballs (Superball × Superball-Rückkreuzung).

Abb. 466 oben u. 467: Königspython (*Python regius*) × Borneo-Kurzschwanzpython (*Python breitensteini*) von Roussis Reptiles.   S. ROUSSIS

Königspython – Borneo-Kurzschwanzpython Hybride × Königspython – Borneo-Kurzschwanzpython Hybride

Alternative Bezeichnungen: F_2 Superball
Erstzucht: Roussis Reptiles, 2005

Abb. 468: Königspython – Borneo-Kurzschwanzpython Hybride × Königspython – Borneo-Kurzschwanzpython Hybride von Roussis Reptiles.   S. Roussis

Genetische Grundlage: Ein Hybrid der zweiten Generation. Nachzuchten aus dieser Kombination zu erhalten, ist in der Tat eine Sensation, da die Kreuzung zweier Hybriden meist zu Gelegen mit unbefruchteten Eiern führt.
Beschreibung: Ein einzigartiger Hybrid, den ich leider nie selbst zu sehen bekam. Das Foto muss bei diesem von Menschen erschaffenen Tier für sich selbst sprechen.
Varianten und Weiterentwicklungen: nicht bekannt

Königspython (*Python regius*) × Woma Python (*Aspidites ramsayi*)

Alternative Bezeichnungen: The Wall.
Erstzucht: NERD, 2005.
Genetische Grundlage: Hierbei handelt es sich um eine Hybridkreuzung zweier nur entfernt miteinander verwandter Arten von Pythons. Es wurde immer wieder behauptet, eine solche Kreuzung wäre nicht machbar, und ich wollte nur einmal sehen, was „nicht machbar" wirklich bedeutet.
Beschreibung: Diese Schlange ist unglaublich und war ganz und gar nicht einfach zu verwirklichen, aber letztendlich ist es mir doch gelungen. Der Kreuzungsversuch stellte sich auch als eine großartige Methode zum Produzieren von unbefruchteten Eiern heraus. Das Ergebnis ist ein Königspython ohne Wärmegruben! Das Bild sagt wohl alles. Ich denke es ist wirklich eine schöne Schlange, und sie hat Temperament.
Varianten und Weiterentwicklungen: noch keine.

Abb. 469 u. 470: Königspython (*Python regius*) × Woma Python (*Aspidites ramsayi*) von NERD.
K. McCurley

Glossar

aberrant: vom Normalen abweichend (siehe auch „Aberration")
adult: erwachsen, geschlechtsreif
Allele: verschiedene Ausbildungsformen des gleichen Gens, die zu unterschiedlicher Merkmalsausprägung führen
apathisch: teilnahmslos
Biotop: Lebensraum
Chromosom: Erbgut tragendes, fadenförmiges Gebilde im Zellkern
dehydriert: ausgetrocknet
dorsal: zum Rücken gehörend, die Oberseite betreffend
dorsolateral: den oberen Flankenbereich betreffend
dominant: vorherrschend, überdeckend
Embryo: Bezeichnung für den sich entwickelnden Keimling bis zur Anlage der Organe, danach Fötus
Eizahn: nach vorn gerichteter Zahn auf dem Zwischenkieferknochen zum Aufschneiden der Eischale
Fötus: Bezeichnung für den sich entwickelnden Keimling nach Anlage der Organe
Follikel: Hülle der reifenden Eizelle im Eierstock
Fortpflanzung (Reproduktion): Erzeugung von Nachkommen
Gen: Erbanlage, Erbfaktor
Genetik: Wissenschaftsbereich der Biologie, der sich mit der Konstanz und Veränderlichkeit von Erbanlagen und Merkmalen bei Lebewesen beschäftigt
genetisch: erblich bedingt
Genotyp(us) (Erbtyp): Gesamtheit aller in den Chromosomen lokalisierten Erbanlagen und deren Wirkung (vgl. Phänotyp)

Geschlechtsreife: Entwicklungsstand eines Tieres, in dem die Geschlechtsorgane voll funktionsfähig sind, der sich aber nicht mit der Zuchtreife decken muss
granulär: körnig
Habitat: Lebensraum; charakteristischer Ort, an dem eine Organismenart beheimatet ist
Hemipenis (Mehrzahl: Hemipenes): Teil des paarigen Geschlechtsorgans (Penis) männlicher Schuppenkriechtiere
Hemiklitoris: Weibliches Geschlechtsorgan
Hybrid: Mischling; Kreuzungsprodukt
Hybridisierung: Kreuzung; Vermischung
hypermelanistisch: übermäßig schwarz (dunkel) pigmentiert
hypomelanistisch: vermindert schwarz (dunkel) pigmentiert
Inkubation: Bebrütung, beispielsweise Eizeitigung
Inkubator: Brutkasten
intermediär: dazwischenliegend
Kopulation: Paarung
Kreuzung (Bastardierung, Hybridisation): Paarung von Individuen verschiedener Gattungen, Arten, Unterarten sowie in der Zucht auch von Rassen, Zuchtstämmen oder -linien
Labialgruben: Lippengruben (Höhlungen in den Ober- und Unterlippenschildern), die zur Wahrnehmung von Temperaturunterschieden dienen
lateral: seitlich
Legenot: Zustand, in dem das Weibchen aus körperlichen Gründen oder stressbedingt seine Eier nicht ablegen kann

Melanismus (Melanose): Vermehrte Ablagerung dunklen Pigments
Mentale: Kinnschild
Morphologie: Gestaltlehre
morphologisch: die äußere Gestalt betreffend
Mutation (Erbänderung): nicht auf genetischer Neukombination beruhende, diskontinuierliche Veränderung des Genotyps
Ovulation: Eisprung
Phänotyp(us): äußeres Erscheinungsbild eines Individuums; Gesamtheit aller äußeren und inneren Strukturen und Funktionen eines Organismus als Ergebnis der Wechselwirkung des Genotyps eines Lebewesens mit seinen Entwicklungsbedingungen
Population: Individuen einer Art, die zur gleichen Zeit in einem bestimmten Gebiet leben und sich miteinander fruchtbar fortpflanzen
Pigment (Farbstoff): Hier gebraucht als die im Wesentlichen durch ihre Eigenfarbe charakterisierten Zellbestandteile
Poikilothermie: Variable Körpertemperatur als Funktion der Umgebungstemperatur (wechselwarm)
rezessiv: zurücktretend, nicht in Erscheinung tretend
rudimentär: nicht vollständig entwickelt; zurückgebildet

semiadult: halb erwachsen
Thermoregulation: Regulation der Körpertemperatur, bei wechselwarmen Tieren vor allem durch Verhaltensanpassungen
Typuslokalität: Herkunft des Exemplars, anhand dessen ein neues Taxon (Art, Unterart) beschrieben wurde; auch „Terra typica"
ventral: zum Bauch gehörend, bauchwärts gelegen
Vermehrung: Erhöhung der Individuenzahl bei der Fortpflanzung
vertebral: die Wirbelsäule bzw. deren Verlauf betreffend
Wasserstoffsuperoxyd: H_2O_2
Wildfang: Ein Exemplar, das in der freien Natur gefangen wurde
Zucht: Gelenkte, planmäßige Paarung von Individuen, die auf ein vorgegebenes Zuchtziel ausgerichtet ist und besonders der Veränderung ihrer Eigenschaften und Leistungen dient
Zuchtreife: Entwicklungszustand eines Tieres, in dem es zur Fortpflanzung herangezogen werden kann (vgl. Geschlechtsreife)
Zuchtziel: Gesamtheit der bei der Zucht angestrebten Eigenschaften und Merkmale

Bibliographie

Die folgende Bibliographie wurde von Marc Mense eigens für dieses Buch zusammengestellt.
Fett hervorgehobene Titel werden von Kevin McCurley besonders empfohlen.

Ananjeva, N. B. & N. L. Orlov (1983): Feeding Behaviour of Snakes, Part II.- Litteratura Serpentium, Utrecht, 3 (5): 142–152.

Anonymus (o. J.): Snakes of Gambia. – Wildlife Conservation Fact Sheet, No. 8: 2.

Anonymus (1941): Ballpython up fets zoological ideas. – Science Newsletter: 265.

Anonymus (1990): The Ball Python. – Reptile & Amphibian Magazine, M/A 90: 2.

Abraham, G. (1980): *Python regius* – Ball- und Königspython. Sauria, Berlin, 2 (1): 1–2.

Ahne, W., Thomson, I. & J. R. Winton (1987a): Isolation of a reovirus from snake Python regius brief report – Journal of Comperative Neurology, 207 (3): 255–273.

Ahne, W., Thomson, I. & J. R. Winton (1987b): Isolation of reovirus from the snake, Python regius. – Archives of Virology, 94 (1–2): 135–139.

Ahne, W., Thomson, I. & J. R. Winton (1988): A reovirus from the snake Python regius. – Zentralblatt für Bakteriologie, Mikrobiologie und Hygiene Series A, Stuttgart, Vol. 268: 131.

Ahne, W. & W. J. Neubert (1991): Isolation of Paramyxovirus-like Agents from Teju (Callopistes maculatus) and Python (Python regius). – In: Gabrisch, K. (Hrsg.); Deutsche Veterinärmedizinische Gesellschaft; 4. Internationales Colloquium für Pathologie und Therapie der Reptilien und Amphibien: 30–41.

Ajuwape, A.T.P., A.O. Sonibare, R.A. Adedokun, O.A. Adedokun, J.O. Adejinmi & D.G. Akinboye (2003): Infestation of royal python (*Python regius*) with ticks *Amblyomma hebraeum* in Ibadan Zoo, Nigeria. – Tropical Veterinarian 21(1): 38–41.

Allen, R. (1986): The recovery of an anorexie royal python. – Rephiberary, No. 107: 8.

Almqvist, S. (1979): Python regius. – Nordisk Herpetologisk Forening, 22 (4): 96–98.

Anderson, J. F., Magnarelli, L. A. & J. E. Keirans (1984): Ixodid and Argasid Ticks in Connecticut USA Aponomma-Latum Amplyomma-Dissimile Haemaphysalis-Leachi Group and Ornithodorod-Kelleyi Acari Ixodidae Argasidae. – International Journal of Acarology, 10 (3): 149–152.

Andersson, L. G. (1937): Reptiles and Batrachians. Collected in the Gambia by Gustav Svensson and Briger Rudbeck. – Arkiv für Zoologi., Band 29 A Nr. 16. 1–28.

Angel, M. F. (1933): Les Serpents de l'Afrique Occidentale Francaise. – Bull. Comite Et. hist. scient. A. O. F., 15: 613–858.

Antram, F. B. S. (1981): Illegal Exports of Ghanaian Reptiles to the UK. – Traffic Bulletin, Vol. 3 (3/4): 38.

Armstrong, M. (1979): Induced Feeding of Royal Python. – The Herptile, 4 (3): 9–10.

Aubret, F., X. Bonnet, R. Shine & S. Maumelat (2003): Clutch size manipulation, hatching success and offspring phenotype in the ball python (*Python regius*). – Biological Journal Of The Linnean Society 78(2): 263–272.

Aubret, F., X. Bonnet, M. Harris & S. Maumelat (2005): Sex differences in body size and ectoparasite load in the ball python, *Python regius*. – Journal of Herpetology 39(2): 315–320.

Aubret, F., X. Bonnet, R. Shine & S. Maumelat (2005a): Why do female ball pythons (*Python regius*) coil so tightly around their eggs? – Evolutionary Ecology Research 7(5): 743–758.

Aubret, F., X. Bonnet, R. Shine & S. Maumelat (2005b): Energy expenditure for parental care may be trivial for brooding pythons, *Python regius*. – Animal behaviour 69(5): 1043–1053.

Auliya, M. (2006): Taxonomy, life history and conservation of giant reptiles in West Kalimantan. - NTV, Münster, 432 S.

Austin, J.D. & P.T. Gregory (1998): Relative roles of thermal and chemical cues in the investigative behavior of prey in colubrid (Elaphe guttata and Lampropeltis getulus) and boid (*Python regius*) snakes. – Herpetological Natural History 6(1): 47–50.

Baldwin, C. (1988): If at first you don't succeed. – Snake Keeper, 2 (3): 13–14.

Ball, J. (1987): More about royal pythons. – Rephiberary, No. 110: 5.

Bangma, G. C., Donkelaar, H. J. T., De Boer-Van Huizen, R. & A. Pellegrino (1981): Afferent Connections of Cerebellum in various Types of Reptiles. – Neuroscience Letter, 0 (Suppl. 7): 119 S.

Bangma, G. C. & H. J. T. Donkelaar (1982): Afferent connections of the Cerebellum in Various Types of Reptiles. – Journal of Comperative Neurology, 207 (3): 255–273.

Barbian, A. (1992): Beobachtungen bei der Eingewöhnung und Futteraufnahme bei Python regius (Shaw 1802). Sauria, Berlin, 14 (1): 9–10.

Barker, D. & T. Barker, (1995a): The mechanics of python reproduction. The Vivarium, 6 (5): 30–33.

Barker, D. & T. Barker (1995b): Big snakes bites, Part 1. – The Vivarium, Vol. 7 (2): 36–40.

Barker, D. & T. Barker (1995c): Big snakes bites, Part 2. – The Vivarium, Vol. 7 (3): 38–43.

Barker, D. & T. Barker (1996): Pythons and Boas in Your Home. – Reptiles, Annual 1996: 32–47.

Barker, D. & T. Barker (1997): The best Pythons in captivity. – Reptiles, Annual 1997: 78–92.

Barker, D. & T. Barker (1999): The belle of the ball. Reptiles, 7(9): 48–65.

Barlow, A. (1994): A breeding success with the Royal Python. – Reptilian, Vol. 2 (10): 19–21.

Barnard, S., M. (1996): Reptile Keeper's Handbook. Krieger Publishing, Malabar, Florida.

Bartlett, D. (1995): The African Ball Python. – Reptiles, Vol. 3 (1): 52–61.

Bartlett, R.D. & bartlett, P.P. (2000): Ball pythons. – Barron's Educational Series, Hauppauge, N.Y. 46 S.

Bauchot, R. (1994): Schlangen. – Weltbild Verlag, Augsburg, 240 S.

Bechtel, H. (1978): Terrarientiere I. Lurche und Schlangen. Landbuch Verlag, Hannover, 144 S.

Bechtel, W. (1971): Bunte Welt im Terrarium. Franckh'sche Verlagshandlung, Stuttgart, 72 S.

Bechtel, H., B. (1978): Color and pattern in snakes (Reptilia, Serpentes). Journal of Herpetology, 12(3): 521–532.

Bechtel, H., B. (1995): Reptile and Amphibian Variants. Color, Patterns, and Scales. Krieger Publishing, Malabar, Florida, 206 S.

Beernaert, L. & D. Vancraeynest (2005). Respiratory disorders in snakes. Litteratura Serpentium 25 (4): 247–253.

Begg, P. (1996): Junior Choice Problem Feeders: the Royal Python. – Reptilian, High Wycombe, 4 (9): 9–12.

Bellairs, A. (1971): Die Reptilien. – Ed. Recontre Lausanne, 767 S.

Bernaerts, J. (1999): *Python regius*, de verzorging van de koningspython in gevangenschap. – Aquariumwereld 52(2): 42–46.

Birkby, C. S., Wertz, P. W. & D. T. Downing (1982): The polar lipids from keratinized tissues of some vertebrates. – Comparative Biochemistry and Physiology B comperative Biochemistry, 73 (2): 239–242.

Bisplinghof, H. (1997): Tips zur Fütterung von Königspythons und anderen Schlangen. – elaphe, Rheinbach, 5 (2): 27.

Blahak, S., Ott, I. & E. Vieler (1995): Comparision of 6 different reoviruses of various reptiles. – Veterinary Research, Paris, 26 (5–6): 470–476.

Bonner, R. (1993): At the Hand of Man. Peril and Hope of Africa's Wildlife. Alfred A. Knopf, New York.

Bonnet, X., R. Shine & O. Lourdais (2002). Taxonomic chauvinism. TRENDS in Ecology & Evolution, Vol.17 (1) : 1–3.

Böhme, W. (1975): Zur Herpetofaunistik Kameruns, mit Beschreibung eines neuen Scinciden. Bonn. zool. Beitr., 26: 2–48.

Böhme, W. (1978): Zur Herpetofaunistik des Senegals. Bonn. zool. Beitr., 29: 360–417.

Bogerd, M. (1981): Het met tot zelfstandig eten brengen van Python regius. – Litt. Serp., Utrecht, Vol. 1 (5): 186–188.

Boulenger, G. A. (1893): Catalogue of the Snakes in the British Museum (Natural; London: Trustees of the British Museum History).

Boulenger, G. A. (1919): A list of the snakes of West Africa from Mauritania to the French Congo. – Proc. zool. Soc. London: 267–298.

Bowler, J. K. (1974): Herpetological History and Husbandry at the Philadelphia Zoo. – America's First Zoo (Philadelphia), 26 (1): 3–5.

Bowler, J. K. (1977): Longvity of Reptiles and Amphibians in North American collections us of November 1975. – SSAR, Herpetol. Circ., 1–32.

Bowler, L. (1987a): An introduction to the Royal Python. – Snake Keeper, 1 (1): 14–15.

Bowler, L. (1987b): Junior Snake Keeper. – Snake Keeper, 1 (2): 14–15.

Bowler, L. (1987c): Snake Ailments. – Snake Keeper, 1 (10): 14–15.

Bowler, L. (1988): The Fast. – Snake Keeper, 2 (6): 19.

Branch, W. R. (1981): African Pythons, Part 2 The Smaller Species. – The Herptile, Midlands, 6 (1): 28–32.

Branch, W. R. (1986): Hemipenial morphology of African snakes: A taxonomic review Part 1. Scolecophidia and Boidae. – Journal of Herpetology, 20 (3): 285–299.

Branch, W. R. & M. Griffin (1996): Pythons in Namibia: Distribution, Conservation and Captive Breeding Programs. – In: Strimple, P. D. (1996); Advances in Herptoculture, No. 1: 93–102.

Branch, S., L. Hall, P. Blackshear & N. Chernoff (1998): Infectious dermatitis in a ball python (*Python regius*) colony. – Journal of Zoo and Wildlife Medicine 29(4): 461–464.

Breen, J. F. (1974): Encyclopedia of Reptiles and Amphibians. – t. f. h., New York, 576 S.

Bringsoe, H. (1989): [Royal python (Python regius).] – Nordisk Herpetologisk Forening, 32 (9): 297–304.

Broghammer, S. (1998): Albinos – Farb- und Zeichnungsvarianten bei Schlangen und anderen Reptilien. – Edition Chimaira, Frankfurt, 95 S.

Broghammer, S. (2001): Königspythons: Lebensraum, Pflege und Zucht. M&S Verlag, Villingen Schwenningen, 80 S.

Broghammer, S. (2004): Ball Pythons. Habitat, Care, and Breeding (Revised and Expanded Second Edition). M&S Verlag, Germany.

Bruce, G. (1999): Captive Maintenance, Care and Breeding of the Royal Python. – Reptilian, High Wycombe, Vol. 5 (9): 23–24.

Buchan, A. m. J. (1984): An Immuno Cytochemical Study of endocrine Pancreas of Snakes. – Cell and Tissue Research, 235 (3): 657–662.

Bundesministerium für Ernährung, Landwirtschaft und Forsten, Referat Tierschutz (1997): Mindestanforderungen an die Haltung von Reptilien. – Bonn, 78 S.

Bunker, D. E. (1991): Notes on Mating and Egg Laying of the Ball Python, Python regius. – Bull. Chicago Herp. Soc., 26 (6): 134–135.

Bullock, T. H. & R. Barrett (1968): Radiant heat reception in snakes. – Commun. Behav. Bid. A, 1: 1929.

Busse, P. (1992): Hatching Eggs of a Python regius. – Litt. Serp., Utrecht, Vol. 12 (2): 46–47.

Butler, J. A. & J. Reid (1986): Habitat preference of snakes in the Southern Cross River State Nigeria. – In: Rocek, Z. (Hrsg.); Studies in herpetology, Prag: 483–488.

Butler, J. A. & J. Reid (1990): Records from Snakes to Nigeria. – Nigerian Field, 55: 19–40.

Cann, J. (2001): Snakes Alive. Snake Experts & Antidote Sellers of Australia. – E.C.O. NSW Australia, 193 S.

Cansdale, G. S. (1948): Field notes on some Gold Coast Snakes. – Nigerian Field, 13 (1): 43–50.

Cansdale, G. S. (1954): Gold Coast Snakes – A Complete List. – Nigerian Field, 19 (3): 118–132.

Cansdale, G. S. (1955): Reptiles of West Africa. – Penguin Books, Harmondsworth: 19–23.

Cansdale, G. S. (1961): West African Snakes. – Longman, London, 74 S.

Carmichael, R. (1997): Notes on the captive maintenance and feeding of a wild caught ball python(*Python regius*). – Bulletin of the Chicago Herpetological Society 32(8): 172.

Carpentier, M. & J. P. Paynot (1987): Python regius (Shaw) et a reproduction en captivite. – Aquarama, Straßburg, 98: 34, 58.

Carter, R. (1990): Captive Propagation of the Ball Python. – The Monitor, Vol. II; #3.

Carter, R. (1994): Captive Propagation of the Ball Python. – Captive Breeding, 2 (3): 4–6.

Chapman, G. (1979): Poor feeding behaviour in a royal python. – The Herptile, Midlands, 4 (1): 11–12.

Chappell, M. A. & T. M. Ellis (1984): Maternal behaviour reproductive Energetics and egg metabolism in Ball Pythons. – American Zoologist, 24 (3): 138A.

Chappell, M. A. & T. M. Ellis (1987): Resting metabolic rates in boid snakes: allometric relationships and temperature effects. – J. Comp. Physiol. B., 157: 227–235.

Chippaux, J. P. (1999): Les Serpents d'Afrique occidentale et centrale. IRD edition, Paris, 278 S.

Cites Secretariat (1997): Survey of the status and management of the royal python (Python regius) in Ghana.

Clark, B. (1997): Unusual Colour Morphs of Python. – Reptile and Amphibian Culture, Proceedings of the 1997 International Herpetological Society's Symposium: 47–57.

Clark, B. D., Gans, C. & H. I. Rosenberg (1978): Air flow in snake ventilation. – Respiration Physiology, 32 (2): 207–212.

Clark, B., Y. Ito, E. Miyai, O. Sunagawa, H. Kimura & O. Tanaka (2001): A Book of Snakes. Japan, 135 S.

Coborn, J. (1987): Snakes & Lizards. Their Care and Breeding in Captivity. – R. Curtis–Bokks-Publishing, Santibel, Florida, USA, 208 S.

Coborn, J. (1991): The atlas of snakes of the world. – t. f. h., New York, 591 S.

Coborn, J. (1992): Boas & Pythons und andere ungiftige Schlangen. – bede Verlag, Kollnburg, 190 S.

Coborn, J. (1994): Ball Python. – t. f. h., New York, 48 S.

Coborn, J. (1995): Schlangen Atlas. – bede Verlag, Kollnburg, 591 S.

Conant, R. (1993): The Oldest Snake. – Bull. Chicago Herp. Soc., 28 (4): 77–78.

Coke, R.L., R.P. Hunter & R. Isaza (2003): Pharmacokinetics and tissue concentration of azithromycin in ball pythons (*Python regius*). – American Journal of Veterinary Research 64(2): 225–228.

Cooper, J. E. & O. F. Jackson (1981): Diseases of Reptilia, Vol. 1 u. Vol. 2. – Academic Press, London, 616 S.

Cooper, W. E. (1991): Discrimination of Integumentry Prey Chemicals and Strike-induced Chemosensory Searching in the Ball Python, Python regius. – J. Ethol. Soc., 9 (1): 9–23.

Coote, J. (1984): Snake husbandry equipment. – Litteratura Serpentium, Utrecht, Vol. 4 (5/6): 149–159.

Coote, J. (1996): Royal Pythons: Their Captive Husbandry and Reproduction. – Practical Python Publication, Nottingham, UK, 46 S.

Cundal, D. & A. Deufel (1999): Striking patterns in booid snakes. – Copeia 199(4): 868–883.

Daerr, E.(1999): Westafrika; Band 2: Küstenländer. – Fernwald /Annerod (Prolit Buchvertrieb GmbH), 800 S.

Daoues, K. & P. Gérard (1997): L'Élévage du Python Royal. – Philippe Gérard, Paris, 65 S.

Dathe, F. (1986): Python regius (Shaw, 1802) Königs- oder Ballpython. – Aquarien Terrarien, 10: 359.

de Buffrénil, M., V. (1995) : Les élévages de reptiles du Benin, du Ghana, et du Togo. Report to the Secretariat of the Convention on International Trade in Endangered Species of Wild Flora and Fauna (CITES). Lausanne, Switzerland.

de Cock Bruning, T. (1984): A theoretical approach to the heat sensitive pit organs of snakes. – Journal of Theor. Biol., 111(3): 509–529.

de Vosjoli, P. (1990): The General Care and Maintenance of Ball Pythons. – Advanced Vivarium Systems, Lakeside, California, 32 S.

de Vosjoli, P. (1993): In Support of the Keeping of Boas and Pythons by the Private Sector. – The Vivarium, AFH, Escondido, Ca., Vol. 4 (4): 34–45.

de Vosjoli, P. (2004): The Art of Keeping Snakes. Advanced Vivarium Systems, Lakeside, California.

de Vosjoli, P., Klingenberg, P. J. Barker, T. & D. Barker (1994): The Ball Python Manual. – Advanced Vivarium Systems, Lakeside, California, 78 S.

de Witte, G.-F. (1962): Genera des Serpentens du Congo et du Ruanda-Urundi. – Ann. Mus. roy. Afrique Centrale (Zool.), 102 : 1–203.

Dekeiser, P. L. & A. Villiers (1954): Essai sur le peuplement zoologique terrestre de l'Ouest Africains. – Bull. IFAN, Dakar, 16 A Nr. 3: 957–970.

Devina, A. V. & M. C. Kennedy (1983): The cochlear nuclei in Colubrid and Boid snakes a Qualitative and Quantitative study. – Journal of Morphology, 178 (3): 285–302.

Dick, A. (1994): Python regius – Gedanken zur Haltung und Zucht. – DATZ, Stuttgart, 47 (12): 776–777.

Diethelm, G.E. Stauber, M. Tillson & S. Ridgley (1996): Tracheal resection and anastomosis for an intratracheal chondroma in a ball python. – Journal of the American Veterinary Medical Association 209(4): 786–788.

Dirksen, L. & M. Auliya (2001): Zur Systematik und Biologie der Riesenschlangen (Boidae). – DRACO 5(2): 4–19.

Ditmars, R. L. (1952): Snakes of the World. – The Macmillian Company, New York, 207 S.

Ditrich, H. (1996): A comparison of the renal structures of the anaconda and the ball python. – Scanning Microscopy 10(4): 1163–1172.

Divers, S. (1995a): Veterinary corner. – Reptilian, High Wycombe, Vol. 3 (2): 37–39.

Divers, S. (1995b): Veterinary Corner. – Reptilian, High Wycombe, Vol. 3 (6): 46–50.

Divers, S.J. (1998): Two case reports of reptile mycobacteriosis. – Proceedings of the Annual Conference of the Association of Reptilian and Amphibian Veterinarians 5: 133–137.

Doucet, J. (1963a): Les Serpents de la Republique de Cote d'Ivoire. – Acta Tropica, 20 (3): 201–259.

Doucet, J. (1963b): Les Serpents de la Republique de Cote d'Ivoire. – Acta Tropica, 20 (4): 297–340.

Drew, M.L., D.N. Phalen, B.R. Berridge, T.L. Johnston, D. Bouley, B.R. Weeks, H.A. Miller & M.A. Walker (1999): Partial tracheal obstruction due to chondromas in ball pythons (*Python regius*). Journal of Zoo and Wildlife Medicine 30(1): 151–157.

Duméril, A. & G. Bibron (1844): Python regius. – Erpetologie generale, Paris, 6: 412–417.

Edmondson, C. R. (1976): Hatchling Royal Python (Python regius) eggs. – J. S. Western Herpet. Soc., 3: 14–16.

Egert, J. (1995): La Pitón real Python regius. – Reptilia, Barcelona, 2 (2): 40–42.

Eggleston, D. W. (1994): Boas & Pythons: The big guys. – Reptiles, Vol. 1 (3): 36–51.

Eisenberg, T. (2001) : Milben. – REPTILIA, Münster, 6 (3) : 84–85.

Ellis, T. M. (1987): Thermobiology and Energetics During Reproduction in the Ball Python. – In: Gowen, R. (Hrsg.); Captive Propagation and Husbandry of Reptiles and Ambhibians; National Center for Heatlh Statistic: 76–86.

Ellis, T. M. & M. A. Chappell (1987): Metabolism, temperature relations, maternal behaviour and reproductive energetics in the ball python (Python regius). – J. Comp. Physiol. B., 157: 393–402.

Engelmann, W. E. & F. J. Obst (1981): Mit gespaltener Zunge. – Herder-Verlag, Freiburg, 217 S.

Engelmann, W. E. (1988): Beobachtungen zum Fortpflanzungsgeschehen bei

Schlangen im Terrarium des Zoologischen Gartens Leipzig. – Zool. Garten N. F. 58, 3/4: 175–181.

Evans, G. M. (1987): A Right Royal Headache. – Snake Keeper, 1 (2): 6–7.

Farkas, S.L., Z. Zoltan, M. Benko, S. Essbauer, B. Harrach & P. Tijssen (2004): A parvovirus isolated from royal python (*Python regius*) is a member of the genus *Dependovirus*. – Journal of General Virology 85(3): 555–561.

Fogel, D. (1988): Captive care of the ball python (Python regius). – Notes from NOAH, Vol. 16 (11): 16–18.

Fogel, D. (1989): Additional thoughts on the ball python (Python regius). – Notes from NOAH, Vol. 16 (11): 16–18.

Frank, W. (1978): Schlangen im Terrarium. – Franckh'sche Verlagshandlungen, Stuttgart, 64 S.

Friend, J. & C. Friend (1985): Treatment of newly imported herptiles. – Herptile 10 (1): 16–17.

Gans, C. & B. D. Clark (1978): Air flow in reptilian ventilation. – Comperative Biochemistry and Physiology. A comperative Physiology, 60 (4): 453–458.

Geus, A. (1978): Schlangen. – Albrecht Philler Verlag, Minden, 94 S.

González-acuña, D. P.M. Beldoménico, J.M. Venzal, M. Fabry, J.E. Keirans & A.A. Guglielmone (2005): Reptile trade and the risk of exotic tick introductions into southern South America countries. – Experimental and Applied Acarology 35(4): 335–339.

Goris, R.C., Y. Atobe, M. Nakano, T. Hisajima, K. Funakoshi & T. Kadota (2003): The microvasculature of python pit organs: morphology and blood flow microkinetics. – Microvascular Research 65(3): 179–185.

Gorzula, S., W.O. Nsiah & W. Oduro (1997): Survey of the status and management of the royal python (*Python regius*) in Ghana. – Secrétariat CITES, Genf. 17 S.

Gorzula, S. (1998): A Ball Python Survey in Ghana. – Reptile Hobbyist, t. f. h., New York, Vol. 3, No. 6: 43–50.

Grace, M.S., D.R. Church, C.T. Kelly, W.F. Lynn & T.M. Cooper (1999): The python pit organ: imaging and immunocytochemical analysis of an extremely sensitive natural infrared detector. – Biosensors and Bioelectronics 14(1): 53–59.

Graff, H. (2002): Kongepython (*Python regius*). – Nordisk Herpetologisk Forening 45(2): 34–45.

Graczyk, T.K., M.R. Cranfield, P. Helmer, R. Fayer & E.F. Bostwick (1998): Therapeutic efficacy of hyperimmune bovine colostrum treatment against clinical and subclinical *Cryptosporidium serpentis* infections in captive snakes. – Veterinary Parasitology 74(2): 123–132.

Gray, J. E. (1849): Catalogue of the Specimens of Snakes in Collection of the British Museums.

Gray, S. (1987a): Ken. – Snake Keeper, 1 (5): 10–11.

Gray, S. (1987b): The East Cowes Mouse Muncher. – Snake Keeper, 1 (9): 5–6.

Gray, S. (1987c): The Harassment of Human Owners by Royal Pythons. – Snake Keeper, 1 (12): 12–13.

Gray, S. (1988a): Samantha, Wife of Ken. – Snake Keeper, 2 (3): 14–15.

Gray, S. (1988b): The Case for the Classification of Royal Pythons as Domestic Animals. – Snake Keeper, 2 (5): 12–13.

Gray, S. (1988c): Debbie's Pythons. – Snake Keeper, 2 (7): 18–19.

Gray, S. (1989): Amanda, Wife of Tarquin. – Snake Keeper, 3 (4): 22.

Grayston, S. (1988): Snake Keeping – The bug that keeps on growing. – Snake Keeper, 2 (11): 12–13.

Greene, H. W. (1999): Schlangen. Faszination einer unbekannten Welt. – Birkhäuser Verlag, 350 S.

Greer, G. C. (1994): Nest Sites of royal Pythons in West Africa. – Reptile & Amphibian Magazine, July/Aug. 1994: 44–55.

Greer, G. C. (1995): A Report of Cannibalism in Ball Pythons. – Reptile & Amphibian Magazine, Nov./Dec. 1995: 36–39.

Grenville, R. (1987): Success and failure with Royal Python eggs. – Snake Keeper, 1 (7): 8–9.

Grieco, J. (1995): Ball Pythons. – New York Herpetological Society Newsletter, (158): 3.

Griehl, K. (1985): Schlangen. – Gräfe und Unzer, München, 72 S.

Gruschwitz, M., Lenz, S. & W. Böhme (1991): Zur Kenntnis der Herpetofauna von Gambia (Westafrika). Teil 2. – herpetofauna, Weinstadt, 13 (75): 27–34.

Gund, W. (2001) Bericht über dreifache Zwillingsgeburt bei *Python regius*. – elaphe 9(1): 24.

Hackbarth, R. (1985): Krankheiten der Reptilien. Franckh-Kosmos Verlags-GmbH & Co., Stuttgart, 88 S.

Hackbarth, H. & A. Lückert (2000): Tierschutzrecht – Praxisorientierter Leitfaden. – München; Berlin (Verlagsgruppe Jehle Rehm GmbH), 251 S.

Hakansson, N. T. (1981): An Annotated Checklist of Reptiles Known to Occur in The Gambia. – Journal of Herpetogy, 15 (2): 155–161.

Hammond, D. L. & W. A. Dorsett (1988): Tick infestation in a Ball Python *Python regius*. – Companion Animal Practive, 2 (5): 39–40.

Harding, J. H. (1981): Reproduction of the Ball Python, Python regius in Captivity. – Herp. Review, 12 (1): 20–23.

Harrod, D. (1987): The royal python. – Rephiberary, No. 111: 7–8.

Hartmann, P., Jr & B. Steiner (1985): Kleintierstreu als alternativer Bodengrund im Schlangenterrarium. – Salamandra, Bonn, 21 (2/3): 219–221.

Hawes, B. (1974): Observations of the feeding habits of the Royal Python, Python regius. – J. South West. Herpet. Soc., 2: 5–6.

Hemmings, M. (1989): Notes on the incubation of Royal python, Python regius, eggs. – The Herptile, 14 (3): 96–98.

Hernandez-Divers, S. & D. Shearer (2002): Pulmonary mycobacteriosis caused by Mycobacterium haemophylum and M. marinum in a royal python. – Journal of the American Veterinary Medical Association 220(11): 1650, 1661–1663.

Hesom, G. (1998): My first breeding success with Royal Pythons. – Litteratura Serpentium, 18 (4): 95–97.

Hingley, K. (1983): Observations on Python regius: The Royal Python in Captivity. – The Herptile, Midlands, 8 (2): 70–74.

Hingley, K. J. (1987): Royal Pythons…do they have any sex drive? – Snake Keeper, 1 (5): 6–7.

Honneger, R., E. (1991): *Python regius* **(Shaw, 1802). CITES identification manual – sheet A-305.004.019.007.**

Hoogmoed, M. S. (1980): Herpetologische waarnemingen in Ghana VII. – Lacerta, S'Gravenhage, 39 (9): 88–95.

Horcic, R. (2001): Odmitany potravy u *Python regius*. – Akvarium Terarium 44(9): 66–67.

Hosley, C. L. (1993): Notes on feeding a wild-caught royal (ball) python, Python regius. – Bull. Chicago Herp. Soc., Vol. 28 (2): 34–35.

Huder, J.B., J. Böni, J.M. Hatt, G. Soldati, H. Lutz & J. Schüpbach (2002): Identification and Characterization of Two

Closely Related Unclassifiable Endogenous Retroviruses in Pythons (*Python molurus* and *Python curtus*). – Journal of Virology 76(15): 7607–7615.

Hughes, B. (1983): African snakes faunas. – Bonn. zool. Beitr., Heft 1–3: 311–356.

Hughes, B. (1988): Herpetology in Ghana (West Africa). – Brit. Herpetol. Soc. Bull., London 25: 29–38.

Hughes, B. & D. H. Barry (1969): The Snakes of Ghana: a Checklist and key. – Bull. IFAN, Dakar, T. 31 ser. A, Nr. 3: 1004–1041.

Hunter, R.P., D.E. Koch & R.L.Coke (2003): Azithromycin metabolite identification in plasma, bile and tissues of the ball python (*Python regius*). – Journal of Veterinary pharmacology and Therapeutics 26(2): 117–122.

Inskipp, T. & H. Corrigan (1992): Python regius, A Review of Significant Trade in Animal Species Included in CITES Appendix II. A report of the CITES Animals Committee. – World Conservation Monitoring Centre and IUCN/SSC Trade Specialist Group, 10 S.

Ippen, R., Schröder, H.-D. & K. Elze (1985): Handbuch der Zootierkrankheiten, Band 1 Reptilien. – Akademie Verlag, Berlin, 432 S.

Isaza, R., G.A. Andrews & R.L. Coke (2004): Assessment of multiple cardiocentesis in ball pythons (*Python regius*). – Aalas Contemporary Topics in Laboratory Animal Science 43(6): 35–38.

Isemonger, R. M. (1968): Snakes of Africa. – Books of Africa, Cape Town, South Africa.

Jacobs, J., C., (2002a). Slangen. Welzo Media Productions, Warffum: 64 S.

Jacobs, J., C., (2002b). Ball Python. Litteratura Serpentium, Vol. 22 No. 1.

Jakobson, E. R. (1980): Necrotizing mycotic dermatitis in snake: clinical and pathologie features. – Journal of the American Veterinary Medical Association, 177 (9): 838–841.

Jarofke, D. & J. Lange (1993): Reptilien – Krankheiten und Haltung. – Verlag Paul Parey, Berlin, 188 S.

Jess, H. (1955): Python regius, der Königspython. – DATZ, VIII (10): 273–274.

Jess, H. (1970): Observation of a skin Mycosis of Snakes of the Family Boidae under simultaneous use of antibiotics. – Freunde des Kölner Zoo, 13 (2): 76–80.

Jess, H. (1992): Schlüpfende Königspythons. – DATZ, Stuttgart, 45 (12): 758.

Joger, U. (1981): Zur Herpetofaunistik Westafrikas. – Bonn. zool. Beitr., 32: 297–340.

Joger, U. (1982): Zur Herpetofaunistik Kameruns. – Bonn. zool. Beitr., 33: 313–342.

Johnson, J. (2000): Husbandry and breeding of royal pythons (*Python regius*). – Herptile 25(1): 7–12.

Johnson, J.M. (1999): Royal pythons. – Herptile 24(3): 121–126.

Johnson, J.H. & P.A. Benson (1996): Laboratory reference values for a group of captive ball pythons (*Python regius*). – American Journal of Veterinary Research 57(9): 1304–1307.

Johnson, J. H., Jensen, J. M., Brumbaugh, G. W. & D. M. Boothe (1997): Amikacin pharmacokinetics and the effects of ambient temperature on the dosage regimen in ball pythons (Python regius). – Journal of Zoo and Wildlife Midicine, 28 (1): 80–88.

Jost, U., Artner, H. & T. Diagne (1998): Im Senegal, der Schildkröten wegen, nebst Bemerkungen zur übrigen Herpetofauna des Landes. – herpetofauna, Weinstadt, 20 (114): 13–21.

Jooris, R. (1989): Bacterial infections and treatment with antibiotics in snakes, a recent vision. Part 1. – Litteratura Serpentium, Utrecht, Vol. 9 (5): 186–201.

Jorgensen, T. (1987): [Food refusal in a royal python.] – Nordisk Herpetologisk Forening, 30 (5): 145–150.

Kabisch, K. (1990): Wörterbuch der Herpetologie. – VEB Gustav Fischer Verlag, Jena, 478 S.

Kahl, B., Gaupp, P. & G. Schmidt (1980): Das Terrarium. – Falken-Verlag, Niedernhausen, 336 S.

Kalaiarasan, V (1992): Cannibalism in pythons. – Cobra (Madras) 8: 11.

Kamara, J. A. (1975): Some parasites of Wild animals in Sierra Leone. – Bulletin of Animals Health and Production in Africa, 23 (3): 265–268.

Karbe, B., Karbe, D. & M. Niehaus-Osterloh (1991): Bunte Terrienwelt. – Tetra Verlag, Melle, 160 S.

Kersten, C. (1981): [Remarkable threat behaviour in Python regius]. – Lacerta, S'Gravenhage, 39 (4): 34.

Kik, M. J. L. (1988): Veterinary management of a large collection of snakes. – Litt. Serp., Utrecht, Vol. 8 (6): 283–295.

Kilian, J. (2001): Nachzucht von *Python regius* (SHAW, 1802) bei Bebrütung des Geleges durch das Muttertier. – elaphe 9(1): 10–14.

Kirschner, A. (1995): Python regius (Shaw). – Sauria, Suppl., Berlin, 17 (3): 345–348.

Kirschner, A. (2001a): Quo vadis, Boa regia? – DRACO 2 (1): 40–42.

Kirschner, A. (2001b): Der Königspython (Shaw, 1802). – DRACO 2 (1): 43–47.

Kirschner, A. & A. Ochsenbein (1988): Beobachtungen zu Haltung und Nachzucht von Python regius (Shaw, 1802). – Salamandra, Bonn 24 (4): 193–202.

Kirschner, A. & H. Seufer (1999): Der Königspython: Pflege, Zucht und Lebensweise. – Keltern – Weiler (Kirschner & Seufer Verlag), 102 S.

Kirschner, A., Seufer, H. & J. Kirchhauser (1991): Vorläufige Empfehlung zur Haltung von Reptilien und Amphibien bei Händlern und Privatpersonen. – Tierärztliche Umschau, 46: 213–222.

Kirschner, A., H. Seufer & A. Ochsenbein (2003): The ball python: care, breeding and natural history. – Kirschner und Seufer, Keltern – Weiler. 94 S.

Klein-Kiskamp, P. (1989): In spite of everything breeding with Python regius. – Litt. Serp., Utrecht, Vol. 9 (2): 68–74.

Klein-Kiskamp, P. (1993): Seven years experience with Python regius. – Litt. Serp., Utrecht, Vol. 13 (2): 62–65.

Klingelhöffer, W. (1959): Terrarienkunde, 4. Teil. – A. Kernen Verlag, Stuttgart, 379 S.

Klingenberg, R. J. (1992): A Comparison of Fenbendazole and Ivermectin for the Treatment of Nematode Parasites in Ball Pythons, *Python regius*. – The Bulletin of the Association of Reptile and Amphibian Veterinarians (ARAV), 2 (2): 5–6.

Klingenberg, R.J. (1993): Understanding Reptile Parasites. – Advanced Vivarium Systems, Lakeside, 81 S.

Klingenberg, R.J. (1997): The ball python (*Python regius*): a practitioner's approach. – Proceedings of the Annual Conference of the Association of Reptilian and Amphibian Veterinarians 3, 1996 (1997): 83–85.

Kluge, A.G. (1993): Aspidites and the phylogeny of pythonine snakes. – Records of the Australian Museum, Suppliment 19: 77 S.

Kobayashi, S., Kishida, R., Goris, R. C., Yoshimoto, M. & H. Ito (1991): Distribution of visual and infrared fibers in the tectum opticum of a python, *Python regius* an HRP Study. – Neuroscience Research supplement, 0 (16): 124 S.

Kobayashi, S., Kishida, R., Goris, R. C., Yoshimoto, M. & H. Ito (1992): Visual and infrared input to the same dendrite in the tectum opticum of a python, *Python regius*: Electron-microscopic evidence. – Brain Research, 597 (2): 350–352.

Kobayashi, S., Amemiya, F., Kishida, R., Goris, R. C., Kusunoki, T. & H. Ito (1995): Somatosensory and visual correlation in the optic tectum of a python, *Python regius*: A horseradish peroxidase and Golgi study. – Neuroscience Research, 22 (3): 315–323.

Kok, W. (2000): Breeding the Ball Python. Litteratura Serpentium, Vol. 20 No. 4.

Kojimoto, A. K. Uchida, Y. Horii, S. Okumura, R. Yamaguchi & S. Tateyama (2001): Amebiasis in four ball pythons, *Python reginus* [sic]. – Journal of Veterinary Medical Science 63(12): 1365–1368.

Köhler, G. (1996): Krankheiten der Amphibien und Reptilien. – E. Ulmer Verlag, Stuttgart, 168 S.

Köhler, G. (2004): Inkubation von Reptilieneiern. – Herpeton, Verlag Elke Köhler, Offenbach, 254 S.

Kölpin, T. (2004): *Python regius*. Der Königspython. Natur und Tier Verlag, Münster, 94 S.

Kreger, M. D. & J. A. Mench (1992): Effects of handling and restraint in the Ball Python (Python regius) and the Blue-tongue skink (Tiliqua scincoides). – Journal of Animal Science, 70 (suppl. 1): 173.

Kreger, M. D. & J. A. Mench (1993): Physiological and behavioural effects of handling and restraint in the Ball Pythons (Python regius) and the Blue-tongue skink (Tiliqua scincoides). – Applied Animal Behaviour Science, 38 (3–4): 323–336.

Kumazawa, Y., H. Ota, M. Nishida & T. Ozawa (1996): Gene rearrangements in snake mitochondrial genomes: highly concerted evolution of control-region-like sequences duplicated and inserted into a t RNA gene cluster. Molecular Biology and Evolution 13(9): 1242–1254.

Kundert, F. (1984): Das neue Schlangenbuch. – Albert Müller Verlag, Rüschlikon, Zürich 196 S.

Langeveld, C. M. (1993): Python regius from First Generation (F1) to Second Generation (F2) in captivity. – Litt. Serp., Utrecht, Vol 13 (5): 142–146.

Lanning, K., John, D. R. S. & F. C. Marini III. (1988): The Ball python, one finicky eater. – The Vivarium, AFH, Escondido, Ca., Vol. 1 (1): 45.

Lazlo, J. (1977): Probing as a practical method of sex recognition of reptiles, primarily snakes. 2nd *Annual Reptile Symposium on Captive Propagation and Husbandry.* I.H.S., Cleveland, OH., 2: 200–22.

Laszlo, J. (1979): Notes on reproductive patterns of reptiles in relation to captive breeding. – Int. Zoo. Yb., 19: 22–27.

Lazlo, J. (1983): Further Notes on Reproductive Patterns of Amphibians and Reptiles in Relation to Captive Breeding. – Int. Zoo Yb., London, 23: 166–174.

Leeson, F. (1950): Identification of Snakes of the Gold Coast. – The Crown Agents for the Colonies, 4 Millibank, London, S. W. 1: 14.

Lehmann, C. & K.-P. Lehmann (1983): Haltung und Vermehrung des Königspythons, *Python regius*, im Terrarium. – Aquarien Terrarien, Berlin, 30: 100–103.

Lehmann, C. & K.-P. Lehmann (1985): Husbandry and breeding of the ball python *Python regius* in the terrarium. – Litt. Serp., Utrecht. Vol. 5 (2): 64–68.

Lenz, S. (1995): Zur Biologie und Ökologie des Nilwarans, Varanus niloticus (Linnaeus 1766) in Gambia, Westafrika. – Mertensiella, Bonn, Nr. 5: 1–256.

Lester, J. W. (1955): Snakes Common in Sierra Leone. – Zoo Life, London, 10 (1): 24–28.

Lilley, G. (1994): Some Aspects of Both – The Legal and Illegal Trade in Pythons. – Reptilian, High Wycombe, 2 (2): 7–12.

Littler, A. (1988): „Cuddles", The Royal Python. – Snake keeper, 2 (2): 11–12.

Logan, T. (1973a): Observations on the Ball Python (Python regius) in Captivity at Houston Zoological Gardens. – J. Herp. Ass. Afr., Vol. 10: 5–8.

Logan, T. (1973b): A Note on Attempted Breeding in Captive Python anchietae. – J. Herp. Ass. Afr., 10:8.

Luiselli, L. & F. M. Angelici (1998): Sexual dimorphism and natural history traits are correlated with intersexual dietary divergence in royal pythons (Python regius) from the rainforests of southern Nigeria. – Italian Journal Zoology (Modena), 65: 183–185.

Luiselli, L., Akani, G. C. & D. Capizzi (1998): Food resource partitioning of a community of snakes in a swamp rainforest of southeastern Nigeria. – J. Zool., London, 246: 125–133.

Mader, D. R. (2006): *Reptile Medicine and Surgery.* **W. B. Saunders Company, Philadelphia, London, Toronto, Montreal, Sydney, Tokio.**

Malone, D. R. (1982): Captive Care and Breeding of the Ball Python. – Bull. Chi. Herp. Soc., 17 (4): 96–98.

Manteuffel, D. (1990): Nahrungsspezialisierung als Ursache von Eingewöhnungsschwierigkeiten eines *Python regius* (Shaw 1802). – Salamandra, Bonn 26 (4): 314–315.

Martin A. (1998): Captive breeding and maintenance of the royal python (*Python regius*). – British Herpetological Society Bulletin 64: 15–20.

Martin, C. (1989): Die Regenwälder Westafrikas. – Birkhäuser Verlag Basel, 235 S.

Marvin, N. & R. Harvey (1997): Schlangen – Das neue kompakte Bestimmungsbuch. – Könemann, Köln, 80 S.

Mattison, C. (1982): The Care of Reptiles and Amphibians in Captivity. – Blanford Press, Pode, Dorset, 304 S.

Mattison, C. (1986): Snakes of the World. – Facts On File Publications, New York, 190 S.

Mattison, C. (1988): Keeping and Breeding Snakes. – Blanford Press, London, 184 S.

Mattison, C. (1991): A–Z of Snake-Keeping. – Merehurst, 143 S.

Mattison, C. (1998): Keeping and Breeding Snakes. –Sterling Publishing, New York, 224 S.

Mattison, C. (1999): Die Schlangen Enzyklopädie. BLV Verlagsgesellschaft mbH, München, 192 S.

Matz, G. & M. Vanderhaege (1980): BLV Terriarienführer. – BLV Verlagsgesellschaft, München, 360 S.

McDowell, S.B. (1975): A catalogue of the snakes of New Guinea and the Solomons, with special reference to those in the Bernice P. Bishop Museum. Part 2. Anilioidea and Pythoninae. – Journal Herpet. 9 (1): 1–80.

McNeill, A. (1989): Report on a Royal Python. – Snake Keeper, 3 (8): 14–15.

Mehrtens, J. M (1987): Living Snakes of the World. – Sterling Publishing Co., New York, 480 S.

Mehrtens, J. M. (1993): Schlangen der Welt. Lebensraum-Biologie-Haltung. Franckh-Kosmos Verlag, Stuttgart, 463 S.

Mense, M. (2005a). Schlangenbiss mit Folgen. – Reptilia, Münster, 10 (5): 8–10.

Mense, M. (2005b). *Pseudomonas aeruginosa* in *Morelia spilota cheynei* and *Morelia spilota harrisoni*: Infection and treatment. Litteratura Serpentium 25 (4): 242–246.

Mense, M. (2006). Rautenpythons: *Morelia bredli*, *Morelia carinata* und der *Morelia spilota*- Komplex. NTV Verlag, Münster, 208 S.

Menzies, J. I. (1966): The Snakes of Sierra Leone. – Copeia, Nr. 2: 169–179.

Messonnier, S. P. (1994): Treatment of Ball Pythons – Two Case Histories. – Reptile & Amphibian Magazine, March/April 1994: 79–83.

Michelsen, J. & K. Pihl (1987): Care and Breeding of the royal python. – Nordisk Herpetologisk Forening, 30 (1): 10–28.

Miles, M. S., Thomson, A. G. & G. W. Walthers (1978): Amphibans and Reptiles from the vicinity of Boughari, Casamance (Senegal), and the Gambia. – Bull. IFAN, Dakar, T 40, ser. A, Nr. 2: 437–456.

Millefanti, M. (2004): Le python royal et le boa constrictor. – De Vecchi, Paris. 95 S.

Morgan, D. R. (1988): The use of Oxytocin to relieve dystocia in a Royal Python (Python regius) (Serpentes: Boidae). – J. Herp. Ass. Afr., 34: 41.

Morris, M. A. (1986): Anesthesia of Snakes (Pituophis melanoleucus and Python regius) fed ether-killed rats. – Herp. Review, 17 (4): 88.

Muller, C. (2004): Etude de l'influence de la taille du terrarium et du fractionnements des repas sur la croissance en captivité du python royal. – Dissertation, Université Claude Bernard, Lyon. 60 S.

Murphy, J. B., D. G. Barker & B. W. Tryon (1978): Miscellaneous notes on the reproductive biology of reptiles. 2. Eleven species of the family Boidae, genera *Candoia*, *Corallus*, *Epicrates* and *Python*. – Journal of Herpetology, 12 (3): 385–390.

Nietzke, G. (1972): Die Terrarientiere. Band 2. E. Ulmer Verlag, Stuttgart, 299 S.

Obst, F. J. (1988): The Completely Illustrated Atlas of Reptiles and Amphibians for the Terrarium. – T.F.H. Publications, USA, 830 S.

Obst, F. J., K. Richter & U. Jakob : (1984): Lexikon der Terraristik. – Landbuch, Hannover, 465 S.

Nolan, M. (1983): An albino royal python. – Litteratura Serpentium, Utrecht, Vol. 3 (5): 162–163.

Obst, F. J., Richter, K. & U. Jacob (1984): Lexikon der Terraristik und Herpetologie. – Edition Leipzig, 446 S.

Ogawa, M., Ahne, W. & S. Essbauer (1992): Reptilian viruses: Adenovirus-like agent isolated from a royal python (Python regius). – Journal of Veterinary Medicine, Serie B, 39 (10): 732–736.

Orlov, N. L. (1982): Die Fortpflanzung der Pythons *P. regius* und *Liasis mackloti* und der Kletternattern *Elaphe climacophora* und *E. quadrivirgata* im Terrarium. – herpetofauna, 19: 25–30.

Orlov, N. L. (1986): Facultative endogenous thermoregulation in python snakes (Boidae, Pythoninae) and correlation between endothermic reactions and behavioural heat regulation in this snakes. – Zoologicheskii Zhurnal, 65 (4): 551–559.

Orlov, N. L. (1988): The Breeding of *Python regius* in the Vivarium. – Snake Keeper, 2 (8): 4–5.

Owen, J. S. (1956): Torit Snakes. – Sudan Notes and Records, Khartoum, 37: 92–93.

Oxtoby, G. P. (1983): Observations on anorexia in *Python regius*. – Herptile, 8 (4): 125–134.

Papadopoulos, G. (2003): Beitrag zur Ultraschalluntersuchung bei Riesenschlangen der Art *Python regius*. – Dissertation, Freie Universität Berlin. 111 S.

Papenfuss, T. J. (1969): Preliminary analysis of the reptiles of arid central West Africa. – The Wasmann Journal of Biology, 27 (2): 249–325.

Pedersen, H. H. & H. Ibsen (1991): Acclimatization of newly purchased royal pythons, *Python regius*. – Newsletter of the Australian Society of Herpetologists Inc., 34 (7): 142–143.

Pendragonne, A. (1996):Tthe Basic Care and Maintenance of the Ball Python. – Reptile Hobbyist, t. f. h., New York, Vol. 2, No. 2: 88–94.

Peters, U. (1974): Der Ball- oder Königspython. – aquarien magazin, 4. 159.

Peters, U. (1976): Gelungene Riesenschlangenzucht im Taronga-Zoo. – aqauarien magazin, Stuttgart, 12: 525–527.

Peterson, K. (1993): Husbandry and Breeding of Ball Pythons (Python regius). – The Vivarium, AFH, Escondido, Ca., Vol. 5, No. 1: 18–27.

Peterson, R. & A. Bannister (1988): Reptilien Südafrikas. – Landbuch-Verlag GmbH, Hannover, 128 S.

Pewtress, R. (1985): The royal python – a misunderstood creature. – Thames and Chiltern Herpetological Group Newsletter, 55: 5–8.

Pewtress, R. (1988): The royal python (Python regius). – Thames and Chiltern Herpetological Group Newsletter, 85: 8–10.

Pitman, C. R. (1974): A guide to the Snakes of Uganda. – Codicote, (Wheldon & Wesley), 290 S.

Platt, T. R. & A. O. Bush (1979): Spinicauda regiensis new species nematoda heterakoidae a parasite of the ball python *Python regius*. – Journal of Helminthology, 53 (3): 257–260.

Pope, C. H. (1961): The Gigant Snakes. – Routledge & Kegan Paul, London 297 S.

Potreau, A. & E. Bodin (1986): Observation d'une broncho-pneumonie import, e chez Boa c. constrictor et *Python regius*. – Bull. Soc. Herp. Fr., 38: 30–35.

Raxworthy, C.J. & D.K. Attuquayefio (2000): Herpetofaunal communities at Muni Lagoon in Ghana. – Biodiversity and Conservation 9(4): 501–510.

Rödel, M.-O., Grabow, K., Böckheler, C. & D. Mahsberg (1995): Die Schlangen des Comoé-Nationalparks, Elfenbeinküste (Reptilia: Squamata: Serpentes). – Stuttgarter Beitr. Naturk., Ser. A, Nr. 528, 18 S.

Rödel, M.-O., Kouadio, K. & D. Mahsberg (1999): Die Schlangenfauna des Comoé-Nationalparks, Elfenbeinküste: Ergänzungen und Ausblick. – Salamandra, Rheinbach, 35 (3): 165–180.

Rödel, M.-O. & D. Mahsberg (2000): Vorläufige Liste der Schlangen des Tai-Nationalparks, Elfenbeinküste und angrenzender Gebiete. – Salamandra, Rheinbach, 36 (1): 25–38.

Rössel, D. (2000): Rechtsfragen bei der Haltung von Reptilien. – S. 30–49 in: Rauh, J.: Grundlagen der Reptilienhaltung. Natur und Tier Verlag, Münster, 215 S.

Roman, B. (1980): Serpents de Haute-Volta. – C. N. R. S. T. Ougadougou, Haute-Volta, 129 S.

Romer, A. S. & T. S. Parsons (1991) : Vergleichende Anatomie der Wirbeltiere. – Hamburg; Verlag Paul Parey, Berlin, 624 S.

Romer, J. D. (1953): Reptiles and Amphibians collected in the Port Hartcourt areas of Nigeria. – Copeia, 2: 121–123.

Ross, R. A. (1978): The Python Breeding Manual. – Published by The Institute for Herpetological Research, Stanford.

Ross, R. A. & G. Marzec (1984): The Bacterial Diseases of Reptiles. – Published by The Institute for Herpetological Research, Stanford, 131 S.

Ross, R. A. & G. Marzec (1990): The Reproductive Husbandry of Pythons and Boas. – Published by The Institute for Herpetological Research, Stanford, 270S.

Ross, R.A. & G. Marzec (1994): Riesenschlangen, Zucht und Pflege. bede Verlag, Ruhmannsfelden, 247 S.

Roux-Estève, R. (1969): Les serpents de la région de Lamto (Côte d'Ivoire). – Ann. Univ. Abidjan, (Sér. E) 2 (1) : 81–140.

Sadler, C. (1984): Problems with a royal python. – Rephiberary, No. 81: 3.

Savitzky, A. H. (1985): Development of the thermoreceptive pit organs in the boid snake *Python regius*. – American Zoologist, 25 (4): 107 A.

Scharf, K.-H. (1979): Riesenschlangenbabys. – Aquarien Magazine, Stuttgart, 7 (3): 96–101.

Schilliger, L. (2000): Pneumopathy caused by a foreign body in a royal python (*Python regius*). – Pratique Medicale et Chirurgicale de L'Animal de Compagnie 35(6): 681–682.

Schivre, M. (1972): Observation sur la reproduction de *Python regius* (Shaw). – Aquarama, Straßburg, 6 (20): 67.

Schivre, M. (1985): Observations on reproduction in *Python regius* (Shaw). – Bulletin of the Chicago Herpetological Society, 20 (2): 58.

Schlüter, A. (1997): Mythos Schlange. – Stuttgarter Beiträge zur Naturkunde, Serie C, Nr. 41: 85 S.

Schmidt, D. (1990): Schlangen. Neumann-Neudamm, Melsungen, 201 S.

Schmidt, D. (1994): Schlangen. – Urania, Leipzig, 200 S.

Schmidt, D. (1996): Ratgeber Riesenschlangen. – bede Verlag, Ruhmannsfelden, 95 S.

Schmidt, K. P. (1919): Contribution to the Herpetology of the Belgian Congo, based on the collection of the American Congo Expedition 1909–1915. – Bull. Am. Mus. Nat. Hist., New York, 385–624.

Schmidt, K. P. & R. F. Inger (1969): Reptilien. Droemersche Verlagsanstalt, Th. Knaur, Zürich, 311 S.

Seigel, R., J. T. Collins & S. S. Novak (1987): Snakes – Ecology, Evolutionary and Biology. – Macmillan Publ. Comp., New York, 529 S.

Semak, N. (1995): Warnung vor Rindenmulch als Alternative zu Sand als Bodengrund. – elaphe, Rheinach, 3 (4): 22–23.

Shaw, C. E. (1957a): Longevity of snakes in captivity in the United States as of January 1, 1956. – Copeia 6 (1): 50.

Shaw, C. E. (1957b): Longevity of snakes in captivity in the United States as of January 1, 1957. – Copeia 6 (4): 310.

Shaw, C. E. (1958): Longevity of snakes in captivity in the United States as of January 1, 1958. – Copeia 7 (1): 221.

Shaw, G. (1802): Royal Boa (Boa regia). – General Zoological, London, 3: 347.

Siegert, R. (1983): Beobachtungen bei *Python regius*. – elaphe, Heft 4: 53–54.

Sillman, A.J., J.K. Carver & E.R. Loew (1999): The photoreceptors and pigments in the retina of a boid snake, the ball python (*Python regius*). – Journal of Experimental Biology 202(14) : 1931–1938.

Sjoestedt, Y. (1897): Reptilien aus Kamerun, West-Aftika. – Bihang Till K. Svenska Vet.-Akad. Handlingar, Bd. 23 Afd. 4, Nr. 2.

Skovgaard, N., G. Galli, A. Abe, E.W. Taylor & T. Wang (2005): The role of nitric oxide in regulation of the cardiovascular system in reptiles. Comparative Biochemistry and Physiology, Part A 142(2): 205–214.

Skovgaard, N., G. Galli, E.W. Taylor, J.M. Conlon & T. Wang (2005): Hemodynamic effects of neuropeptide γ in the anesthetized python, *Python regius*. – Regulatory Peptides 128(1): 15–26.

Slavens, F. L. (1988): Inventory, Longevity & Breeding Notes – Reptiles and Amphibians in captivity. – Print. F. L. Slavens, Seattle, Washington, 401 S.

Smeets, W. J. (1988): Distribution of dopamine immunoreactivity in the forebrain and midbrain of the snake *Python regius*: A study with antiboidies against dopamine. – Journal of Comperative Neurology, 271 (1): 115–129.

Smeets, W. J. (1991): Comperative aspects of the distribution of substance P and dopamine immunoreactivity in the substantia nigra of amniotes. – Brain Behaviour and Evolution, 37 (3): 179–188.

Smeets, W. J. , Sevensma, J. J. & A. J. Jonker (1990): Comparative Analysis of Vascotocin-like Immunoreactivity in the Brain of the Turtle *Pseudemys scripta elegans* and the Snake *Python regius*. – Brain Behaviour and Evolution, 35 (2): 65–84.

Spataro, M. A. & P. Kahl (1999): Piebald Ball Pythons: Genetic Gems. – Reptiles, 7 (4): 10–17.

Spawls, S. (1989): Some notes and reminiscences on the Royal Python, *Python regius* in Ghana and elsewhere. – Snake Keeper, 3 (3): 11–14.

Spawls, S. (1992): Activity Patterns in Nocturnal West African Savanna Snakes. – J. Herpetol. Assoc. Afr., 40: 61–66.

Spörle, H., Kramer, M., Göbel, T. & M. Gerwing (1991): Sonographische Graviditäts- und Ovarialdiagnostik bei Schlangen. – Prakt. Tierarzt, Hannover, 4: 286–292.

Stabenow, J. & J. H. Johnson (1996): Questions gram staining classifications and interpretation (and reply). – American Journal of Veterinary Research, 57 (10): 1409.

Stafford, P. J. (1986): Pythons and Boas. – t. f. h. Publications Inc. Ltd., 192 S.

Stafford, P. J. (1986): Pythons and Boas. – t. f. h., New York, 192 S.

Stanislawski, W. (1986): Some notes on breeding royal pythons *Python regius* Shaw 1802 and rearing the young ones. – Przeglad Zoologiczny, 30 (3): 345–356.

Stark, J.M., P. Moser, R.A. Werner & P. Linke (2004): Pythons metabolize prey to fuel the response to feeding. – Proceedings of the Royal Society Biological Sciences Series B 271(1542): 903–908.

Stark, J.M. & C. Wimmer (2005): Patterns of blood flow during the postprandial response in ball pythons, *Python regius*. – Journal of Experimental Biology 208(5): 881–889.

Steensborg, K. (2002): En kommentar til Henrik Graffs artikel om kongepython. – Nordisk Herpetologisk Forening 45(3): 92–93.

Sternfeld, R. (1907): Die Schlangenfauna von Kamerun. – Fauna dtsch. Kol., Berlin 1: 1–28.

Sternfeld, R. (1908): Die Schlangenfauna Togos. – Mitt. Zool. Mus. Berlin, 4: 207–236.

Stettler, P. H. (1986): Handbuch der Terrarienkunde. – Franckh'sche Verlagshandlung, Stuttgart, 228 S.

Stimson, A.F. (1969). Liste der Rezenten Amphibien und Reptilien.

Boidae (Subfam. Boinae, Bolyeriinae, Loxoceminae et Pythoninae). – Das Tierreich, Berlin 89:1–49.

Stirton, C. & M.J. Wilkinson (2001): New treatment of facial lesions in a royal python (*Python regius*). – Animal Technology 52(2): 165–170.

Stoops, E. D. & A. T. Wright (1993): Boas & Pythons Breeding and Care. – t. f. h., New York, 192 S.

Storch, V. & U. Welsch (1991): Systematische Zoologie. – Stuttgart; New York (Gustav Fischer Verlag), 731 S.

Stratton, R. F. (1989): Beginning with Snakes. – t. f. h., New York, 86 S.

Stucki-Stern; M., C. (1979): Snake Report 721: A comparative study of the Herpetological fauna of the former West Cameroon/Africa. Herpeto-Verlag, Schweiz, 650S.

Stull, O. G. (1935): A Checklist of the Family Boidae. – Proc. Boston Soc. nat. hist., 40: 387–408.

Stumpf, G. (1996): „Seramis" als Bodengrund für Schlangen. – elaphe, Rheinbach, 4 (2): 24.

Sutherland, C. (1998): Ball Python Basics. – Reptiles, Annual 1998, 78–89 S.

Sutherland, C. (2005): Ball python care. – t.f.h. Publications, Neptune City, N.J. 64 S.

Sweeny, R. C. H. (1969): Jewels by Moonlight. – Chatto and Windus, London, 224 S.

Temara, K. (1994): Breeding the Ball Python, *Python regius* (Shaw 1802) under natural conditions. – Litteratura Serpentium, Utrecht, Vol. 14 (3): 78.

Ten Donkelaar, H. J. & G. C. Bangma (1983): A crossed rubrobulbar projection in the snake *Python regius*. – Brain Research, 279 (1–2): 229–232.

Ten Donkelaar, H. J., Bangma, G. C. & R. de Boer-Van Huizen (1983): Reticulospinal and vestibulo spinal pathways in the snake *Python regius*. – Anatomy and Embryology, 168 (2): 277–290.

Trutnau, L. (1988): Schlangen – Band 1. – E. Ulmer Verlag, Stuttgart, 256 S.

Underwood, G. & A.F. Stimson (1990): A classification of Pythons (Serpentes, Pythoninae). – J. Zool., London, 221(4): 565–603.

van Daelede Prè, F. (1980): Verzorging van de koningspython (Python regius). – Lacerta, S'Gravenhage, 39 (1): 6–9.

van der Bijl,P (1992): Het houden en kweken van de koningspython (*Python regius*). Lacerta, Vol. 50 (20): 88–95.

van Mierop, L. H. S. & E. L. Bessette (1981): Reproduction of the Ball Python, *Python regius* in Captivity. – Herp. Review, 12 (1): 20–22.

van Woerkom, A. B. (1978): Recovery from an Aeromonas-Pseudomonas infection by pythons. – Lacerta, S'Gravenhage, 37 (2): 23–25.

Vergner, I. (1989): Captive Breeding of the royal python. – Ziva, 37 (4): 181–182.

Vergner, I. (1990a): Erfahrungen bei der Nachzucht von Pythonarten und Stumpfkrokodilen. – elaphe, 12 (4): 61–63.

Vergner, I. (1990b): Zur Situation der Boidennachzucht in der Tschechoslowakei. – elaphe, 12 (4): 63–67.

Vergner, I. (1990c): Reproduction of the Python regius in the terrarium. – Akvarium Terrarium, 33 (5): 29–33.

Vergner, I. (1994a): Zur Fortpflanzung von Pythonarten. – DATZ, Stuttgart, 47 (9): 564–568.

Vergner, I. (1994b): Nachzucht des Königspython, *Python regius*. – DATZ, Stuttgart, 47 (12): 777–778.

Villiers, A. (1950): La collection de Serpentes de l'IFAN. – IFAN, Dakar, Catalogues, VI, 155 S.

Villiers, A. (1950): Initations Africaines II : Les Serpents de l'Quest Africain. IFAN Dakar, 148S.

Villiers, A. (1950): Initations Africaines II : Les Serpents de l'Quest Africain (2nd edition). IFAN Dakar, 190S.
Villiers, A. (1975): Les Serpentes de L'Ouest African. – IFAN, Initiations et Étud. afr. II., Dakar (3eme ed.): 195 S.
Visser, G. (1985): The breeding results of snakes at the Rotterdam Zoo Blijdorp (1974–1984). – Litteratura Serpentium, Utrecht, Vol. 5 (1): 4–27.
Vogel, Z. (1994): Riesenschlangen aus aller Welt. – Westarp Wissenschaften, Magdeburg, 101 S.
Wagenaar, R. (2000): Verzorging en kweek van de koningspython *Python regius*. Aquarium (Hilversum) 70(10): 314–317.
Wagner, E. (1997): Ask the breeder: Ball python breeding strategy. Reptiles, 5(8): 89.
Walls, J.G. (1998): The Living Pythons – A Complete Guide Of The Pythons Of The World. – t.f.h. Publications Inc., Neptune City, 256 S.
Waltho, K. (1991): Reluctant Rigsby. – Snake Breeder, 2/91: 10.
Wang, T., M. Axelsson, J. Jensen & J.M. Conlon (2000): Cardiovascular actions of python bradykinin and substance Pithecia in the anesthetized python, *Python regius*. – American Journal of Physiology 279(2): 531–538.
Wareham, D. (1990): Notes on the Captive Breeding of the Royal Python. – ASRA Journal, Burford/Oxon, Vol. 4 (1): 7–14.
Wareham, D. (1993): The Captive Husbandry of the Royal Python. – Reptilian, High Wycombe, Bucks, Vol. 1 (10): 11–18.
Warr, D. (1990): Royal Pythons. – Snake Breeder, August 1990: 6–7.
Wehner, R. & W. Gehring (1990): Zoologie. – Stuttgart; New York (Georg Thieme Verlag), 816 S.

Welch, K. R. G. (1982): Herpetology of Africa. – Robert E. Krieger Publishing Company, Malabar, Florida, 293 S.
Wells, P. (1990): Personal experiences with reluctant royals. – Rephiberary, 148: 5–6.
Wengler, W. (1988): Ein häufiger Python und seine seltene Nachzucht: *Python regius*. – Terrarien News (Vereinsinterne Zeitschrift), Münster, 2/88 (1): 5–7.
Wengler, W. (1994): Riesenschlangen. – Natur und Tier - Verlag, Münster, 160 S.
Wengler, W. (1997): Häufig gehalten, aber nur selten nachgezogen. Der Königspython *Python regius*. – Reptilia (D) 2(6) 49–52.
Werner, F. (1899): Über Reptilien und Batrachier aus Togoland, Kamerun und Deutsch-Neuguinea, größtenteils aus dem kgl. Museum für Naturkunde in Berlin.– Verhandlungen Zoologisch-Botanische Gesellschaft in Wien, 49: 132–157.
Werner, F. (1939): Der Königspython (*Python regius*). – Sonderdruck aus der Wochenschrift für Aquarien- und Terrarienkunde, Heft 7: 103–104.
Wilson, N. & S. M. Barnard (1985): Three species of Aponomma (Acari: Ixodidae) collected from imported reptiles in the United States. – Florida Entomologist, 68 (3): 478–480.
Wüster, W., B.Bush, J., S., Keogh, M. O'Shea& R. Shine (2001): Taxonomic contributions in the „amateur" literature: comments on recent descriptions of new genera and species by Raymond Hoser. – Litteratura Serpentium 21 (3): 67–79, 86–91.
Young, B. A. (1997): A review of sound production and hearing in snakes, with discussion of infraspecific acoustic communication in snakes. – Journal of the Pennsylvania Academy of Science, 71 (1): 39–46.

Zacharias, H.C.E. (1897): Die Phylogenese der Kopfschilder bei den Boiden. – Zool. Jahrb. Syst. 1897: 56–90.

Zimmermann, E. (1983): Das Züchten von Terrarientieren. – Franckh'sche Verlagshandlungen, Stuttgart, 238 S.

Zimniok, K. (1979): Verzauberte Welt der Reptilien. – Meyster Verlag GmbH, München, 288 S.

Zimniok, K. (1984): Die Schlange das unbekannte Wesen. – Landbuch-Verlag GmbH, Hannover, 200 S.

Zug, G. R. (1987): Amphibians and Reptiles of the Outamba-Kilimi Region, Sierra Leone. – J. Herp. Ass. Afr., 33: 1–4.

Zwart, P. & M. C. van Moppes (1983): Kongenitale Wirbeldeformierungen bei Schlangen. – Der Zool. Garten NF, 53 (6): 432–440.

Zusätzlich diese Magazine:

Reptilia, „Pythons", Nr. 39, Februar/März 2003, Jahrgang 8 (1).

Draco, „Riesenschlangen", Nr. 5, Jahrgang 2 (2001–1).

Draco, „Schlangen", Nr.17, Jahrgang 5 (2004–1).

Marc Mense möchte sich an dieser Stelle ganz herzlich bei Sandra Fallend und Dipl.-Biol. Christian Meyer zur Heyde für die tatkräftige Unterstützung bei den Recherchen und so manchen „Schreibarbeiten" bedanken, die zur Erstellung dieser Bibliographie notwendig waren.

GREG MAXWELL: MORELIA VIRIDIS – Das Kompendium, 1. deutsche Ausgabe Frankfurt am Main 2005 der 2. komplett überarbeiteten und erweiterten Ausgabe Lansing 2005, gebunden, 317 Seiten, 239 KOMPLETT NEUE Farbfotos. Die erste Auflage war schon ein faszinierendes Buch über den Chondropython, aber die jetzige ist der absolute Knaller und mit 239 Farbfotos unübertroffen.
ISBN 978-3-930612-79-6   49.80 €

Chimaira Buchhandelsgesellschaft mbH
Heddernheimer Landstraße 20
60439 Frankfurt am Main
Tel. ++ 49 69 49 72 23 · Fax ++ 49 69 49 78 26
www.chimaira.de · E-Mail: frogbook@aol.com